프로
SQL애저 입문

Pro SQL Azure

Scott Klein, Herve Roggero 지음
남정현 옮김 | 강산아, 성대중, 이청환, 하만철 감수

Pro SQL Azure
by Scott Klein and Herve Roggero

Original English language edition published by Apress, Inc.
Copyright © 2010 by Apress.
Korean edition copyright © 2011 by ITC Co.
All right reserved.

이 책의 한국어 판 저작권은 대니홍 에이전시를 통한 저작권자와의 독점 계약으로 도서출판 ITC에 있습니다.
신저작권법에 의해 한국 내에서 보호를 받는 저작물이므로 무단전재와 복제를 금합니다.

나의 부모님, Richard와 Carolyn에게
— Scott이

나의 사랑스런 아내, Frederique에게
— Herve가

IT 대한민국은 ITC(Info Tech Corea)가 함께 하겠습니다.
www.itcpub.co.kr

차 례

제1장 Azure 시작하기 1

클라우드 컴퓨팅에 대한 소개 1
  누가 무엇을 클라우드에서 하는가? 2
  보편적인 클라우드 서비스 3

Microsoft Azure Platform 탐험하기 4
  왜 Microsoft Azure인가? 4
  지리적 위치에 대하여 6
  Azure에서 데이터 저장하기 8

SQL Azure 준비하기 10
  Azure 서비스 신청하기 10
  SQL Azure 데이터베이스 생성하기 11

SQL Azure 포탈 사용하기 12

T-SQL 명령어를 사용하여 만들기 13
  방화벽 설정하기 14
  SQL Server Management Studio로 연결하기 16
  새로운 로그인 계정과 사용자 만들기 19

새 로그인 계정 만들기 20

새로운 사용자 계정 만들기 22
  접근 권한 할당하기 23
  SQL Azure 요금 체계 이해하기 24

SQL Azure의 제약 사항 25
  보안 26
  백업 27
  개체 27
  그 외 사항들 29
  드라이버와 프로토콜 30

결론 30

제2장 설계 고려 사항 31

설계 사항 31
  분리된 저장소 31
  높은 가용성 32

  성능 33
  차단 33

응용프로그램 설계 고려 사항   34
   SQL 데이터 동기화 프레임워크   35
   직접 연결 vs. 서비스 기반 연결   35
   가격   37
   보안   38
   설계 사항 검토하기   39

설계 패턴   40
   직접 연결   40
   Smart Branching   41
   Transparent Branching   41
   Shard 패턴   42

Shard 콘셉트와 방법론   42

읽기 전용 Shards   46

읽기 쓰기 Shard   47
   오프로딩 패턴   47
   집합 패턴   49
   Mirroring 패턴   49

패턴 조합하기   50
   Transparent Branching과 읽기 쓰기 Shard의 조합   50
   단계별 집합   51

디자인 예시 : 응용프로그램 SLA 모니터링   52
   Azure 응용프로그램 아키텍처 적용 이전   52
   Azure 구현   53

그 외 고려 사항   55
   BLOB 데이터 저장소   55
   Edge 데이터 캐시   56
   데이터 암호화   57

결 론   57

제3장 구축하고 설정하기   59

여러분의 Azure 계정 만들기   59

여러분의 Azure 프로젝트 관리하기   62

Azure 서버 관리하기   62
   서버 정보   63
   방화벽 설정   66
   데이터베이스   67
   데이터베이스, 로그인 및 사용자 계정 만들기   70
   데이터베이스   71
   로그인 계정과 사용자 계정   73

SQL Azure 데이터베이스에 접속하기   75
   ADO.NET을 통하여 연결하기   76
   Entity Framework에서 연결하기   77

결 론   83

제4장 보안 85

개요 85
    기밀성 86
    무결성 87
    가용성 87

데이터 보안 유지하기 90
    암호화 91
    해시 94
    인증서 101

접근 제어 106
    인증(AUTHN) 106
    권한(AUTHZ) 107

새로운 로그인 계정과 사용자 계정 만들기 107
    스키마 108
    방화벽 112

규격 준수 114

결론 114

제5장 데이터 이관과 백업 전략 115

데이터베이스와 데이터를 SQL Azure로 이관하기 116
    스크립트를 생성하고 내보내기 117
    SQL Server 통합 서비스 130
    BCP 144

SQL Azure 백업 전략 149
    데이터베이스 복제하기 149
    언제 복사가 완료될지 알 수 있는 방법 150
    복사 자동화하기 152
    백업 이력 관리하기 152

결론 153

제6장 SQL Azure로 프로그래밍하기 155

응용프로그램 배포 시의 요인들 156
    기존 응용프로그램 157
    Azure에서 실행되는 응용프로그램 158
    무엇을 택해야 하는가? 159

SQL Azure에 연결하기 160
    ADO.NET 162
    ODBC 169
    SQLCMD 171

WCF 데이터 서비스 177
    데이터 서비스 만들기 177
    데이터 서비스를 모델에 연결하기 179
    클라이언트 응용프로그램 만들기 181
    사용자 인터페이스 만들기 182
    응용프로그램 실행하기 186

WCF 데이터 서비스에서 레코드 탐색하기　187
　　Internet Explorer의 피드 보기 기능 끄기　188
　　최종 결과 보기　190

Azure 프로그래밍 고려 사항　193
결론　196

제7장　SQL Azure와 OData　197

OData 개요　198
　　OData 공급자　198
　　OData 소비자　203
Azure 데이터베이스에 OData 지원 추가하기　204
　　SQL Azure Labs 시작하기　204
　　Anonymous Access 이해하기　208
　　Access Control Service 이해하기　209
　　보안 권장 사항 구현하기　209

OData를 통하여 SQL Azure 데이터 살펴보기　210
OData 소비자를 통하여 데이터 보기　212
두 종류의 OData 소비자 응용프로그램 만들어보기　214
　　간단한 데모 응용프로그램　214
　　Windows Phone 7 응용프로그램　217
결론　224

제8장　SQL Azure와 Reporting Service　227

SQL Azure 기반 보고서 시작하기　228
SQL Azure 데이터 원본 만들기　229
보고서 디자인 만들기　234
보고서 배포하기　236

하위 보고서 만들기　238
　　하위 보고서를 주 보고서에 추가하기　240
결론　243

제9장　Windows Azure와 ASP.NET　245

Windows Azure 서비스 만들기　245
Windows Azure 프로젝트 만들기　250
　　개발 환경 설정하기　250
　　첫 Visual Studio 클라우드 프로젝트 만들기　251

GridView를 SQL Azure에 연결하기　256
Windows Azure에 ASP.NET 응용프로그램 배포하기　259
결론　265

제10장 고성능을 위한 설계 267

일반적인 성능 컨셉 267
    수다스럽거나 과묵하거나 268
    지연 로딩 268
    캐시 269
    비 동기 사용자 인터페이스 269
    병렬 처리 270
    Shard 271
    코드 구현 전략 요약 272

Shard 구축하기 272
    Shard 라이브러리 객체 설계하기 273
    데이터베이스 연결 관리하기 275
    Shard를 통한 데이터 읽기 276
    캐시 280
    Shard 상의 데이터를 수정하거나 삭제하기 283
    Shard 상에 레코드 추가하기 286

Shard 관리하기 288
    예외 관리하기 289
    성능 관리하기 291
    부분 Shard 패턴과 함께 사용하기 294
    트랜잭션의 일관성 유지 295
    외래 키 제약 조건의 관리 296

종단 파티션 Shard 패턴 구현하기 298

결론 299

제11장 SQL Azure 데이터 동기화 서비스 301

데이터 동기화 서비스에 대한 이해 302
    왜 필요한가? 302
    기본 시나리오 303

동기화 설정하기 304
    서비스 조항에 동의하기 304
    동기화 그룹 만들기 305
    허브 및 멤버 데이터베이스 정의하기 308
    동기화할 테이블 선택하기 309
    동기화 그룹 수정하기 311

수동으로 동기화하기 311
    데이터베이스 변경 사항 살펴보기 313
    동기화된 데이터 살펴보기 314

데이터 동기화 예약하기 316

기존 데이터베이스와 SQL Azure 데이터베이스 동기화하기 317

데이터 동기화 모범 사례 319

결론 321

제12장 성능 최적화 323

SQL Azure가 기존 환경과 다른 점 323
    방법과 도구들 323
    코딩 상의 영향 324

성능 최적화 기법 325
    동적 관리 뷰 326
    연결 풀링 330
    실행 계획 331

    인덱싱 335
    인덱싱된 뷰 341
    저장 프로시저 342
    공급자 통계 345
    응용프로그램 설계 346

결 론 347

부록 A Silverlight 기반 SQL Azure 관리 도구 349

데이터베이스 관리자 실행하기 349

데이터베이스 관리자 사용하기 351

부록 B SQL Azure Quick Reference 355

지원되는 T-SQL 구문들 355

부분적으로만 지원되는 T-SQL 357

지원되지 않는 T-SQL 구문 360

지원되는 데이터 형식 361

찾아보기 365

글쓴이에 대하여

- Scott Klein은 Microsoft SQL Server MVP이자 Blue Syntax Consulting의 공동 창업자로, Blue Syntax Consulting은 Azure 플랫폼 교육과 컨설팅에 특화된 기업이다. Scott은 SQL Server 제품을 기반으로 20년 이상의 경력을 보유하고 있으며, 미국 전역의 크고 작은 회사들과 일해왔고, 의료, 금융, 유통업 분야에 이르는 광범위한 고객들과 의사소통하고 있다. Scott은 또한 베테랑 저자이기도 한데, 수많은 책들을 집필해왔으며 그 중에서도 Professional SQL Server XML, Professional LINQ, Pro ADO.NET Entity Framework 4.0을 집필했다. Scott은 남부 플로리다 SQL Server 사용자 그룹의 대표이자 최근 새로 만들어진 Azure PASS Virtual Chapter의 대표이기도 하다. 그는 SQL 토요 이벤트와 각종 사용자 그룹에서 자주 발표자로 활동하며, 최근에는 2008 유럽 PASS Conference에서도 발표자로 서는 행운을 얻기도 하였다.

- Herve Roggero는 Pyn Logic의 공동 창업자로, Pyn Logic은 SQL Server의 고급 보안 기술에 초점을 맞추는 회사이다(www.pynlogic.com). 또한 Blue Syntax Consulting의 공동 창업자이기도 하다(www.bluesyntax.net). Herve는 세계적인 기업은 물론 신생 기업들에서도 소프트웨어 개발, 아키텍처, 데이터베이스 관리, 선임 관리자로서 다양한 역할을 수행해왔다. 지난 15년간 Herve는 교육, 금융, 생활 건강, 관리 컨설팅 및 데이터베이스 보안 부문에서 일해왔다. 그의 최근 경력은 헬스케어 회사에서의 소프트웨어 개발자들의 관리자 역을 담당한 것이다. 그는 2007년부터 .NET과 SQL Server에 대한 전문가로서 프리랜서 활동을 해왔었다. Herve는 ISSA의 회원이며, MCDBA, MCSE, MCSD 등 다수의 자격증을 보유하고 있다. 또한 인디아나 대학의 MBA 과정을 수료하기도 하였다. Herve는 남부 플로리다 SQL Server 커뮤니티에서 다수의 행사에 발표자로 참여하며, SQL 토요 이벤트를 운영하는 등 깊이 있게 이 커뮤니티에 관여하고 있다. 그리고 Azure 플랫폼의 사용을 교육 자료 발굴이나 컨설팅 활동 등 다양한 방면을 통하여 장려하는 일을 꾸준히 해 나아가고 있다.

감수자에 관하여

Fabio Claudio Ferracchiati는 최신 기술에 관한 전문 필자이다. Fabio는 .NET, C#, Visual Basic 및 ASP.NET에 관한 12권 이상의 책의 집필에 참여했고, .NET 부문 Microsoft 공인 솔루션 개발자(MCSD)이고, 이탈리아 로마에 거주 중이다. www.ferracchiati.com에 방문하여 그의 블로그를 구독할 수 있다.

감사의 말

이 책이 나올 수 있었던 데에는 여러 개인들의 끊임없는 아이디어와 작업이 있었기 때문에 가능했다. 누구보다도 우리는 우리들의 아이디어를 실행할 수 있도록 도와준 Apress의 담당 편집자 Jonathan Gennick에게 감사를 표한다. Jonathan의 인내와 이해가 우리들의 작업을 성공적으로 이끌었다. 또한 우리들이 책의 내용에만 집중할 수 있도록 도와준 Apress의 편집자 Anita Castro에게도 감사를 표한다. 아마도 그녀의 도움이 없었다면 우리는 3단원의 집필에 아직도 매달려 있었을지 모르겠다.

이 책에서 제공하는 상당수의 정보들은 매우 친숙하고 너무나도 많은 도움을 주었던 Microsoft의 여러 고마운 사람들 덕분이다. 그들의 기술에 대한 열정과 즐거움은 그들과 같이 일하는 데에 있어서 매우 강렬한 것이었다. 우리는 David Robinson, Liam Cavanagh, Cihan Biyikoglu, Mike Flasko, Michael, Pizzo 그리고 Jack Greenfield에게 감사를 표하며 그들의 훌륭한 지원과 지칠 줄 모르는 도움, 그리고 우리들의 질문에 대한 훌륭한 답변들에 매우 감사히 생각한다.

가족들의 사랑과 지원은 이 세상의 어떤 것과도 바꿀 수 없다. Scott은 특별히 그의 아내와 자녀들이 베풀어준 끝없는 사랑과 이해, 인내에 대하여 깊은 감사를 표한다. 또한 Herve와의 우정에 대해서도 깊은 감사를 표한다.

Herve 역시 그의 가족들의 지지와 이해, 그리고 그를 어떻게 도와주는 것이 좋은지를 아는, 언제나 미소를 함께 지어주는 그의 아내에게 깊은 감사를 표한다. 또한 그는 오랜 친구인 Jim Mullis의 기술에 대한 뛰어난 재능과 열정이 그를 이끌어준 것에 대하여 감사하게 생각한다. 더불어서 친구 Scott Klein에게도 그의 리더십과 겸손, 우정에 대한 조언을 해준 것에 대하여 감사하게 생각한다.

옮긴이의 글

클라우드 컴퓨팅에 대한 다양한 관심과 활발한 활동이 요즈음 눈에 많이 띈다. 그 중에서도 가장 대표적인 활동을 꼽으라고 한다면 역시 개발자들이 클라우드 컴퓨팅에 대해 취하는 자세들이 될 것이다. 전통적으로 Microsoft는 개발자들을 위한 고민을 늘 해왔던 집단이며, 2009년 초반에 발표한 Windows Azure Platform 역시 이러한 고민이 많이 묻어나는 훌륭한 클라우드 플랫폼이라고 생각한다. 그러나 안타깝게도 유독 특정 국가들에서만 출시가 상당히 늦어지는 것이 문제가 되고 있으며, 개발자들이 느끼는 갈증은 그래서 생각 외로 심한 편이라고 생각한다.

이번에 번역한 책에서는 SQL Azure라는 클라우드 서비스를 개발자, IT 전문가, 데이터베이스 전문가들이 어떻게 활용하면 좋을지에 대한 내용을 골고루 다루고 있는데, 이것은 특정 클라우드 서비스에 치우쳐져 있기만 한 것이 아니라, 클라우드 기반의 솔루션을 고민 중인 업계의 사람이라고 한다면 누구나 다들 고민하는 내용들일 것이다. 그렇지만 구체적으로 그러한 고민거리를 실체화하기 위한 방법으로 SQL Azure 데이터베이스를 택한 것으로 보고 이 책을 읽어주었으면 하는 바람이 있다.

또한 이 책에서는 클라우드 기반의 데이터베이스 서비스를 활용하는 동안 발생할 수 있는, 어쩌면 여러분들이 클라우드에 대해서 가졌던 너무나 완고한 믿음을 철저히 깨뜨릴지도 모를 심각한 차이점에 대해서도 정확한 지적을 해주고 있다. 따라서, 클라우드에 대해서 확신이 없는 경우에도, 클라우드에 대해서 너무나 확신을 하는 경우라고 하더라도 이 책은 모두에게 도움이 되어줄 혜안을 줄 것이다.

사실 이 책을 번역하면서 필자 개인적으로 상당히 어려웠던 점이 있다면, 클라우드 서비스 자체는 지속적으로 변한다는 점이다. 이 책이 처음 나왔을 시점으로부터 얼마 지나지 않았음에도 서비스의 신청 방법 자체가 바뀌거나, 구성이 바뀌거나, 새로운 기능이 추가되는 등 굉장히 다양한 변화가 있었다. 이러한 부분들에 대한 조사를 덧붙여 원서의 내용을 훼손하지 않도록 하면서 새로운 업데이트를 추가하는 작업은 상당히 어려운 작업이었다. 그리고 이 책이 여러분의 손에 쥐어지게 될 무렵에도 서비스는 아마 두세 번 이상 얼굴을 바꾸었을지도 모른다. 그러므로 이 책에서 설명하려는 핵심적인 기조는 가지고 가시되, 책에서 설명하는 서비스에 대한 모습이 전부가 아니라는 점을 책을 읽는 동안 독자 여러분들께서 배려해주시는 마음으로 감안해주셨으면 하는 바람 또한 있다.

이 책을 선택해준 독자 여러분께 진심으로 감사 드림을 전한다.

2011년 여름에 독자 여러분께 올림

IT 대한민국은 ITC(Info Tech Corea)가 함께 하겠습니다.
www.itcpub.co.kr

CHAPTER 1

SQL Azure 시작하기

불과 세상에 모습을 드러낸 지 몇 년밖에 되지 않았지만, 클라우드 컴퓨팅은 시작하는 기업들에게는 물론 규모가 큰 기업들에게도 상상력의 구심점이 되어주고 있다. 간단히 생각해보면 클라우드 컴퓨팅은 기존의 전통적인 호스팅 모델로부터 진화한 형태라고 볼 수 있고 그다지 새로운 기술은 아니다. 그렇지만 클라우드 컴퓨팅 자체는 꽤 새로운 컨셉으로 기존의 비즈니스 모델에서는 찾아볼 수 없었던 새로운 기회와 도전 과제들을 포함하는 것이기도 하다. 애자일 프로그래밍이 새로운 소프트웨어 개발 패러다임을 제시한 것처럼, 클라우드 컴퓨팅은 인터넷 기반의 서비스에 대한 새로운 모델이 될 것이다.

■■■ 클라우드 컴퓨팅에 대한 소개

전통적인 호스팅 서비스에 비하여 클라우드 컴퓨팅이 어떤 차이점을 가지는지 한번 살펴보자. 다음은 대규모 클라우드 컴퓨팅 사업자들이 보편적으로 제공하게 될 것이라고 약속하는 일반적인 약속들을 열거해놓은 것이다.

- **자동화된, 그리고 무제한의 확장성 제공**: 이 약속은 만약 여러분의 서비스가 더 많은 자원을 필요로 하는 경우 자동으로 또는 적은 노력만으로도 새로운 자원을 확충할 수 있게 해준다는 것이다. 예를 들어, 만약 여러분이 웹 서비스를 배포하였고, 갑작스럽게 처리량이 많이 몰리는 상황에 이르게 되었을 때, 여러분의 서비스는 자동으로 서버를 추가하여 일시적으로 폭증한 요청들을 처리하고, 필요하지 않을 때에는

적은 수의 서버만을 유지할 수 있도록 하는 것이다.

- **스스로 수행하는 배포:** 이 약속은 만약 여러분의 서비스에 추가적인 서비스나 데이터베이스 등을 추가하기 위하여 서비스 담당자나 서비스 요청 티켓을 작성하여 제출하는 등의 일을 하지 않을 수 있다는 것을 의미한다. 클라우드 서비스 제공자는 이러한 요구 사항에 부응할 수 있는 적절한 도구와 서비스를 여러분이 직접 수행할 수 있도록 제공해줄 것이다.

- **스스로 장애를 극복할 수 있는 능력:** 이 약속은 만약 여러분의 서버 컴퓨터 중 한 대가 갑작스럽게 실패하더라도 그 사실을 아무도 알아차리지 못하게 해줄 것이라는 약속이다. 예를 들어, 어떤 서버 한 대가 갑자기 고장 난 경우 이를 대체할 다른 서버가 즉시 준비된다는 뜻이다.

- **여러분의 요구에 따라 성장하고, 사용한 만큼만 지불하는 서비스:** 이 약속은 여러분이 사용한 만큼만 금액을 지불하면 된다는 것을 의미한다. 예를 들어, 만약 여러분의 서비스가 어떤 날 갑작스럽게 처리량이 몰리다가도, 그 달 내내 서비스 사용량이 적은 상태가 되었을 경우 여러분은 갑작스럽게 처리량이 몰렸던 날의 금액보다 아주 조금 더 비용을 지불하면 되는 것이다.

누가 무엇을 클라우드에서 하는가?

대기업들이 클라우드 기반의 인프라를 만들고 여기에 이제 막 창업한 기업들을 포함하여 소규모 기업들은 클라우드에서 실행 가능한 서비스를 만들고 있다. 어떤 회사들은 컨설팅 서비스를 기획하여 고객들에게 클라우드 기반의 서비스를 구현할 수 있도록 지원을 해주기도 하고, 또 Micorosoft와 같은 회사들은 클라우드 컴퓨팅을 현실로 만들어줄 수 있는 핵심 인프라와 서비스를 기획하기도 한다.

Microsoft는 전통적으로 소프트웨어 공급자로서 알려졌지만, 조금씩 하드웨어 솔루션들에 대해서도 다년간 그 영역을 확장해왔었다. 1990년대 말, Microsoft는 UNISYS, HP, Dell 및 기타 하드웨어 제조사들과 함께 윈도 기반 플랫폼에서 높은 가용성을 구현할 수 있게 하는 특별 서버 제품군인 윈도우 데이터 센터 버전을 만들기도 하였다. 비슷한 시기에, Microsoft는 Microsoft 시스템 아키텍처(MSA)를 완성하기 위한 중요한 자원을 발굴하기 시작하였다. 이 프로그램은 Microsoft 기반의 IT 아키텍처를 계획하고, 배포하고, 관리할 수 있도록 기획된 것이다. 이러한 계획들은 다른 많은 계획들과 더불어서 Microsoft가 높은 가용성과 확장성이 뛰어난 아키텍처에 관한 강력한 전략을 개발할 수 있도록 도움을 주었으며, 클라우드 컴퓨팅 플랫폼을 완성하기 위하여 필수적인 기초 단계를 형성하기도 하였다.

그 후 아마존이 Elastic Compute Cloud(EC2)를 통하여 2005년에 클라우드 컴퓨팅 영역에 처음 도전했다. 그리고 몇 년 후, Google과 IBM 역시 이 시장 안에서 세력을 형성하였고, Microsoft는 2009년 이후부터 클라우드 컴퓨팅에 대한 다양한 계획들을 언급하였는데, 이때 Azure 플랫폼에 대한 이야기도 같이 알려지게 되었다. Azure Platform 및 하위 서비스들은 Microsoft만의 독창적인 구성 요소들을 제공하며, 그 중에서도 트랜잭션 처리가 가능한 데이터베이스 시스템을 SQL Azure라고 이름을 지었다.

보편적인 클라우드 서비스

일반적으로 클라우드 컴퓨팅은 다음의 세 가지 분류에 의하여 구분된다.

- **SaaS(Software as a Service)**: 소프트웨어를 서비스로 제공한다는 것으로, 대개 인터넷을 통해 사용할 수 있는 웹 응용프로그램의 형태로 제공되는 무료 또는 유료 서비스들이다. 이 모델은 이미 수년 전부터 사용되어왔던 것이다.
- **PaaS(Platform as a Service)**: 플랫폼을 서비스로 제공한다는 것으로, 다른 서비스를 사용하거나 배포하는 것을 가능하게 해주고, 클라우드 컴퓨팅에서의 일반적인 수요(예를 들어 사용한 만큼만 지불하는 형태)에 따라 서비스의 규모를 조절할 수 있게 해준다.
- **IaaS(Infrastructure as a Service)**: 인프라를 서비스로 제공한다는 것으로, 클라우드 컴퓨팅과 연관 지어 확장성을 제공할 수 있다.

SaaS, PaaS 그리고 IaaS는 클라우드 컴퓨팅 세계에서 기본적인 빌딩 블록으로 인지된다. 기타 약칭들은 새로운 클라우드 컴퓨팅 서비스를 분류하고 정의하기 위한 취지로 생겨나고 있으며, 그러한 예로 데스크톱을 서비스화한다고 하여 붙여지는 DaaS, 하드웨어를 서비스화한다고 하여 붙여지는 HaaS, 심지어는 연구 용역까지도 서비스화한다고 하여 붙여지는 RaaS까지 나타났다. 이제 머지 않은 시일 내에 모든 알파벳 문자들이 클라우드와 연결되는 이러한 상황을 표현하기 위하여 소비될지도 모르겠다.

■■■ Microsoft Azure Platform 탐험하기

이제 Microsoft Azure Platform의 3대 구성 요소인 Windows Azure, Azure AppFabric, SQL Azure(통칭 Azure Services)에 대하여 탐험해보자. 세 가지 구성 요소 모두 서비스에 높은 가용성을 부여하고 보안이 뛰어난 응용프로그램을 제작할 수 있는 완벽하고도 고유한 기능들을 제공한다.

- **Windows Azure:** 가상의 Microsoft 운영체제 집합으로 여러분의 웹 응용프로그램과 서비스를 클라우드 환경에서 실행할 수 있도록 도와준다. 예를 들어, 여러분은 미화를 유로화 단위로 변환할 수 있는 웹 서비스를 만들어서 그 서비스를 Windows Azure에 배포하고, 필요에 따라 서비스의 운영 규모를 자동으로 조절하도록 만들 수 있는 것이다. 참고로, Windows Azure는 .NET 응용프로그램뿐만 아니라 PHP 기반 응용프로그램 등 다양한 개발 환경을 지원한다.

- **Windows Azure AppFabric:** 몇 가지 핵심 기능들을 제공하는 서비스 집합으로 액세스 제어를 위한 연동 인증과 메시지 기반의 구독자와 제작자 토폴로지를 위한 서비스 버스를 제공한다.

- **SQL Azure:** Microsoft의 클라우드 컴퓨팅 대응을 위한 트랜잭션 기능 제공 데이터베이스 시스템으로 SQL Server 2008 제품을 기반으로 한다. 예를 들어, 여러분은 여러분의 고객 정보 데이터베이스를 SQL Azure 클라우드 환경에 저장하고, Windows Azure 환경에 배포된 서비스들이 SQL Azure 상의 고객 정보 데이터베이스를 사용하도록 만들 수 있다.

그림 1-1은 Microsoft Azure Platform을 기반으로 하였을 때 기업의 환경이 얼마나 단순해지는지를 보여주는 다이어그램이다. 이 다이어그램은 사실 지나치게 축약된 감이 없지 않으나, 한 가지 중요한 메시지를 전달하고 있다. Microsoft Azure가 기업의 환경을 안전하게 웹 응용프로그램, 서비스, 메시지 교환, 데이터 저장에 이르기까지 모든 영역에 걸쳐서 확장할 수 있도록 도울 수 있다는 것이다.

왜 Microsoft Azure인가?

'왜' 그러한 것인가라는 질문은 기초적이면서도 자주 등장하는 질문이다. 누가 Windows

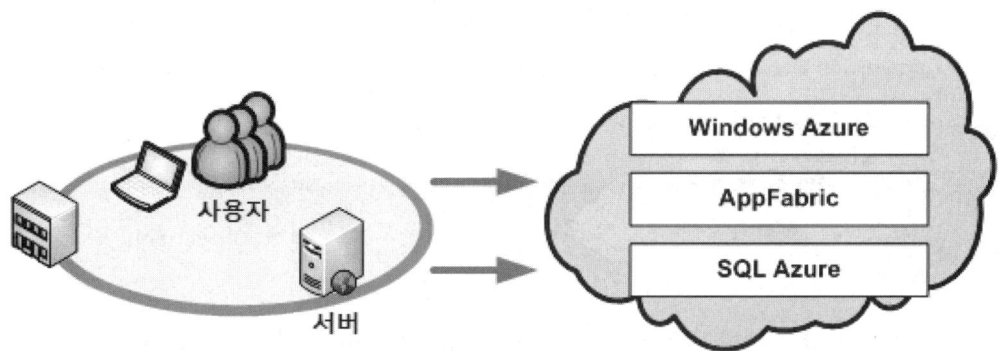

그림 1-1 Microsoft Azure 플랫폼 개요

Azure 환경을 기반으로 응용프로그램을 개발하는 것에 관심이 있어하는 것일까? 이 질문에 답을 하기 위해서는 웹 플랫폼의 발전 이력으로 거슬러 올라가야 한다.

약 15년 전의 인터넷은 사설 게시판 시스템(BBS), GOPHER 서비스 그리고 미화 500달러짜리 9600BPS 모뎀이 전부였으며, 당시에는 인터넷이 기술로서 정착할 수 있을 것인가에 대한 질문이 지배적이었다. 그 질문에 대한 답이 나왔지만, 사실 그 이후로도 수많은 새로운 컨셉들과 함께 성장을 계속해왔으며, 여기에는 우리가 잘 아는 웹 사이트, 호스팅 센터 그리고 SaaS에 이르기까지 많은 것들이 있었다.

이러한 진화들은 한 가지 공통적인 주제를 가지고 있는데, 결합 정도를 최소화하고 분포를 확산시키는 것(Decoupling)이다. 사설 게시판 시스템들은 도서관에 갇혀있는 정보들을 확산시켰으며, 호스팅 센터들은 특정 기업 내에 종속된 하드웨어들을 떼어내 생각할 수 있는 시스템을 만들었으며, SaaS는 기업 내 컴퓨터에서 실행되는 복잡한 응용프로그램들의 결합 수준을 줄였다.

Microsoft Azure 위의 클라우드 컴퓨팅은 실질적인 물리적 저장 장치와 상세한 구현으로부터 컴퓨팅 유연성을 자연스럽게 진화시킨 것으로 이를 통해 소프트웨어 솔루션의 결합 수준을 낮추었다. 예를 들어, Windows Azure에서 어떤 서비스를 배포하는 것은 해당 컴퓨터가 실제로 어떤 서비스 또는 핵심 구성 요소들(IIS의 버전, 운영체제에 설치된 패치, 기타 등등)이 배치되어 있는지에 대한 지식을 요구로 하지 않는다. 아마 실제로 여러분의 소프트웨어가 어떤 PC에서 실행되는지도 모를 것이다. Windows Azure 서버에 연결하는 것은 모두 논리적인 이름에 근거하여 동작하는 것으로 이는 마치 SQL Azure 데이터베이스에 연결하는 것과 동일하다.

실제 하드웨어로부터 데이터와 서비스를 분리하는 능력 그 자체는 매우 강력한 것이다. 비록 아직 이러한 시도가 초창기 단계에 있긴 하지만, Microsoft의 Azure 환경은 다음의 비즈니스 환경을 번창시켜줄 수 있을 것이다.

- **한 철 응용프로그램**: 특정 기간에만 집중적으로 사용량이 증가하는 경향이 있는 웹 사이트와 응용프로그램의 경우 클라우드 컴퓨팅의 Pay as you go 모델의 혜택으로 비용을 절약할 수 있다.
- **짧은 생명 주기**: 이벤트 등록 사이트와 같이 잠깐 사용하고 말 응용프로그램이나 응용프로그램의 시험 버전(Prototype)을 개발하는 것 또한 매력적일 수 있다. 또한 원격지에서 일하는 팀을 위한 테스트 환경을 개발하기 위해 사용할 수도 있다.
- **저장소 분할**: 저장소를 안전한 위치에 보관해야 하지만 그다지 자주 사용하지 않거나 혹은 굉장히 자주 사용하는 데이터를 필요로 하는 응용프로그램에게 클라우드 컴퓨팅이 필요할 수 있다. 응용프로그램이 데이터를 SQL Azure 또는 데이터 저장소 형식에 맞추어 저장하도록 만들면 이러한 목적을 달성할 수 있을 것이다.
- **소기업 및 독립 소프트웨어 벤더(ISV)**: 크고 복잡한 인프라를 관리할 여건이 되지 않는 소기업은 Microsoft Azure의 저렴하고 믿을 수 있는 인프라의 혜택을 누리면서 비즈니스를 시작할 수 있을 것이다. 독립 소프트웨어 벤더들 역시 클라우드 컴퓨팅의 이점을 누릴 수 있는데, 예를 들어, ISV는 SQL Azure를 사용하여 응용프로그램의 로그를 저장하고 인터넷에 항시 연결된 상태가 아닌 지역적으로 분단된 다수의 위치로부터 수집된 데이터를 중앙에서 쉽게 보고받을 수도 있을 것이다.

2장의 내용을 참고하여 Azure 플랫폼을 사용하는 디자인 패턴과 응용프로그램 시나리오에 대한 내용을 살펴볼 수 있다.

지리적 위치에 대하여

높은 수준의 가용성 확보를 위하여, Microsoft는 지역적으로 분산된 데이터 센터를 운영하여 고객이 지리적으로 분산된 서비스를 택할 수 있도록 하였다. Azure 기반 서비스를 만들기로 하였을 때, 여러분은 고객들의 실제 위치에 가장 가까운 서버를 택하여 최적의 서비스 속도를 유지할 수 있도록 할 수 있다. 이러한 기능을 Windows Azure Geolocation이라고 한다.

처음에는 여러분의 회사 위치에 가까운 데이터 센터를 택하여 성능을 높이는 것에 대해서만 관심을 가질 수 있다. 그러나 Azure 서비스의 응답 시간에 대한 중요도가 높아질수록, 다른 데이터 센터 위치를 택하게 될 가능성도 높아질 수 있다. 지리적 위치를 선택할 때에는, 다음의 사항을 고려해야 한다.

- **성능**: 실제 사용자들과 위치가 가까울수록, 네트워크 대기 시간은 획기적으로 낮아지며, 사용자 경험을 향상시킬 수 있다.
- **재해 복구**: 만약 여러분의 클라우드 플랫폼의 중요성이 크다고 확신하는 경우, 여러분의 서비스를 지리적으로 여러 위치에 분산시키는 것을 선호할 것이다.
- **법률 사항**: 어떤 종류의 정보가 클라우드 상에 저장될 것인지 고려하고 특정 규제나 법령에 저촉되지 않는 범위에서 원격지의 데이터 저장소를 선택할 수 있도록 확실히 해야 한다.

이 책을 쓰는 시점에서, 여러분은 다음의 지리적 위치 중 한 곳을 택할 수 있다.

- 아시아 전 지역
- 유럽 전 지역
- 미국 전 지역
- 미국 북부 중앙
- 유럽 북부
- 미국 남부 중앙
- 동남아시아

덧붙여서, Affinity Group을 형성하여 관련이 있는 Azure 서비스를 한데 묶을 수 있다. 이러한 그룹은 Microsoft Azure 플랫폼 내에 배포된 Windows와 데이터 서비스 사이에 지리적 종속성을 형성하게 된다. 만약 Microsoft가 법적 규제에 의하여 서비스의 지리적 위치를 변경하는 것을 강요 받게 되더라도, 여러분이 설정한 Affinity Group의 내용을 근거로 같이 움직일 수 있게 만들 것이다. 예를 들어, 여러분이 SQL Azure 데이터베이스를 사용하는 Azure 응용프로그램을 개발하여 배포하였다면 여러분은 같은 Affinity Group 내에, 지리적으로 동일한 위치에서 서비스가 기동되기를 원할 것이다.

시간이 지나면서 추가적인 위치들이 더 추가되어 나갈 것이다. 그 결과로, 여러분은 정기적으로 여러분의 서비스가 지리적으로 합당한 위치에 있는지 평가하고 재배치하는 작업에도 신경을 써야 할 수도 있다.

Azure에서 데이터 저장하기

클라우드 컴퓨팅은 여러분이 생각하는 것처럼 단순하지만 확장 가능한 방식으로 데이터를 저장할 수 있는 최고의 방법이다. Microsoft Azure 플랫폼은 이러한 면에 있어서 여러분을 실망시키지 않을 것이며 또한 다양한 저장소 모델을 제공한다. 이 섹션에서는 Azure 환경에서 데이터를 저장할 수 있는 주요 방법 네 가지를 간단히 요약하며 그 중 세 가지 접근 방법은 Azure 서비스의 일부로 고려할 수 있다.

그림 1-2에서는 저장소 옵션과 사용 가능한 액세스 기법들을 요약하여 보이고 있다. Windows Azure에 의하여 제공되는 저장소 옵션 전체는 Windows Azure Storage로 불리며, BLOB, 테이블, 큐 저장소를 포함한다. Windows Azure Storage는 기업 환경에서 HTTP 또는 HTTPS 프로토콜을 사용하여 직접 사용될 수 있으며, Microsoft Azure Platform에 간단히 적용할 수 있다. Windows Azure Storage와 더불어서, 소비자는 SQL Azure 데이터베이스에 대하여 ADO.NET, ODBC 등을 이용하여 직접 요청을 할 수도 있는데, SQL Server가 제공해왔던 Tabular Data Stream(TDS) 프로토콜을 SQL Azure에서도 사용할 수 있기 때문이다. 이로 인해, SQL Server 데이터베이스에 연결되었던 응용프로그램과 서비스들이 SQL Azure 데이터베이스에도 손쉽게 연결될 수 있는 이점을 지니게 되었다.

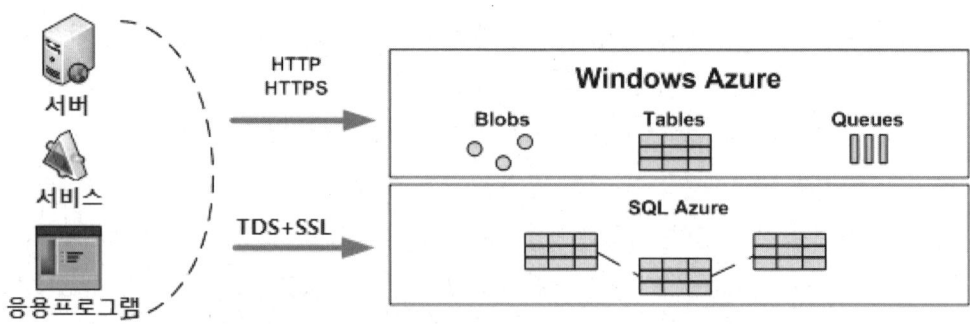

그림 1-2 Microsoft Azure 환경에서의 데이터 저장소 접근

다음은 네 가지 유형의 데이터 저장소에 대한 상세한 설명이다.

- Azure 서비스 저장소. Azure 서비스는 특정한 요구 사항에 잘 맞추어진 세 가지의 서로 다른 성격의 저장소를 제공한다.
    - **테이블:** 이름으로 구분 가능한 값들의 집합을 대량으로 저장할 수 있는 저장소로, 이 저장소 모델은 기본적으로 로드 밸런싱과 자동 장애 극복 기능을 내장하고 있다. 이 저장소 모델은 테이블로 불리는데, 그 이유는 한 행에 여러 개의 값을 저장할 수 있기 때문이다. 그러나 일반적인 데이터베이스처럼 트랜잭션 저장소의 메커니즘을 구현하지는 않고 있는데, 인덱싱과 테이블 간 결합 연산은 지원되지 않는다. 또한, 테이블 열에 지정할 수 있는 데이터에도 제약이 있는데, 예를 들어 문자열 데이터 형식의 경우 64KB 이내의 데이터만 저장할 수 있다.
    - **BLOB:** 각 BLOB 당 최대 50GB의 데이터를 저장할 수 있는, 파일을 저장하기 위한 저장소이다. Representational State Transfer(REST) 방식의 호출을 HTTP 요청을 통해서 쉽게 수행할 수 있고 파일 다운로드는 일반적인 HTTP 프로토콜 기반이다.
    - **큐:** 다른 응용프로그램이나 서비스에서 소비할 수 있는, 가용성이 높은 메시지 저장소이다. 보통은 XML 메시지를 큐에 저장하고 전송하기 위한 목적으로 사용된다. 큐를 사용하는 것에는 제약이 따르지만, REST 방식을 이용하여 큐에 접근할 수 있다.
- **SQL Azure:** SQL Azure는 트랜잭션을 지원하는 데이터베이스로서, ADO.NET이나 기타 T SQL 구문을 지원하는 전통적인 다른 모든 데이터 연결 방법을 이용하여 데이터를 관리할 수 있다. SQL Azure의 데이터베이스는 여러분이 선택하는 Edition의 종류에 따라 1GB에서부터 시작하여 더 큰 데이터베이스 용량을 택할 수 있다.

표 1-1은 Azure 플랫폼에서 사용할 수 있는 데이터 저장소의 성격들을 요약한 것이다.

표 1-1 Azure에서 사용 가능한 저장소의 종류

저장소 방식	최대 크기	접근법	형식	관계 지향형
테이블	무제한	ADO.NET & REST	행과 열	아니오
BLOB	50GB	REST	파일	아니오
큐	8KB 이내	REST	문자열	아니오
SQL Azure	1GB부터 시작	ADO.NET	행과 열	예

SQL Azure 준비하기

지금까지 살펴본 대로 SQL Azure는 SQL Server 기술을 기반으로 만들어진 관계형 데이터베이스 엔진이라는 것을 알 수 있었을 것이다. SQL Azure는 SQL Server에서 제공하는 수많은 기능들, 예를 들어 테이블, Primary Key, 저장 프로시저, 뷰와 같은 기능들을 모두 지원한다. 이번 섹션에서는 SQL Azure를 사용하기 위해서 처음 시작하는 과정을 설명하고, Azure 서비스를 어떻게 신청하는지에 대해 살펴볼 것이다. 그리고 데이터베이스와 계정을 어떤 방법으로 생성하며 로그인 할 수 있는지에 대해서도 이야기할 것이다.

■ **역자 NOTE** Pro SQL Azure가 집필될 당시의 Windows Azure 서비스와는 달리 현재는 많은 개선과 변경 사항이 있었으며, 이러한 부분들에 대한 정확한 정보 전달을 위해 원서에 없던 새로운 내용을 포함 초월 번역이 있었거나, 혹은 정보의 유효성이 없기 때문에 삭제한 것이 있을 수 있음을 미리 알린다.

Azure 서비스 신청하기

Windows Azure 서비스를 신청하기 위해서는 Windows Azure 웹 사이트 상의 가격 안내 페이지를 방문해야 한다. 웹 사이트 주소는 http://www.microsoft.com/windowsazure/offers/이며, 아래 그림 1-3에서 보여주는 것과 같은 상품을 제공한다.

이 페이지에서 여러분의 상황과 요구 사항에 알맞은 상품을 선택할 수 있으며, 적당한 상품을 선택한 후 상품 옆의 Buy 버튼을 클릭하여 구매 절차를 진행할 수 있다. 이 과정이 끝나면, 여러분은 Windows Azure 플랫폼을 설정하기 위한 구체적인 절차가 포함된 메일을 받을 수 있다.

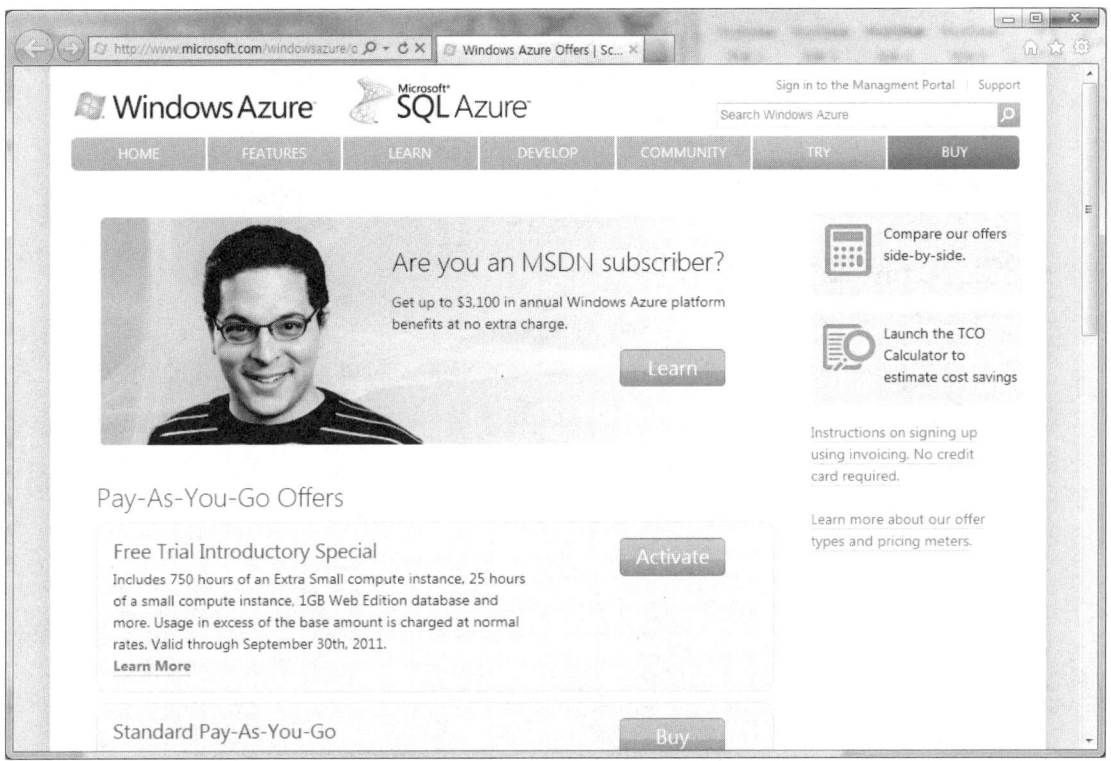

그림 1-3 Windows Azure 상품 종류 선택하기

2010년 말부터 새롭게 단장한 Windows Azure 포탈 사이트에 접속하면 Windows Azure 는 물론 SQL Azure, AppFabric 및 관련된 모든 서비스들을 살펴볼 수 있는 새로운 사용자 경험을 제공한다. 이전 버전의 포탈 사이트들은 2011년 후반에 모두 서비스가 종료될 예정에 있다. 새 Windows Azure 포탈 사이트에 접속하려면 다음의 주소를 이용한다.

- http://sql.azure.com

Azure 계정을 만들기 위한 단계별 안내를 보려면 3장의 내용을 보면 된다. Azure 계정을 만들 때 SQL Azure를 위한 관리자 계정을 만들어야 하는데, 이 계정은 데이터베이스를 추가로 생성하거나 다른 로그인 계정을 만들기 위하여 필요하다.

SQL Azure 데이터베이스 생성하기

SQL Azure 서버가 생성되면, 마스터 데이터베이스가 기본적으로 자동으로 생성된다. 이 데이터베이스는 읽기 전용이며 여러분의 데이터베이스에 대한 기본적인 설정과 보안 정보를 내장하고 있다. SQL Azure 포털 사이트 또는 T-SQL 구문을 이용하여 마스터 데이터베이스를 다룰 수 있다.

■■■ SQL Azure 포탈 사용하기

새로운 데이터베이스를 만들기 위해서는 SQL Azure 애플릿을 사용할 수 있다. 아래 그림 1-4에서 보이는 것과 같이 Database 아이콘을 클릭한다. 이어서 상단의 Subscriptions 폴더 아래에 여러분이 신청한 Subscription의 이름을 클릭한다. 생성된 데이터베이스 서버가 있으면 그림 1-4와 같이 서버가 열거된다.

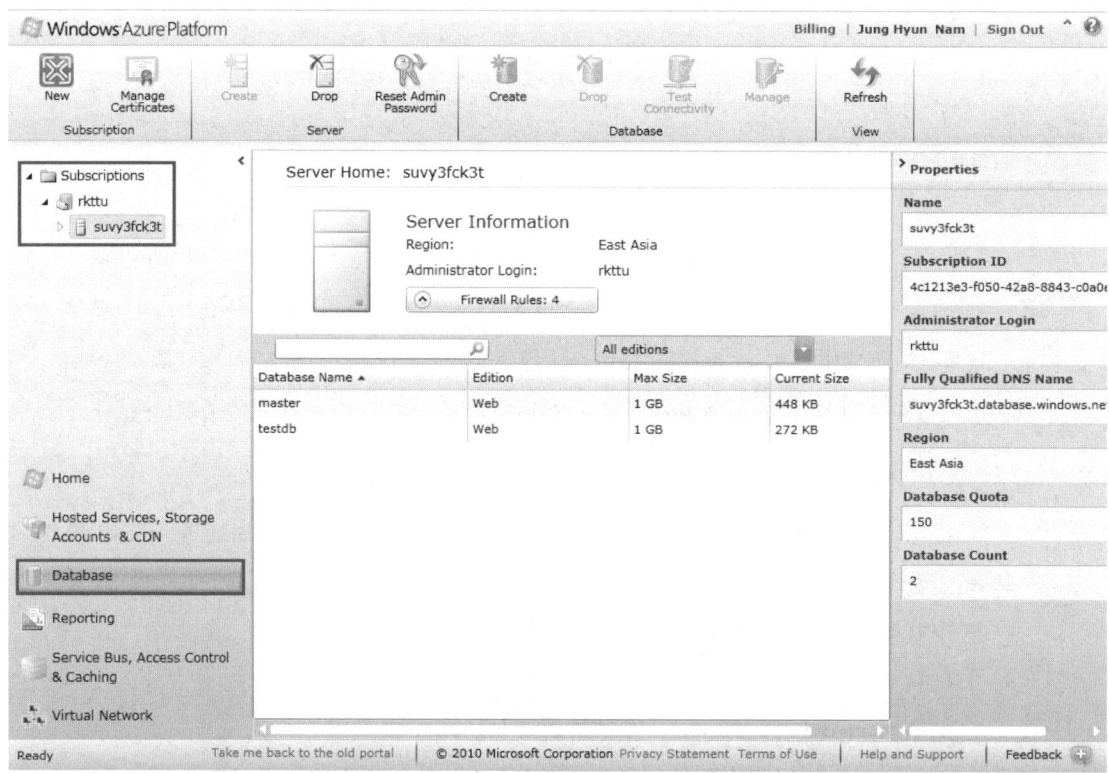

그림 1-4 SQL Azure 데이터베이스

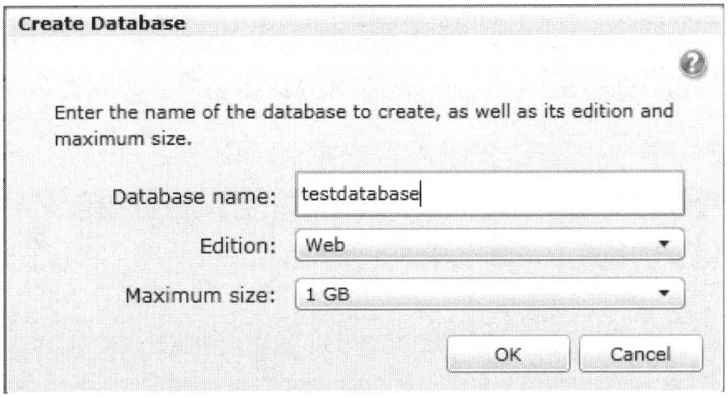

그림 1-5 새 SQL Azure 데이터베이스 생성하기

새로운 데이터베이스 서버를 생성하려면 신청할 Subscription을 선택하고, 상단의 리본 도구 모음의 버튼들 중에서 Create 버튼을 클릭한다. 이렇게 하면, 작은 팝업 창이 그림 1-5와 같이 열릴 것이다. 데이터베이스 이름을 입력하고, Web과 Business Edition 중 데이터베이스 상품의 종류를 선택한다. Web Edition은 1GB와 5GB 용량 중 하나를 택할 수 있으며, 더 큰 용량이 필요하다면 Business Edition을 이용하여 10GB부터 50GB까지, 10GB 단위로 용량을 택할 수 있다.

■ **NOTE** 매달 책정되는 요금은 데이터베이스의 크기에 따라 매우 다양하다. 좀 더 자세한 정보를 보려면 이 장 다음의 정보를 참고하거나, http://www.microsoft.com/azure에 게시되어 있는 공식 정보를 확인하는 것을 권장한다.

■■■ T-SQL 명령어를 사용하여 만들기

T-SQL 명령어를 사용하여 데이터베이스를 만드는 것은 단순하다. 그 이유는 SQL Azure의 데이터베이스는 Microsoft에 의하여 관리되기 때문이며, 단순히 몇 가지 옵션만이 여러분에게 제공되기 때문이다. 추가적으로, 새로운 데이터베이스를 만들기 위해서는 반드시 마스터 데이터베이스에 연결되어 있는 상태여야 한다. 새 데이터베이스를 만들기 위해서는, 관리자 계정 또는 dbmanager 역할에 속한 사용자와 연결된 로그인 계정으로 접

속하여 다음과 같이 T-SQL 명령을 실행하면 된다.

CREATE DATABASE mydatabase(MAXSIZE = 1 GB)

이전에 논의했던 것처럼, 데이터베이스의 크기는 1GB, 5GB, 10GB, 20GB, 30GB, 40GB, 50GB 중 선택이 가능하다. 만약 MAXSIZE 매개 변수를 생략하게 되는 경우 데이터베이스의 크기는 기본값인 1GB로 선택되어 생성된다.

방화벽 설정하기

SQL Azure는 여러분을 대신하여 방화벽을 구현하고 있다. 이는 데이터베이스를 보호하는 것에 많은 도움을 준다. 사실, 기본 방화벽 정책은 '아무도' 연결할 수 없게 하는 것이다. 아무도 접속할 수 없게 만드는 것을 기본으로 택하는 것은 좋은 보안 정책인데, 왜냐하면 여러분이 어떤 IP 주소만을 선택적으로 접속할 수 있도록 허용할 것인지에 집중하여 의사 결정을 할 수 있도록 돕기 때문이다.

다음의 단계들을 거쳐 SQL Azure 서버에 접근이 필요한 컴퓨터의 새로운 IP 주소 또는 IP 대역을 추가할 수 있다.

1. 방화벽 설정을 구성할 서버를 트리 뷰에서 선택한 다음, 서버 요약 정보 패널의 Firewall Rules 버튼을 클릭하면 그림 1-6과 같은 방화벽 설정 패널이 나타난다.

2. Add 버튼을 클릭한다. 알아보기 쉬운 이름을 지정하고, 접속을 허가할 IP 주소를 첫 번째 IP 주소 입력 상자에 입력한다. 특정 IP 주소만을 허용하려면 두 번째 IP 주소에도 첫 번째 IP 주소와 같은 IP 주소를 다시 입력한다(그림 1-7 참조).

만약 방화벽이 어떤 이유에서 제대로 설정되지 않은 경우, 여러분은 그림 1-8과 같이 SQL Server Management Studio를 통하여 접속하려고 하였을 때 접속 오류 메시지를 볼 수 있다. 이 오류 메시지는 마치 로그인 과정에서 실패한 것처럼 보여지지만, 구체적인 설명을 보면 특정 IP 주소에 대한 접속이 서버로부터 거부된 것임을 알 수 있다.

■ **NOTE** 여러분이 지정한 새로운 방화벽 정책이 반영되기까지 다소 시간이 걸릴 수 있다.

또한 여러분은 관리자 계정으로 접속한 상태에서 마스터 데이터베이스가 제공하는 다음의 T-SQL 개체를 통하여 방화벽 설정을 직접 편집하거나 살펴볼 수 있다.

제1장 SQL Azure 시작하기 ■ 15

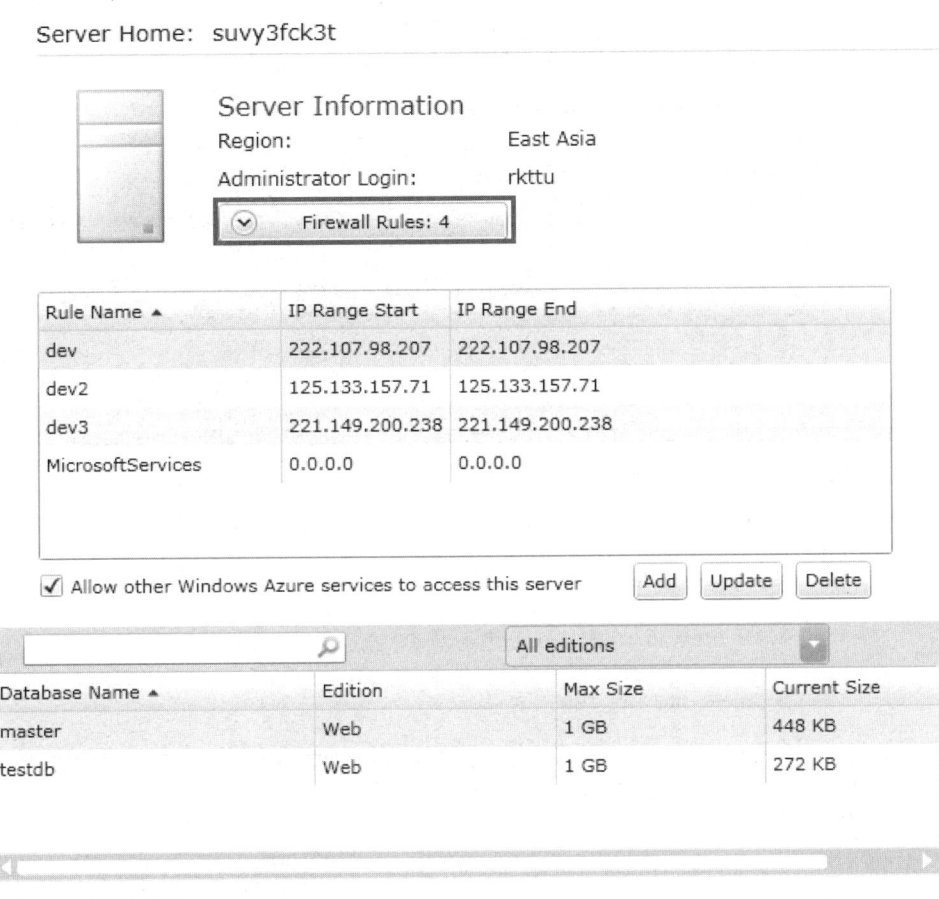

그림 1-6 방화벽 설정

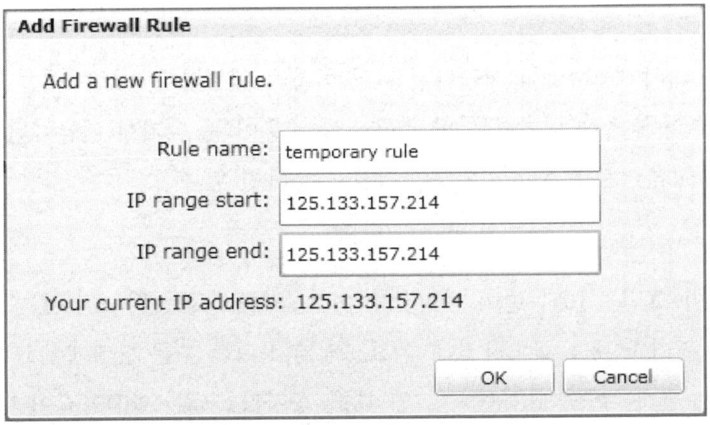

그림 1-7 새 방화벽 정책 만들기

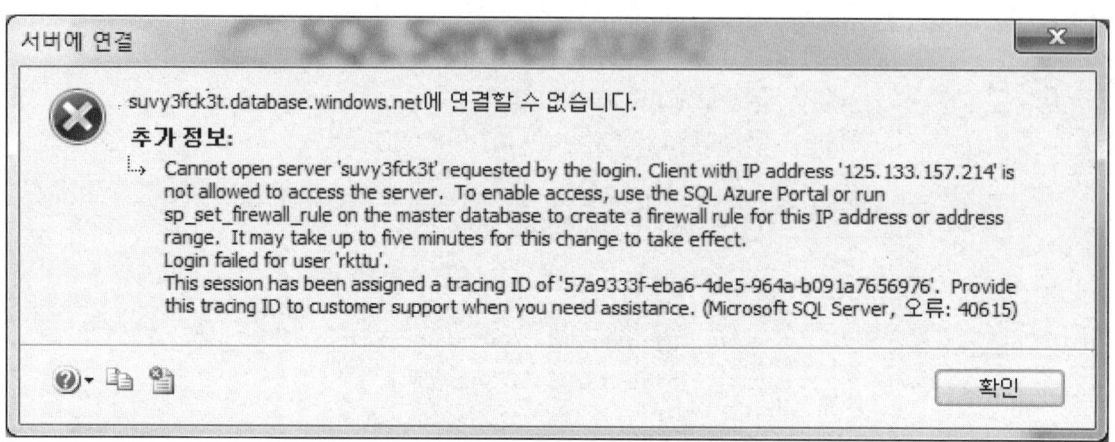

그림 1-8 방화벽 정책에 따라 접속이 차단된 경우 나타나는 오류

- sys.firewall_rules
- sp_set_firewall_rule
- sp_delete_firewall_rule

이제 여러분은 SQL Azure 데이터베이스의 설정을 끝마쳤고, 본격적으로 흥미로운 내용을 살펴볼 차례이다.

SQL Server Management Studio로 연결하기

SQL Azure 데이터베이스에 접속하기 위하여 SQL Server Management Studio를 사용하려면 아래의 단계들을 거친다.

1. SQL Azure 데이터베이스의 정규화된 서버 이름이 필요하다. 그림 1-9는 SQL Azure 애플릿 화면의 우측에 나타나는 Properties의 내용이다. 여기서 정규화된 서버 이름은 Fully Qualified DNS Name 속성의 값을 사용하면 된다.

2. SQL Server Management Studio를 시작한다.

3. 로그인 창이 그림 1-10과 같이 나타날 것이다. 자동으로 나타나지 않는 경우, 도구 모음의 새 쿼리 버튼을 클릭하거나, 키보드의 Ctrl 키를 누른 상태에서 N키와 A키를 순서대로 누른다. 이렇게 하면 로그인 대화 상자가 그림 1-10과 같이 나타나는데, 이 창에서 다음의 정보들을 입력한다.

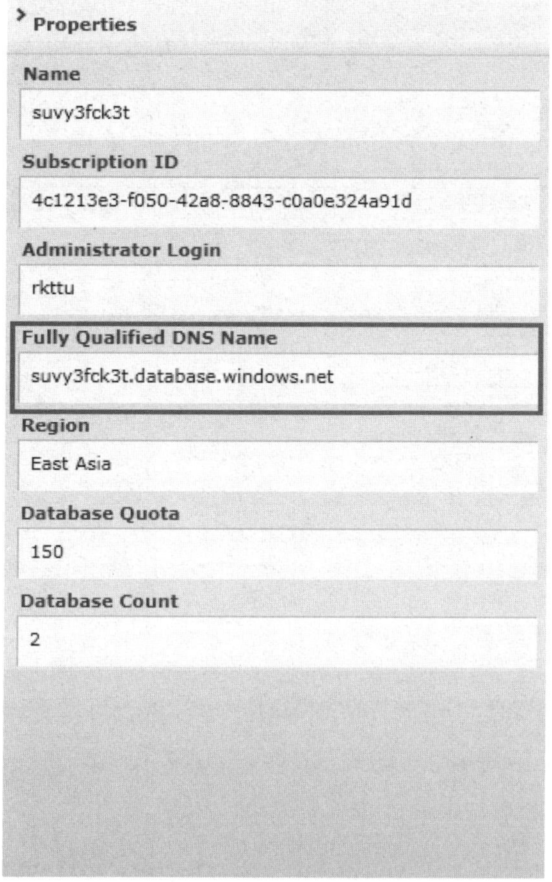

```
Properties
Name
suvy3fck3t
Subscription ID
4c1213e3-f050-42a8-8843-c0a0e324a91d
Administrator Login
rkttu
Fully Qualified DNS Name
suvy3fck3t.database.windows.net
Region
East Asia
Database Quota
150
Database Count
2
```

그림 1-9 SQL Azure 서버의 이름을 확인하는 방법

- **서버 이름:** 그림 1-9에서 설명한 정규화된 서버 이름을 입력한다.
- **인증:** SQL Server 인증을 선택한다.
- **로그인:** 처음 SQL Azure 데이터베이스를 만들었을 때 지정하였던 데이터베이스 관리자 계정의 ID를 여기에 입력한다.
- **암호:** 처음 SQL Azure 데이터베이스를 만들었을 때 지정하였던 데이터베이스 관리자 계정의 암호를 여기에 입력한다.

기본적으로, 연결 버튼을 클릭하면 마스터 데이터베이스에 접속하려고 시도하게 된다. 만약 다른 데이터베이스로 직접 접속하기를 원한다면, 옵션 버튼을 클릭하여 연결할 데

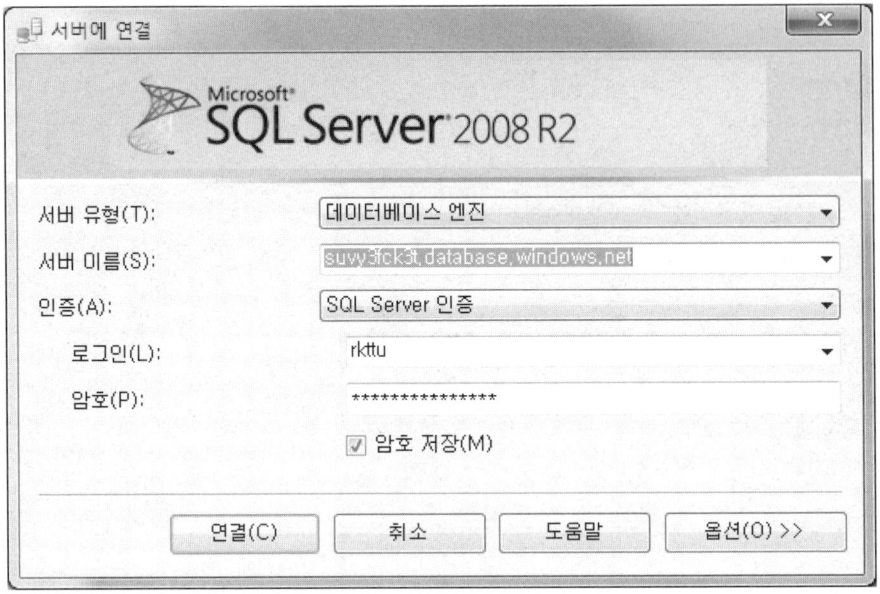

그림 1-10 SQL Azure 서버에 접속하기

이터베이스 입력란에 여러분이 직접 연결할 데이터베이스 이름을 그림 1-11과 같이 지정한다. 여기서 주의할 점은 데이터베이스 이름이 열거되는 것이 아니라 반드시 여러분이 철자에 유의하여 정확히 이름을 입력해야 한다는 것이다.

4. 모든 준비가 끝나면 연결 버튼을 클릭한다. 새 쿼리 창이 열리면서, T-SQL 명령을 SQL Azure 데이터베이스에 전송할 수 있도록 모든 준비가 끝이 난다.

■ **NOTE** 데이터베이스에 연결한 이후, 다른 데이터베이스로 이동하기 위해서는 반드시 연결을 재설정해야 하는데, 이때 다른 데이터베이스를 선택하기 위해서는 앞에서 설명한 것처럼 연결할 데이터베이스 이름 입력란을 이용해야 한다. 전통적으로 사용하는 USE 명령은 SQL Azure에서 지원되지 않으며, 데이터베이스 간 문맥 교환이 허용되지 않는다. 이는 데이터베이스가 물리적으로 서로 다른 서버에서 실행되기 때문이며, 이에 따라 데이터베이스 사이를 전환하기 위해서는 반드시 다시 연결해야 한다.

그림 1-12에서는 SQL Azure에 연결된 쿼리 창에서 단순한 명령어가 실행된 결과를 보여준다.

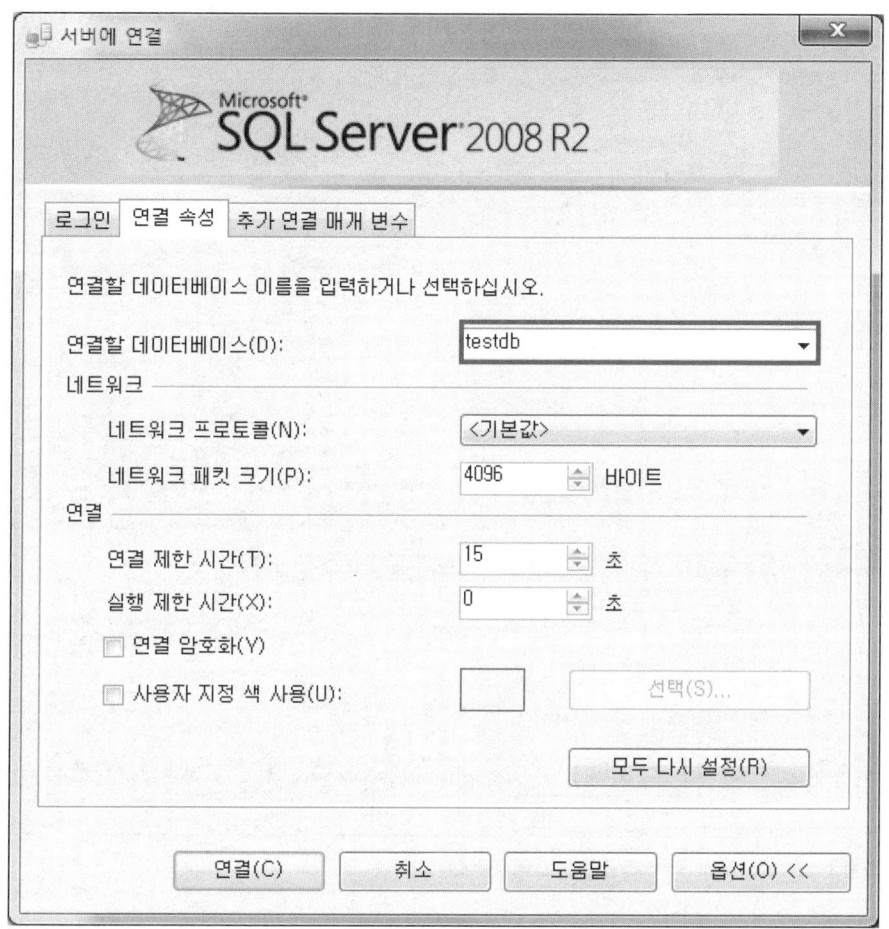

그림 1-11 접속 대상으로 master 데이터베이스 대신 특정 데이터베이스를 직접 지정하기

새로운 로그인 계정과 사용자 만들기

SQL Azure에서 새로운 로그인 계정을 만들고 사용자를 만드는 것은 기존의 SQL Server와 거의 유사하지만 일부 제약이 따른다. 새로운 로그인 계정을 만들기 위해서는 반드시 마스터 데이터베이스에 연결된 상태여야 한다. 이 상태에서 여러분은 CREATE LOGIN 명령어를 사용하여 새로운 로그인 계정을 만들 것이다. 그리고 여러분은 데이터베이스 내에 사용자 계정을 생성한 후 사용자와 로그인 계정 사이를 연결하고 권한을 할당하는 작업을 수행해야 한다.

20 ■ 제1장 SQL Azure 시작하기

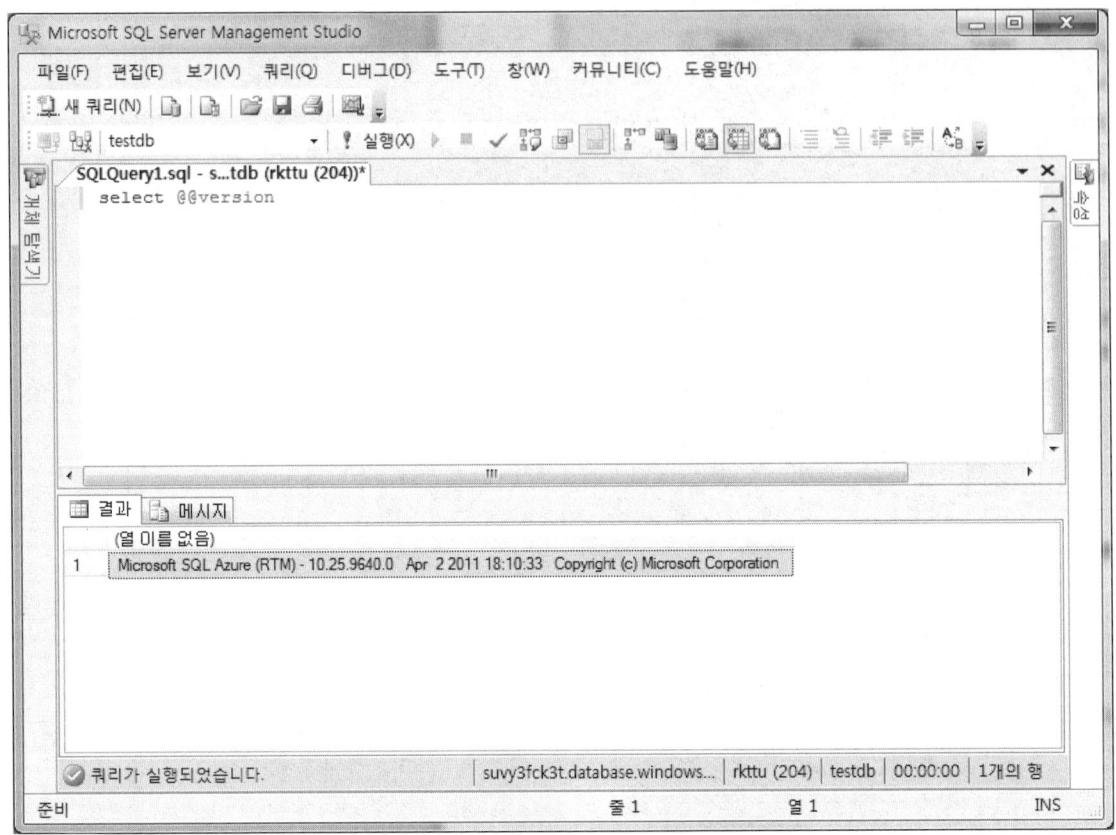

그림 1-12 SQL Azure에서 간단한 SQL 명령문 실행하기

■■■ 새 로그인 계정 만들기

새로운 로그인 계정을 만들기 위해서는 마스터 데이터베이스에 관리자 계정 또는 loginmanager 역할이 할당된 다른 계정을 이용하여 접속한 후, 다음의 명령어를 실행해야 한다.

CREATE LOGIN test WITH PASSWORD = 'T3stPwd001'

이 시점에서, 새 로그인 계정 test가 유효할 것이다. 그러나 사용자 계정이 만들어지기 전까지 로그인 계정은 유효하지 않을 것이다. 로그인 계정이 정상적으로 만들어졌는지 검증하기 위하여 아래의 명령어를 실행하면 그림 1-13과 같이 결과가 나타날 것이다.

select * from sys.sql_logins

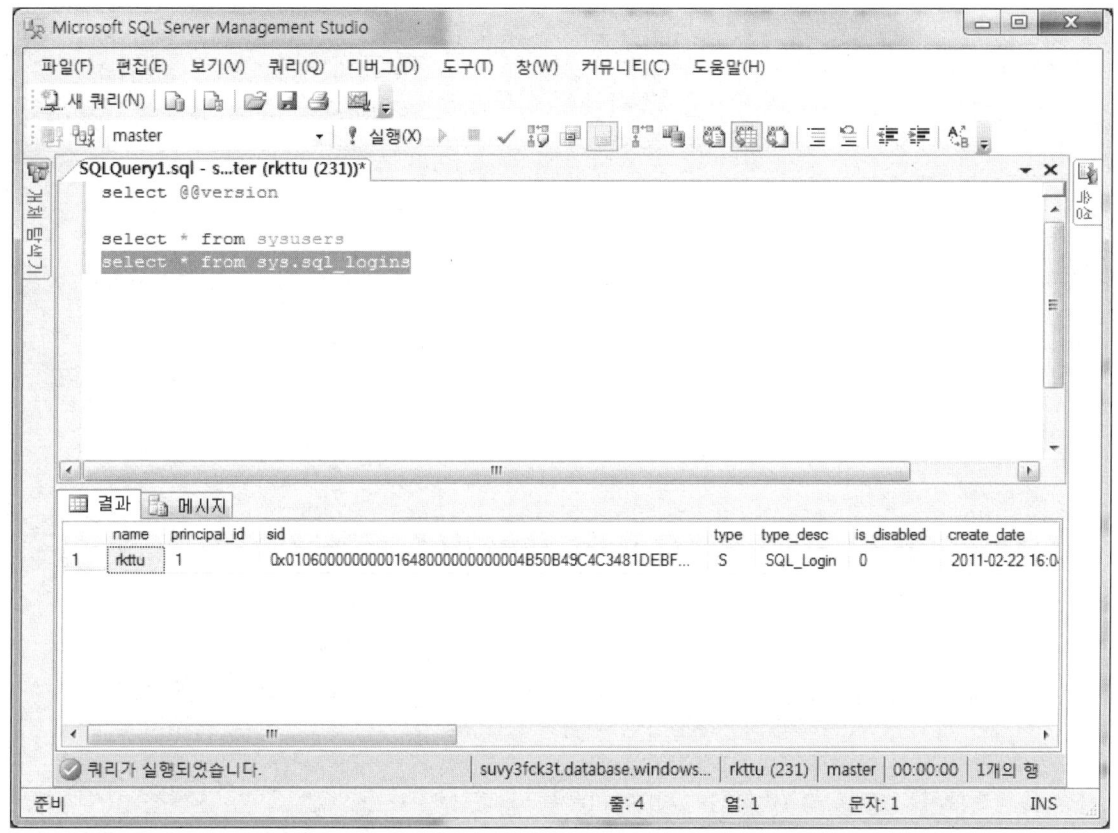

그림 1-13 master 데이터베이스에서 SQL 로그인 계정 확인하기

만약 사용자 데이터베이스 위에 로그인 계정을 만들기 위하여 작업을 시도하였다면 그림 1-14와 같은 오류 메시지가 나타날 것이다. 로그인 계정은 반드시 마스터 데이터베이스에서만 만들 수 있다.

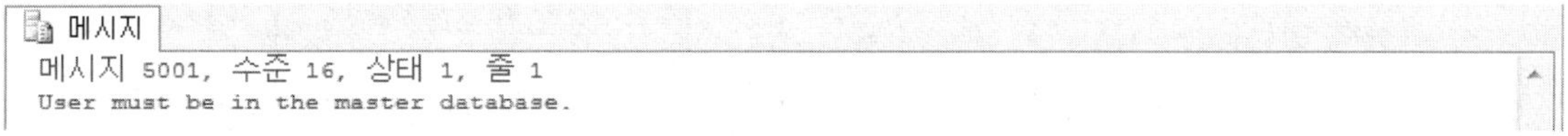

그림 1-14 사용자 데이터베이스에서 로그인 계정을 생성하려는 경우 발생하는 오류

만약 지정한 암호가 일정 수준 이상의 복잡도를 만족하지 못하는 경우, 그림 1-15와 같

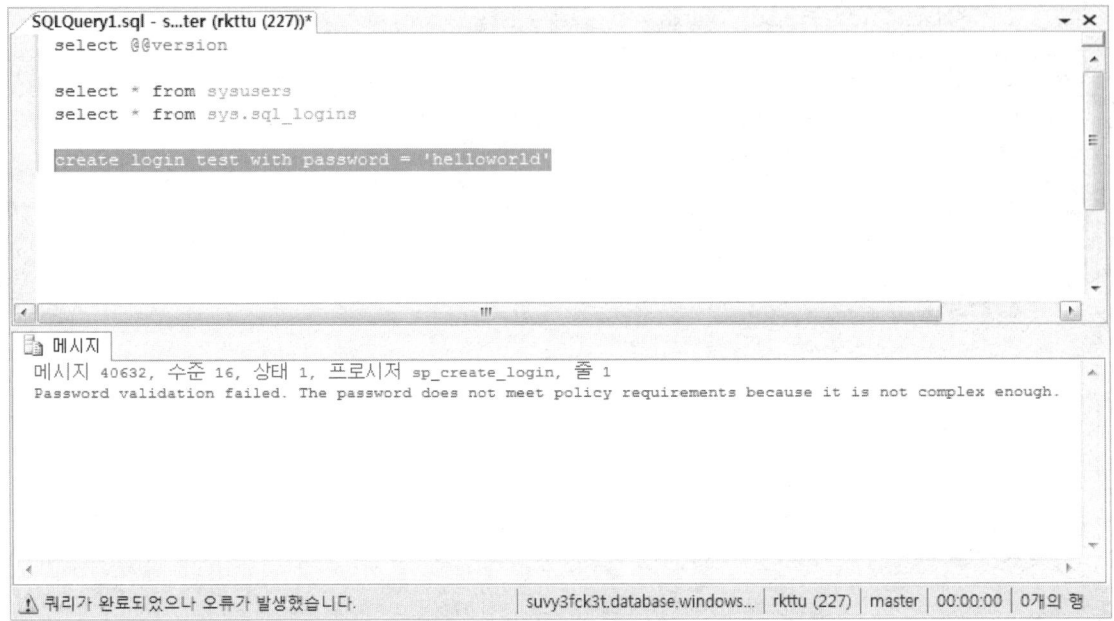

그림 1-15 암호 복잡도 정책을 준수하지 않는 비밀 번호를 지정한 경우 발생하는 오류

은 오류 메시지를 만날 수 있다. 정책 상, 암호 복잡도 설정은 해제할 수 없다.

■ **NOTE** 강력한 암호를 선택하는 것은 개발 도중이든 테스트 도중이든 관계 없이 클라우드 환경에서 데이터베이스를 이용할 때 매우 중요한 문제이다. 강력한 암호와 방화벽 정책은 여러분의 데이터베이스에 가해질 수 있는 다양한 보안 위협들로부터 안전하게 지켜낼 수 있도록 하는 일에 관하여 매우 중요한 선택이다. 4장에서 이에 대한 자세한 내용을 살펴볼 것이다.

■■■ 새로운 사용자 계정 만들기

이제 여러분은 새 로그인 계정 test를 위한 사용자 계정을 만들 수 있다. 이 작업을 하기 위해서는 관리자 계정으로 여러분이 만들었던 사용자 데이터베이스로 접속하거나, 마스터 데이터베이스에 새로운 사용자 계정을 만들어 연결을 허용하도록 만든 뒤 다음의 명령어를 실행할 수 있다.

CREATE USER test FROM LOGIN test

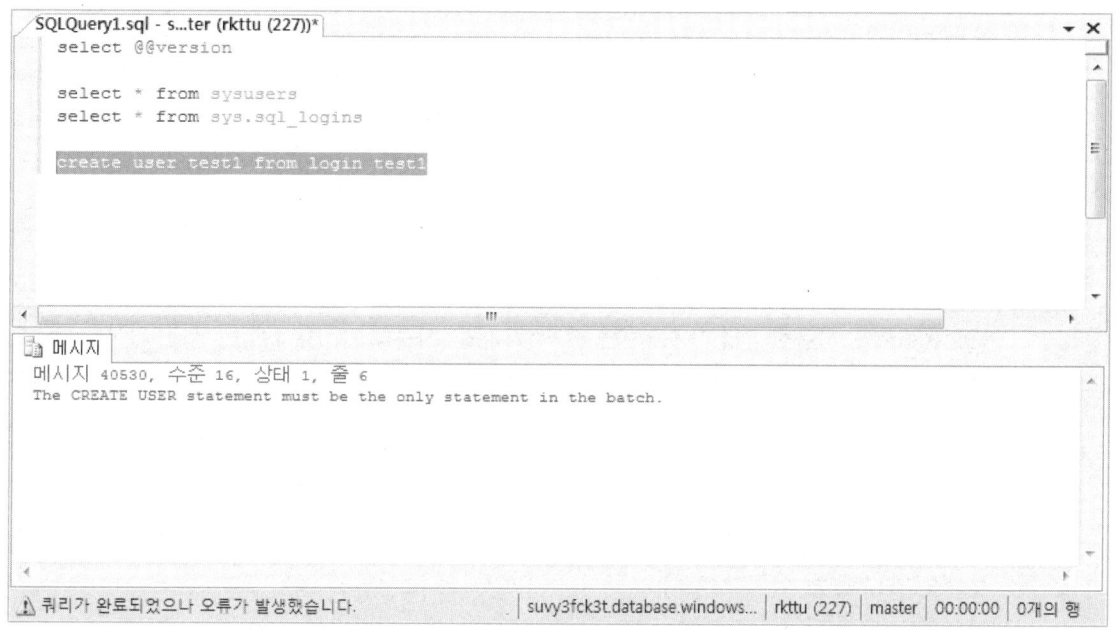

그림 1-16 로그인 계정을 만들지 않고 사용자 계정을 만들려고 한 경우 발생하는 오류

만일 사용자 계정을 만들기 전에 로그인 계정을 만들지 않은 상태에서 위의 명령을 실행하려고 하는 경우 위의 그림 1-16과 같은 오류 메시지가 나타날 수 있다.

접근 권한 할당하기

긴 과정을 거쳐 마스터 데이터베이스에 로그인 계정을 생성하고, 사용자 데이터베이스에 사용자 계정을 할당하였다. 그러나 생성한 사용자가 아직 아무런 접근 권한을 가지고 있지 않다. 선택한 사용자 데이터베이스에 대하여 이 test 계정이 무제한 접근 권한을 가질 수 있도록 하려면 아래의 명령어를 사용하여 db_owner 그룹에 이 사용자 계정이 속하도록 할당해야 한다.

EXEC sp_addrolemember 'db_owner', 'test'

이제부터 test 계정은 테이블, 뷰, 저장 프로시저 등의 개체를 자유롭게 생성할 수 있고 데이터를 자유롭게 조회할 수 있다.

■ **NOTE** SQL Server에서, 사용자 계정은 기본적으로 public 역할에 자동으로 연결되었다. 그렇지만 SQL Azure에서 public 역할은 더 나은 보안을 위하여 기본적으로 처음 만드는 사용자 계정에 자동으로 연결되지 않는다. 이에 따라, 새로운 사용자 계정을 만들면 반드시 역할을 지정해야만 사용자 계정이 유효하다.

SQL Azure 요금 체계 이해하기

SQL Azure는 사용한 만큼 지불하는 요금 체계를 사용하며, 여기에는 매달 기본 사용 요금과 더불어 데이터베이스의 일일 사용 횟수와 사용량의 누적 수치, 그리고 실제 대역폭 사용량에 대한 요금이 포함되어 있는 것이다. 그러나 이 책을 집필하는 시점에서, Windows Azure 응용프로그램 또는 서비스로 배포된 응용프로그램이 사용하는 SQL Azure의 사용 분량에 대해서는, 데이터베이스 상의 지리적인 위치나 사용량에 관계없이 요금을 받지 않고 있는 상황이다.

현재 대역폭 사용량과 함께 데이터베이스의 사용량 및 저장 용량에 대한 요금 지불 내역을 살펴보려면 아래의 쿼리를 사용할 수 있다.

    SELECT * FROM sys.database_usage   데이터베이스 사용량 및 누적 저장 용량
    SELECT * FROM sys.bandwidth_usage   대역폭

첫 번째 쿼리를 수행하면 그 결과로는 데이터베이스의 수, 데이터베이스 사용 현황, 데이터베이스 상품의 종류(웹 또는 비즈니스)가 열거된다. 이 정보는 여러분의 매 월 요금을 계산하는 데에 사용된다. 두 번째 쿼리에 대한 결과는 데이터베이스 당 매 시간 단위 명세이다.

그림 1-17에서는 쿼리에 대한 결과로 나타나는 대역폭 사용량의 예시를 보여주고 있다. 이 쿼리를 통해서는 다음의 정보들이 반환된다.

- **TIME:** 특정 대역폭이 적용을 받는 시간을 의미한다. 이 경우, 2011년 2월 22일 오후 4시 시간대의 요약 결과를 보고 있는 것이다.
- **DATABASE_NAME:** 이 요약 결과가 대상으로 하는 데이터베이스 이름을 의미한다.
- **DIRECTION:** 데이터의 이동 방향이다. Egress는 Azure 데이터센터에서 외부로의 흐름을, Ingress는 외부에서 데이터센터 내부로의 흐름을 뜻한다.

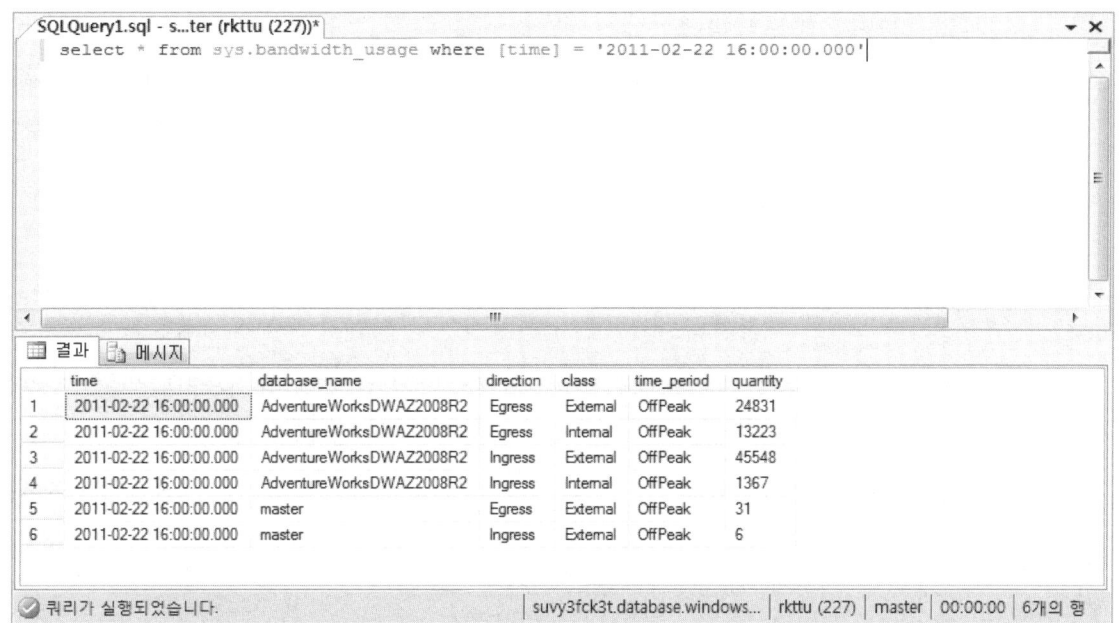

그림 1-17 시간 별 대역폭 사용량 조회

- **CLASS:** 만약 응용프로그램 외부에서 Windows Azure로 데이터가 전송된 경우(예를 들어 SQL Server Management Studio 응용프로그램) External로 표시되며, Windows Azure에서 외부 응용프로그램으로 데이터가 전송된 경우 Internal로 표시된다.
- **TIME_PERIOD:** 어떤 시점에 데이터가 전송되었는지를 표시한다.
- **QUANTITY:** Kilobyte 단위의 데이터 전송 크기를 나타낸다.

더 자세한 정보를 보려면 http://www.microsoft.com/windowsazure에 방문하여 최신 요금 정보를 살펴보는 것이 필요하다.

SQL Azure의 제약 사항

데이터베이스를 생성하고, 사용자를 관리하며, 데이터베이스 사이를 전환하기 위한 방법들을 지금까지 살펴보았다. SQL Server와 SQL Azure 사이의 기본적인 차이점은 클라우드 컴퓨팅 환경의 기초 원리에 의한 것으로, 성능, 사용 편의성, 확장성이 충분히 반영된 것이다. 사용자 데이터베이스는 물리적으로 서로 다른 서버들 사이에 배치될 수 있다는 사실은 자연스러운 제약 사항으로 부과된다. 더 나아가서는, SQL Azure를 기반으로 하는 응용프로그램이나 서비스를 디자인한다는 것은 이러한 제약 사항에 대하여 충분한 이해를 전제로 하기로 한다.

보안

4장에서는 보안에 대하여 깊이 있게 다룰 예정이나, 아래의 요약된 내용들은 여러분이 SQL Azure에 데이터베이스를 배포하기 전에 반드시 고려해야 할 중요 보안 사항들이다. 보안 측면에서 여러분은 반드시 다음의 제약 사항을 충분히 검토할 필요가 있다.

- **암호화:** 비록 SQL Azure가 데이터 전송을 위해서 SSL 프로토콜을 사용하지만, 이것은 SQL Server에서 제공하는 데이터 암호화 기능을 제공하지는 않는다. 반면 SQL Azure는 기존의 Hashing 함수들을 그대로 지원한다.
- **SSPI 인증:** SQL Azure는 데이터베이스 로그인 방식만을 지원한다. 이에 따라, 보안 지원 공급자 인터페이스(SSPI)를 사용하는 네트워크 로그인 방식은 사용할 수 없다.
- **연결 제약:** 다음의 이유로 인하여 데이터베이스 연결이 예고 없이 종료될 수 있다.
  - 과도한 리소스 사용
  - 장기 실행되는 쿼리
  - 장기 실행되는 단일 트랜잭션
  - 사용하지 않는 연결
  - 서버 장애로 인한 재 접속
- **허용되지 않는 사용자 이름:** 다음의 사용자 이름으로는 보안 상의 이유로 사용자를 생성할 수 없다.
  - sa
  - admin
  - administrator
  - guest

- root
- **로그인 계정 이름:** 일부 환경에서는 SQL Azure에 접속하기 위하여 사용자 이름 뒤에 서버 이름을 [loginName]@[serverName]과 같은 형태로 붙여서 지정해야 할 수 있다. 그러므로 여러분의 고유 로그인 이름 자체에 @ 마크를 붙이지 않도록 유의한다.
- **TCP 포트 1433:** TCP 포트 1433번만 허용된다. SQL Azure에서는 다른 TCP 포트로의 연결을 허용하지 않으며 동시에 관리자 권한이라 할지라도 다른 TCP 포트로 설정을 변경하거나 새로운 포트 또는 IP 주소를 추가하는 작업은 허용되지 않는다.

백업

SQL Azure 데이터베이스를 백업하는 것은 기존의 SQL Server 데이터베이스를 백업하는 것과 조금 다르다. 기존의 방법으로 SQL Azure 데이터베이스를 백업할 수는 없으며, 또한 SQL Server 데이터베이스를 SQL Azure에 복원할 수 없다. 그러나 SQL Azure 데이터베이스는 트랜잭션 단위로 동등한 사본을 만들 수 있는 능력이 있다. 다음의 사항들을 고려하여 백업과 유사한 효과를 얻을 수 있다.

- **백업/복원 작업:** 이러한 작업은 지원되지 않으며, 또한 SQL Azure 데이터베이스에 기존 데이터베이스를 연결할 수도 없다.
- **복제 작업:** SQL Azure 데이터베이스의 사본을 만들기 위하여 CREATE DATABASE 구문을 사용할 수 있다.
- **로그 파일:** 데이터베이스 로그 파일에 접근하거나 로그 백업을 만드는 것은 불가능하다.

개체

몇몇 SQL Server에서 사용 가능한 개체들이 SQL Azure에서는 지원되지 않는다. 만약 기존의 응용프로그램들이 이러한 기능에 강력하게 의존하는 경우 SQL Azure를 사용하는 데에 어려움이 있을 수 있으며, 이러한 제약을 극복하기 위하여 여러분의 응용프로그램을 재설계해야만 할 수 있다. 다음의 사항들은 SQL Azure에서 현재 지원되지 않는 기능들을 열거한 것이다.

- **CLR:** .NET CLR은 현재 SQL Azure에서 사용할 수 없다. 그 결과로, 여러분의 저장 프로시저나 외부 함수를 .NET 코드를 사용하여 개발하고 실행하는 기능은 지원되지 않는다.

- **시스템 함수:** SQL Azure는 집계 함수나 랭킹 함수와 같은 시스템 함수들을 상당수 지원한다. 그러나 SQL Azure에서는 다음의 Row Set 함수들을 지원하지 않는다.
  - OPENQUERY
  - OPENXML
  - OPENROWSET
  - OPENDATASOURCE

- **시스템 저장 프로시저:** SQL Azure에서는 다음의 시스템 저장 프로시저 유형들만을 지원한다.
  - 카탈로그 저장 프로시저
  - 데이터베이스 엔진 저장 프로시저
  - 보안 저장 프로시저
  - 시스템 저장 프로시저

- **시스템 테이블:** 어떤 종류의 시스템 테이블도 사용할 수 없다.

- **시스템 뷰:** 마스터 데이터베이스와 사용자 데이터베이스에 게시된 일부 시스템 뷰에만 접근이 가능하다. 다음의 시스템 뷰를 사용할 수 있으며, 전체 사용 가능한 목록은 MSDN 라이브러리의 SQL Azure 단원을 참조한다.
  - sys.sql_logins
  - sys.views
  - sys.databases
  - sys.columns
  - sys.objects

- **힙 테이블:** SQL Azure는 힙 테이블의 사용을 허용하지 않는다. 모든 테이블은 반드

시 Primary Key가 할당되어 있어야 한다.

그 외 사항들

지금까지 열거한 제약 사항들 말고도, SQL Server에서 제공하던 구성 요소와 옵션들이 SQL Azure에서는 지원되지 않는다. 대부분의 경우, 이러한 제약 사항들이 여러분의 응용 프로그램 설계에 직접적인 영향을 끼치지 않을 것이나, 이러한 사항들을 숙지하고 있는 것은 유익하다.

- **최대 데이터베이스의 수:** 여러분은 최대 네 개의 사용자 데이터베이스를 생성할 수 있다.
- **분산된 트랜잭션:** SQL 트랜잭션이 지원되기는 하지만, SQL Azure 데이터베이스 상에서 분산된 트랜잭션은 지원되지 않는다.
- **문자 세트 설정:** SQL Azure는 열 단위의 문자 세트 설정 또는 실행 식 상에서의 표현만을 허용하며, 서버나 데이터베이스 수준의 기본 문자 세트인 SQL_LATIN1_GENERAL_CP1_CI_AS를 변경할 수 없다.
- **언어 문제:** SQL Azure는 미국식 영어만을 지원한다.
- **데이터베이스 크기:** 이전에 언급한 것처럼 데이터베이스 크기는 단위 별로 지정이 가능하다. 선택 가능한 크기로는 1GB, 5GB, 10GB, 20GB, 30GB, 40GB, 50GB가 있다.
- **데이터베이스 파일 위치:** 데이터베이스 파일이 어떻게 물리적으로 배포될 것인지에 대한 선택권은 여러분에게 주어지지 않으며, 파일 그룹을 제어할 수도 없다. 이것은 Microsoft 데이터 센터 내에서 전적으로 성능을 최적화하기 위한 관점에 맞추어 자동으로 운용되는 설정이다.
- **추적 플래그:** 추적 플래그를 사용할 수 없다.
- **SQL Server 설정 사항:** CPU와 입/출력 사이의 균형을 비롯한 일반적인 SQL Server 설정 사항 전반은 다룰 수 없도록 되어 있다.
- **서비스 브로커:** 서비스 브로커는 제공되지 않는다.
- **글로벌 임시 테이블:** 글로벌 임시 테이블 대신 로컬 임시 테이블을 사용할 수 있다.

- **SQL Server Agent:** SQL Server Agent를 사용할 수 없다.

드라이버와 프로토콜

SQL Azure는 특정 라이브러리에 의해서만 접근이 가능하다는 것을 알아둘 필요가 있다. 이는 여러분의 프로그래밍 환경에서 ADO.NET을 사용하지 않을 때 개연성이 있을 수 있다. 예를 들어, 오래된 버전의 Delphi 기반 응용프로그램에서는 SQL Azure에 접속할 수 없다. 다음은 지원되는 데이터 라이브러리를 요약한 목록이다.

- **TDS 버전 7.3:** TDS 버전 7.3 이전 버전을 사용하는 클라이언트 전체는 지원되지 않는다.

- **OLE DB:** OLE DB를 통한 연결은 지원되지 않는다.

- 다음의 드라이버와 라이브러리를 통한 연결은 허용된다.

    - .NET Framework 3.5 SP1 이상의 SQL Server용 .NET Framework 데이터 공급자
    - SQL Server 2008 네이티브 클라이언트 ODBC 드라이버
    - PHP용 SQL Server 2008 드라이버 1.1
    - Java 런타임용 SQL Server Driver

■■■ 결론

이번 장에서는 SQL Azure의 핵심을 클라우드 컴퓨팅에 대한 개요를 살펴보았다. 그리고, Microsoft가 어떤 방식으로 이와 같은 클라우드 컴퓨팅 기술을 제공하는지 살펴보았다. 또한 여러분은 SQL Azure 계정을 어떻게 만들 수 있는지, 그리고 SQL Azure를 어떻게 시작할 수 있는지에 대해서도 간단히 살펴볼 수 있었다. 여러분은 SQL Azure 플랫폼에서의 몇몇 중요한 제약 사항들을 살펴보았는데, 한 가지 명심해야 할 것은 Microsoft가 몇 개월마다 한 번씩 새로운 버전의 클라우드 데이터베이스를 내놓기 때문에, 이러한 제약들은 시간이 흐름에 따라 개선될 수 있다는 점이다.

CHAPTER 2

설계 고려 사항

Azure 플랫폼을 기반으로 단순 호스팅을 뛰어넘는 클라우드 컴퓨팅을 사용하기 위해서는, 반드시 설계 방법에 적용될 수 있는 다양한 옵션들을 살펴보아야 한다. 그리고 이번 장에서 소개되는 설계 방법들에 대한 내용들은, 여러분의 설계 선택 사항에 영향을 줄 가능성이 있는 클라우드 컴퓨팅의 현재 문제점들을 보완하기 위하여 꼭 알아두어야 하는 내용들이다.

설계 사항

설계 패턴을 검토하기 전에, 여러분의 설계 선택 사항들 중 기회가 될 수 있는 것과 제약이 될 수 있는 것들에서부터 이야기를 시작해볼까 한다. 이 책은 SQL Azure에 관한 것을 주로 이야기하고 있지만, 이 장의 다양한 콘셉트들은 일반적인 Azure 개발에서 다양하게 활용 가능함을 기억하자.

분리된 저장소

1장에서 언급하였던 것처럼, Azure 플랫폼은 네 가지의 서로 다른 성격의 저장소 모델인 BLOB, 테이블, 큐, SQL Azure를 제공한다고 하였다. SQL Azure에 데이터를 저장하는 것은 SQL Server에 데이터를 저장하는 것과 유사하다. 여러분이 해야 할 일은 T-SQL 명령문을 실행하는 것과 함께 SQL Azure의 몇몇 문법상 제약 사항들을 확인한 후 작업하는 일이다.

SQL Azure에 T-SQL을 사용하여 데이터를 저장하는 것은 매우 독특한 기회를 제공한다. 여러분의 응용프로그램을 SQL Azure 기반으로 확장하거나 이동하는 일은 대개의 경우 전혀 또는 거의 수정을 거치지 않고서도 손쉽게 가능하다.

이와 같은 이동의 편리성은 SQL Azure를 저장소로 직접 사용하는 서비스나, SQL Azure를 로컬 데이터베이스에 대한 추가 저장소로 사용하기 위한 목적으로 채택하는 것도 가능하게 한다. 예를 들어 레포팅이 그러한 예가 된다.

그러나 알아두어야 할 것은 단일 SQL Azure 데이터베이스에 보관할 수 있는 데이터의 용량에는 제한이 있다는 사실이다. 지금 시점에서 SQL Azure는 웹 에디션(1GB 또는 5GB)과 비즈니스 에디션(10GB부터 50GB까지 10GB 단위씩 차등)을 지원하고 있다. 만약 여러분의 응용프로그램이 50GB 이상의 데이터를 저장해야 하거나, 데이터베이스가 다중 스레드 기반의 데이터 액세스에 대한 이점을 제공해야 하는 경우, Shard 형태와 같이 데이터를 여러 데이터베이스에 나누어 담는 것과 같은 형태를 고려해야 한다. 이 장의 후반부에서 Shard에 대해 배울 것이고, 책 전반에 걸쳐 더욱 자세한 내용을 살펴볼 것이다.

높은 가용성

여러분의 응용프로그램을 설계할 때, 소프트웨어 개발자와 설계자들은 높은 가용성의 필요 조건에 대해서 흔히 많은 고민을 하기 마련이다. SQL Azure는 작업량의 분산, 투명성 유지, 문제 복구를 극대화할 수 있는 매우 정교한 토폴로지를 사용한다. 그림 2-1에서는 SQL Azure의 높은 수준 구현 예시를 보여주며 이는 숨겨진 인프라가 어떤 방법으로 향상되어야 하는지에 대한 힌트를 보여준다.

그림 2-1은 로드 밸런서를 통하여 맺어지는 연결이 어떤 게이트웨이에 의하여 요청이 처리되는지를 분배하는 모습을 보여주고 있다. 게이트웨이는 요청을 분석하고, 인증하며, 서비스의 접근 허가 여부를 관리하고, 실제 SQL Azure 데이터베이스에 패킷을 전달하는 작업을 통해서 마치 방화벽처럼 동작한다. 그 이유는 데이터베이스는 균등한 자원 할당이 이루어지게 동적으로 이동될 수 있도록 게이트웨이가 목적지 끝점을 임의로 수정할 수도 있기 때문이다. 이러한 처리 절차는 투명하게 이루어진다. 더 나아가서, 각 SQL Azure 데이터베이스는 다른 서버로 두 번 복제된다. 내부적으로, 복제 토폴로지는 매번 SQL Azure 데이터베이스가 물리적으로 서로 다른 두 대의 서버에 복제가 되어있는지를 확인한다. 이렇게 복제된 두 벌의 사본은 데이터 소비자에게 완전히 투명한 것으로 이러

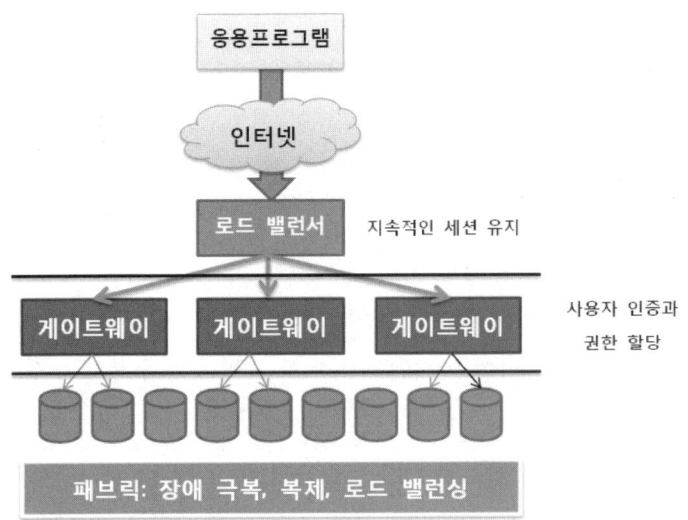

그림 2-1 SQL Azure 토플로지

한 사본 자체에 대한 물리적인 접근은 허용되지 않는다.

■ **NOTE** SQL Azure는 99.9%의 가동률을 보장한다(SLA).

성능

여러분이 작성한 응용프로그램의 성능은 두 가지 요소에 의하여 영향을 받을 수 있는데, 그 중 한 가지는 차단에 대한 것이고 또 다른 하나는 응용프로그램을 여러분이 어떻게 설계했는가에 대한 것이다. Microsoft는 차단을 클라이언트 응용프로그램이 다른 쪽에 영향을 주지 않도록 구성하고 있다(언급한 그대로의 이야기가 정확하다면 이는 좋은 기능이고, 그다지 나쁘지 않을 것이다). 응용프로그램의 설계 사항에 관한 것은 여러분이 제어할 수 있는 것이다.

차단

SQL Azure는 여러분의 데이터베이스가 다른 회사나 사용자와 서버 자원을 공유하는 멀티테넌트, 즉 다른 SQL Azure 데이터베이스와 물리적으로 같은 장소에서 실행된다. 그 때문에 SQL Azure 플랫폼은 대량의 쿼리가 실행되는 것으로 인하여 다른 사용자의 관점에서 경험하는 성능이 떨어지지 않도록 대비하기 위한 차단 알고리즘을 구현하고 있다. 만약 여러분이 작성한 응용프로그램이 대규모 쿼리를 실행하는 빈도가 잦을 경우 여러분의 데이터베이스 연결은 예고 없이 종료될 수도 있다.

더 나아가서, 유효한 자원을 보호하고 제어를 완전히 할 수 있도록 하기 위하여, SQL Azure는 사용하지 않는 비활성 연결을 자동으로 닫는다. 세션 시간 제한은 30분이다. SQL Azure를 위한 응용프로그램을 설계할 때에는 세션을 자동으로 복구할 수 있는 기능이 반드시 포함되어 있어야 한다. 이는 여러분의 개발 과정에서 수행하는 성능 테스트가 더욱 중요해짐을 의미하기도 한다.

■ **NOTE** SQL Azure의 관점에서, 차단이 의미하는 것은 데이터베이스 연결을 종료하는 것을 의미한다. 이유가 어떤 것이든 관계없이 말이다. 차단이 된다는 것 자체는 데이터베이스 연결이 종료되는 것 이상의 의미를 지니지는 않는다.

■■■ 응용프로그램 설계 고려 사항

SQL Azure의 장점을 최대한 누릴 수 있는 응용프로그램을 어떻게 설계하는 것이 고민할 때에는, 다음의 평가 항목을 검토해보는 것이 좋다.

- **데이터베이스 왕복 비용**(Database Round trips): 여러분의 응용프로그램의 특정 기능을 수행하는 데 있어서 얼마만큼의 데이터베이스 왕복 횟수가 필요한가? SSL 암호화를 사용하고 인터넷 기반의 연결을 사용하는 경우 데이터베이스 왕복 횟수가 많아질수록 여러분의 응용프로그램은 더욱 느려질 것이다.

- **캐시**(Cache): 클라이언트 장치나 데이터 소비자 가까이에 있는 임시 저장소에 데이터를 저장하고 활용하는 방법을 통하여 응답 시간을 더 짧게 유지할 수 있다.

- **속성의 지연 로드**(Property lazy loading): 왕복 횟수를 줄이기 위한 방안으로, 특정한 기능을 수행하는 과정에서 필수적으로 요구되는 데이터만을 불러들이는 동작은 매우 중요하다. 지연 로드는 이러한 방면에서 뛰어난 성능 향상을 가져다 줄 수 있을 것이다.

- **비 동기 사용자 인터페이스**(Asynchronous user interfaces): 기다리는 것을 회피하거나 취소할 수 없을 경우, 몇몇 기본적인 동작을 처리할 수 있고 진행 상태를 보고하는 사용자 인터페이스는 유용하다. 다중 스레딩은 더 나은 응답 성능을 응용프로그램에 가져다 줄 수 있다.
- **Shard**: Shard는 여러 분산된 데이터베이스에 여러분의 데이터를 나누어 보관하는 방법으로 여러분의 응용프로그램 코드 내에서 투명하게 작동할 수 있는 수단이며, 그로 인하여 성능을 향상시킬 수 있다.

성능을 위하여 응용프로그램을 설계하는 것은 원격 저장소에 의존하는 클라우드 컴퓨팅 서비스를 위하여 더욱 중요하게 다가오는 부분이다. 더 자세한 정보는 10장에서 다룰 예정이다.

SQL 데이터 동기화 프레임워크

SQL 데이터 동기화 프레임워크는 데이터베이스를 비롯한 다양한 데이터 저장소에 대해 양방향 데이터 동기화 기능을 제공한다. SQL 데이터 동기화 프레임워크는 내부적으로 특정 데이터베이스에 종속되지 않는 Microsoft Sync 프레임워크를 사용한다. 이 프레임워크를 이용하여 여러분은 파일들을 서로 다른 플랫폼이나 네트워크 상에서도 동기화할 수 있다. SQL Azure에 연관시키게 되면, 여러분은 Sync 프레임워크를 이용하여 여러분의 응용프로그램에 오프라인 모드를 구현할 수 있으며 이를 통해 로컬 데이터베이스가 SQL Azure 데이터베이스와 항상 동기화 상태를 유지하도록 할 수 있다. 또한 이 프레임워크가 여러 끝점과의 동기화를 지원할 수 있으므로 여러분은 나중에 소개할, 여러 데이터베이스에 걸쳐서 동기화가 투명하게 일어나도록 할 수 있는 Shard 패턴을 설계할 수 있다.

직접 연결 vs. 서비스 기반 연결

여러분은 또한 여러분이 개발하는 Azure 서비스에서 데이터베이스 연결을 로컬 네트워크에 한정하고 필요한 데이터들을 SOAP과 REST 메시지를 사용하여 클라이언트에게 전달하는 것을 고려할 수 있다. 만약 여러분의 Azure 서비스가 SQL Azure 데이터베이스와 같은 지역에 배포되어 있는 경우, 데이터베이스 연결을 같은 데이터센터 내에서 만드는 것이 훨씬 빠르게 동작하도록 하는 데 도움이 된다. 그러나 데이터 소비자에게 SOAP과

REST 메시지를 사용하여 데이터를 전달하는 것은 성능을 향상시키는 것에 관해서는 그다지 필요하지 않다. 결국, 여러분은 저장 프로시저를 사용하는 것을 비즈니스 로직과 데이터 사이를 가능한 긴밀하게 연동시킬 수 있게 하기 위하여 만들 것을 고려하게 될 것이다.

그림 2-2는 SQL Azure 데이터베이스에 저장된 데이터를 응용프로그램이 가져올 수 있는 서로 다른 두 가지 방법을 보여주고 있다. 직접 연결은 데이터베이스와 응용프로그램 사이의 연결을 직접 체결하는 것으로, 응용프로그램이 직접 데이터를 가져오기 위하여 T-SQL 문을 사용하는 경우이다. 서비스 기반 연결은 Windows Azure에 여러분이 직접 만들고 배포한 임의의 SOAP 또는 REST 기반 메시지를 제공할 수 있는 서비스를 경유하는 것으로 이들 서비스가 데이터베이스와 상호작용하는 것이다. 이 경우 여러분의 응용프로그램은 Azure 환경에 배포된 웹 서비스를 통하여 데이터를 요청하게 된다.

여러분은 지금 언급한 두 가지 방법 모두를 설계할 수 있다는 사실을 기억해야 한다. 여러분의 응용프로그램이 단순히 데이터를 조회하는 것에서 그치기 때문에 직접 연결을

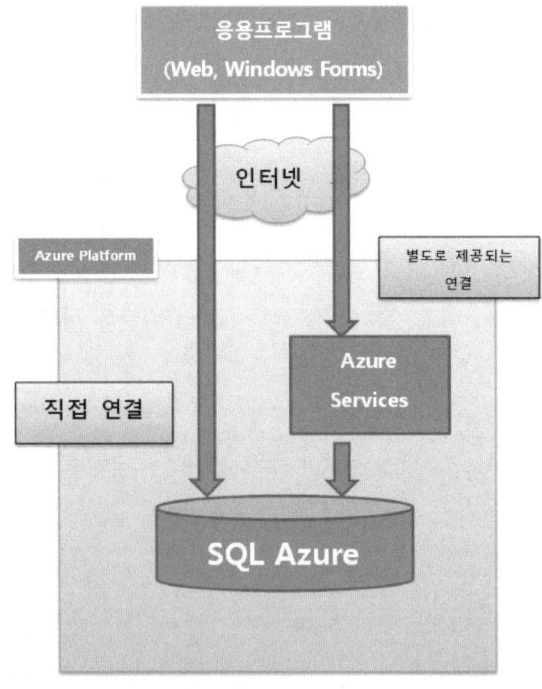

그림 2-2 데이터 연결 방법

사용하거나, 좀 더 복잡한 기능을 제공해야 하기 때문에 서비스를 사용해야 하게 될 것인지를 판단해야 한다.

■ **NOTE** 이번 장의 대부분의 모식도들은 직접 연결을 기반으로 그려진 것들이 많다. 그러나 Windows Azure 기반으로 배포되는 서비스를 경유하는 서비스 기반 연결에서도 그대로 적용되는 내용들이다.

가격

호스팅 환경에서의 가격은 보편적인 응용프로그램의 설계 사항에 관한 사실을 보통 반영하지 않는다. 그러나 Azure를 비롯한 클라우드 컴퓨팅 환경에서는 여러분의 응용프로그램 성능과 전반적인 설계 사항들이 직접 여러분이 매달 지불하게 될 비용에 영향을 끼치게 될 수 있다.

예를 들어 여러분이 Azure 서비스를 배포하고 사용할 때에는 언제나 네트워크나 처리 요금에 대해 나쁜 결과를 초래할 수 있다. 비록 이것이 사실일지라도, 이 책을 집필하는 현 시점에서 Windows Azure 응용프로그램이나 서비스와 SQL Azure 데이터베이스 사이의 데이터 소통에 대한 요금은 같은 지리적 위치에 묶여 있을 경우 전액 면제가 되고 있다.

요금에 관한 사항은 여러분의 단기적 응용프로그램 설계에 대한 선택 사항에 영향을 줄 수 있지만, Microsoft는 아무 때에나 이와 같은 요금 정책을 임의로 변동할 수 있다는 것을 염두에 두고 있는 것이 유리하다. 그에 따라, 프로젝트에 할당된 제한된 예산에 맞추어 요금을 고려하는 것이 중요하긴 하지만, 장기적인 유지를 위한 설계 관점이 단기적인 금융 현상에 대한 것보다는 훨씬 더 중요하게 된다.

만약 여러분이 Azure에서 실행되는 응용프로그램을 설계하고 있고, 이러한 응용프로그램이 가져다 줄 수익에 의존하여 운영되는 것이라면, 여러분의 요금 체계가 운영 비용을 충당할 수 있는지 확인해봐야 한다. 예를 들어, 여러분의 응용프로그램이 시작 단계에서부터 사용 요금에 대해 지불할 수 있도록 하려 한다면 요금을 지불할 수 있는 기능을 포함하여 설계되어야 한다.

또 한 가지 요금에 대하여 관계된 사실은, SQL Azure 데이터베이스의 요금이 매달 요금과 더불어 사용량에 대한 요금을 같이 포함하고 있다는 사실이다. 매달 요금은 비례 배

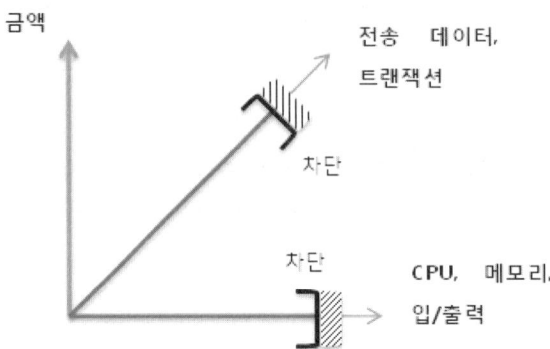

그림 2-3 금액과 서비스 차단 기준

분되어 있는 것으로 여러분의 데이터베이스를 오후 1시에 생성하고 같은 날 오후 2시에 제거했다고 가정한다면, 여러분은 데이터베이스를 게시했던 시간 동안만큼만 해당하는 1개월 요금과 사용량이 더해진 금액을 청구 받게 된다. 여기서 사용량이란 CPU 활용 수준, 입/출력 사용량, 데이터베이스 메모리 사용량과 같은 대역폭 사용량에 한정되는 것이다. 그러나 여러분의 CPU, 입출력, 메모리 사용량 중 어떤 한 요소라도 일정 수준 이상을 넘는 부분이 있다면 여러분의 데이터베이스 연결은 차단될 것이다.

정리하면 SQL Azure 데이터베이스 상에서 CPU에 집중되는 활동 전반은 이유에 관계 없이 요금에 포함되지 않는 것으로 간주할 수 있다. 예를 들어 여러분은 아주 큰 데이터 집합에 대한 복잡한 JOIN 연산을 저장 프로시저 내에서 처리한 후 몇몇 요약되는 행만을 데이터 소비자에게 반환하는 방식으로 비용을 절약할 수 있는 것이다.

보안

대다수의 응용프로그램 유형에 있어서 보안을 논하지 않고 간다는 것은 걱정스러운 일이나, 이러한 걱정들은 기존의 호스팅 기반 환경에서 일반 기업들이 직면했던 문제와 많이 닮아있다. 데이터 프라이버시에 대한 부족한 제어와 관련되어 있는 보안을 고려할 때 떠오르는 질문이 있다. 더 나아가서, 어떤 제약들은 몇몇 종류의 모니터링을 막는데, 이 중에는 클라이언트 차원에서 민감한 데이터가 완전히 암호화되기 전까지 극도로 민감한 응용프로그램들이 SQL Azure의 사용을 배제할 때도 있다.

그 결과, 암호화는 여러분의 설계 결정에 있어서 중요한 요소가 되기도 한다. 그리고 여러분의 데이터를 암호화하기로 결정했다면 어떤 위치에서 암호화가 일어나도록 할 것인지 결정해야 한다. 비록 여러분의 응용프로그램 코드와 SQL Azure 사이는 암호화된 연결로 구성되지만, 데이터 그 자체는 SQL Azure에 저장될 때 암호화되지 않은 상태로 저장된다. 여러분의 응용프로그램 내부의 데이터를 인터넷 상으로 전송하기 전에 암호화하여 SQL Azure에 저장될 때 암호화된 상태로 저장하도록 해야 한다.

암호화는 데이터 프라이버시를 위하여 좋은 선택이지만, 몇 가지 단점을 포함하는데, 성능 저하와 데이터 검색 상의 어려움이 있다. 지나친 암호화는 응용프로그램의 성능을 떨어뜨릴 수 있으며, 암호화된 데이터베이스 내에 저장된 데이터를 검색하는 것을 지나치게 어렵게 만들 수도 있다.

설계 사항 검토하기

지금까지 몇 가지 여러분의 설계 선택 사항에 영향을 줄 수 있는 사항들을 살펴보았다. 표 2-1은 이러한 사항들을 표로 요약한 것이다. 몇몇 고려할 사항들은 여러분에게 이득을 가져다 줄 수 있는 사항들과 관련되어 있었고, 또 일부 사항들은 클라우드 컴퓨팅에 의한 자연스러운 제약 사항이거나 Azure 플랫폼에 특화되어 제약으로 작용하는 부분이기도 하였다.

응용프로그램을 설계하면서, 이 책에서 언급했던 제약 사항들이 현재까지도 적용되는지 면밀히 평가하는 작업이 꼭 동반되어야 한다. Azure 플랫폼은 지금 이 시점에도 고객들의 요구 사항을 충실히 반영하기 위하여 지속적으로 변화하고 있기 때문이다.

표 2-1 설계 고려 사항들에 대한 요약

기회	제약 사항
분리된 저장소	제한된 저장소 공간
탄력적인 비용	성능
즉각적인 공급	백업
SQL 데이터 동기화	보안 영향
높은 수준의 가용성	

■■■ 설계 패턴

이제 SQL Azure를 사용하여 중요한 설계 패턴들을 다시 살펴볼 차례이다. 여러분의 첫 클라우드 응용프로그램을 작성하기 전에, 반드시 이번 섹션의 내용들을 충분히 읽어두어 몇 가지 설계 옵션에 대한 내용을 친숙하게 해두는 것이 좋다. 이번 장에서 설명되는 몇 가지 고급 설계 패턴들은 비록 구현하기에 더 어려움이 따르게 할지라도 중요한 비즈니스 가치를 제공해줄 것이다

이해를 돕기 위해서 이번 섹션에서 설명하는 다이어그램들은 SQL Azure에 직접 연결하는 것을 기준으로 풀이될 것이다. 그러나 모든 패턴들은 Azure 서비스를 통하는 서비스 연결을 기반으로 구현하는 것 또한 가능하다.

직접 연결

그림 2-4에서 보이는 것처럼 직접 연결 패턴은 SQL Azure 데이터베이스에 접속하는 가장 단순한 형태이다. 기업 내 네트워크 상의 응용프로그램들은 물론 Windows Azure에 배포된 응용프로그램이나 서비스가 이 패턴에서의 데이터 소비자가 되어 연결될 수 있다.

단순한 패턴이니만큼 이 방식은 가장 널리 사용되고 있는데, 이러한 패턴은 별도의 특별한 환경 설정이나 복잡하고 정교한 기술이 필요하지 않기 때문이다. 예를 들어, 이 패턴을 사용하는 Software as a Service(SaaS) 응용프로그램의 경우, 데이터 소비자가 Azure나 다른 호스팅 공급자에 의하여 운영되는 웹사이트가 될 수가 있다. 다른 한편으로는, 데이터 소비자가 휴대 장치인 경우에도 SQL Azure에 게시된 레코드에 접근할 수도 있다.

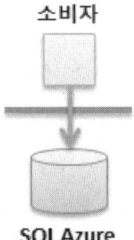

그림 2-4 직접 연결 패턴

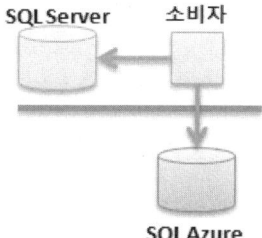

그림 2-5 Smart Branching 패턴

Smart Branching

Smart Branching 패턴(그림 2-5 참조)은 클라우드 또는 로컬 데이터베이스 중 어느 곳에 데이터를 불러들여야 하는지를 결정할 수 있는 충분한 로직을 포함하는 응용프로그램을 묘사한다. 이러한 결정을 수행할 수 있는 로직은 하드 코딩된 응용프로그램 또는 설정 파일로부터 나온 것일 수 있다. 또한 이러한 로직을 포함하는 데이터 접근 계층(DAL) 엔진에 의하여 로컬 데이터 또는 클라우드 데이터베이스 상의 데이터를 가져오는 방법으로 구현될 수 있다.

Smart Branching을 사용하는 한 예로는 데이터 공급자의 캐시를 구현하기 위한 한 형태로 내부적으로 데이터를 불러올 것인지 또는 클라우드 데이터베이스로부터 필요할 때 데이터를 가져올 수 있도록 할 것인지를 정하도록 하는 것이다. 여러분은 이 패턴을 여러분의 응용프로그램에 대해서 인터넷 연결이 끊어진 상황에서 오프라인 모드를 구현하여 인터넷 연결에 관계없이 사용할 수 있도록 할 수도 있다.

Transparent Branching

Smart Branching은 데이터 공급자 또는 공급자 내의 구성 요소에 의하여 데이터가 로컬 또는 클라우드 환경에서 불러들여야 하는지 결정되지만, 그림 2-6에서 보여주는 Transparent Branching은 데이터 소비자로 하여금 이러한 걱정을 덜어낼 수 있도록 해준다. 이 방식에서 데이터 소비자는 더 이상 라우팅 로직에 대한 의존 없이, 데이터의 궁극적인 위치에 대해 더욱 확실하게 판단할 수 있다.

이 패턴은 수정하기 어렵거나, 수정하는 데에 지나치게 많은 비용이 드는 응용프로그램에 대한 최선의 선택이다. 클라우드 데이터 원본으로부터 데이터를 가져오기 위한 기술이 확장된 저장 프로시저의 형태로 구현되는 것이 효과적이다. 기본적으로, 이 패턴은

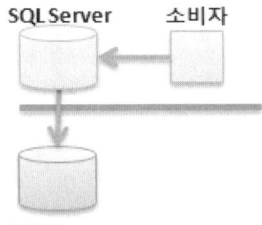

그림 2-6 Transparent Branching Pattern

데이터 액세스 계층을 데이터베이스 수준에서 구현하고 있는 것이다.

Shard 패턴

이제까지 여러분은 한 번에 연결하는 단일 연결에서 사용되는 패턴을 살펴보았다. Shard 패턴(그림 2-7 참조) 내에서는 여러 데이터베이스를 동시에 읽거나 쓰는 방식이며 이는 혼합된 환경(로컬과 클라우드) 내에 배치될 수 있다. 그러나, 한 가지 명심해야 할 것은 Shard 패턴을 구현하여 사용 가능하도록 만드는 데에 있어서 부분적으로는 여러분이 구축한 로컬 데이터베이스에 대한 의존도가 있을 수 있다는 점이다.

Shard 패턴은 보통 여러 데이터베이스에 걸쳐 분산되어 규모를 확장시키고자 하는 성능 요구 사항을 만족시켜야 할 때 구현된다.

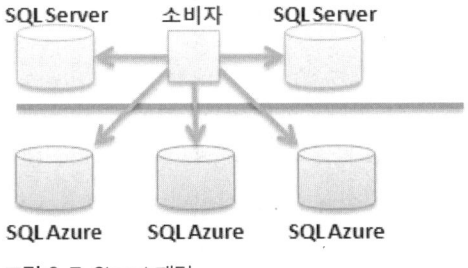

그림 2-7 Shard 패턴

■■■ Shard 콘셉트와 방법론

Shard 패턴을 살펴보기 전에, Shard 설계 방법의 다양한 영역을 분석해 볼 차례이다. 몇

몇 중요한 콘셉트들은 이곳에서 설명하고자 한다.

- **결정 규칙**: 어떤 데이터베이스에 필요한 레코드가 들어있는지 확실히 결정할 수 있는 로직이다. 예를 들어, 국가 코드가 미국인 경우, 첫 번째 SQL Azure 데이터베이스에 접속해야 한다. 이러한 규칙은 가령 C#과 같은 프로그래밍 언어로 작성된 정적 규칙일 수도 있고, XML 환경 설정 파일 내에 기술된 동적 규칙일 수도 있다. 정적인 규칙들은 Shard의 확장 능력을 제한하는 경향이 있는데, 새로운 데이터베이스가 추가되는 경우 기존의 규칙을 변경하게 될 가능성이 높기 때문이다. 반면 동적인 규칙의 경우 규칙 엔진을 생성하는 것이 필요할 수 있다. 모든 Shard 라이브러리들이 이러한 결정 규칙을 사용하는 것은 아니다.

- **라운드 로빈**: 데이터베이스의 끝점을 매번 또는 다른 규칙에 의하여 지속적인 방식으로 변경하는 방법이다. 예를 들어, 다섯 개의 데이터베이스가 귀속된 하나의 그룹을 접근할 때 라운드 로빈 방식을 사용하면, 첫 번째 연결에 대해서는 첫 번째 데이터베이스, 두 번째 연결에 대해서는 두 번째 데이터베이스로 연결이 이루어지게 하는 식이다. 이렇게 모든 순서가 돌아서 여섯 번째 연결이 오면 다시 첫 번째 데이터베이스로 연결이 이뤄진다. 라운드 로빈 방식을 사용하면 결정 엔진을 만들고 데이터를 전파하며, Shard 방식에서 모든 데이터베이스가 균등하게 배분되도록 부하가 분산되는 것을 직접 고려하지 않아도 된다.

- **수평 파티션**: 유사한 스키마를 지니고 있고, 이들 테이블이 합쳐졌을 때 하나의 완전한 데이터 셋을 형성하는 것이 가능한 테이블들의 집합을 만드는 방법이다. 예를 들어, 영업 레코드는 국가별로 분할할 수 있고, 각 국가별로 서로 다른 테이블에 나누어 저장할 수 있다. 여러분은 이와 같이 수평적으로 분할된 테이블을 결정 규칙이나 라운드 로빈 방식을 적용하여 만들 수 있다. 라운드 로빈 방식을 사용하는 경우, 어떤 데이터베이스가 실제로 필요한 레코드를 지니고 있는지 확인할 방법이 없으므로 모든 데이터베이스를 검색해야 한다.

- **수직 파티션**: 하나의 단일 테이블 스키마가 여러 데이터베이스에 걸쳐서 나뉘는 방식이다. 그 결과로, 단일 레코드의 각 열들은 여러 데이터베이스에 분할되어 저장된다. 비록 이 방법 자체는 합당한 것이지만 이 책에서 직접 다루어지지는 않을 것이다.

- **미러**: 주 데이터베이스 또는 주 데이터베이스에서 중요하다고 판단되는 대다수의 내용들에 대한 정확히 일치하는 사본을 만드는 방식이다. 데이터베이스를 복제하도록 만든 설정을 이용하면 데이터를 SQL 데이터 동기화와 같은 메커니즘을 통해서 데이터를 대략적으로 동시에 얻을 수 있다. 예를 들어, 두 개의 데이터베이스에 대한 복제 Shard를 구성한 경우, Sales 테이블을 보유하는 데이터베이스 내의 각 Sales 테이블마다 같은 수의 레코드를 유지하게 된다. 별도의 규칙 없이 읽기 작업이 단순해지는데, 어떤 데이터베이스를 연결해야 할 것인지를 판단할 이유가 없어지기 때문이며, Sales 테이블은 어떤 데이터베이스를 통해서 접속을 하든 항상 동일한 내용을 유지하게 될 것이기 때문이다.

- **Shard 정의**: Azure 환경 내에 구축된 SQL Azure 데이터베이스들의 목록을 가지는 방식이다. 데이터 소비자 응용프로그램은 이를 통해 어떤 데이터베이스가 마스터 데이터베이스와 Shard 방식으로 연결되어야 하는지 자동으로 판단할 수 있다. 만약 모든 데이터베이스들에 대해서 Shard 구성이 되어 있다면, sys.databases 시스템 뷰로부터 열거할 수 있는 모든 데이터베이스들이 Shard 구성이 되어있는 것이다.

- **흔적 남기기**: 작은 흔적들을 남겨놓는 방식으로, 더 나은 결정을 위하여 Downstream에 사용되기도 한다. 이 관점에서 흔적 남기기 기법은 특정 레코드가 어떤 데이터베이스로부터 온 것인지를 파악할 수 있는 내용을 추가할 수 있다. 이는 어떤 데이터베이스에 연결하여 레코드를 고쳐야 하는지를 결정하는 데 도움이 되고 또한 모든 데이터베이스에 걸쳐 내용을 전파해야 하는 일을 하지 않게 해준다.

Shard 방식을 사용할 때에는, 데이터 공급자는 특별히 CRUD(생성, 읽기, 변경, 삭제) 연산을 보통 실행한다. 각 연산은 어떤 결정을 택하게 되는 데에 있어서 고유한 성격을 지닌다. 표 2-2는 몇 가지 가능한 기술적 조합들을 요약하고 있는 것으로 어떤 Shard 기법을 사용하는 것이 여러분에게 가장 좋은지 도움을 줄 것이다.

왼쪽의 열들은 Shard에 사용되는 연결 메커니즘을 설명하고 있고, 가장 위의 행은 Shard에서 사용하는 저장소 메커니즘을 설명하고 있다.

Shard 기법은 구현하기 매우 어려울 수 있다. Shard를 구현할 때에는 전반적으로 테스트를 확실히 하는 것이 필요할 수 있다. 또는 이미 개발되어 있는 Shard 라이브러리를 사용하는 것을 검토해볼 수도 있다. Shard를 구현한 라이브러리들은 CodePlex 웹사이트 또

표 2-2 Shard 접근 기술

	수평 파티션	미러
결정 방식	레코드들이 Shard 환경 내에서 어떻게 균등하게 배분될 것인지를 결정하는 규칙이다. **생성**: 규칙이 적용된다. **읽기**: WHERE절 안에 필요한 모든 규칙을 포함한 구문을 실행할 데이터베이스에 연결하거나, 규칙에 의하여 데이터베이스를 선택한다. 흔적 남기기 기법을 통해 수정이나 삭제를 수행할 수 있다. **수정**: 규칙이 적용되거나 흔적 남기기 기법을 사용하고, 만약 규칙의 일부에 해당하는 열이 변경될 때 다른 데이터베이스로 옮길 수 있다. **삭제**: 규칙이 적용되거나, 흔적 남기기 기법을 사용할 수 있는 경우 사용한다.	이 조합은 특별한 이점을 가져다 주지 않을 것이다. 복제된 데이터베이스는 분할되지 않았으며, 따라서 레코드를 찾을 규칙도 존재하지 않는다.
라운드 로빈	연결이 가능한 데이터베이스들에 레코드들이 임의로 배치되며, 어떤 데이터베이스에 필요한 데이터가 들어있는지 판정할 수 있는 정확한 로직이 없다. **생성**: 현재 데이터베이스에 새 레코드를 삽입한다. **읽기**: 모든 데이터베이스에 접속하여 조회 결과문을 실행하고 그 결과를 단일 데이터셋에 병합한다. 흔적 남기기 기법을 통해 수정이나 삭제를 할 수도 있다. **수정**: 모든 데이터베이스에 접속하거나 흔적 남기기 기법을 통해 추적한 후 Primary Key를 이용해 수정할 수 있다. **삭제**: 수정 작업과 같다.	모든 레코드들이 모든 데이터베이스에 복제된다. 쓰기 작업을 위해 하나의 데이터베이스 (주 데이터베이스)가 사용된다. **생성**: 새 레코드를 주 데이터베이스에만 작성한다. **읽기**: 라운드 로빈 방식으로 임의의 데이터베이스에 연결한다. **수정**: 주 데이터베이스에 대해서만 수정 작업을 수행한다. **삭제**: 주 데이터베이스에 대해서만 삭제 작업을 수행한다.

는 이 책의 10장에서 .NET 4.0을 기반으로 하는 라이브러리를 하나 소개할 것이다. 이 라이브러리의 소스 코드는 http://enzosqlshard.codeplex.com에서 찾을 수 있다. 이 라이브러리는 라운드 로빈 방식의 접근법을 사용한다. 또 그 외에 SQLAzureHelper라는

Shard 라이브러리 구현이 있는데, 이 라이브러리는 결정 규칙 접근법을 사용하며 이 라이브러리는 SQL Azure Team(http://blogs.msdn.com/b/sqlazure/) 블로그에서 제공한다.

■■■ 읽기 전용 Shards

Shard는 다양한 방법으로 구현될 수 있다. 예를 들어, 여러분은 읽기 전용 Shard(ROS)를 구현할 수 있다. Shard가 읽기와 쓰기 작업을 지원하는 데이터베이스에 의하여 구현되는 것이긴 하나, 레코드 자체는 데이터 소비자들에게 읽기 전용으로만 제공이 된다.

그림 2-8은 읽기와 쓰기 접근을 통해 데이터를 저장할 수 있는 로컬 SQL Server로 구성된 Shard 토폴로지의 예를 보여준다. 데이터는 SQL 데이터 동기화 프레임워크나 다른 방법에 의하여 실제 Shard, 즉 클라우드 상에 존재하는 추가적인 SQL Azure 데이터베이스로 복제된다. 데이터 소비자 응용프로그램은 SQL Azure 상에 존재하는 Shard에 연결하여 필요로 하는 정보를 읽을 것이다.

어떤 시나리오에 있어서, 각각의 SQL Azure 데이터베이스들은 정확히 동일하게 복제된 데이터들의 사본을 가지고 있을 수 있으며(Mirror Shard), 따라서 데이터 소비자는 이러한 SQL Azure 데이터베이스 중 하나에, 예를 들어 Round Robin 메커니즘과 같이 부하를 분산시킬 수 있는 방식을 이용하여 접속할 수 있다. 이는 모든 데이터베이스에 무작정 데이터를 복제해 넣어두는 방식이기 때문에 아마도 가장 단순한 구현 방식일 수 있다. 그러나 SQL Azure 데이터베이스는 분산 트랜잭션을 지원하지 않기 때문에, 여러분은 일부

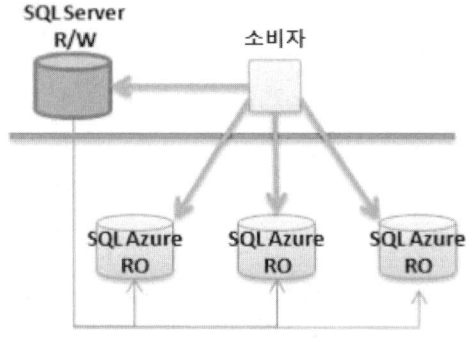

그림 2-8 읽기 전용 Shard 토폴로지

트랜잭션이 데이터를 특정 데이터베이스에 Commit하는 동안에 발생하는 차이를 메울 수 있는 메커니즘을 확보해야만 한다.

읽기 전용 Shard를 구현하는 또 다른 방법은 수평 파티션을 이용하여 데이터베이스를 분할하는 방법이다. 수평 파티션에서는 어떤 데이터베이스가 어떤 데이터를 포함하고 있을 것인지를 결정하는 규칙이 적용된다. 예를 들어, SQL 데이터 동기화 서비스를 이용하여 SQL Azure의 특정 데이터베이스에 어떤 기업의 미국 내 영업 실적을 저장하는 파티션을 생성하도록 하고, 또 다른 SQL Azure 데이터베이스에 EU 연합 내 영업 실적을 저장하는 파티션을 생성하도록 할 수도 있다. 이러한 방식에서는 데이터 소비자가 수평 파티션의 존재를 인지하고 있고, 데이터 소비자의 입력에 따른 규칙의 적용을 받는 데이터 베이스 선택 기준에 따라 어떤 데이터베이스에 접속해야 할지, 또는 클라우드 상의 모든 데이터베이스에 한 번씩 접근하여 필요한 데이터를 보관하는 데이터베이스를 찾을 때까지 테스트해보는 방법이 있을 수 있다. 만약 필요하다면, 결정 엔진을 통하여 설정된 규칙을 기반으로 정확한 데이터베이스를 선택할 수 있도록 하여 비용이 발생하는 것을 최소화할 수 있다.

■■■ 읽기 쓰기 Shard

읽기 쓰기 Shard(RWS)에서는 모든 데이터베이스가 데이터 소비자에 의하여 읽거나 쓰여지게 되는 상황을 고려한다. 이 경우, 여러분은 SQL 데이터 동기화 프레임워크를 기반으로 하는 복제 토폴로지를 사용할 필요가 없는데, 그 이유는 Shard 내의 모든 레코드들이 단일 사본을 가지고 있기 때문이다. 그림 2-9는 RWS 토폴로지의 예시를 보여준다.

비록 읽기 쓰기 Shard가 데이터베이스 사이의 동기화에 대한 복잡성을 줄여주지만, 데이터 소비자는 모든 CRUD 작업에 대해 어떤 클라우드 데이터베이스를 선택하여 적용할 것인지를 정확히 결정해야 한다. 이것은 이전에 언급했던 것처럼 매우 특별한 고려 사항을 필요로 하고, 성취하기 위해서는 고급 기술이 필요하다.

오프로딩 패턴

오프로딩 패턴에서는, 주된 데이터 소비자가 자체 데이터베이스를 포함하고 있는, 이미

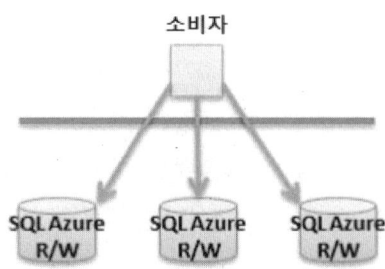

그림 2-9 다중 Shard 토플로지

기존에 사용하고 있던 응용프로그램인 경우이지만, 보관하는 데이터의 일부 또는 전체가 클라우드 상의 데이터베이스로 SQL 데이터 동기화나 이와 유사한 메커니즘을 기반으로 복제되는 상황이 연출된다. 오프로드 처리된 데이터는 주 데이터베이스를 사용할 수 없는 상황에서도 또 다른 데이터베이스 소비자가 데이터를 사용할 수 있게 된다.

여러분은 오프로딩 패턴을 그림 2-10에서 보이는 것과 같이 두 가지 방법으로 구현할 수 있다. 주 데이터베이스는 로컬에서 실행되는 SQL 데이터베이스일 수도, 클라우드 상에서 실행되는 데이터베이스가 될 수도 있다. 예를 들어, 기존 응용프로그램이 로컬 SQL Server 데이터베이스를 핵심적인 요구 사항에 근거하여 사용할 수 있다. SQL 데이터 동기화 프레임워크는 관련된 데이터 또는 요약된 데이터를 클라우드 데이터베이스에 복사하는 데에 사용된다. 최종적으로, 휴대용 장치나 PDA와 같은 또 다른 데이터 소비자에 의하여 실시간으로 클라우드 상의 데이터베이스에 저장되는 요약된 데이터를 받아서 표

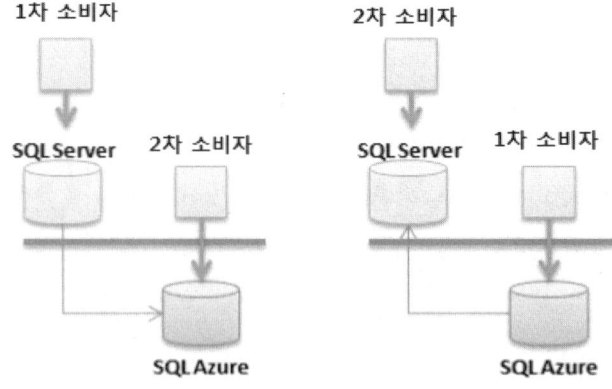

그림 2-10 오프로딩 패턴

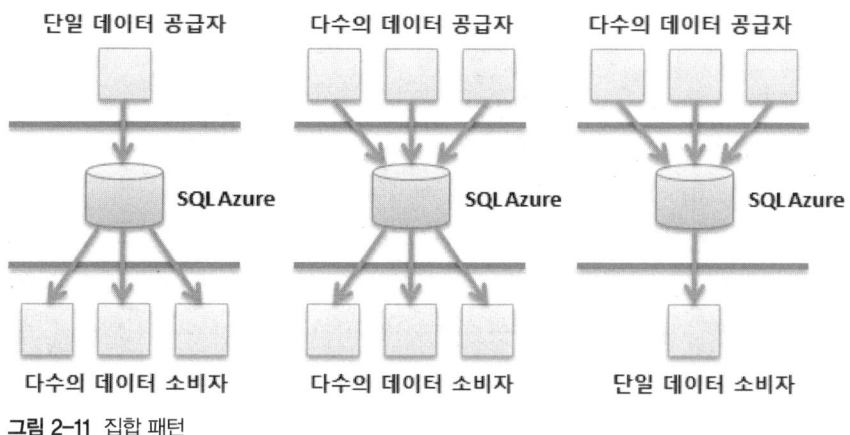

그림 2-11 집합 패턴

시할 수 있다.

집합 패턴

집합 패턴을 가장 단순화하면, 집합 패턴은 여러 데이터 공급자가 제공하는 데이터들을 한꺼번에 수집하여 SQL Azure 데이터베이스에 저장할 수 있는 기법이다. 데이터 공급자는 지리적으로 분산되어 있을 수도 있고, 서로 간에 대해 전혀 알고 있지 못할 수도 있지만, 반드시 스키마에 대한 공통된 지식을 공유하기 때문에, 최종적으로 의미가 있는 상태로 데이터를 병합할 수 있어야 한다는 전제 조건이 따른다.

  집합 패턴은 그림 2-11에서 설명하는 것과 같이 직접 연결 패턴을 사용한다. 여러분은 집합 패턴을 공통된 정보의 저장소를 제공하기 위한 목적으로 사용할 수 있으며, 가령 여러 국가에서 수집된 인구 정보나 지구 온난화 지표 같은 정보와 같은 것이 될 수 있다. 이 패턴에서의 핵심은 모든 데이터 공급자들 사이에 공유할 수 있는 공통된 스키마를 사용해야 하고, 데이터 소비자가 이를 이해할 수 있어야 한다는 것이다. 그 이유는 SQL Azure가 XML 데이터 형식을 지원하고, 데이터 소비자 별로 조금씩 다른 정보를 XML 형식으로 특정 열의 정보를 저장하고 관리할 수 있기 때문이다.

Mirroring 패턴

Mirror 패턴은 그림 2-12에서 보이는 것처럼 Offloading 패턴을 변형한 것으로, 다른 소비자가 별도의 저장소를 소유하고 있을 경우를 뜻한다. 더 나아가서, 이 패턴은 은연중에

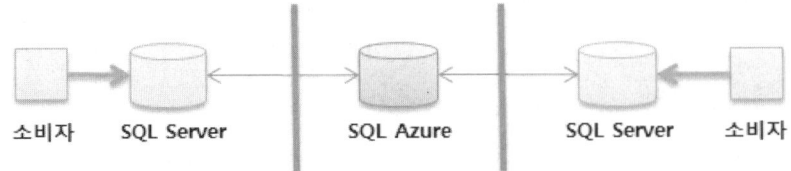

그림 2-12 Mirroring 패턴

이중 복제 토폴로지를 내포하고 있으며, 이에 따라 어느 한쪽에서 발생한 데이터베이스 상의 변경 사항이 다른 데이터베이스로 전달될 수 있다. 이 패턴은 양쪽의 데이터 소비자 모두 상호 간의 데이터베이스에 접속할 수 있는 권한이 없는 상태일지라도 사용될 수 있다.

패턴 조합하기

이전의 디자인 패턴들은 SQL Azure를 이용하여 시스템을 구축하기 위해서 필요한 기본 토대를 제공한다. 이러한 패턴들을 있는 그대로 사용할 수도 있지만, 여러분은 더 나은 서비스의 완성을 위해서 패턴을 조합하는 것을 선호할 수도 있다. 이번 섹션에서는 몇 가지 유용한 패턴 조합 사례를 살펴볼 것이다.

Transparent Branching과 읽기 쓰기 Shard의 조합

그림 2-13에서는 Transparent Branching과 읽기 쓰기 Shard 패턴이 혼용되는 구조를 보여준다. 이 패턴은 기존에 사용하는 전사적 자원 관리(ERP) 시스템이 생성해내는 과거 기

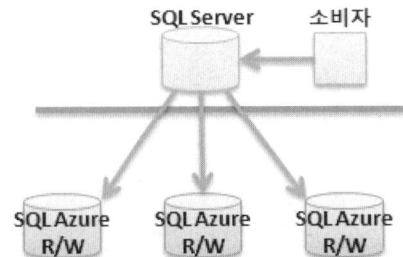

그림 2-13 Transparent Branching과 읽기 쓰기 Shard의 조합

록 성향의 자료들을 클라우드 저장소로 이관하는 데에 사용할 수 있다. 예를 들어, Shard 패턴은 SQL Azure 데이터베이스에 대한 요청을 비 동기 Round Robin 메커니즘을 사용하여 높은 성능을 낼 수 있다.

이 패턴은 다음과 같은 이점이 있다:

- **투명한 데이터 전송**: 이 경우, Transparent Branch 패턴에 의하여 기존 응용프로그램의 코드를 한 줄도 수정하는 일 없이, 기존의 데이터들이 클라우드 데이터베이스에 정확히 저장될 수 있도록 해준다.
- **고성능**: 높은 성능과 처리량을 유지하기 위해서는, 앞서 설명한 Round Robin Shard 패턴을 활용하여 클라우드 상에 비 동기 방식 호출을 이용할 수 있다.
- **확장성**: Shard 패턴을 사용할 때에는, 클라우드 상에 새 SQL Azure 데이터베이스를 추가하는 작업이 매우 쉽다. 잘 구현되었다면, Shard 패턴은 자동으로 여러분이 추가한 새 데이터베이스를 찾아줄 것이며, 여기에 맞추어 저장 용량과 처리량이 자동으로 증가되는 효과를 얻을 수 있게 된다.

단계별 집합

그림 2-14에서 설명하는 것과 같이 단계별 집합은 요약된 데이터베이스를 생성하기 위하여 집합 패턴이 여러 차례 순차적으로 적용된 패턴이다. 이 메커니즘은 높은 수준의 프로세스, 가령 Windows Azure의 작업자 프로세스와 같은 수단을 이용하여 SQL Azure 데이터베이스 상의 데이터를 다른 데이터베이스로 복사하거나 이동시킨다.

예를 들어, 이 패턴은 여러 SQL Azure 데이터베이스로부터 정보를 수집하여 제3자가 성능을 측정하기 위한 목적으로 사용할 단일 데이터베이스에 저장하도록 하는 데에 사용할 수 있다. Windows Azure 작업자 프로세스는 SQL Azure가 제공하는 성능 뷰를 실행하여 다른 데이터베이스에 그 정보를 저장할 수 있다. 비록 서로 완전히 다른 스키마를 가지고 있는 SQL Azure 데이터베이스들이 관측되어야 하는 상황이라 하더라도, SQL Azure의 성능 데이터 관리 뷰(DMV)의 출력은 항상 일정하다. 예를 들어, 어떤 모니터링 서비스가 여러 SQL Azure 데이터베이스들의 연결 활동 상황을 관측하기 위한 목적으로 SYS.DM_EXEC_CONNECTIONS 뷰를 5분 간격으로 호출하고 그 내용을 별도의 분리된 SQL Azure 데이터베이스에 저장할 수 있다.

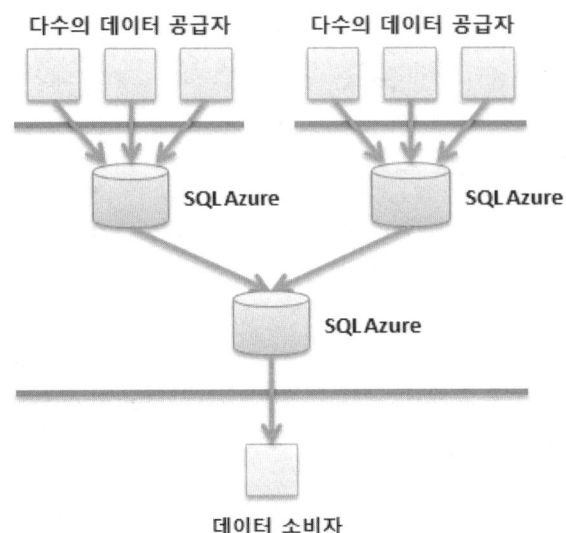

그림 2-14 집합 패턴과 MMS 패턴의 결합

■■■ 디자인 예시 : 응용프로그램 SLA 모니터링

몇 가지 패턴을 한눈에 살펴볼 수 있도록, 특정 응용프로그램의 성능에 대한 서비스 수준 협약(SLA)의 이행을 위한 지표를 측정하는 외곽 시스템을 만들어보기로 하겠다. 이 디자인에서는, 어떤 회사가 이미 사용하는 모니터링 제품을 통하여 고객의 사이트에 있는 SQL Server의 활동 사항을 감사할 수 있는 상황이다. 이 회사는 이 모니터링 제품의 서비스를 SQL Azure 저장소 메커니즘을 제안함으로써 고객들의 데이터베이스들에 대한 SLA 측정을 중앙에서 할 수 있게 확장하기를 원한다고 가정하겠다.

Azure 응용프로그램 아키텍처 적용 이전

우선, 기존 모니터링 응용프로그램을 살펴보자. 이 응용프로그램은 엔터프라이즈 또는 저장소 용도로 활용되는 하나 이상의 SQL Server를 관리할 수 있는 모듈을 포함하고 있으며 그 결과를 고객의 네트워크 상의 또 다른 데이터베이스에 저장하고 있다.

이 예제에서, A 회사는 기존 ERP 제품에 대해 접근 보안과 전반적인 SLA를 모니터링하기 위한 목적으로 모니터링 서비스를 구현하였다. 이 모니터링 응용프로그램은 ERP 데이터를 저장하는 내부 SQL Server의 활동 사항을 기반으로 감사를 진행한다. 어떤 구문이 실행하는 데에 너무 많은 시간이 걸리게 되는 경우, 모니터링 서비스는 이에 관한 경고 메시지를 전달받게 되고, 로컬 감사 데이터베이스에 감사 기록을 그림 2-15에서 설명하는 것처럼 기록하게 된다.

매달 관리자는 ERP 시스템의 SLA에 대한 보고서를 실행하여 ERP 제조사가 제안한 대로 이전에 설정한 기준치에 부합하는 성능을 보여주는지 확인하게 될 것이다. 지금까지 살펴본 이러한 구현 방법에는 다음과 같은 이점이 있다.

- **가시적**: 고객은 내부 데이터베이스의 성능을 살펴볼 수 있다.
- **SLA 관리**: 측정된 SLA는 ERP 제조사와 서비스 계약을 협상할 때 사용할 수 있다.

그러나, 고객은 이러한 감사 정보를 내부적으로 저장하고 추가적인 SQL Server 인스턴스를 통하여 관리해야 할 필요성이 있는데, 이에 따라 데이터베이스 관리를 목적으로 운영 체제와 데이터베이스에 대한 각종 보안 패치를 항상 최신으로 유지해야 하는 오버헤드가 발생할 수밖에 없다. 또한 ERP 제조사의 관점에서 SQL Server에서 실행되는 로컬 감사 데이터베이스는 항상 사용한 데이터베이스가 아니기 때문에, SLA 문제에 대해서 즉각적이고 능동적인 대응이 어렵고, 고객이 심각한 문제점을 인지하기 전까지는 아무런 대책을 세울 수 없는 문제도 있다. 마지막으로 고객은 같은 ERP 제품을 실행하는 다른 고객들과 어떤 방법으로 SLA를 비교해야 할 것인지 정확한 방법을 알 수 없다.

Azure 구현

이 모니터링 서비스에 모니터링 결과를 별도의 부수적인 클라우드 저장소에 저장할 수 있는 향상된 버전을 만들었다. 이를 통해 성능 상의 이벤트가 발생했을 때 이를 중앙에

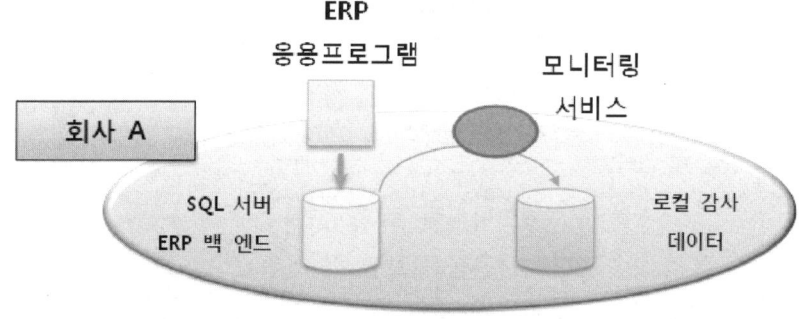

그림 2-15 회사 내부에 구축된 모니터링 시스템

있는 클라우드 데이터베이스 상에 저장하도록 하였다. 모니터링 서비스 공급자는 비 동기 방식의 Smart Branching 패턴을 구현하여 SQL Azure 데이터베이스 상에 이벤트 데이터가 저장될 수 있도록 하였다. 그림 2-16은 모니터링 서비스가 저장하는 데이터가 클라우드 데이터베이스에도 같이 저장될 수 있도록 구현한 아키텍처의 예시를 보여준다. 각각의 모니터링 서비스는 SLA 지표를 로컬 감사 데이터베이스뿐만 아니라 클라우드 데이터베이스 상에도 같이 저장할 수 있게 되었다. 마지막으로 로컬 감사 데이터베이스는 로컬 감사 데이터베이스는 고객의 입장에서 설치를 해도 되고 하지 않아도 되는 부수적인 사항이 될 수 있다. 이 기능을 지원하기 위해서는, 모니터링 공급자가 SQL Azure를 사용할 수 없을 경우 이에 대한 내용을 보관할 수 있는 대기 열 메커니즘을 구현하는지의 여부가 관건이 된다.

모니터링 공급자는 고객이 직접 SLA 관련 내용을 검토할 수 있는 포털 사이트를 만들었다. 이때 예를 들어 고객 B는 포털 사이트를 통하여 CRM과 ERP 응용프로그램 데이터베이스의 SLA를 모니터링할 수 있게 된다. 고객은 보고서를 만들 준비를 할 수 있고 그

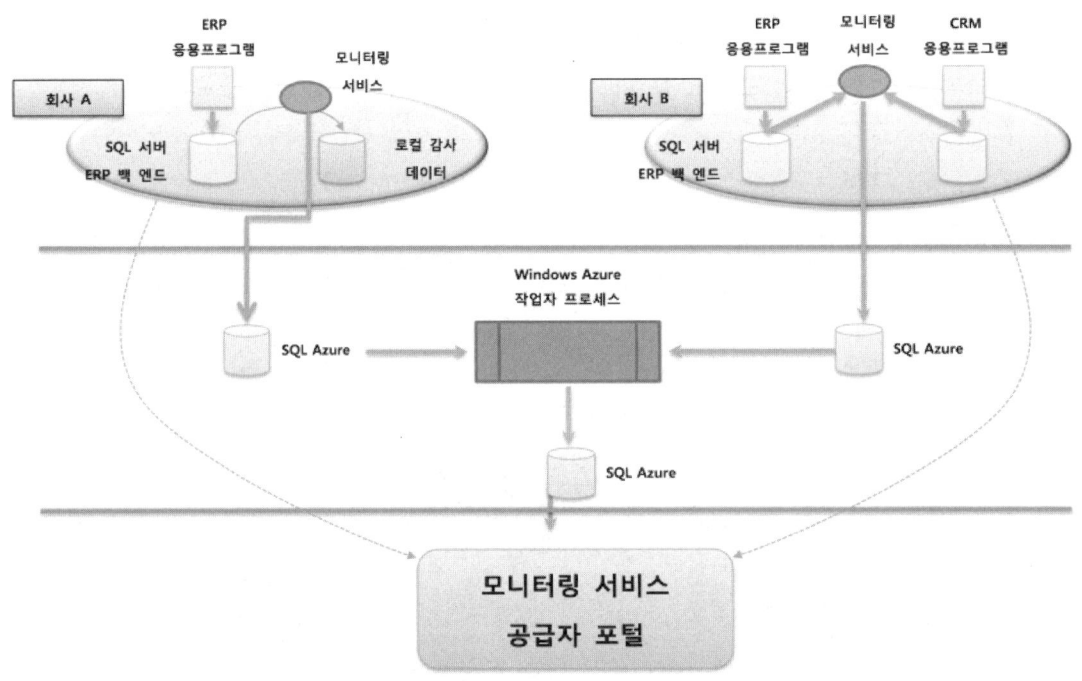

그림 2-16 Azure 기반 모니터링 구현

내용을 ERP와 CRM 제조사들이 온라인 상으로 고객과 같은 포털 사이트를 통하여 각각의 구문들을 검토할 수 있게 된다. 이에 따라 다음과 같은 이점을 얻게 된다.

- **향상된 정보 공유**: 클라우드 기반의 포털 사이트로 인하여 제조사 관점에서 좀 더 많은 정보를 얻을 수 있게 된다.
- **로컬 저장소의 옵션화**: 향상된 서비스를 기반으로, 고객들은 내부 데이터베이스 관리 활동을 수행하기 어려운 규모가 작은 조직에서 클라우드 저장소만을 사용할 것인지를 결정할 수 있도록 도움을 준다.
- **외부 모니터링**: 고객 A와 B는 그들의 ERP 시스템 내에서 SLA를 만족하지 못하는 지나치게 실행 비용이 비싼 프로시저를 적극적으로 관찰하는 모니터링 공급자를 사용할 수 있는 능력이 있다. 모니터링 공급자는 예를 들어 ERP 공급자에 대해 직접 성능 문제를 제기할 수 있게 된다.

그 외 고려 사항

이 장에서는 여러분이 SQL Azure를 기반으로 서비스를 설계할 때 필요할 수 있는 많은 수의 중요한 설계 사항들을 소개하였다. 그 외에 다른 고려 사항들, 예를 들어 BLOB 데이터 저장소, Edge 데이터 캐시, 데이터 암호화와 같이 도움이 될 수 있는 정보들을 살펴보고자 한다.

BLOB 데이터 저장소

BLOB은 Windows Azure에서 파일을 저장할 수 있는 단위이다. BLOB에 대한 한 가지 재미있는 사실은 REST 방식으로 쉽게 접근이 가능하고, BLOB을 얼마나 많이 만들 것인가에 대한 제한이 없으며, 각 BLOB 당 50GB 이상의 데이터를 저장할 수 있다는 점이다. 그 결과, BLOB은 데이터 소비자에 대해 백업이나 전달 메커니즘을 제공할 수 있는 수단이 된다.

SQL Azure 테이블들을 하나의 파일로 대량 복사 프로그램(BCP)을 통하여 덤프를 작성할 수 있는 시스템에서, 압축이나 암호화를 수행한 후 Windows Azure에 BLOB 저장소에

올릴 수 있다.

Edge 데이터 캐시

캐시에 대하여 이번 장에서 간단하게 언급하였지만, 캐시는 여러분의 응용프로그램 설계 상에 있어서 가장 중요한 성능의 획득을 양보할 수 있다. 메모리 상의 비교적 정적인 테이블들을 캐시하고, 그 내용을 BLOB이나 다른 메모리 내부 저장소의 형태로 저장하여 다른 캐시 시스템이 같은 캐시를 사용할 수 있도록 하고, Azure의 큐 저장소를 사용하여 새로운 데이터를 받아들일 수 있도록 메커니즘을 만들어야 한다.

그림 2-17은 이러한 설계 방식을 보여주고 있으며, 두 개의 ERP 시스템이 서로 공유하는 캐시의 사례를 들고 있다. 각 ERP 시스템은 상호 간에 Transparent Branching 패턴을 사용하여 SQL Azure에 갱신되는 레코드를 저장하고 공유한다. 그러나 이 시점에서 Edge 캐시는 데이터의 변경 사항을 인지하지는 못한다. 예를 들어 10분 간의 특정한 간격으로 Windows Azure의 작업자 프로세스가 변경 사항을 확인하고 그 내용을 BLOB 저장소에 보관한다. 작업자 프로세스는 데이터에 대한 적용 방법을 다루거나 충돌 문제를 해결하는 절차를 포함하는 로직을 적용하게 될 것이다. 그 다음, 가장 최신의 정보를 포함하는

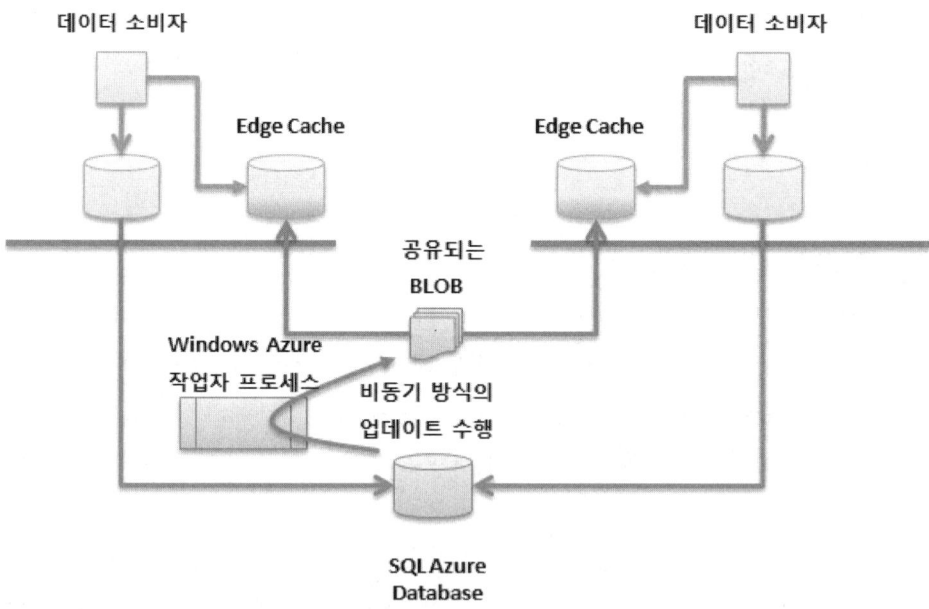

그림 2-17 공유되는 Edge 데이터 캐시

캐시 내용으로 구성된 BLOB 파일을 생성하거나 업데이트 한 후 다시 그 정보를 불러올 것이다. Edge 캐시는 내부의 데이터를, 가령 5분에 한 번씩 특정한 간격마다 BLOB의 내용을 불러들이는 것을 통해서 갱신하게 될 것이다. 만약 모든 Edge 캐시가 정확한 시간에 업데이트 될 수 있도록 구성된다면 모든 캐시들은 거의 같은 시간에 내용이 반영될 수 있도록 할 수도 있다.

데이터 암호화

여러분은 데이터를 다음의 두 가지 환경 내에서 암호화 할 수 있다. 첫 번째는 기존의 여러분의 응용프로그램을 이용하는 방법이고, 두 번째는 Windows Azure의 서비스를 이용하는 방법이다. SQL Azure는 이전에 언급했던 것처럼 자체적으로 해시 함수 기반의 단방향 암호화는 지원하지만 투명 암호화는 지원하지 못한다. 만약 주민등록번호나 전화번호와 같이 민감한 정보를 암호화해야 한다면 여러분은 암호화가 언제 일어나야 하는지에 대한 부분을 고려해야 한다.

보통은 여러분의 응용프로그램이 여러분이 비대칭 암호화를 사용하기 위하여 필요한 개인 키가 쉽게 드러날 수 있는 공용 환경에서 사용되지 않는 한, 기존의 응용프로그램이 인터넷을 경유하여 클라우드 데이터베이스에 내용을 저장하기 전에 암호화를 하는 것이 좋다. 그러나 Windows Azure 자체적으로 혹은 데이터를 주고받을 소비자 사이에서 키를 공유하지 않는 경우 암호화된 내용을 복원하려면 Windows Azure 서비스를 이용하여 이를 대행할 수 있는 능력이 필요하다.

▪▪▪ 결론

이 장에서는 분산 컴퓨팅과 클라우드 컴퓨팅에서 아주 자연스럽게 사용될 수 있는 여러 유형의 설계 방식들을 살펴보았다. 클라우드 응용프로그램을 설계하는 것은 SQL Azure 데이터베이스를 여러분의 기존 응용프로그램에서 접속할 수 있도록 만들었던 것처럼 단순할 수도 있지만, 필요에 따라서는 분산된 Edge 캐시나 Shard를 제작할 때와 같이 엔터프라이즈 환경에서 다양한 요구 사항을 만족시키기 위하여 개발할 때와 같이 매우 복잡하게 바뀔 수도 있다.

이 장에서는 여러분이 응용프로그램을 설계하기 위하여 고려해야 할 다양한 변수들을 제공하였으며, 각 사항들은 여러분의 최종적인 설계에 있어서 지대한 영향을 줄 수 있는, 가령 성능, 비용, 보안, 저장소 옵션, 연결 조절과 같은 사항이 있었다. 여러분은 반드시 클라우드 기반의 설계 방식을 두 가지 이상을 검토해보아야 하며, 각각의 설계 방식에 대한 장점과 단점을 여러분이 최종적으로 설계 방식을 완성하기 전에 짚고 넘어가야 할 필요가 있다. 그리고 때가 되면, 여러분의 추정을 검증할 수 있는 개념 증명을 만들거나, 여러분의 솔루션이 얼마나 효과적인지 측정해야 할 것이다.

CHAPTER 3
구축하고 설정하기

이 책의 처음 두 단원에서는 클라우드 기반의 컴퓨팅에 대한 대략적인 소개와 함께 일반적인 데이터베이스와 클라우드 데이터베이스 사이에 얼마나 유사한지 확인해 보았다. 서로 닮은 것이 있는 것만큼 역시 서로 많은 차이점이 있음을 알 수 있었을 것이다. 6장에서는 이러한 차이점들을 더욱 상세하게 살펴볼 것이다.

2장에서는 설계 방식에 대한 깊이 있는 분석을 해보았으며, 업체들이 클라우드 컴퓨팅 아키텍처 기반으로 이동하기 위하여 필요한 사항들이 어떤 것이 있는지 확인해 보았다. 클라우드 컴퓨팅 환경으로 이동하기로 결정하지 않았다면 여러분은 클라우드 기반의 서비스를 설계하는 동안 다양한 부가 사항들을 검토해야 한다. 이 단원을 포함한 나머지 대부분의 내용들은 2장의 내용을 기반으로 진행할 수 있다.

본격적으로 여러분이 Azure 플랫폼을 시작하기 전에, 여러분은 반드시 Azure 계정을 신청해야 한다. 계정을 만들고 난 이후에는 Azure의 모든 기능들을 사용할 수 있게 된다. 이 단원에서는 계정에 관한 부가 사항들, Azure 계정을 신청하기까지의 과정 그리고 데이터베이스, 사용자, 저장 프로시저와 같이 SQL Azure 상에서 중요한 개체들을 생성, 수정, 삭제 T-SQL 문법들도 살펴볼 예정이다. 그리고 외부에서 SQL Azure 데이터베이스에 접속하기 위하여 필요한 내용도 살펴볼 것이다.

■■■ 여러분의 Azure 계정 만들기

Azure 계정을 만드는 작업은 단순하지만, 회원 가입을 위하여 입력해야 할 정보들이 몇 가지 있다. Azure 계정을 만들기 위해서는 웹 브라우저를 연 후 http://www.microsoft.com/windowsazure/offers 페이지를 방문하여 그림 3-1과 같이 표시되는 상품 안내 페이지를 방문해야 한다. 이 페이지에서는 여러분의 사용량(트랜잭션, 연결 수 및 기타 사항)과 저장소 규모에 맞는 다양한 패키지 상품들이 열거되어 있고, 자세한 정보를 보기 위하여 View Details 버튼을 클릭하여 상세 내역을 볼 수 있고 상품 간 비교표를 볼 수도 있다.

만약 처음 Windows Azure 상품을 선택하는 것이라고 한다면, Introductory Special 상품을 적극 추천한다. 기본 요금과 동일하게 책정되지만 매달 다음의 혜택을 누릴 수 있어 작지만 비용을 절약할 수 있다.

- 매달 750시간 분량의 경량 컴퓨터 인스턴스 사용 비용 면제
- 매달 25시간의 소형 컴퓨터 인스턴스 사용 비용 면제
- 매달 500MB 이내, 10,000번 이내의 처리 요청에 대한 비용 면제
- AppFabric에 대해 100,000회 이내의 Access Control 처리 요청에 대한 비용 면제
- AppFabric에 대해 기본 Service Bus 2채널 제공
- 500MB 분량의 데이터 입력 및 출력 트래픽 비용 면제

■ **NOTE** 앞에서 상세하게 설명한 Introductory Special 패키지는 상품 유효 기한이 지속적으로 갱신되는 상품들로, Microsoft에 의하여 상품 구성이 바뀌거나 프로그램이 변경되거나, 혹은 이러한 유형의 프로그램이 예고 없이 폐지될 수도 있으며, 이는 전적으로 Microsoft의 결정에 따라 변동되는 부분임을 미리 알린다.

Azure 계정을 생성하기 위해서는, 반드시 Windows Live ID가 있어야 한다. Buy 버튼을 클릭하면 Windows Live ID로 로그인할 것을 안내하는 페이지가 나타날 것이다. 로그인한 후에는 두 단계에 걸친 등록 절차가 수행된다.

1. 신청하려는 상품에 대한 정보를 검토하고, 주소지가 정확히 설정되어 있는지 검토한다. 주소지가 다른 경우 Change Address 링크를 클릭하여 링크를 변경할 수 있다. 그리고 다음 단계로 진행하기 전에 Online Subscription Agreement에 동의한다는 의미로 체크박스에 체크를 해야 한다.

2. 신청한 상품의 만료 이후 또는 타 서비스 상품의 사용에 대한 지불을 이행하기 위한

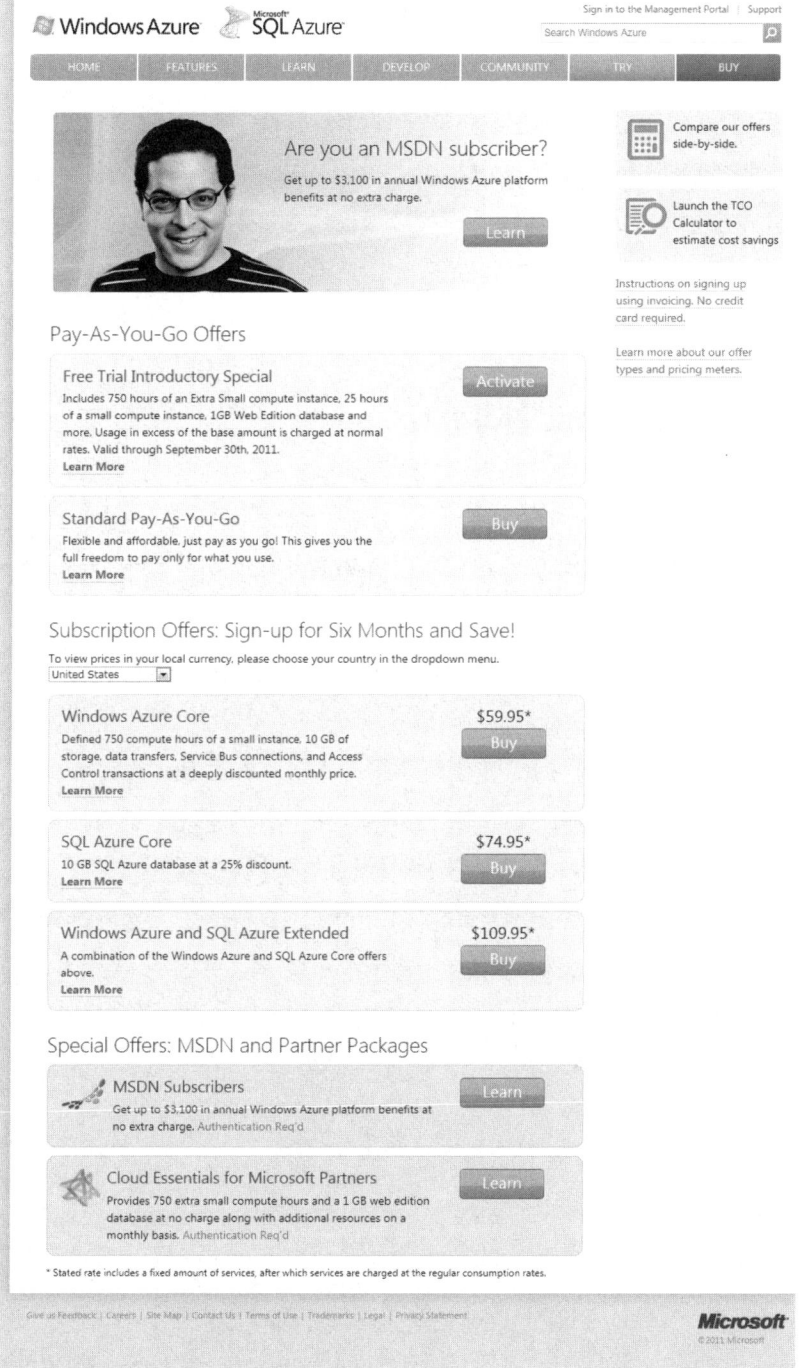

그림 3-1 Windows Azure 상품

청구지 정보, 요금 납입 방법 등을 입력해야 한다. VISA, MASTER 등의 신용 카드를 이용하여 결재 가능하다.

위의 두 단계를 걸친 후 나타나는 확인 페이지에서는 여러분의 Windows Live ID로 E-MAIL이 발송되었음을 알려줄 것이다. 계속 진행하면 여러분의 Azure 계정이 실시간으로 활성화되고 있는 과정이 나타나며, 잠시 후 다시 페이지를 방문하면 사용 가능한 상태로 Azure 포털 사이트가 나타날 것이다.

여러분의 Azure 프로젝트 관리하기

이제 Azure 프로젝트를 실제로 사용할 수 있게 되었다. 지난 두 단원의 내용을 모두 읽은 이후에 이 단원에서 설치와 설정을 마무리하였다면 이제 여러분의 차례이다. 지금부터는 여러분의 손을 움직일 차례이다.

SQL Azure 포털 상에서 프로젝트를 관리하고 접근하기 위해서는 https://sql.azure.com/ 페이지에 접속하여 Database 섹션에 방문해야 한다. 여러분의 웹 브라우저에 SQL Azure 요약 페이지가 나타나고, 현재 사용 중인 SQL Azure 프로젝트가 모두 열거될 것이다. 이 페이지에서는 각각의 프로젝트(서비스 신청 때마다 기입했던 Subscription 이름)들과 연결된 계정, 서비스 관리자가 그림 3-2에서처럼 열거된다.

요약 페이지에 나열된 프로젝트들은 여러분이 프로젝트를 생성하였거나 여러분이 다른 사람의 프로젝트를 관리할 수 있는 권한이 있을 경우 모두를 포함한다. 이 시점에서 아직 여러분은 할 수 있는 것이 많지 않지만, 다음 섹션에서 설명할 SQL Azure 서버 관리 방법을 이용하여 필요한 작업을 수행할 수 있을 것이다.

Azure 서버 관리하기

SQL Azure 프로젝트를 관리하는 작업은 단순하다. 요약 창에서 여러분이 관리하려고 하는 프로젝트를 클릭한다. 사용자 ID와 비밀번호를 입력할 수 있는 페이지가 나타날 것이다(이 정보가 어떻게 사용될지 곧 보게 될 것이다). ID와 비밀번호를 입력한 후에는 그림 3-

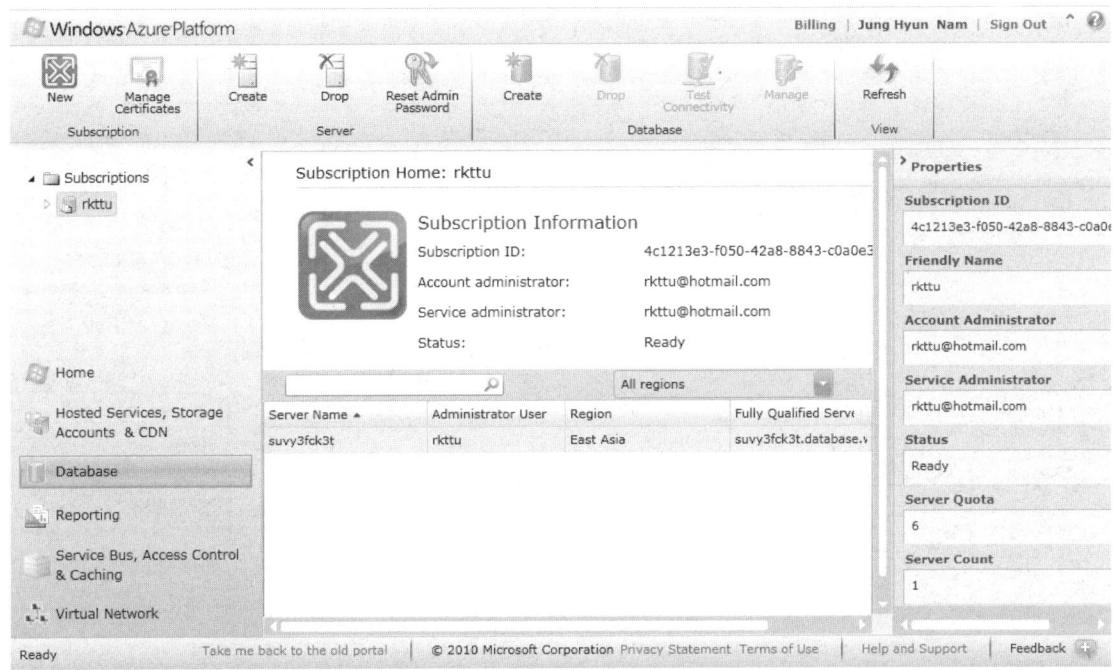

그림 3-2 SQL Azure 요약 페이지

3과 같은 관리 SQL Azure 포털 사이트가 나타날 것이다.

이 포털 사이트에서는 세 가지 유형의 필수적인 정보, 즉 관리, 연결, SQL Azure와의 연동에 대한 정보를 제공한다. 여러분의 서버에 대한 이름과 위치에 대한 정보를 볼 수 있을 것이다. 또한 두 개의 탭이 있는데, 방화벽 설정에 대한 것과 여러분이 사용하는 데이터베이스들에 대한 목록을 표시하는 탭이 있다.

서버 정보

서버 정보 패널은 그림 3-3에서 보여지는 화면 상의 우측에 위치한다.

서버 정보 상자에서는 다음의 항목들이 표시된다.

- **서버 이름**: 여러분의 논리적 데이터베이스 서버에 대한 전체 정규화된 도메인 이름 (FQDN)이 표시된다. FQDN은 Microsoft 내의 데이터센터 상에서 실제 호스트 컴퓨터를 판별하기 위한 수단으로 사용되는 것이며 실제 데이터베이스 서버 이름이 아니다. 이 도메인 이름에 해당되는 IP 주소에 대한 연결이 발생할 경우, 여러분의 연

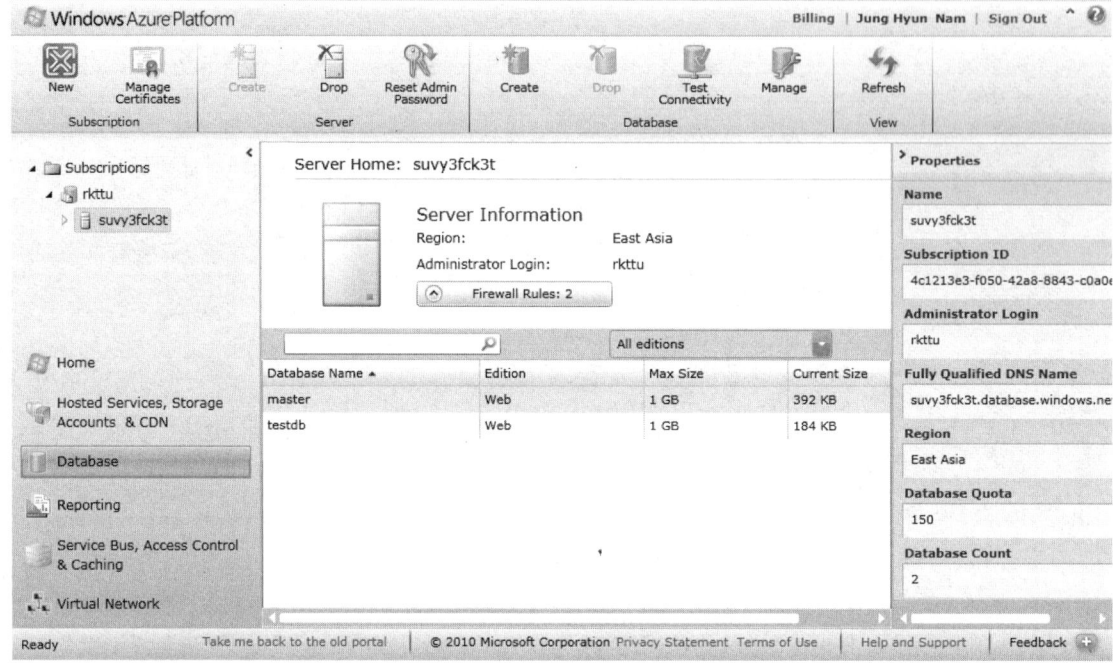

그림 3-3 서버 관리 화면

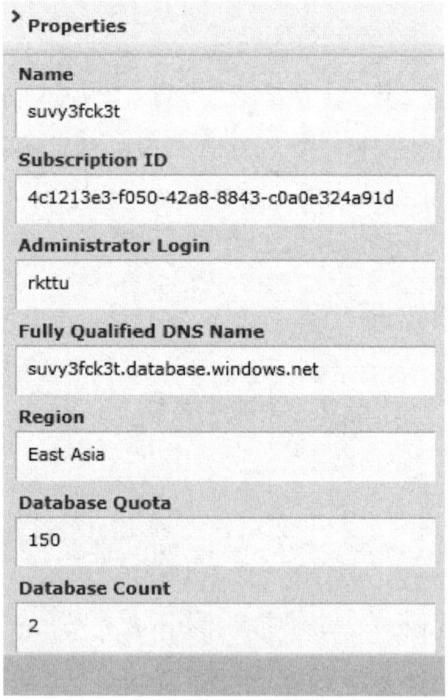

그림 3-4 서버 정보 패널

결은 실제 데이터베이스 서버 측으로 여러분이 입력한 로그인 ID와 비밀번호를 근거로 라우팅 처리된다.

- **구독 ID**: 이 서버가 속해 있는 구독 ID가 표시되며 이 구독 ID와 연결된 결제 정보에 따라 요금이 청구된다.
- **관리 사용자 이름**: 그림 3-2에서와 같이 클릭하였을 때 입력한 사용자 ID가 관리 사용자 ID이다. 여러분이 가령 SQL Server Management Studio와 같은 도구를 사용하여 서버에 접속할 때, 이 ID와 함께 비밀번호를 입력하여 연결할 수 있다.
- **정규화된 DNS 이름**: 외부에서 서버로 접속할 때 사용할 수 있는 정규화된 DNS 이름을 확인할 수 있다.
- **서버 위치**: 여러분의 Azure 서버가 배치되어 있는 지리적 위치이다. 이 책이 집필되는 현 시점에서 총 7개의 지리적 위치가 사용이 가능하며, 이는 아시아 전역, 유럽 전역, 미국 전역, 미국 북부 중앙, 유럽 북부, 미국 남부 중앙, 동남아시아이다.
- **데이터베이스 쿼터**: 이 서버에서 생성 가능한 데이터베이스의 수가 표시된다.
- **데이터베이스 개수**: 현재 생성된 데이터베이스의 개수가 표시된다.

Microsoft에서는 여러분이 서로 연관되어 있는 서비스를 만들 때 가능한 지리적으로 같은 위치에 들어있도록 배치하는 것을 권장하고 있다. 그렇게 하지 않을 경우 데이터 비용이 추가 발생할 수 있다. 예를 들어, Windows Azure 웹 응용프로그램을 미국 북부 중앙 위치에 배치하였고, SQL Azure 데이터베이스를 미국 남부 중앙에 위치시켰을 경우, 상호간에 표준 금액 체계에 따른 비용이 발생하게 되어 있다. 만약 응용프로그램과 데이터베이스 서버가 지리적으로 같은 위치에 있다면 이러한 요금은 일절 발생하지 않는다. 그리고 응용프로그램과 데이터베이스를 지리적으로 같은 위치에 두어야 하는 또 다른 이유는 바로 성능 상의 문제 때문이다. 반면, 지리적으로 분산하여 서비스를 배치하면 Redundancy에 도움이 된다.

또한 서버 정보 상자 안에 있는 Drop Server 버튼에 대해서 간단히 이야기하면, SQL Azure에서 서버를 삭제한다는 의미는 그 아래에 속한 모든 데이터베이스들을 일괄적으로 제거한다는 의미이다. 서버를 삭제할 때에는, 삭제 이후에 복원이 불가능하다는 경고와 함께 계속할 것인지를 묻는 대화 상자가 나타난다. 계속 진행할 경우 데이터베이스는 완전히 삭제되어 복구가 불가능해지며, 여러분은 처음부터 관리자를 생성하고 지리적 위치를 선택하며 방화벽 설정을 관리하는 등 처음 수행할 때와 마찬가지로 다시 데이터베이스를 구축해야 한다.

방화벽 설정

여러분의 데이터베이스가 물리적으로 간섭될 수 없는 공간에 놓여있기 때문에, Microsoft는 여러분의 데이터를 보호할 수 있는 방안을 하나 제공한다. 이러한 방어 메커니즘은 SQL Azure 방화벽으로, 방화벽을 통하여 특정한 컴퓨터에 대해서만 권한을 허용하도록 관리할 수 있다. SQL Azure 데이터베이스에 접근할 때에는 요청을 하는 컴퓨터의 IP 주소를 기반으로 권한 여부를 판단한다.

   SQL Azure 데이터베이스에 대한 접근을 허가하려면 반드시 그림 3-5에서 보여주는 것과 같이 서버 관리자 포탈 사이트의 방화벽 탭에서 접근을 허가할 단일 IP 또는 IP 대역을 미리 추가해야 한다. IP 대역은 여러 방화벽 설정 규칙에 의하여 정의되도록 되어 있다. 예를 들어 여러분은 집이나 직장에서 접근하기 위한 목적으로 IP 대역을 미리 설정할 수 있다. 만약 여러분이 다른 장소에서 접근해야 할 필요가 있다면 특정 위치에 대한 IP 주소를 미리 방화벽 규칙에 추가해야만 한다. 또한 'Allow other Windows Azure services to access this server' 체크박스를 방화벽 탭에서 클릭하는 경우, Windows Azure 서비스와 SQL Azure 데이터베이스 사이의 모든 내부 연결이 허용된다.

그림 3-5 방화벽 설정 패널

그림 3-6 새 방화벽 설정 추가

　새로운 방화벽 규칙을 만들기 위해서는, 방화벽 설정 탭에서 Add Rule 버튼을 클릭하여 그림 3-6과 같이 방화벽 규칙 추가 대화 상자를 표시해야 한다. 이 대화 상자에서 여러분은 규칙의 이름과 함께 IP 주소 대역을 입력해야 한다. 방화벽 규칙 이름은 이전에 등록한 규칙 이름들과 중복되어서는 안 되며, 등록할 수 있는 규칙의 개수는 제한이 없다. IP 대역을 입력하는 작업은 단순한데, 대화 상자에서 현재 여러분이 접속에 사용한 IP 주소가 나타나기 때문이다. 그림 3-6에서는 IP 대역의 시작 주소와 끝 주소를 동일하게 지정하는데, 이를 통하여 특정 IP 주소에 대한 접속만을 허용할 목적으로 규칙을 추가하기 때문이다. 만약 여러 대의 컴퓨터에 대한 SQL Azure 데이터베이스 접근을 허가하려면 IP 대역이 정확한 범위를 가리킬 수 있도록 입력하면 된다.

　방화벽 규칙에 대한 입력이 끝났으면 전송 버튼을 클릭한다. 이제 새 규칙이 그림 3-7과 같이 방화벽 설정 탭에 추가되었다. 그림 3-6에서 설명하고 있는 것처럼 규칙이 반영되고 해당 IP 대역에서 SQL Azure로 접속할 수 있을 때까지는 약 1분~최대 5분이 소요될 수 있다. 그 이후 여러분은 규칙을 편집하거나 삭제할 수 있다.

데이터베이스

서버 관리자 포탈 사이트에서 데이터베이스 탭은 제일 처음 등장하는 탭이지만, 데이터베이스를 생성했다고 할지라도 방화벽에 여러분의 컴퓨터 IP 주소를 등록하지 않을 경우 데이터베이스에 접속할 수 없기 때문에 이 장에서는 방화벽 설정 탭을 먼저 설명했다. 이

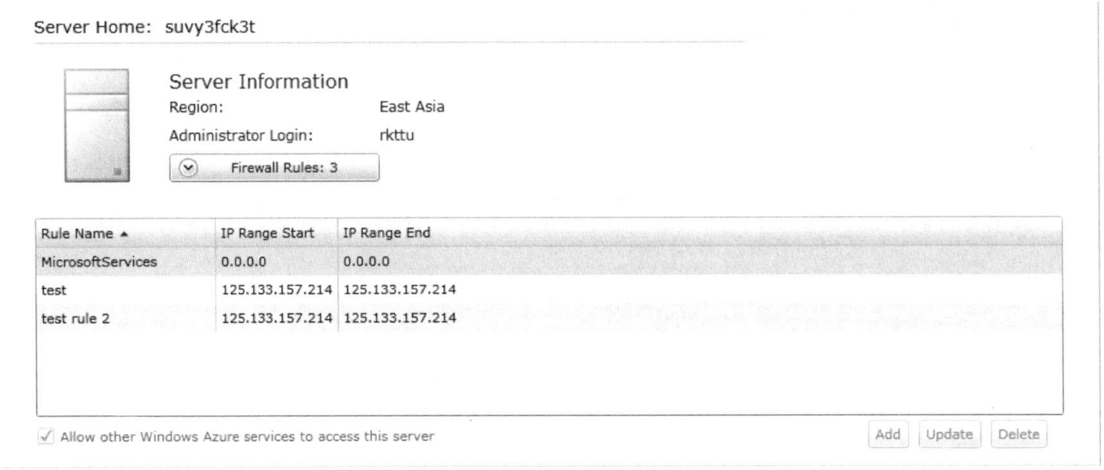

그림 3-7 새 방화벽 정책이 설정된 모습

제 방화벽 규칙이 추가되었으므로 새로운 데이터베이스를 생성하고 연결해볼 차례이다.

데이터베이스 탭은 SQL Azure 데이터베이스를 추가하고 관리하기 매우 편리한 형태로 되어 있다. 데이터베이스 탭에서 Create Database 버튼을 클릭하면 그림 3-8과 같이 새 데이터베이스 생성에 필요한 정보를 입력할 수 있는 대화 상자가 나타난다. 이 대화 상자에서는 데이터베이스의 이름, 데이터베이스 상품 유형(웹 또는 비즈니스), 그리고 데이터

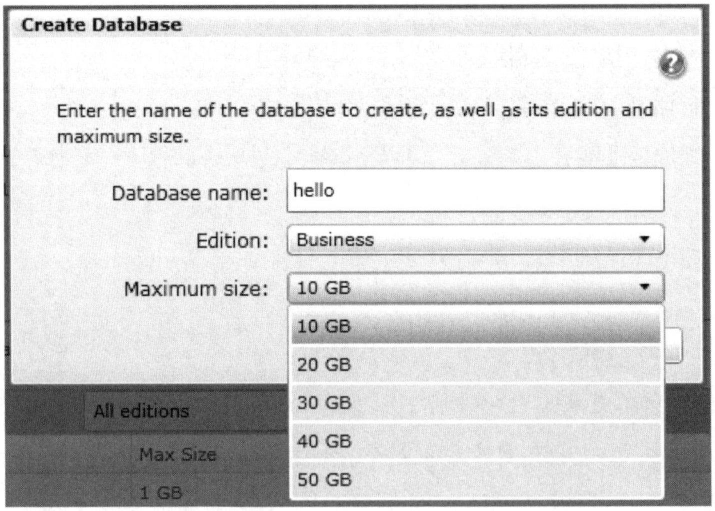

그림 3-8 데이터베이스 생성 대화 상자

베이스의 최대 크기를 결정할 수 있다. 웹 데이터베이스의 경우 1GB와 5GB 중 하나를 택할 수 있고, 비즈니스 버전의 경우 10GB부터 50GB까지 매 10GB 단위로 최대 크기를 지정할 수 있다.

■ **NOTE** 데이터베이스 크기를 선택하는 데에 특별한 제약은 없다. 그러나 여기서 처음 선택한 데이터베이스 사양보다 더 많은 공간을 소비하기 시작하게 될 경우 여러분은 자동으로 더 큰 데이터베이스 상품으로 전환이 된다. 예를 들어, 처음에 20GB 데이터베이스를 신청하고 몇 달 후 사용량이 증가하여 22GB 정도를 저장하게 되었다고 가정하면 그때부터는 자동으로 30GB 데이터베이스로 전환되어 비용이 발생하게 된다.

데이터베이스 이름, 상품 종류, 크기를 선택한 이후에는 Create 버튼을 클릭한다. 이제 여러분이 생성한 새 데이터베이스가 데이터베이스 탭의 목록에 크기, 상품 종류, 현재 사용 중인 용량, 접속 가능 여부와 함께 그림 3-9와 같이 나타난다.

SQL Azure 관리 포털 사이트의 데이터베이스 탭에서는 여러분의 개별 데이터베이스를

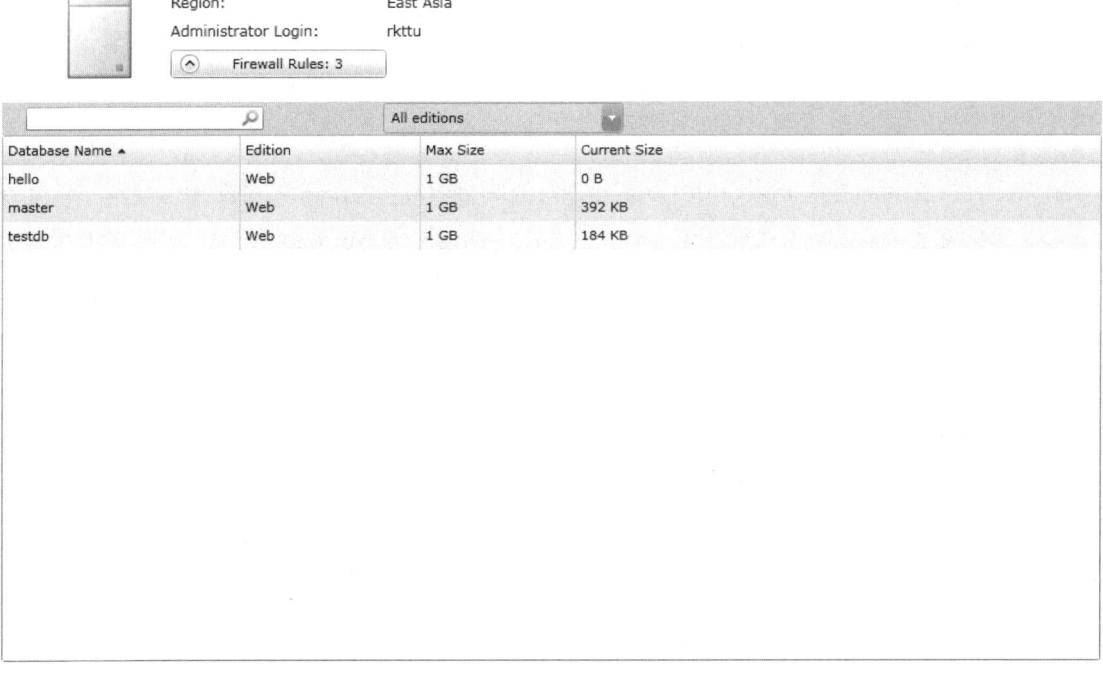

그림 3-9 데이터베이스 목록

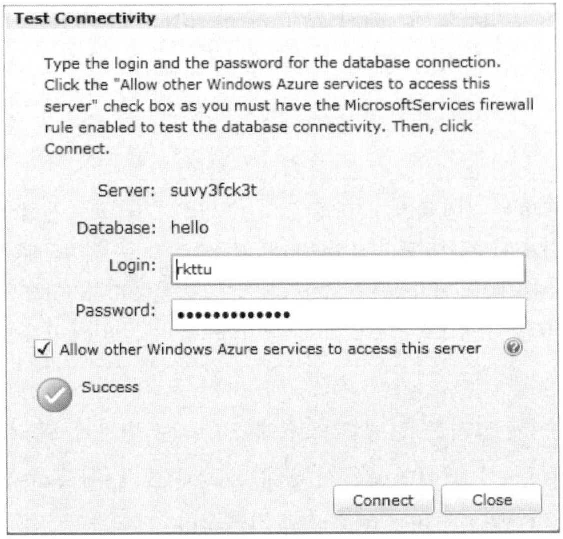

그림 3-10 데이터베이스 연결이 정상적으로 테스트된 모습

삭제하거나 연결 여부를 테스트해볼 수 있는 기능도 제공한다. 연결 상태를 점검해보려면, 테스트하려는 데이터베이스를 선택한 후 Test Connectivity 버튼을 클릭한다. 테스트 연결을 위한 대화 상자가 나타나게 되는데 여기서 데이터베이스 접속에 사용할 ID와 비밀번호를 입력하고 Connect 버튼을 클릭한다. 연결이 정상적인 경우 그림 3-10과 같이 표시된다.

이제 여러분은 데이터베이스를 생성하였고 데이터베이스를 어떻게 생성하고 관리하였는지 그 과정을 살펴보았다. SQL Server Management Studio(SSMS)를 이용하여 어떻게 데이터베이스에 접속할 수 있는지 살펴보고, T-SQL을 이용하여 데이터베이스를 생성하고, 방화벽 규칙이나 설정을 정의하거나 관리하는 방법을 살펴보도록 하겠다.

데이터베이스, 로그인 및 사용자 계정 만들기

이번 섹션에서는 T-SQL 문법을 이용하여 데이터베이스를 생성하고, 로그인 및 사용자 계정을 생성하는 빠르고 간편한 개요를 살펴보기로 할 것이다. 6장에서는 SQL Azure를 이용하여 데이터베이스 개체를 생성하는 좀 더 자세한 방법, 가령 저장 프로시저나 테이블과 같은 개체를 생성하는 방법을 다룰 것이다. 여러분은 지금까지 SQL Azure 포탈 사이트에서 데이터베이스를 어떻게 생성하고 관리할 것인지에 대한 방법을 살펴보았다. 그러

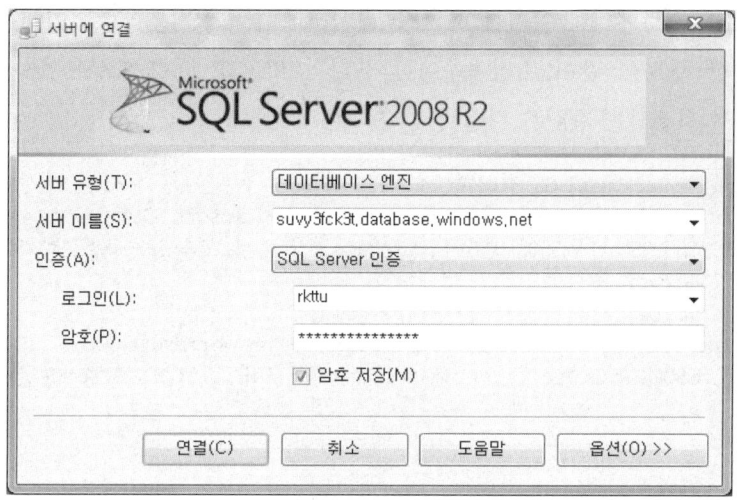

그림 3-11 SQL Server Management Studio를 이용하여 SQL Azure에 접속하기

나 지금부터는 SQL Server Management Studio(SSMS)를 이용하여 데이터베이스를 생성하고 관리하는 방법을 살펴볼 것이다. 이 책은 SQL Server 2008 R2 버전의 Management Studio를 이용하여 예제들을 설명하고 있다. 1장에서 설명한 것처럼, SQL Server 2008 버전의 Management Studio를 이용할 수도 있지만 이렇게 하려면 반드시 쿼리 창에서 접속 버튼을 클릭해야 한다.

SQL Server 2008 R2 Management Studio를 실행하고, 그림 3-11과 같이 로그인 대화상자가 나타나면 데이터베이스 서버 이름의 정규화된 도메인 이름을 서버 이름 상자에 입력한다. 그 다음 관리자 로그인 ID와 비밀번호를 입력하고 연결 버튼을 클릭한다. 이제 여러분은 SQL Azure에 접속하였다.

이 시점에서, SQL Azure 포털 사이트를 이용하여 데이터베이스를 생성한 적이 없다면 여러분은 master 데이터베이스만을 사용할 수 있다. 여기서, 1장에서 간략히 살펴보았던, T-SQL 구문을 이용하여 데이터베이스를 생성하고 다른 개체를 생성할 수 있는 방법을 다시 한 번 살펴보기로 하겠다.

데이터베이스

여러분은 Azure 환경이 아닌 곳에서 데이터베이스를 생성할 때에 CREATE 명령어에 상당히 많은 설정을 사용할 수 있었다. 예를 들어, 여러분은 데이터베이스와 로그 파일이 물리적으로 어느 경로에 만들어져야 하는지, 데이터베이스의 기본 크기, 최대 크기, 증가 폭 등의 다양한 설정을 같이 지정해주어야 했다. CREATE DATABASE 구문을 기존의 SQL Server에서 사용하는 패턴은 다음과 같다.

```
CREATE DATABASE [MyDatabase] ON PRIMARY
( NAME = N'MyDatabase', FILENAME = N'C:\Program Files\Microsoft SQL
Server\MSSQL10.MSSQLSERVER\MSSQL\DATA\MyDatabase.mdf' , SIZE = 32768KB , MAXSIZE =
UNLIMITED, FILEGROWTH = 1024KB )
LOG ON
( NAME = N'MyDatabase_log', FILENAME = N'C:\Program Files\Microsoft SQL
Server\MSSQL10.MSSQLSERVER\MSSQL\DATA\MyDatabase_log.ldf' , SIZE = 92864KB , MAXSIZE =
2048GB,
FILEGROWTH = 10%)
GO
```

이전에 살펴본 몇 장에서 지속적으로 언급했던 것처럼, SQL Azure 환경에서 여러분은 하드웨어에 대한 걱정을 할 필요가 없고 개체가 내부적으로 어느 위치에 있는지 알 필요도, 또 어떤 하드웨어가 제공되는가에 대한 문제로부터 여러분을 격리시키기 때문에 CREATE DATABASE 명령문이 훨씬 단순해진다. 1장에서 여러분은 반드시 master 데이터베이스에 처음 접속해야 하고 그 이후에 다음의 명령어를 실행해야 한다는 것을 살펴보았다.

```
CREATE DATABASE MyDatabase
```

여러분은 CREATE DATABASE 명령문에 대해서 두 가지의 옵션을 지정할 수 있다. 데이터베이스의 크기를 지정할 수 있는 MAXSIZE, 그리고 데이터베이스의 상품 종류를 결정하는 EDITION이다. 이에 따라 CREATE DATABASE 명령문을 확장하면 다음과 같다.

```
CREATE DATABASE MyDatabase (MAXSIZE= 10 GB, EDITION= 'Business')
```

현재 버전의 SQL Azure에서는 웹 버전의 경우 1GB와 5GB 두 가지 데이터베이스 크기만을 지원한다. 그리고 비즈니스 버전의 경우 10GB부터 50GB까지 10GB 단위로 총 다섯 가지의 데이터베이스 크기를 지원한다. 만약 MAXSIZE 매개 변수가 1GB 또는 5GB로 지정되고 EDITION 매개 변수가 누락되었다면 자동으로 웹 버전의 데이터베이스로 생성된다. 만약 MAXSIZE 매개 변수가 10GB, 20GB, 30GB, 40GB, 50GB 중 하나가 지정되고 EDITION 매개 변수가 누락되었다면 자동으로 비즈니스 버전으로 계약이 생성된다. 만약 MAXSIZE 매개 변수와 EDITION 매개 변수가 동시에 누락된, 기본 CREATE

DATABASE 명령문만 지정하면 자동으로 가장 작은 웹 버전의 1GB 데이터베이스에 대한 신규 생성 요청으로 간주된다.

SQL Azure에서는 로컬 환경에서 사용했던 것처럼 세밀한 매개 변수 설정은 지원되지 않는다. 예를 들어 SQL Azure에서는 로컬 환경에서처럼 물리적인 파일의 경로를 설정하는 데 관여하는 FILESPEC, FILEGROUP과 같은 매개 변수를 지정할 수 없으며, 또한 데이터베이스를 서버로부터 연결하거나 끊을 수 없게 되어 있다. 그 외 지원되지 않는 매개 변수들에 대해서는 부록 B를 참조한다.

로그인 계정과 사용자 계정

이제 데이터베이스를 생성하였고 다른 사용자들에게 접근 권한을 나누어줄 차례이다. 이번 섹션에서는 로그인 계정과 사용자 계정을 만드는 방법, 그리고 다른 사람들에게 SQL Azure 환경에 접근하는 것을 허용하도록 하는 방법을 설명한다. 로컬 환경에서 하던 것과 마찬가지로 로그인 계정과 사용자 계정을 만드는 작업은 동일하지만, 데이터베이스를 만들 때 확인했던 것처럼 T-SQL에 제약이 있다는 점을 확인하였다.

다른 사용자에게 접근 권한을 할당할 때에는, 반드시 해당 사용자가 로그인할 수 있는 로그인 계정을 만들어야 한다. 그 다음, 해당 로그인 계정을 기반으로 하는 사용자 계정을 생성해야 한다. 로그인 계정은 인증을 위하여 사용되며, 사용자 계정은 데이터베이스 접근과 권한 검증을 위한 목적으로 사용된다.

로그인 계정

로그인 계정을 생성할 때에는 반드시 master 데이터베이스에 접속된 상태여야 한다. 그 다음 아래와 같이 CREATE LOGIN 명령어를 사용하여 로그인 계정을 만들 수 있다.

```
CREATE LOGIN loginname WITH PASSWORD = 'password'
```

반드시 WITH PASSWORD 옵션을 사용하여 비밀번호를 지정해야 한다. 로컬 SQL Server에서 사용하던 방식의 추가 옵션 지정 방법은 SQL Azure에서 사용할 수 없는데, 예를 들어 DEFAULT_DATABASE나 DEFAULT_LANGUAGE와 같은 옵션은 사용할 수 없다. 6장에서 CREATE LOGIN 명령에 대한 좀 더 자세한 내용을 살펴볼 것이다.

사용자 계정

이제 로그인 계정을 만들었으니 이를 기반으로 사용자 계정을 만들 차례이다. 이 과정 역시 단순하다. 아래의 문법은 로컬 SQL Server 환경에서 사용하던 것과 별반 차이가 없다.

```
CREATE USER username
```

이 문법은 기존에 로그인 계정이 같은 이름으로 만들어져 있을 경우 잘 작동한다. 예를 들어, 다음의 예는 잘 작동한다.

```
CREATE LOGIN myuser WITH PASSWORD = 'T3stPwd001'
CREATE USER myuser
```

그러나 아래와 같이 명령문을 실행하려고 하면 실패한다.

```
CREATE LOGIN myuser WITH PASSWORD = 'T3stPwd001'
CREATE USER myotheruser
```

그러므로 이와 같은 경우에는 반드시 FROM LOGIN 절을 사용하여 로그인 이름과 다른 사용자 계정을 생성할 때에는 관계를 명시해주어야 한다.

```
CREATE USER username FROM LOGIN loginname
```

이에 따라, 정확하게 사용한 예는 다음과 같다.

```
CREATE LOGIN myuser WITH PASSWORD = 'T3stPwd001'
CREATE USER myotheruser FROM LOGIN myuser
```

■ **NOTE** SQL Azure는 GUEST 계정을 지원하지 않는다. 사용자를 생성할 때에는 반드시 기존 로그인 계정과 연결시켜야 한다.

데이터베이스, 로그인 계정, 사용자 계정까지 모두 만들었다. 6장에서는 SQL Azure에 종속적인 T-SQL 구문들을 더 깊게 살펴보면서 SQL Azure를 프로그래밍할 수 있는 부분들에 대하여 살펴보기로 하겠다. 이제 실제 응용프로그램 예제들을 기반으로 SQL Azure 데이터베이스에 접근하는 예제들로 이번 장을 마무리하겠다.

■■■ SQL Azure 데이터베이스에 접속하기

여러분은 Microsoft가 Azure를 통하여 일부 영역에 있어서 더욱 추상화하고 앞서 나갈 수 있도록 한 부분들을 인정해야 한다. SQL Azure는 기존의 데이터베이스 접속 방식과 동일하게 연결 문자열을 제공하는데, 이는 여러분의 응용프로그램에서 사용하기에 매우 편리한 것이다. 그림 3-3에서 데이터베이스 항목을 트리 뷰에서 선택하고 우측의 패널을 다시 살펴보면, Connection Strings 항목이 보일 것이다. 이 항목 아래의 버튼을 클릭하면 그림 3-12와 같은 대화 상자가 나타나는데 이 창에서는 .NET, ODBC 그리고 PHP와 같은, 여러분의 응용프로그램에서 SQL Azure 데이터베이스에 접속하기 위하여 사용할 수 있는 데이터 공급자와 호환 가능한 연결 문자열 세 종류가 표시될 것이다.

이번 장에서는 ADO.NET 연결 문자열을 통하여 ADO.NET 4.0 Entity Framework 응용프로그램에서 SQL Azure에 연결하는 방법을 간단히 살펴볼 것이다. 여러분은 Visual Studio 2010 또는 Visual Web Developer 2010 Express Edition, Visual C# 2010 Express Edition을 통하여 이러한 응용프로그램을 작성할 수 있다.

응용프로그램을 작성하기 전에, 여러분은 데이터베이스 상에 데이터를 채워야 할 필요가 있을 것이다. 이번 장에서 살펴본 내용들을 기반으로, 새 SQL Azure 데이터베이스를

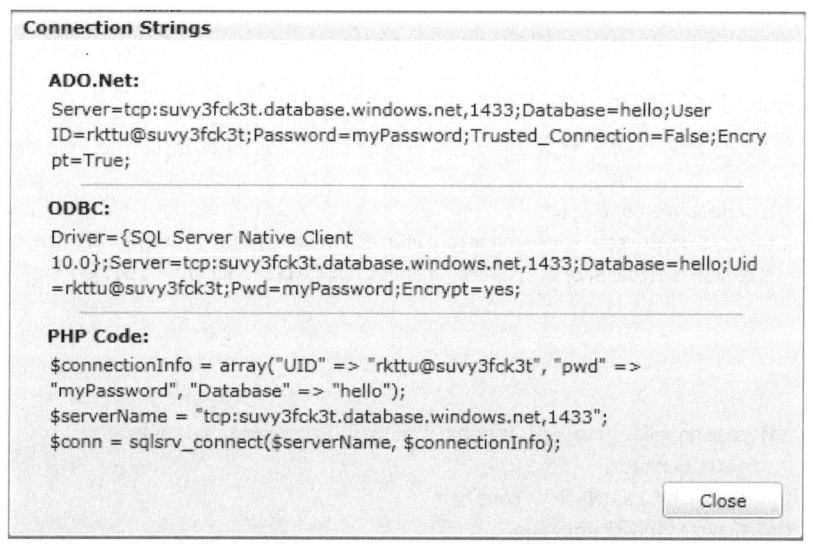

그림 3-12 SQL Azure 연결 문자열

EFAzure로 명명하고 SQL 스크립트 파일 CreateContactTable.sql 파일을 열어 EFAzure 데이터베이스에 대하여 실행한다. 이 스크립트는 12개의 연락처 정보를 하나의 테이블에 생성하여 보관하는 동작을 할 것이다.

다음의 두 섹션에서 이야기하는 예제는 SQL Azure 데이터베이스에 어떻게 연결하고, 데이터베이스 상의 데이터를 어떻게 쿼리하는지에 대하여 살펴볼 것이다. 3-12에서 보여진 ADO.NET 연결 문자열을 기반으로 첫 번째 예제를 만들 것이다. 그리고 두 번째로는 ADO.NET 4.0 Entity Framework를 사용하고자 한다. SQL Azure 데이터베이스에 접속할 수 있는 방법이 많고, 이번 장에서는 가장 단순한 예제 하나만을 보여주는 것으로, 책 후반부에서는 더 자세한 내용들을 다루게 될 것이다.

ADO.NET을 통하여 연결하기

첫 번째 예제에서는, 다음의 순서대로 간단한 Windows Forms 응용프로그램을 만들고 ADO.NET 쿼리를 이용하여 SQL Azure 데이터베이스의 EFAzure 데이터베이스를 상대로 데이터를 가져올 것이다.

1. Visual Studio 2010을 실행하고, Windows Forms 기반 프로젝트를 하나 생성한다.

2. Form1 항목을 솔루션 탐색기에서 더블클릭하고, 디자인 타임 편집 상태로 열어놓는다. 이때 디자인 화면 위에 버튼과 리스트 박스 컨트롤을 하나씩 올려 놓는다.

3. 올려놓은 버튼을 더블클릭하여 Click 이벤트를 구현할 수 있도록 코드 편집기를 연다. 그 다음 아래의 코드를 입력한다. 그림 3-12에서 언급한, SQL Azure 포탈 사이트에서 본 ADO.NET 연결 문자열을 아래의 코드에 적절하게 치환하여 넣어놓는다.

```
using (SqlConnection conn = new
SqlConnection("Server=tcp:servername.database.windows.net;Database=EFAzure;User
ID=userid;Password=mypassword;Trusted_Connection=False;Encrypt=True;"))
{
    try
    {
        SqlCommand cmd = new SqlCommand(@"SELECT FirstName, LastName
            FROM Contact
            ORDER BY LastName", conn);
        cmd.Connection.Open();
        SqlDataReader rdr = cmd.ExecuteReader();
```

```
        while (rdr.Read())
        {
            listBox1.Items.Add(String.Format("{0} {1}", rdr[0], rdr[1]));
        }
    }
    catch (Exception ex)
    {
        MessageBox.Show(ex.Message.ToString());
    }
}
```

코드를 정확히 작성한 후 응용프로그램을 실행한다. Form1 창이 나타나면 버튼을 클릭한다. 그러면 성씨와 이름을 리스트 박스 컨트롤에 빠르게 조회하여 출력하는 모습을 볼 수 있을 것이다. 보시다시피, 여러분의 코드는 연결 문자열을 변경한 것 외에 로컬 SQL Server에서 만들던 것과 전혀 차이가 없다는 것을 알 수 있다.

Entity Framework에서 연결하기

이 예제는 ADO.NET Entity Framework를 이용하여 연결하는 방법을 보여준다. 다음의 단계를 따라서 작업한다.

1. Visual Studio 2010을 시작하고, 새 Windows Forms 응용프로그램 프로젝트를 시작한다. 프로젝트 이름은 아무렇게나 지정하더라도 무방하다.

2. 솔루션 탐색기 창에서 프로젝트 항목을 오른쪽 버튼으로 클릭하고, 나타나는 팝업 메뉴에서 '추가-새 항목'을 선택한다. 새 항목 추가 대화 상자가 나타날 것이다.

3. ADO.NET Entity Data Model을 아래의 그림 3-13과 같이 선택한다.

4. 기본 이름으로 지정된 Model1을 확인하고 추가 버튼을 클릭하면 Entity Data Model 마법사가 시작될 것이다.

5. 마법사의 첫 페이지에서는 어떤 데이터 소스로부터 모델을 형성할 것인지를 선택하는 부분인데 여기서 선택한 데이터베이스를 역 공학 처리하여 데이터베이스의 개념이나 스키마를 추출해내게 된다. 또는 여러분이 직접 빈 모델로부터 새로운 모델을 작성하기 시작할 수도 있다. 이번 예제에서는 데이터베이스에서 생성 항목을 선택하고 다음 버튼을 클릭하겠다.

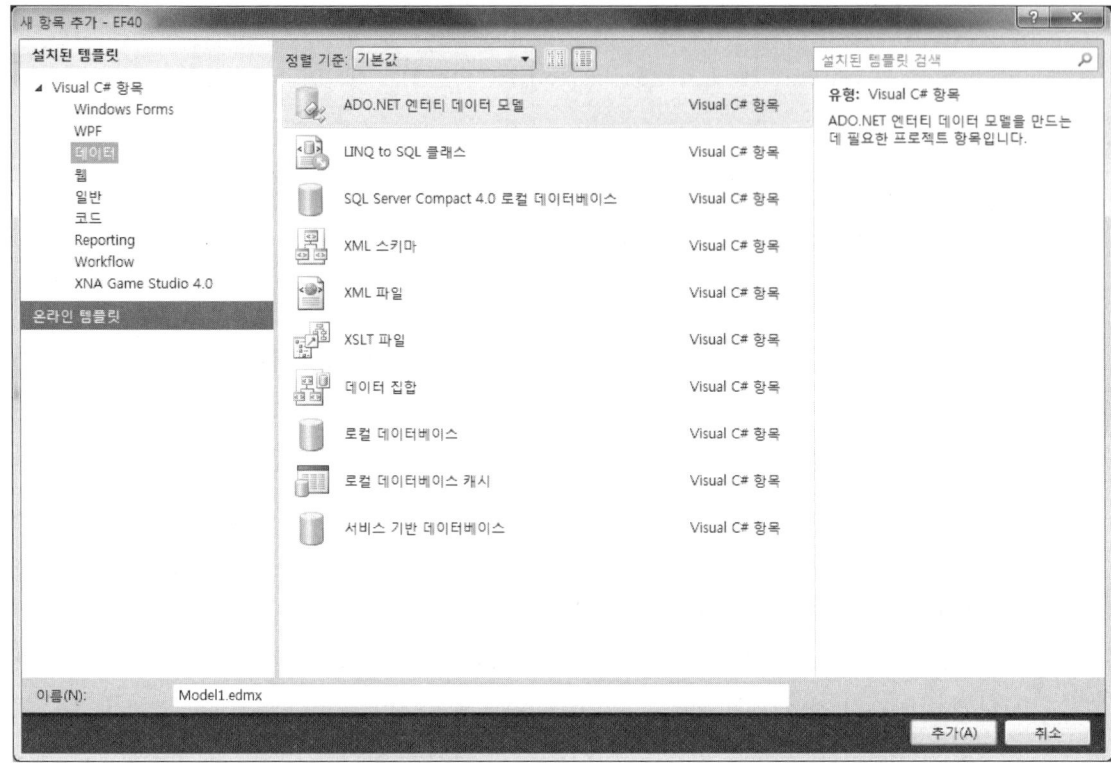

그림 3-13 새 ADO.NET 엔터티 데이터 모델 생성하기

■ **NOTE** 이번 섹션에서는 ADO.NET Entity Framework에 대해서 깊은 내용을 다루지 않을 것이다. ADO.NET Entity Framework에 대한 구체적인 정보가 필요하다면 Scott Klein의 Pro ADO.NET 4.0 Entity Framework(2010, Apress 펴냄) 도서를 참고하기 바란다.

6. 다음에는 데이터 연결을 설정하는 페이지가 나타난다. 여기서 여러분의 새 데이터베이스인 EFAzure 데이터베이스로 연결하기 위하여 필요한 정보를 입력해야 하므로, 새로 만들기 버튼을 클릭한다. 대화 상자가 하나 나타나면 이전에 살펴보았던 것과 비슷하다는 느낌을 받았을 것이다. 이 대화 상자를 통해서 여러분이 작성할 응용프로그램에서 특정 데이터베이스와 연결될 수 있도록 만들 수 있다.

7. 연결 속성 대화 상자에서 변경 버튼을 클릭하면 데이터 원본을 선택할 수 있는 대화 상자가 그림 3-14와 같이 나타날 것이다.

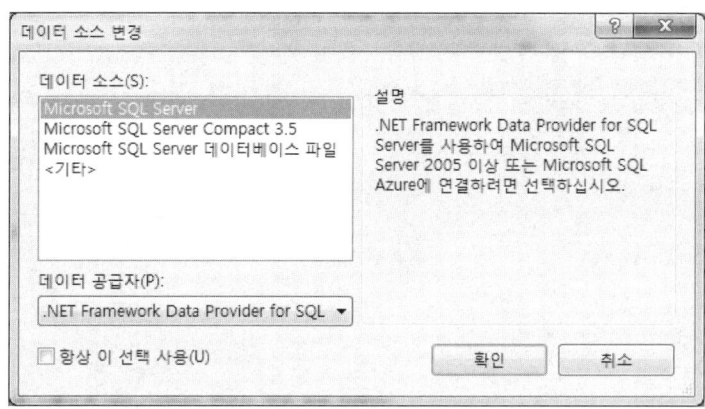

그림 3-14 데이터 소스 선택

8. Microsoft SQL Server 항목을 선택하고, 계속 버튼을 클릭하여 연결 속성 대화 상자로 되돌아온다.

9. 그림 3-15와 같이 서버 이름과 관리자 ID, 관리자 비밀번호를 입력하고, 데이터베이스 이름에 EFAzure를 입력한다. 서버 이름은 정규화된 도메인 이름(FQDN) 형태로 기술해야 하는데, 이 이름은 그림 3-4와 같이 SQL Azure 포탈 사이트의 서버 정보 섹션에서 확인할 수 있다고 하였다.

10. 연결이 정확히 동작하는지 점검하기 위해서, 연결 테스트 버튼을 클릭한다. 만약 연결에 필요한 모든 정보를 정확하게 입력하였다면 연결에 성공하였다는 메시지를 확인할 수 있을 것이다.

11. 연결 속성 대화 상자에서 확인 버튼을 클릭하면 다시 Entity Data Model 마법사 페이지로 복귀할 것이다.

12. 이제 연결에 대한 정보가 정의되었으므로, 다음 단계로 넘어갈 준비가 되었다. 연결 문자열에 포함된 비밀번호를 나중에 수동으로 다시 지정할 수 있도록 분리시킬 것인지 등의 여부를 설정할 수 있는 페이지인데, 여기서는 이러한 정보를 그림 3-16과 같이 포함하도록 지정하고, 다른 옵션들은 기본값을 그대로 사용하기로 하여 다음 버튼을 클릭한다.

13. Entity Data Model 마법사의 다음 단계는 그림 3-17과 같이 개념적 모델에 포함시

그림 3-15 완전하게 정보를 입력한 연결 속성 대화 상자

킬 여러분의 실제 데이터 테이블, 뷰, 저장 프로시저를 선택하는 화면이다. 이번 예제에서는 테이블 이외에 뷰나 저장 프로시저는 아직 생성하지 않았기 때문에 노드에 다른 추가 항목이 없는 것을 알 수 있다. 테이블 항목 앞의 체크 상자를 클릭한 후 마침 버튼을 클릭한다.

14. Entity Data Model 마법사가 여러분이 선택한 데이터베이스에 대한 개념적 모델을 생성하고 그 내용을 Visual Studio IDE 상에 표시할 것이다. 여기서는 이러한 모델을 직접 다루지 않을 것이므로 문서를 닫아둔다. 화면의 내용을 구성해야 할 필요가 있으므로 Form1.cs 파일을 열고 디자인 타임을 연 다음, 화면 위에 리스트 박스

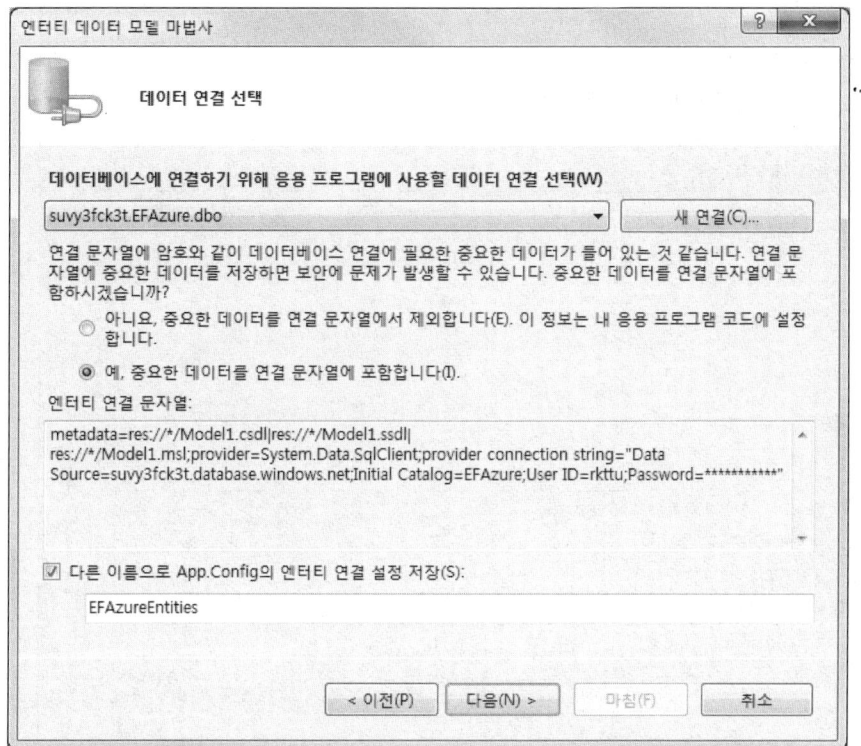

그림 3-16 완전하게 구성된 데이터 연결 선택 페이지 대화 상자의 모습

컨트롤을 하나 올려 놓고 이름을 listbox1으로 기본값 그대로 둔다.

15. Form의 빈 공간(리스트 박스 컨트롤이 아님)을 더블클릭하면 Form의 Load 이벤트를 구현하는 메소드가 자동으로 코드 편집기 상에 추가되어 표시될 것이다. 아주 간단한 코드를 하나 추가하려고 하는데, Form이 처음 Load될 때 Contact 테이블에서 연락처 목록을 불러와서 그 내용을 리스트 박스에 표시하는 코드이다(보통 이러한 방식은 좋은 접근법이 아닌데, 테이블에 데이터가 얼마 없기 때문에, 그리고 Azure 데이터베이스에 쿼리를 호출하고 그 결과를 받아오는 기능성을 테스트해보기 위함이기 때문이므로 지금은 괜찮다). Load 이벤트에서, 다음의 코드를 작성한다.

```
using (EFAzureEntities context = new EFAzureEntities())
{
    var query = from con in context.Contacts
                select con;
```

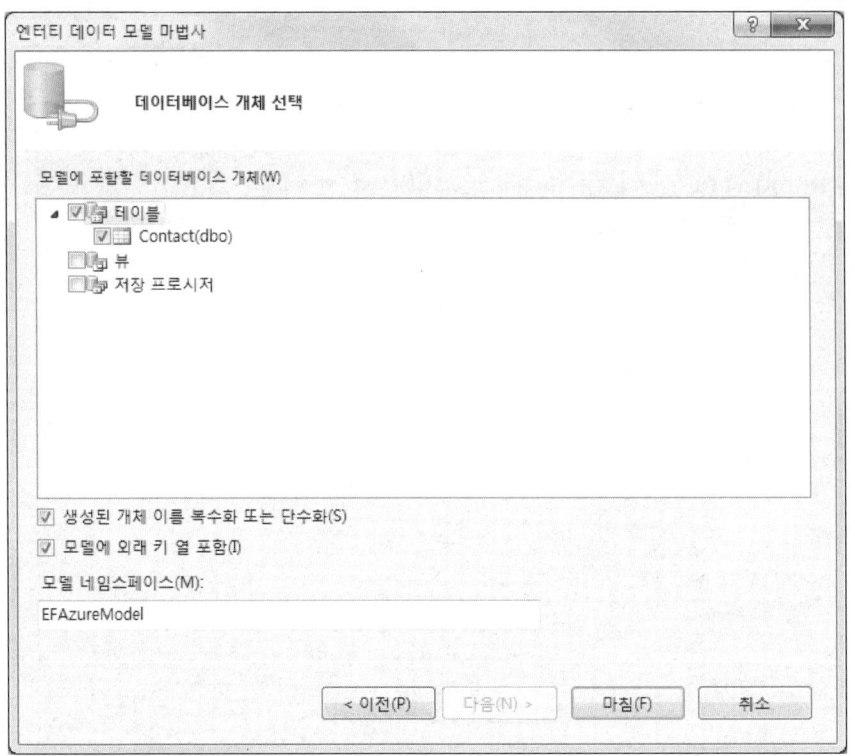

그림 3-17 데이터베이스 개체 선택

```
    foreach (var cont in query)
    {
        listBox1.Items.Add(cont.FirstName);
    }
}
```

　　다시 언급하지만, 이 책은 Entity Framework에 대한 이야기를 하지 않는다. 그러나 간단히 이러한 코드가 어떤 역할을 하는지에 대해 설명하고자 한다(여러분은 Entity Framework를 이 책에서 몇 번이고 더 사용할 수 있기 때문이다). 첫 번째 줄에서는 EFAzureEntities 클래스의 인스턴스를 생성하였다. 이 클래스는 .NET 객체 지향 방식으로 데이터베이스 개체를 다룰 수 있도록 도와준다. 그 다음 LINQ(언어 통합 쿼리)의 Entity Framework 통합 기술(LINQ to Entities)을 이용하여 Contact 테이블의 내용을 조회하고 리스트 박스 컨트롤에 그림 3-18과 같은 형태로 성씨와 이름으로 내용을 표시할 수 있도록 해주는 것이다.

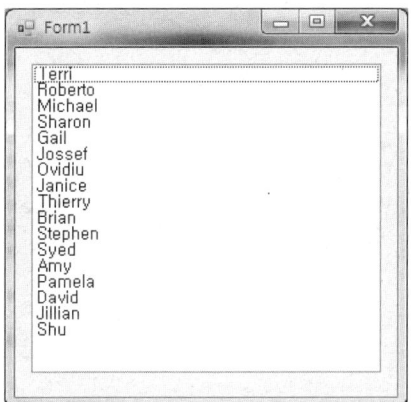

그림 3-18 SQL Azure로부터 데이터를 가져온 프로그램의 모습

이제 클라우드 상의 데이터베이스에 성공적으로 데이터를 조회할 수 있는 프로그램을 완성한 것이다. 이것은 아주 단순한 예제이지만, SQL Azure 데이터베이스에 접근하고, 데이터베이스를 생성하고, 데이터를 가져오도록 응용프로그램을 구축하는 것이 얼마나 쉬운지 잘 보여주고 있다.

■■■ 결론

이번 장에서는 Azure 계정을 생성하고 설정하는 방법을 간략하게 살펴보고 그 과정을 따라 해보았다. 여러분은 SQL Azure 포털 사이트를 통해 데이터베이스를 생성하고, 기본 방화벽 설정을 통해서 데이터베이스에 누가 접속할 수 있는지 명시적으로 제어하는 방법을 통해서 보안을 유지하고 관리하는 방법도 살펴보았고 이에 대응되는 T-SQL 문법에 대해서도 살펴보았다.

그리고 SQL Azure를 데이터 원본으로 사용하는 응용프로그램을 만들어서 실제로 데이터의 조회가 잘 이루어지는지도 살펴보았다. 이러한 내용을 기초로, 다음 장에서 설명할 보안과 같은 더 심도 있고 구체적인 내용들을 살펴볼 수 있을 것이다.

IT 대한민국은 ITC(Info Tech Corea)가 함께 하겠습니다.
www.itcpub.co.kr

CHAPTER 4

보안

대부분의 기업에서 사용하는 시스템들과 비교했을 때, 금융권의 사례처럼 극히 일부 예외를 제외하면 대부분 보안에 관해서 많은 주목을 받지는 못한다. 그 이유는 데이터베이스들이 보통 내부 네트워크 안에서만 사용될 것을 고려하기 때문이고 이 때문에 인터넷을 통하여 직접 노출되는 일이 없으므로 상대적으로 안전하기 때문이다.

SQL Azure를 비롯하여 데이터베이스를 서비스로 제공하는 서비스(Database as a Service, DaaS)들의 출현에 따라, 데이터베이스 보안에 대한 관심이 주로 두 가지 방면에서 집중되는데, 더 이상 여러분이 데이터를 직접 소유하지 않게 된다는 사실과, 인터넷을 통해서 직접 접근이 가능하게 바뀐다는 것이다. 그에 따라 SQL Azure의 모든 기능성에 대한 장점을 파악하고 제약 사항을 이해하는 일이 어느 때보다도 중요해지게 되었다.

■■■ 개요

SQL Azure에 대한 구체적인 내용을 살펴보기 전에, 데이터베이스를 서비스로서 제공하는 것이 여러분에게 어떻게 영향을 줄 수 있는지 평가하기 위하여 일반적인 보안 원칙들을 살펴보자. 다음의 논점들은 기밀성(Confidentiality), 무결성(Integrity), 가용성(Availability)을 기반으로 요약될 수 있는 기본 보안 원칙을 기반으로 하는 것이다. 이러한 세 가지 성질들을 CIA 3원칙이라고 줄여 표기하기도 하며, 보안 체계를 분류하고 정립하는 과정에서 널리 채택되는 유형이다. SQL Azure가 전통적인 SQL Server의 설치 과정에서 강조되는 CIA 3원칙을 어떻게 바꾸는지 살펴보도록 하자.

기밀성

기밀성은 데이터가 반드시 인증된 사용자에 의해서만 취급될 수 있다는 것을 보증할 수 있다는 성질이다. 여러분의 데이터를 권한이 없는 사람이 유출해나가거나, 혹은 의도하지 않은 유출로부터 보호하기 위해서는 다음에 언급되는 기술들을 하나 이상 도입하는 것이 필요하다.

- **암호화**: 암호화된 정보를 생성하여 공용 키나 인증서를 통하여 복원할 수 있도록 만든다.
- **해시**: 비밀번호 저장소를 위하여 통상적으로 사용하는 기법으로, 복원이 불가능하게 데이터를 암호화시킨 정보를 생성한다.
- **접근 제어**: 문맥 정보를 기반으로 하여 데이터에 대한 접근을 통제하도록 한다.
- **인증**: 어떤 사용자가 특정 데이터베이스에 접근할 수 있으며, 데이터베이스 내의 특정 개체만 사용할 수 있는지 명시적으로 제어하는 것이 필요하다.
- **방화벽**: 몇몇 허용된 장치로부터의 접근만을 허용하도록 네트워크 소통을 최소화하는 기술을 이용할 수 있다.

SQL Azure는 이전에 언급한 것처럼 방화벽과 같은 새로운 기능들을 제공한다. 하지만 데이터 암호화를 자체적으로 각 레코드 내의 개별 필드 단위에서 처리할 수 있는, 기밀 유지의 특성을 강화할 수 있는 다른 기술들과 함께 사용할 수 있는 투명 데이터 암호화(TDE) 같은 기능이 아직 지원되지 않는다.

반면 SQL Server는 업계에서 널리 사용되는 일반적인 방화벽 제품들 뒤에 배치하는 것이 보편적인 구성이자 상식인 탓에 기본적으로 자체적인 방화벽이 제공되지는 않는다. 하지만, 자체적으로 강력한 암호화 기능을 제공하고 있다. 그리고 SQL Server와 SQL Azure는 양쪽 모두 해시 기능을 제공한다.

SQL Azure가 자체 암호화 기능을 제공하고 있지 않으므로, 여러분이 작성할 응용프로그램 차원에서 이러한 요구 사항을 만족시켜야 한다. 그러나 너무 걱정할 필요가 없다. 이번 장에서는 C#을 이용하여 어떻게 해시와 암호화를 처리할 수 있고, SQL Server나 SQL Azure에 어떻게 이러한 데이터를 저장할 수 있는지 그 예시를 들고자 한다.

무결성

데이터 무결성은 어떠한 정보가 인증된 사용자에 의해서만 변경이 되었다는 것을 보증하기 위한 목적을 설명한다. 데이터의 무결성은 다양한 방법으로 깨어질 수 있는데, 최근 급증하는 SQL Injection 공격이나 TRUNCATE와 같은 구문의 부주의한 사용으로 인하여 테이블 상의 모든 레코드가 소실되는 일과 같은 것이다. 여러분은 다음의 방법을 통하여 무결성을 보장할 수 있을 것이다.

- **인증**: 누가 어떤 데이터를 변경할 수 있는지를 명확히 제어한다.
- **백업**: 백업된 데이터로부터 언제든 복원이 가능하도록 매 순간 균일한 데이터베이스 백업을 생성한다.
- **역할 기반의 접근**: 회사 내의 특정 역할, 가령 개발자나 지원 부서 상의 사용자들에 대해서는 역할 안에 분류하고 해당 역할에 대해서는 최소한의 권한만을 제공하도록 구성한다.
- **감사**: 포렌식 기법에서 사용할 수 있도록 데이터베이스 접근과 변경에 대한 감사 기록을 모두 남겨둔다.

데이터 무결성 관점에서 SQL Azure는 아직 SQL Server와 같은 데이터 무결성 관점에 관련된 기능을 제공하지 않고 있다. SQL Server 2008과 비슷하게, SQL Azure에서는 강력한 인증 기능을 제공하고 있다. 그러나 보통의 데이터베이스들처럼 백업을 하거나, 면밀하고 세밀하게 감사 기록을 남기는 것과 같은 작업들은 이 책이 집필되는 시점에서 아직 제공되지 않는 기능들이다. Microsoft는 SQL Azure를 위한 새로운 백업 메커니즘을 만들고 있는데 대량 복제 프로그램(BCP)을 사용하는 방식이 현재 제공되고 있다. 5장에서는 SQL Azure에 저장된 여러분의 데이터를 어떻게 백업할 수 있는지 구체적인 내용을 살펴 볼 것이다.

가용성

가용성은 여러분이 필요로 할 때 언제나 접근할 수 있도록 서비스가 항상 사용가능 함을 보증하는 성질이다. 높은 가용성을 보장할 수 있으려면 매우 복잡하고 다양한 방면에 대한 고급 지식을 요구로 하는데, 가령 디스크 설정, 시스템 관리, 재해 복구 위치 등등 그

수가 매우 많다. 다음은 높은 가용성 구현에 관한 몇 가지 내용들을 다룬 것이다.

- **디스크 중복 구성**: 디스크의 한 축이 무너지더라도 그 상태를 복원할 수 있도록 만드는 것으로, 보통 RAID 설정을 많이 이용한다.
- **네트워크 중복 구성**: 네트워크 카드나 라우터 등의 네트워크 구성 요소 장애로부터 네트워크 연결을 보호하기 위한 방법이다.
- **서비스 중복 구성**: Microsoft Cluster Service와 같은 형태로, 보안이나 데이터베이스 관련 문제로부터 서비스가 방해 받게 되더라도 서비스에 중단이 없도록 유지하는 방법이다.
- **하드웨어 중복 구성**: CPU나 메모리와 같은 핵심 하드웨어 부품에 결함이 발생하더라도 문제가 없도록 하드웨어를 중복 구성하는 방법이다.
- **확장성**: 부하 분산에 의하여 동일한 정보가 제공될 수 있도록 만드는 것이다.
- **서비스 거부 공격 예방**: 서비스 거부 공격을 예방하여 데이터 접근 가능성을 지켜내는 것이다.

그 외에 인프라 구성 요소의 중복 구성을 확실하게 할 수 있도록 하기 위해서는 문제가 발생하였을 때 비즈니스의 복원 전략과 가용성에 대한 요구 사항을 어떻게 해야 가장 잘 구현할 수 있는지 이해할 필요가 있다.

SQL Azure는 열거된 모든 항목들에 대하여 자동으로 이러한 기능들을 제공하는 독특한 플랫폼을 제공한다. SQL Azure는 99.9%의 가용성을 서비스 수준 동의(SLA) 계약에 따라 제공하는데, 이와 같이 높은 가용성을 보장하기 위해서 SQL Azure는 내부적으로 두 개의 추가적인 데이터베이스를 여러분이 생성하는 데이터베이스 당 구축하여 투명하게 유지될 수 있도록 만든다. 만약 여러분의 데이터베이스 중 하나에 장애가 발생하였다고 한다면, 나머지 두 개의 백업이 즉시 투입되어 장애 복구 처리가 되고 있다는 사실을 인지하기도 전에 문제를 해결한다. 이러한 방법으로 SQL Azure는 서비스 거부 공격을 차단한다.

SQL Azure는 장애 복구를 그림 4-1과 같은 아키텍처를 통하여 완수한다. 여러분은 SQL Azure가 노출하는 Proxy 서버를 통해서 현재 연관되어 있는 데이터베이스로 모든 명령을 실행하도록 지시하게 되어 있으며 나머지 대기 중인 데이터베이스에 대해서는 접

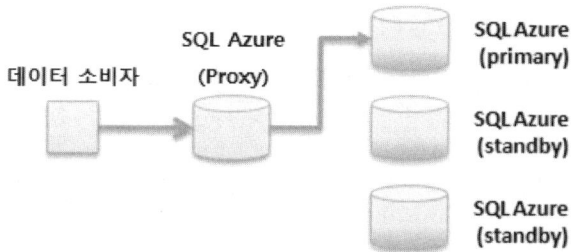

그림 4-1 SQL Azure의 상시 대기 데이터베이스 구조

근이 불가능하게 되어 있다.

■ **NOTE** 가용성에 관해서는, SQL Azure는 SQL Server를 압도적으로 능가한다. SQL Azure는 별도의 설정이나 최적화 작업이 필요하지 않는, 확장 능력이 매우 뛰어나고 가용성이 높은 플랫폼을 기반으로 만들어진 시스템이다. 보통의 SQL Server에서는 SQL Azure의 설정, 가령 CPU 균형, 복제, 로그 저장 등의 특수한 사양들을 지원하지 않는다.

높은 가용성을 보장해야 하는 새로운 응용프로그램을 배포해야 하는 프로젝트의 예를 들어보기로 하겠다. 다음의 항목들은 보편적인 SQL Server 설치를 위하여 계획된 항목들이지만 SQL Azure에 의해서는 자동으로 제공되는 것들을 열거한 것이다.

- **SQL Server 클러스터드 인스턴스**: Microsoft 클러스터 서비스와 SQL Server 인스턴스들을 Active/Active 또는 Active/Passive 설정에 따라 설치하고 구성한다.
- **RAID 설정**: RAID 10이나 RAID 0+1 형태의 디스크 배열을 설치하고 구성하기 위해서 새로운 하드 디스크들과 하드웨어를 구매한다.
- **장애 복구 서버**: 장애 시 즉시 대체가 가능하도록 유사한 하드웨어와 설정을 기반으로 추가적인 서버를 구성한다.
- **복제 토폴로지**: 여러분의 요구 사항에 알맞게 로그 적재 기술, 복제, 디스크 차원 복제 등의 기술들을 통해서 주 위치에서 보조 위치로 데이터를 전송하는 메커니즘을 만든다.
- **데이터베이스 최적화**: 대규모의 시스템에서, SQL Server를 고성능을 낼 수 있도록 최적화하는 것은 매우 어려울 수 있고, CPU와 입/출력 간 균형, 병렬화 수준 외 다

양한 고려 사항들을 반영해야 할 수 있다.

- **테스트**: 1년에 한 번씩은 계획했던 재해 복구 시나리오를 점검하여 의도한 대로 잘 동작하는지 확인해볼 필요가 있다.

그리고 당연한 이야기이지만 여러분은 반드시 위의 활동들에 대한 비용 소비를 고려하여, 이러한 프로젝트에 계획되고 실행되는 데 필요한 시간과 높은 수준의 가용성을 보장하는 데이터베이스 환경을 구현하고, 이에 필요한 특수화된 자원에 대한 고려를 하는 것도 필요하다.

이제는 SQL Azure가 비록 보안 상에서 일정한 영역에서 단점이 있다고 하더라도, 다른 차원의 영역, 특별히 가용성 모델에서 뛰어나다는 것을 알 수 있다. SQL Azure에 데이터베이스를 배포하는 작업을 통해서 높은 가용성을 확보하는 일은 매우 빠르고 극도로 단순하다.

데이터 보안 유지하기

이제 몇 가지 구체적인 코드 예제들을 살펴보면서 SQL Azure에 저장하게 될 여러분의 데이터를 어떻게 보안을 유지할 수 있는지 확인해보기로 하겠다. 여러분은 데이터베이스 상의 특정 열에 저장되는 민감한 정보들, 가령 주민등록번호나 신용카드 번호와 같은 정보들을 암호화해야 할 필요가 있을 것이다. 어떤 응용프로그램들은 법적인 분쟁에 휘말릴 소지가 있는 정보들을 보관하기도 하며 그에 따라 충분한 암호화가 필요할 수도 있다. 이전에 언급한 대로, 모든 보안 메커니즘을 완벽하게 지원하지는 않고 있으며, 이에 따라 이번 섹션에서는 SQL Azure에서 제공하는 보안 기술과 지원하지 않는 부분을 보완하기 위해서 해야 할 작업들을 살펴보기로 하겠다. SQL Azure 자체적으로는 적당한 데이터 암호화 기법을 아직 제공하지 않으므로 여러분만의 고유한 암호화 클래스를 어떻게 구현해야 여러분의 프로젝트 내에서 데이터 암호화를 쉽게 처리할 수 있는지를 알아볼 것이다.

이번 예제는 SECURITY.SQL 스크립트로 생성되는 데이터베이스를 활용할 것이며, Visual Studio 2008 프로젝트인 SQLAZURESECURITY.SLN 파일을 이용할 것이다. 아직 SQL Azure 계정을 가지고 있지 않은 경우 여러분은 SQL 스크립트 파일을 여러분의 로컬

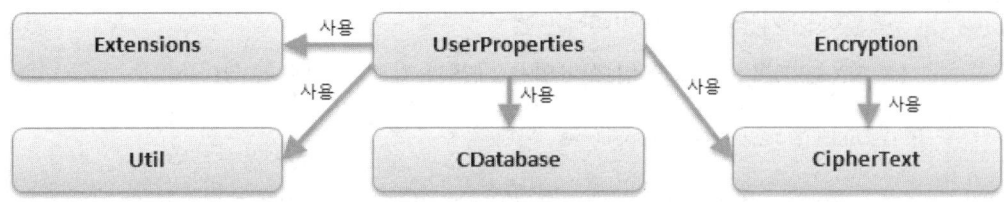

그림 4-2 예제에서 사용된 객체 모델

SQL Server에서 실행해볼 수 있다.

이번 장에서는 암호화, 해시, 기타 기술들의 예시를 들기 위해서 몇 가지 클래스와 메소드들을 활용하고자 한다. 그림 4-2에서 사용되는 객체들을 언급하고 있다. 암호화 클래스는 실제로 암호화를 수행하고 그 결과를 CipherText 구조체로 반환하며, UserProperties 클래스는 Extensions 클래스의 기능을 사용하며, Util 클래스가 노출하는 도우미 메소드 역시 활용할 것이다. CDatabase 클래스는 데이터베이스 연결 문자열을 반환하는 역할을 한다.

암호화

이전에 언급한 것처럼, 데이터 암호화 기능은 제공되지 않고 있다. 왜냐하면, SQL Azure는 아직 X.509 인증서에 관련된 기능을 제공하고 있지 않기 때문이다. 인증서는 암호화에 관한 많은 기능들을 필요로 하는데 가령 투명 데이터 암호화(TDE), 열 단위 암호화, FOR ENCRYPTION이나 SIGNBYCERT와 같은 특정한 T-SQL 명령어를 필요로 한다.

반면에 SQL Azure는 통신을 위해서 자체적으로 SSL 암호화 기능을 사용한다. 이것은 여러분의 민감한 데이터가 여러분의 클라이언트와 SQL Azure 데이터베이스 사이에서 보호된 상태로 안전하게 송수신될 수 있음을 의미하며, SSL 암호화 기능을 켜기 위해서 여러분이 취해야 할 조치가 없고, 자동으로 SQL Azure에 접속하는 동안 유지되는 것이며 또한 강제되는 것이다.

만약 SSL 프로토콜을 지원하지 않는 어떤 응용프로그램이 SQL Azure로 연결을 시도하려고 하는 경우 요청은 자동으로 실패한다. 그러나 SSL은 데이터 그 자체를 암호화하지 않으며, 송수신될 데이터에 대한 암호화만을 고려한다. 어떻게 하면 SQL Azure에 저장되는 데이터를 보호할 수 있을 것인가? SQL Azure가 자체적으로 이러한 암호화 기능을 제공하지 않기 때문에, 여러분은 반드시 응용프로그램 코드 차원에서 데이터를 암호화하고 복원하는 기능을 구현해야만 한다.

SECURITY.SQL 스크립트 파일은 다음과 같이 작성되어 있다.

```sql
1. CREATE TABLE UserProperties
2. (
3.    ID int identity(1,1) PRIMARY KEY, /* 각 레코드를 식별할 수 있는 ID 열 */
4.    PropertyName nvarchar(255) NOT NULL, /* 속성의 이름 */
5.    Value varbinary(max) NOT NULL, /* 암호화된 값 */
6.    Vector binary(16) NOT NULL, /* 암호화된 값에 대한 벡터 */
7.    LastUpdated datetime NOT NULL, /* 마지막으로 수정된 날짜 */
8.    Token binary(32) NOT NULL /* 레코드 해시 값 */
9. )
```

각 레코드들은 4행에서 제시한 것처럼 속성의 이름을 저장할 수 있으며 키와 5행에서 언급한 암호화된 값을 검색할 때 사용될 수 있다. 값 자체는 이진 데이터 형식으로, 암호화된 값을 제공한다. 벡터 값은 더 나은 형태의 보안을 위하여 사용되는 정도로 간단히 설명할 수 있다. Token과 LastUpdated 열은 해시 기법의 적용을 논할 때 다시 이야기하기로 하겠다.

다음의 C# 코드는 문자열을 고급 암호화 표준(AES) 알고리즘에 따라 어떻게 암호화하는지를 보여주고 있는데, 여러분은 여기에 3중 데이터 암호화 표준(3DES)나 기타 알고리즘을 사용하여 새로운 암호화 기능을 추가 구현할 수도 있을 것이다. 이러한 알고리즘들은 공유되는 비밀 문자열을 사용하여 암호화된 문자열을 바이트 배열의 형태로 반환한다. 반환된 바이트 배열은 나중에 데이터베이스의 Value 열에 보관될 것이다.

```csharp
1.  /// <summary>
2.  /// 암호화된 값과 관련된 벡터를 저장하는
3.  /// 결과물 구조체이다.
4.  /// </summary>
5.  public struct CipherText
6.  {
7.      public byte[] cipher;
8.      public byte[] vector;
9.  }
10.
11. /// <summary>
12. /// 내부 암호화와 복원 절차에 사용되는 복잡한 값을 캡슐화하는
13. /// 클래스이다.
14. /// </summary>
15. public class Encryption
```

```
16. {
17.     private byte[] _SECRET_KEY_ = new byte[] { 160, 225, 229, 3,
18.             148, 219, 67, 89, 247, 133, 213, 26, 129, 160, 235, 41,
19.             42, 177, 202, 251, 38, 56, 232, 90, 54, 88, 158, 169,
20.             200, 24, 19, 27 };
21.
22. /// <summary>
23. /// AES 알고리즘을 사용하여 암호화를 처리한다.
24. /// </summary>
25. /// <param name="value">암호화할 원본 문자열이다.</param>
26. public CipherText EncryptAES(string value)
27. {
28.     // 변수들을 준비한다.
29.     byte[] buffer = UTF8Encoding.UTF8.GetBytes(value);
30.     CipherText ct = new CipherText();
31.     System.Security.Cryptography.Aes aes = null;
32.     ICryptoTransform transform = null;
33.
34.     // AES 객체를 생성한다.
35.     aes = System.Security.Cryptography.Aes.Create();
36.     aes.GenerateIV();
37.     aes.Key = _SECRET_KEY_;
38.
39.     // 암호화 객체를 생성한다.
40.     transform = aes.CreateEncryptor();
41.
42.     // 암호화 결과를 구조체에 저장한다.
43.     ct.cipher = transform.TransformFinalBlock(buffer, 0, buffer.Length);
44.     // 나중에 복원에 사용할 수 있도록 벡터 값을 구조체에 저장한다.
45.     ct.vector = aes.IV;
46.
47.     return ct;
48. }
49. }
```

5행에서 설명한 CipherText 구조체는 결과 값으로 사용된다. 각 암호화된 바이트 배열이 초기화 벡터와 함께 반환되며, 보안 메커니즘 상의 취약점을 파헤칠 수 있는 사전 방식의 열거 공격법으로부터 여러분의 데이터베이스를 보호하기 위한 수단이다.

암호화 클래스는 EncryptAES라는 실제 암호화 작업을 처리하는 메소드를 포함하며, 또한 CipherText라는 암호화 결과를 반환하는 메소드를 포함하고 있다.

AES는 비밀 키를 요구로 하기 때문에, 여러분은 17행에서 보여준 것과 같이 바이트 배열의 형태로 비밀 키를 만들었다. 비밀 키는 반드시 32바이트 길이를 유지해야 한다. 여러분은 .NET에서 제공하는 Aes 클래스의 GenerateKey라는 메소드를 사용하여 손쉽게 이러한 비밀 키를 만들었다.

29행에서는 문자열 값을 UTF 8 인코더를 활용하여 바이트 배열로 변환하였다. UTF 8 인코더는 입력된 문자열이 ASCII와 유니코드 중 어떤 값을 사용하는 것이 좋을지 결정하는 부분을 자동으로 처리해줄 수 있으므로 실무적으로 매우 편리한 인코더이다.

31행에서와 같이 여러분은 AES 객체를 선언하고 35행에서와 같이 정적 메소드인 Create 메소드를 사용하여 AES 클래스를 인스턴스로 만들었다. 이 메소드는 36행에서와 같이 자동으로 벡터 값을 생성하고 이전에 언급한 비밀 키를 설정한다.

40행에서는 CreateEncryptor 메소드를 사용하여 암호화 객체를 생성하였다. 만들어진 객체의 TransformFinalBlock 메소드를 호출하여 43행에서 보여주는 CipherText 구조체에 저장할 가변 길이의 바이트 배열을 만드는 데 성공했을 것이다. 47행에서는 이전에 생성한 벡터를 같은 방법으로 구조체에 저장하고 함수를 끝내면서 그 결과를 반환하게 된다.

이제까지의 과정은 비교적 간단했다. 지금부터는 CipherText를 통하여 반환된 내용을 UserProperties 테이블에 저장하면 되겠다. 그러나 계속 진행하기 전에 해시에 대해서 살펴보고 넘어가야 하겠다.

■ **NOTE** 한 가지 알아둘 것은 여기서는 AES를 예제로 사용하였지만, .NET Framework에서 제공하는 다른 알고리즘 또한 사용이 가능하다. 왜냐하면 여러분은 또한 초기화 벡터를 사용하고 있으며, 같은 코드를 여러 번 실행하며 같은 입력에 대하여 여러 번 다른 결과를 내게 된다. 이러한 동작은 암호화된 값을 더 깨뜨리기 어렵게 만든다. Visual Studio로 간단한 프로그램을 만들어 데이터를 복원하는 방법에 대한 추가적인 방법을 제공한다.

해시

지금까지 본 것과는 달리 해시 기법은 그다지 복잡하지 않다. 그리고 비록 여러분이 암호화된 형태로 데이터를 데이터베이스에 저장해왔던 것처럼 이번 예제에서는 ID를 제외한 행의 모든 열을 해시로 변환하여 변경이 일어나지 않도록 확고히 할 것이다. 왜 이런 작업을 추가하는가에 대해서는 이전 CIA 3원칙 원칙상에서 언급한 무결성에 대한 이야기로 잠시 되돌아가야 한다. 여러분은 데이터가 여러분의 코드 외부로부터 변경된 적이 없는지 확인할 방법을 찾고자 하였을 것이다. 여러분의 비밀 값을 암호화 하는 것 자체는 그 값을 CIA 3원칙이 아닌 다른 차원에서 복원하여 값을 가져가는 행위를 차단한다. 하지만 아직 다른 누군가가 PropertyName 열이나 심지어 Value 열과 같은 정보를 변경할 수 있는데, 해시 기법을 적용하면 이러한 시도를 방지할 수 있다. 해시 기법은 데이터를 인증되지 않은 사용자가 바꾸는 것을 차단하지는 못하지만, 데이터가 정상적인 방법을 통하여 변경된 것인지 그렇지 않은지에 대한 추적을 하는 데에는 도움을 줄 수 있다.

코드를 단순화하기 위해서는, 몇 종류의 확장 메소드를 만드는 것으로부터 시작해야 한다. 확장 메소드는 클래스나 데이터 형식에 대해서 원본 소스 코드를 가지고 있든 가지고 있지 않든 그 기능을 확장시킬 수 있는 방법이다. 문자열과 날짜 및 시간 자료 형식에 대한 확장 메소드를 선언하는 방법을 잠시 살펴보기로 하겠다.

```
1. public static class Extensions
2. {
3.     public static byte[] GetBytes(this string value)
4.     {
5.         byte[] buffer = UTF8Encoding.UTF8.GetBytes(value);
6.         return buffer;
7.     }
8.
9.     public static byte[] GetBytes(this DateTime value)
10.    {
11.        return value.ToString().GetBytes();
12.    }
13. }
```

아래의 코드는 문자열과 날짜 및 시간 자료 형식에 대해서 GetBytes 확장 메소드를 추가한다. 또한 여러분은 유틸리티 클래스를 하나 생성하여 바이트 배열들로부터 해시 값을 생성하는 기능도 구현할 것이다. 아래의 코드는 그러한 기능을 하는 클래스를 보여준다.

```
1. public class Util
2. {
3.     /// <summary>
4.     /// 바이트의 배열로 구성된 배열로부터 해시 값을 계산하여 바이트 배열로 반환합니다.
5.     /// </summary>
6.     /// <param name="bytes">바이트의 배열로 구성된 배열입니다.</param>
7.     public static byte[] ComputeHash(params byte[][] bytes)
8.     {
```

```
9.      SHA256 sha = SHA256Managed.Create();
10.     MemoryStream ms = new MemoryStream();
11.
12.     for (int i = 0; i < bytes.Length; i++)
13.     ms.Write(bytes[i], 0, bytes[i].Length);
14.
15.     ms.Flush();
16.     ms.Position = 0;
17.
18.     return sha.ComputeHash(ms);
19.     }
20. }
```

이 Util 클래스는 매우 요긴하게 사용할 수 있다. 7행에서 params 키워드를 사용하여 정의한 매개 변수를 하나 보면, 이 변수의 형식이 중첩 바이트 배열인 것을 알 수 있는데 이는 함수로 전달되는 각각의 매개 변수 요소가 바이트 배열이어야 한다는 것을 뜻한다. 메모리 스트림 객체를 만들고, 각 바이트 배열 항목들을 열거하면서 13행과 같이 그 내용을 메모리 스트림 위에 적재하기 시작한다. 마지막으로 18행에서는 완벽하게 모두 적재된 메모리 스트림 상의 내용을 기반으로 계산된 해시 값을 반환하는 것을 볼 수 있다. 이제 이 메소드를 어떻게 단순한 형태로 호출할 수 있는지 볼 것이다.

다음으로 살펴볼 UserProperties 클래스는 다음의 예제에서와 같이 실제로 SQL Azure 데이터베이스에 데이터를 저장하는 등의 동작을 구현하는 정적 메소드를 포함하는 클래스이다. 이 정적 메소드에서는 속성 이름과 함께 데이터베이스 상에 저장할, 이전 단계에서 CipherText 구조체에 저장되어 있던 암호화된 바이트 배열을 입력 매개 변수로 받게 된다. 13행에서는 15행에서 언급된 데이터베이스 클래스를 통하여 연결 문자열 하나를 넘겨 받게 된다. 그 다음 명령 객체를 생성하고 미리 생성한 저장 프로시저를 호출하도록 구성하게 된다. 저장 프로시저의 코드에 대해서는 좀 더 나중에 살펴보기로 하겠다. 해시 값은 39행에서 만들어지는데 보다시피 여러분은 저장 프로시저로 전달할 각각의 매개 변수들에 대해서 ComputeHash 메소드를 사용하여 그 결과를 해시 값으로 처리하는 것을 볼 수 있다. 이러한 동작이 가능한 것은 앞에서 만든 해시에 관련된 확장 메소드들에 의한 효과이다. 결과적으로 45행에서는 이러한 메소드들에 의하여 계산된 해시 값이 저장 프로시저 측으로 전달되는 것이다.

```
1. using System.Data.SqlDbType;
2. public class UserProperties
```

```
3.  {
4.
5.      /// <summary>
6.      /// SQL Azure 데이터베이스에 속성을 저장합니다.
7.      /// </summary>
8.      /// <param name="propertyName">The property name</param>
9.      /// <param name="ct">저장하려는 CipherText 구조체의 인스턴스입니다.</param>
10.     public static void Save(string propertyName, CipherText ct)
11.     {
12.         using (SqlConnection sqlConn =
13.                 new SqlConnection(CDatabase.ConnectionString))
14.         {
15.             sqlConn.Open();
16.
17.             using (SqlCommand sqlCmd = new SqlCommand())
18.             {
19.
20.                 DateTime dateUpdated = DateTime.Now;
21.
22.                 sqlCmd.Connection = sqlConn;
23.                 sqlCmd.CommandType = System.Data.CommandType.StoredProcedure;
24.                 sqlCmd.CommandText = "proc_SaveProperty";
25.                 sqlCmd.Parameters.Add("name", NVarChar, 255);
26.                 sqlCmd.Parameters.Add("value", VarBinary, int.MaxValue);
27.                 sqlCmd.Parameters.Add("vector", VarBinary, 16);
28.                 sqlCmd.Parameters.Add("lastUpdated", DateTime);
29.                 sqlCmd.Parameters.Add("hash", VarBinary, 32);
30.                 sqlCmd.Parameters[0].Value = propertyName;
31.                 sqlCmd.Parameters[1].Value = ct.cipher;
32.                 sqlCmd.Parameters[2].Value = ct.vector;
33.                 sqlCmd.Parameters[3].Value = dateUpdated;
34.
35.                 // 이 레코드의 해시 값을 계산합니다.
36.                 // 해시 값으로 계산하려는 값의 목록을 전달합니다.
37.                 // 데이터베이스에서 변경 사항이 발생하게 되면,
38.                 // 해시 값을 다시 계산하게 되어 다른 결과를 나타내게 됩니다.
39.                 byte[] hash = Util.ComputeHash(
40.                     propertyName.GetBytes(),
41.                     ct.cipher,
42.                     ct.vector,
43.                     dateUpdated.GetBytes());
44.
45.                 sqlCmd.Parameters[4].Value = hash;
46.
47.                 int res = sqlCmd.ExecuteNonQuery();
```

```
48.
49.            }
50.
51.            sqlConn.Close();
52.
53.        }
54.    }
55.
56. }
```

앞서 언급한 대로 이제 저장 프로시저에 대한 코드를 살펴볼 것이다. 여러분은 저장 프로시저를 하나 만들 것이다. 이렇게 만든 저장 프로시저가 접근 제어 관점을 근거로 하는 추가적인 보안을 제공할 것이다. 나중에 다시 보게 되겠지만 여러분은 테이블을 하나 포함하는 스키마를 생성하고, 또한 이 테이블에 접근하는 별도의 저장 프로시저를 만들고 그것을 분리된 스키마 안에 포함하게 될 것이다. 이렇게 하여 여러분의 데이터베이스 보안을 완벽하게 제어할 수 있게 될 것이다. 이 장의 후반에서 새로 만들 스키마를 다시 검토하게 될 것이다.

```
IF (Exists(SELECT * FROM sys.sysobjects WHERE Name = 'proc_SaveProperty' AND Type = 'P'))
    DROP PROC proc_SaveProperty

GO

-- SELECT * FROM UserProperties */
CREATE PROC proc_SaveProperty
    @name nvarchar(255),
    @value varbinary(max),
    @vector binary(16),
    @lastUpdated datetime,
    @hash binary(32)
AS

IF (Exists(SELECT * FROM UserProperties WHERE PropertyName = @name))
BEGIN
    UPDATE UserProperties SET
        Value = @value,
        Vector = @vector,
        LastUpdated = @lastUpdated,
        Token = @hash
    WHERE
        PropertyName = @name
```

```
END
ELSE
BEGIN
    INSERT INTO UserProperties
        (PropertyName, Value, Vector, LastUpdated, Token)
    VALUES (
        @name,
        @value,
        @vector,
        @lastUpdated,
        @hash )
END
```

이 저장 프로시저는 속성 이름을 기준으로 데이터를 변경하거나 삽입하는 동작을 수행한다. 여기서 참고할 것은 VARBINARY(MAX) 형식의 사용에 관한 것으로, 이러한 형식을 사용하는 이유는 암호화된 값이 얼마나 큰 데이터가 될지 알 수 없기 때문에 의도적으로 가변 길이의 데이터를 수용하도록 만든 것이다. 그러나 반면에 벡터를 저장할 공간은 항상 16바이트로, 해시 값을 저장할 공간은 32바이트로 데이터가 들어올 것을 기대할 수 있으므로 고정된 공간을 할당할 수 있었다.

UserProperties 클래스의 Save 메소드를 호출하는 것은 UserProperties 테이블에 실제로 레코드를 생성하는 작업을 수행한다. 다음의 코드는 Save 메소드가 어떻게 작성되어야 하는지를 보여주는 코드 예시이다.

```
1.    class Program
2.    {
3.        static void Main(string[] args)
4.        {
5.            // 암호화 객체를 정의하고 사용하려는 비밀 값을 암호화합니다.
6.            Encryption e = new Encryption();
7.            CipherText ct = e.EncryptAES("보호하려는 비밀 값이 여기에 지정됩니다.");
8.
9.            UserProperties.Save("MySecret", ct);
10.
11.       }
12.   }
```

그림 4-3은 테이블 상에 실제로 저장된 데이터의 모습을 보여준다. Value 열에는 여러분의 암호화된 데이터가 저장되며, 벡터 열은 저장 프로시저 상의 @vector 매개 변수로부터 온 값이, 그리고 토큰 열은 SQL Azure 외부에서 미리 해시 값으로 계산된 내용이

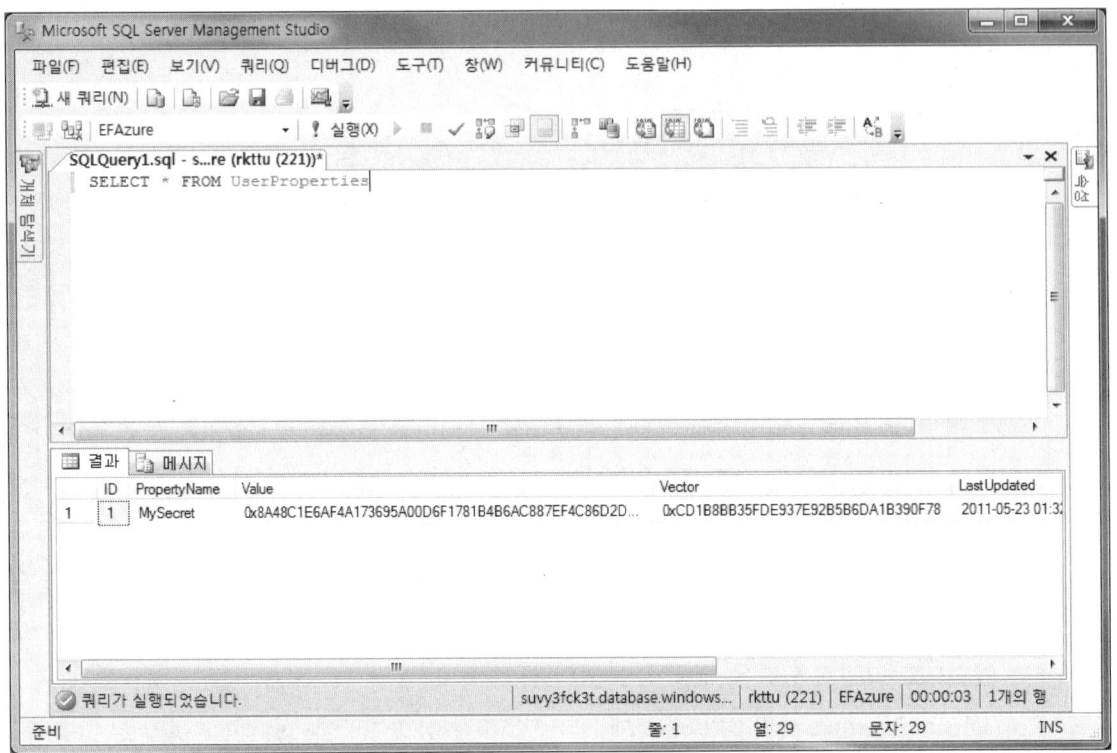

그림 4-3 암호화된 값, 벡터, 해시 값을 포함하는 단일 레코드의 예시

@hash 매개 변수를 통하여 전달될 것이다.

마지막으로 역시 중요한 것은, 여러분은 반드시 SQL Server와 SQL Azure가 내부적으로 해시 함수를 이미 지원하고 있다는 점이다. 그러나 안타깝게도, 양쪽의 데이터베이스 플랫폼 모두 지원되는 해시 알고리즘은 MD5와 SHA-1에 한정된다. 우리가 이전에 작성한 C# 소스 코드 상에서 사용한 해시 알고리즘은 SHA-256 알고리즘으로 앞의 두 알고리즘보다 더 강력한 것이다. 다음의 간단한 예제는 SQL 상에서 SHA-1 방식의 해시 값을 어떻게 계산할 수 있는지를 보여준다.

```
SELECT HASHBYTES('sha1', 'MySecret')
```

HASHBYTES 메소드의 실행 결과가 다음과 같은 바이트 배열의 형태로 나타날 것이다.

0xEABBEC6F31804EB968E2FAEAAEF150546A595FC3

이제까지 여러분은 기밀로 유지되어야 할 민감한 정보를 암호화할 수 있는 방법과 데이터 무결성 유지를 위해서 필요한 특정 열의 해시 처리 방법, 그리고 Azure 환경에 강력한 가용성을 전제로 배포하는 방법에 대하여 살펴보았다. 여러분도 보았듯이 암호화와 해시 계산 루틴을 개발하는 것은 매우 복잡하고 특정 프로그래밍 언어에 강력하게 종속되는 경향이 있다는 것을 알 수 있었다. 여러분은 이전 단계에서 보여졌던 것과 같은 방식의, 일반적으로 통용될 수 있는 암호화나 해시 관련 라이브러리를 사용하여 프로젝트 전반에 걸쳐 방법을 공유할 수 있도록 하는 전략을 찾아야 할 것이다.

인증서

이전에 언급한 것처럼, SQL Azure는 Windows Azure에 X.509 인증서를 직접 배포할 수 있었던 것과는 별개로 아직 X.509 인증서를 지원하지 않고 있다고 하였다. 그래서 호스팅 서비스 위에서 실행되고 있든, 여러분의 회사 내부 네트워크에 있든, Windows Azure 상에서 실행되든 간에 여러분의 클라이언트 코드에서 암호화와 복원 처리를 지원해야만 한다. 인증서를 사용한다는 것은 여러분이 공개 키와 비밀 키 쌍을 사용하여 암호화 한다는 것을 전제로 한다. 공개 키는 데이터를 암호화 하기 위하여 사용하고, 비밀 키는 데이터를 복원하기 위하여 사용하는 것이다.

■ **NOTE** Windows Azure 상에서 사용하는 X.509 인증서에 대한 더 구체적인 정보와 처리 방법을 확인하려면, Jim Nakashima에 의하여 운영되는 블로그(http://blogs.msdn.com/jnak)에 방문하여 2010년 1월에 게시된 블로그 게시물을 참고하도록 한다.

여러분은 MAKECERT.EXE 유틸리티를 사용하여 자체 서명된 인증서를 쉽게 만들 수 있다. 여러분의 컴퓨터에서 직접 이러한 인증서를 작성하려면 다음의 명령어를 관리자 권한에서 실행해야 하며, 그렇지 않을 경우 명령이 실패할 수 있다.

```
makecert -ss root -pe -r -n "CN=BlueSyntaxTest" -sky Exchange -sr LocalMachine
```

아래에 인증서를 만들 때 사용할 수 있는 각 옵션들에 대한 간단한 요약을 설명하고자 한다.

- -ss 주체의 출력 인증서를 저장하는 인증서 저장소 이름을 지정한다.

- -pe 생성된 개인 키를 내보낼 수 있도록 표시한다.
- -r Thawte와 같은 루트 인증 기관(CA)에 의하여 발급된 것이 아님을 전제로 자체 인증서를 만든다.
- -n "CN=…" 주체의 인증서 이름을 지정한다.
- -sky 암호화에 사용될 주체의 키 형식을 지정한다.
- -sr 〈 Local Machine 〉 주체의 인증서 저장소 위치를 LocalMachine으로 지정한다.

다시 이야기하지만 이 명령어를 실행할 때에는 관리자 권한으로 실행되어야 하는데 그렇지 않을 경우 아래와 같은 오류 메시지가 나타날 수 있다.

```
Error:Save encoded certificate to store failed => 0x5 (5).
```

여러분의 인증서가 정확히 설치되었는지 확인해보기 위하여, mmc.exe 파일을 실행한다. 파일 메뉴의 스냅 입 추가/제거 메뉴를 클릭하고, 인증서를 선택한 다음 추가 버튼을 클릭하고, 컴퓨터를 선택한 후 확인 버튼을 클릭한다. 왼쪽의 트리 뷰를 확장하여 신뢰되는 루트 인증 기관 항목 아래의 인증서들이 나타날 때까지 진행한다. 그림 4-4는 BlueSyntaxTest 인증서가 앞에서 실행한 명령어를 통하여 정상적으로 설치된 예시를 보여준다.

이제 여러분은 인증서를 설치하였고, 코드 내에서 이러한 인증서를 검색하고 사용할 수 있다. 보통은 인증서를 검색할 때 인증서의 고유 식별자(손도장 값)나 공용 이름(CN)을 사용하게 되어 있다. 여러분의 인증서의 손도장 값을 확인하기 위해서는 인증서를 더블클릭하고 자세히 탭을 클릭한 다음 손도장 항목을 목록에서 확인한 후 그림 4-5와 같이 선택하면 그 값을 확인할 수 있다.

손도장 값을 선택하여 문자열의 형태로 값을 복사할 수 있다. 다음의 코드는 앞서 살펴보았던 Encryption 클래스에 Private 멤버 변수와 새 메소드를 추가하는 예시를 든다. 1행에서는 그림 4-5에서 살펴본 손도장 값을 지정하고, 13행에서는 LocalMachine 위치에 저장된 루트 인증서 저장소를 열고, 17행에서는 X.509 인증서 객체를 앞서 지정한 손도장 값을 이용하여 검색하고 인스턴스화한다. 여기서 알아둘 것은 Find 메소드는 컬렉션을 반환하는데, 주로 첫 번째 인증서 항목이 여러분이 원하는 항목일 가능성이 높다. 그 이유는 손도장 값은 항상 유일하기 때문이다. 24행에서는 RSA 암호화 객체를 만들고 그

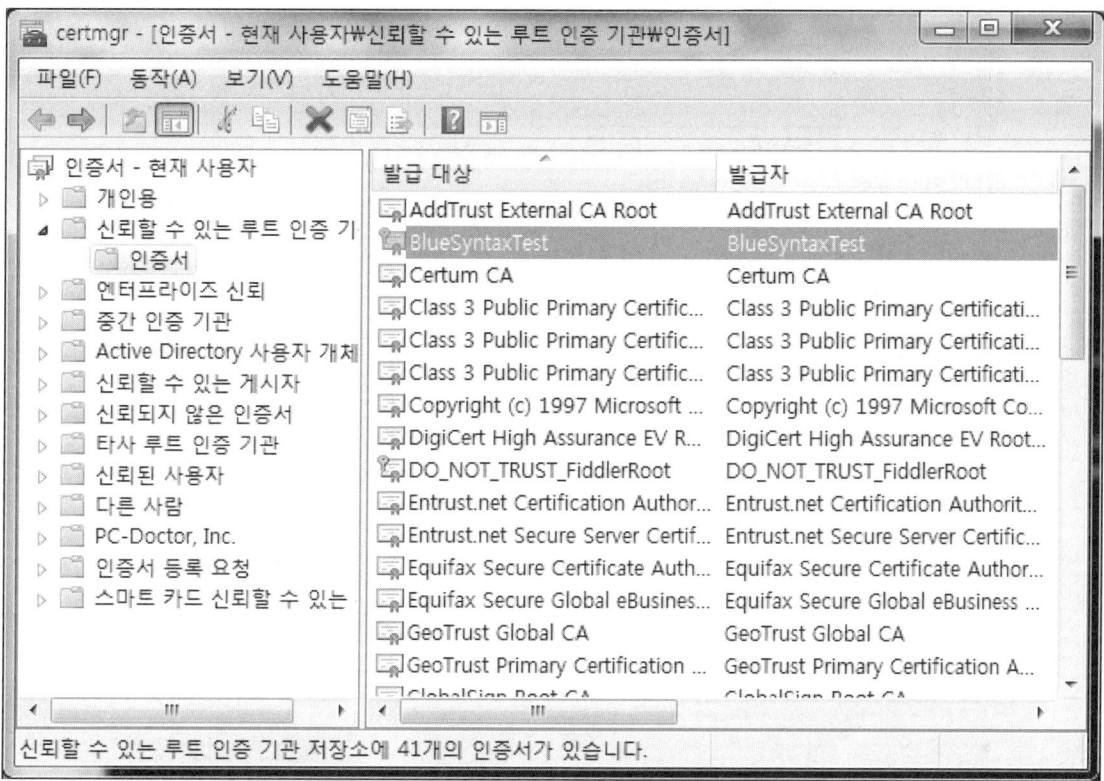

그림 4-4 컴퓨터에 설치된 인증서 확인하기

객체의 Encrypt 메소드를 27행에서 호출한다. RSA 알고리즘을 통하여 암호화를 하면 자동으로 벡터 값을 형성하고 이 값을 관리해야 할 필요성이 없어지기 때문에 더 편리하게 사용할 수 있다. 그 때문에 CipherText 벡터 변수의 값을 0으로 설정하고 있다.

```
1.   private string _THUMBPRINT_ =
2.       "01 71 11 17 0a b4 96 7b ca 1f f3 e5 bc 0f 68 9d c6 c0 3b 7b";
3.
4.       /// <summary>
5.       /// 문자열을 자체 서명된 인증서를 사용하여 암호화합니다.
6.       /// </summary>
7.       /// <param name="value">암호화하려는 문자열입니다.</param>
8.       /// <returns></returns>
9.       public CipherText EncryptByCert(string value)
10.      {
11.          byte[] buffer = UTF8Encoding.UTF8.GetBytes(value);
12.
```

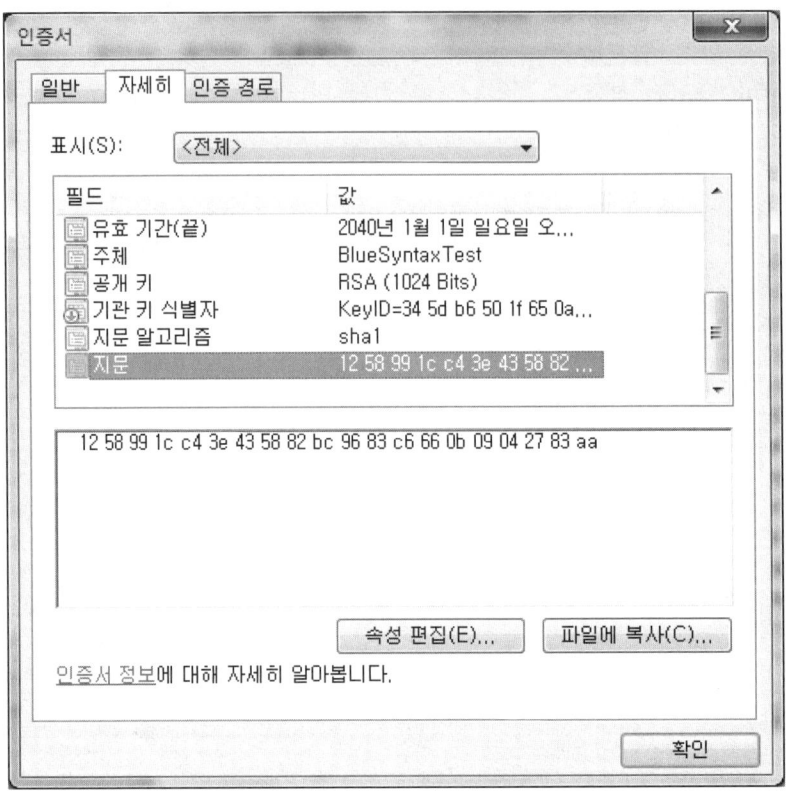

그림 4-5 인증서의 지문 값 얻어오기

```
13.        X509Store store = new X509Store(StoreName.Root,
14.            StoreLocation.LocalMachine);
15.        store.Open(OpenFlags.ReadOnly);
16.
17.        X509Certificate2 x509 =
18.            store.Certificates.Find(
19.            X509FindType.FindByThumbprint,
20.            _THUMBPRINT_, true)[0];
21.
22.        store.Close();
23.
24.        RSACryptoServiceProvider rsaEncrypt = null;
25.        rsaEncrypt = (RSACryptoServiceProvider)x509.PublicKey.Key;
26.
27.        byte[] encryptedBytes = rsaEncrypt.Encrypt(buffer, false);
28.
29.        CipherText ct = new CipherText();
```

```
30.            ct.cipher = encryptedBytes;
31.            ct.vector = new byte[] {0, 0, 0, 0, 0, 0, 0, 0, 0,
32.                0, 0, 0, 0, 0, 0, 0};
33.
34.            return ct;
35.        }
```

복원에 대한 코드는 다음과 같이 보여지며 앞의 예제와 유사한 모습을 하고 있다. 이번에는 RSA 객체의 Encrypt 메소드 대신 Decrypt 객체를 호출하는 것이 차이점이다.

```
1.    public string DecryptByCert(CipherText ct)
2.    {
3.        X509Store store = new X509Store(StoreName.Root,
4.            StoreLocation.LocalMachine);
5.        store.Open(OpenFlags.ReadOnly);
6.
7.        X509Certificate2 x509 =
8.            store.Certificates.Find(
9.            X509FindType.FindByThumbprint,
10.           _THUMBPRINT_, true)[0];
11.       store.Close();
12.
13.       RSACryptoServiceProvider rsaEncrypt = null;
14.       rsaEncrypt = (RSACryptoServiceProvider)x509.PrivateKey;
15.
16.       byte[] bytes = rsaEncrypt.Decrypt(ct.cipher, false);
17.
18.       return UTF8Encoding.UTF8.GetString(bytes);
19.   }
```

다음의 코드는 RSA 암호화 루틴을 호출하고 그 내용을 UserProperties 테이블에 이전에 언급한 것과 같이 저장하는 과정을 보여준다. 테이블에는 이제 두 개의 레코드가 생성될 것이다. 여기서 CipherText의 길이에 대해 언급할 것이 있는데 인증서 암호화를 통해서 그 길이가 매우 길어지게 될 것이라는 점이다.

```
1.  class Program
2.  {
3.      static void Main(string[] args)
4.      {
5.          // Declare the encryption object and encrypt our secret value
6.          Encryption e = new Encryption();
7.          CipherText ct = e.EncryptAES("secret value goes here...");
8.          CipherText ct2 = e.EncryptByCert("another secret!!!");
```

```
9.
10.                  UserProperties.Save("MySecret", ct);
11.                  UserProperties.Save("MySecret2", ct2);
12.
13.          }
14.   }
```

■■■ 접근 제어

이제까지 여러분은 기밀성과 데이터 무결성을 보장하기 위해서 암호화와 해시 값을 계산하는 것에 관해서 많은 시간을 소비하였다. 그러나 이제 CIA 3원칙에서 중요하게 생각했던 접근 제어에 관한 측면을 살펴볼 차례이다. 이번 섹션에서는 접근 제어에 관한 두 가지 주제인 인증(AUTHN)과 권한(AUTHZ)을 이야기하고자 한다.

인증(AUTHN)

인증은 여러분 스스로가 정당하게 접속할 수 있는 권한이 있는 주체임을 증명하는 절차이다. SQL Server에서 인증 절차는 다음의 두 가지 메커니즘 중 하나에 의하여 결정되는데, 첫째는 네트워크 인증(SSPI)이고 둘째는 SQL Server 접속 시 사용하는 ID와 암호에 의한 것이다. 연결 문자열은 반드시 어떤 방식의 인증을 사용하게 될 것인지를 서술하고 있어야 한다. 그리고 SQL Server 인증을 사용할 때에는 비밀번호가 반드시 연결 이전에 제공되어야 하는데, 런타임 시 사용자가 제공했거나 환경 설정 파일에 의한 것이었거나 이를 충족해야 한다.

다음은 SQL Azure에서 인증을 할 때 고려해야 할 사항들을 열거한 것이다.

- **네트워크 인증 불가**: SQL Azure는 기본적으로 여러분의 네트워크에 속해 있지 않기 때문에 네트워크 기반 인증은 사용할 수 없다. 이는 여러분이 SQL Azure를 사용하는 동안 항상 SQL Server 인증을 이용해야 함을 뜻하고, 가급적 환경 설정 파일 등의 수단을 사용하여 여러분의 응용프로그램 내에 비밀번호를 저장해야 함을 뜻한다. 비록 ASPNET_REGIIS.EXE와 같은 유틸리티를 사용하여 여러분의 환경 설정 파일 상의 특정 섹션을 암호화할 수 있다고는 하더라도 Windows Azure에서는 이러한 기능이 제공되지 않는다. 따라서 여러분은 앞에서 소개하였던 암호화 기법이나 복

원 기법을 활용하여 SQL Azure 문자열을 안전하게 관리할 필요가 있다.

- **강력한 비밀번호**: SQL Azure는 강력한 수준의 비밀번호를 요구로 한다. 이 설정은 임의로 수정할 수 있는 것이 아니며, 또한 권장 사항이다. 강력한 비밀번호의 조건은, 비밀번호 문자열의 길이가 8자리 이상이며, 문자와 숫자, 특수 기호를 모두 포함하고 있어야 하며, 사전에서 발견할 수 있는 단어를 활용하여 비밀번호를 만들 수 없다.

- **로그인 이름 제약**: SA, ADMIN, GUEST와 같은 로그인 이름은 사용할 수 없으며 또한 새로운 계정 이름으로 생성할 수 없다. 또한 여러분은 필요할 때마다 계정 이름을 제시할 때 @ 기호를 사용하여 계정 이름 뒤에 정확한 서버 이름을 지정해야 한다.

권한(AUTHZ)

권한은 인증을 거치고 난 이후 여러분에게 어떤 동작을 수행할 수 있는지를 제어할 수 있는 기능을 제공한다. 개발 초기 단계에서부터 명확하고 올바른 권한 체제를 정립하는 것은 매우 중요한 일인데, 접근 제어 전략을 바꾸는 것은 이보다 상대적으로 더 어렵기 때문이다.

일반적으로 강력한 권한 모델은 어떤 사용자가 데이터베이스 상의 어떤 개체를 접근할 수 있는지를 정의하는 것을 말한다. 이는 보통 SQL Azure와 SQL Server에서 로그인 계정, 사용자 계정, 스키마, 권한 사이의 관계를 정의하는 것으로 수행될 수 있다.

■■■ 새로운 로그인 계정과 사용자 계정 만들기

SQL Azure에서는 로그인 계정을 관리하기 위해서 반드시 master 데이터베이스를 사용해야 한다. CREATE LOGIN T-SQL 명령어가 부분적으로 지원된다. 또한 반드시 새로운 로그인 계정을 만들 때에는 강력한 비밀번호를 필요로 한다는 것을 숙지한다.

SQL Azure에서는 다음의 두 가지 역할을 제공한다.

- **LoginManager 역할**: 특정 사용자에게 master 데이터베이스에서 새로운 로그인 계정을 만들 수 있는 권한을 부여한다.

- **DBManager 역할**: 특정 사용자에게 master 데이터베이스에서 새로운 데이터베이스를 생성할 수 있는 권한을 부여한다.

다음의 SQL 구문은 새로운 로그인 계정을 생성하고 해당 계정에 LoginManager 역할을 부여하는 예시를 든다.

```
CREATE LOGIN MyTestLogin WITH PASSWORD='MyT3stL0gin'
GO
CREATE USER MyTestLoginUser FROM LOGIN MyTestLogin
GO
EXEC sp_addrolemember 'loginmanager', MyTestLoginUser
GO
```

여기서 짚고 넘어가야 할 부분은, CREATE USER 구문은 master 데이터베이스에만 사용자 계정을 만든다는 점인데 다른 데이터베이스에는 연결이 되어있지 않기 때문에 그러하다. MyTestLogin 사용자 계정을 master 데이터베이스에 만드는 작업은 정확히 여러분이 원한대로 master 데이터베이스에만 사용자 계정을 만들게 된다.

MyTestLogin 계정을 다른 데이터베이스에서도 사용할 수 있게 하기 위해서는, 해당 데이터베이스로 다른 로그인 계정을 사용하여 로그인한 다음, 다시 CREATE USER 명령을 실행해야 한다. 이렇게 하면 MyTestLogin 계정을 이용하여 다른 데이터베이스에서도 사용할 수 있게 된다.

스키마

스키마는 데이터베이스 개체를 포함하는 하나의 컨테이너이며, 데이터베이스 내부에 포함된다. 스키마는 데이터베이스의 3단 이름 표기법 상의 요소 중 하나이며 네임스페이스처럼 취급되곤 한다. 스키마 내부의 각각의 개체들은 고유한 이름을 가지고 있어야 한다.

기본적으로 개체들은 DBO 스키마에 속한 채로 새로운 개체가 만들어진다. 예를 들어 이전에 실행한 CREATE TABLE 구문을 통하여 만든 UserProperties 테이블의 스키마 소유자는 DBO이고 할당된 스키마 ID는 DBO를 의미하는 숫자 1이며 그림 4-6에서 보는 것과 같다.

지금 당장, MyTestLoginUser 사용자는 이 테이블로부터 데이터를 읽을 수 없다. UserProperties 테이블에 대해서 SELECT 구문을 실행하려고 시도하면 SELECT 권한이 없어서 거부되었다는 오류 메시지가 나타날 것이다. 따라서 여러분은 해당 사용자 계정에

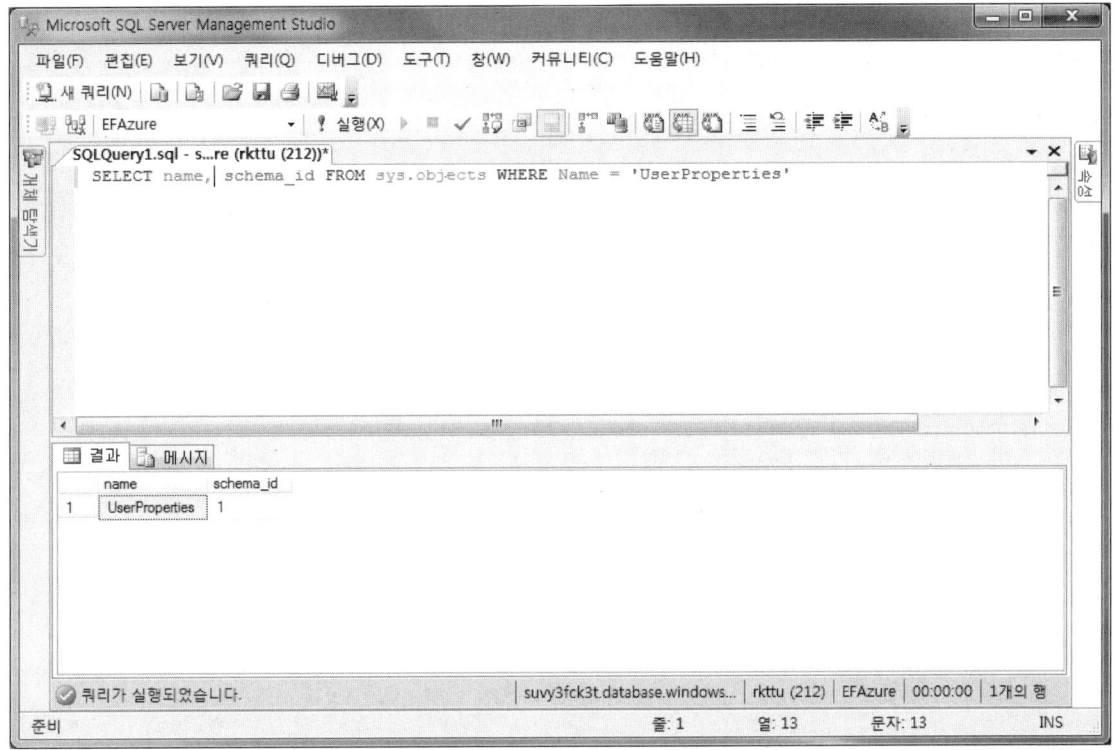

그림 4-6 개체가 속한 스키마 살펴보기

SELECT 권한을 부여하거나 해당 사용자를 위하여 SELECT 권한을 가지고 있는 새로운 스키마를 만드는 방법이 있다.

보통은 사용자에게 직접 권한을 할당하는 것보다는 스키마를 이용하여 권한을 제어하는 것이 훨씬 쉽다. 이를 정확히 수행하려면, UserProperties 테이블의 소유자 스키마를 DBO가 아닌 새로 만들 스키마로 변경해야 하며 해당 스키마에서 이 테이블에 대한 적합한 권한을 지정해야 한다.

새로운 스키마를 만들기 위해서는 MyTestLoginUser 테이블이 생성되어 있는 대상 데이터베이스에 접속하여 다음과 같이 명령어를 실행해야 한다.

CREATE SCHEMA MyReadOnlySchema AUTHORIZATION DBO

이 시점에서 새로운 스키마가 만들어졌으며 이 스키마는 DBO에 속하게 된다. 이제 UserProperties 테이블의 소유자 스키마를 MyReadOnlySchema로 아래의 명령어를 사용

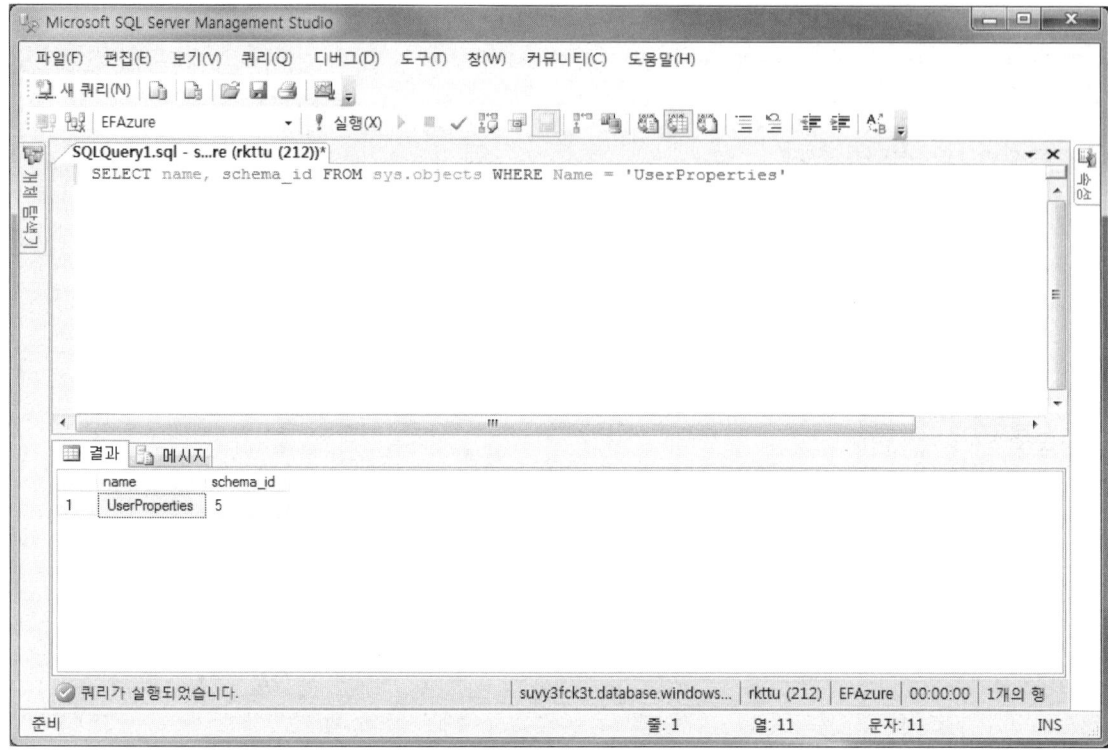

그림 4-7 개체에 지정된 새 스키마 확인하기

하여 변경해야 한다.

ALTER SCHEMA MyReadOnlySchema TRANSFER DBO.UserProperties

이제 테이블은 그림 4-7에서 보여지는 것과 같이 새 스키마 아래로 귀속될 것이다.

그러나 아직 다 끝나지 않았다. MyTestLoginUser 사용자는 아직 테이블에서 어떤 데이터도 볼 수 없다. 그림 4-8과 같이 잘못된 개체 이름이라는 오류 메시지가 SELECT 명령을 수행하려고 하였을 때 나타날 것이다.

MyTestLoginUser 사용자 계정의 기본 스키마는 그림 4-9에서 보여지는 것과 같이 아직 DBO이다. 사용자의 기본 스키마는 T-SQL 구문에 의하여 지정되지 않았을 경우 기본 스키마로 지정된다. 개발자들에게 더 편리할 수 있도록 스키마를 MyReadOnlySchema로 기본 스키마를 변경하여 T-SQL 구문에서 직접 스키마를 지정하지 않아도 되도록 만들어보겠다.

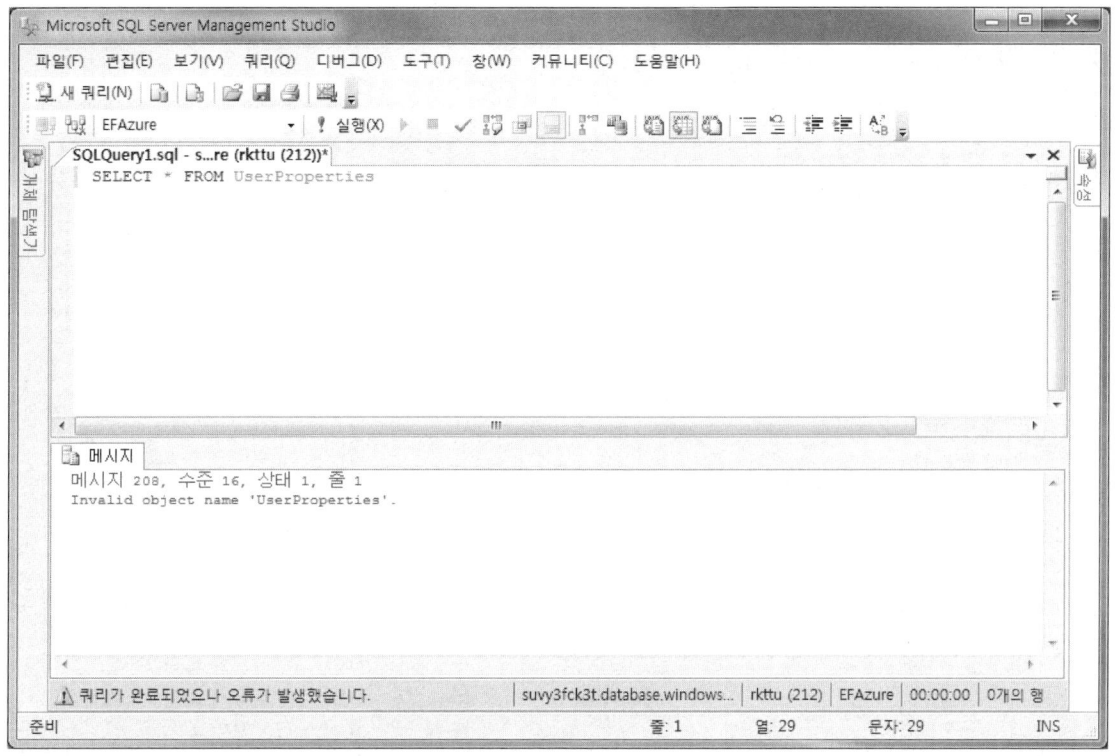

그림 4-8 사용자가 개체를 볼 수 없기 때문에 발생하는 오류

사용자의 기본 스키마를 변경하기 위해서는 아래와 같이 명령어를 실행해야 한다.

ALTER USER MyTestLoginUser WITH DEFAULT_SCHEMA = MyReadOnlySchema

이제 이 사용자는 MyReadOnlySchema를 기본 스키마로 유지하게 되어, 이 스키마 내에 속한 개체들을 곧바로 접근할 수 있게 되었으며, 개체의 소유자를 명시할 필요가 없어졌다. 그러나 아직 접근 권한을 설정하지 않았다. MyTestLoginUser에게 SELECT 권한을 할당하기 위하여 아래와 같이 명령어를 실행한다.

GRANT SELECT ON SCHEMA :: MyReadOnlySchema TO MyTestLoginUser

다음의 구문을 MyTestLoginUser로 로그인하여 실행하였을 때 정상적으로 실행되는지 확인한다.

SELECT * FROM UserProperties

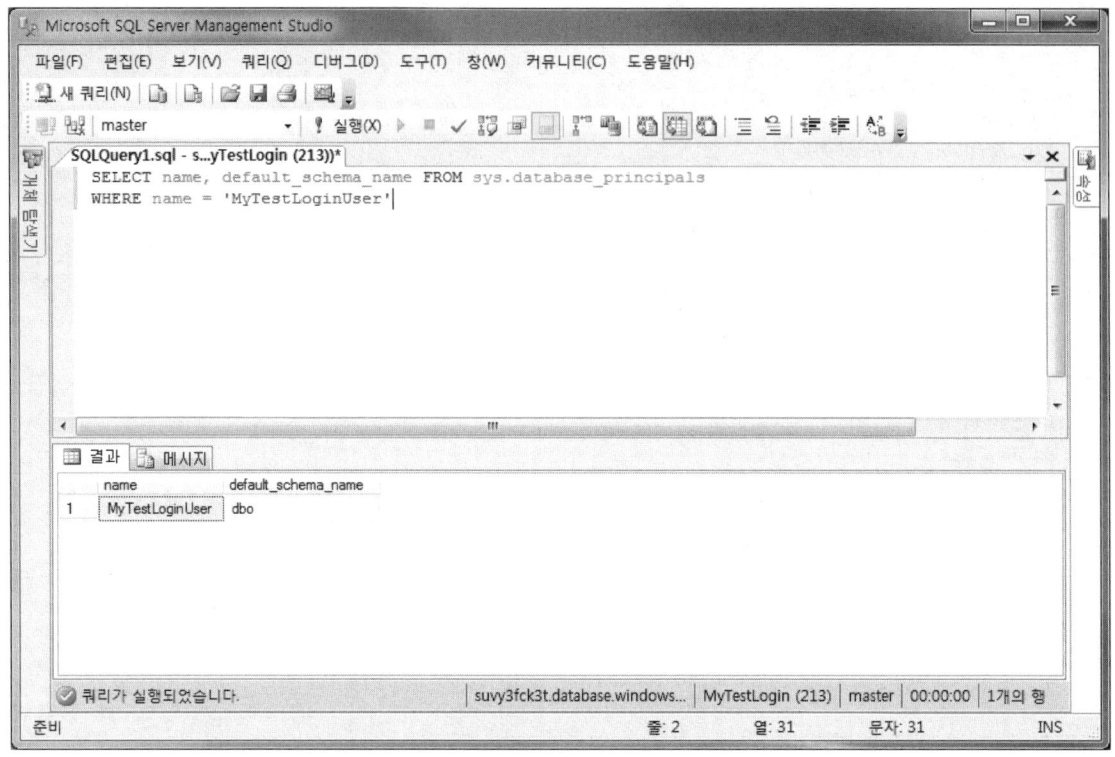

그림 4-9 로그인 계정이 속한 스키마 살펴보기

    왜 이렇게 복잡한 과정을 택해야 하는 것일까? 이는 여러분의 고유 스키마를 만들어서 접근 권한을 관리하는 것이 특정 개체에 대하여 일일이 설정하는 것보다 훨씬 작업을 단순화하기 때문이다. 어떤 의미로 스키마는 Windows 운영체제에서 사용하는 그룹과 같은 개념으로 이해하여 한꺼번에 권한을 허가 또는 거부할 수 있듯이 같은 개념으로 생각할 수 있기 때문이다.

    그림 4-10에서는 기본으로 제공되는 보안 모델을 어떻게 유연하고 다루기 쉽게 바꾸었는지 그 개념을 모식도로 표현한 것이다.

방화벽

SQL Azure는 자체적으로 방화벽을 제공하며, 이 방화벽은 3장에서 살펴보았던 것처럼 SQL Azure 포털 사이트를 통하여 제어가 가능하다. 또한 T-SQL 구문을 사용하여 방화벽

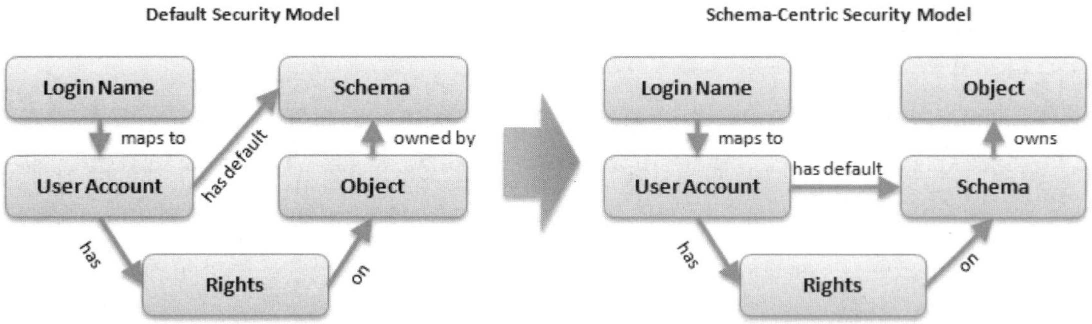

그림 4-10 스키마를 통하여 보안 모델 전환하기

정책을 관리할 수도 있다. 방화벽에 대하여 사용 가능한 T-SQL 구문을 간단히 살펴보기로 하겠다.

> ■ **NOTE** 방화벽 정책을 제어하기 위해서는 master 데이터베이스에 접속한 상태여야 한다. 최소한 하나 이상의 방화벽 허용 정책이 SQL Azure 포털 사이트 상에서 등록되어 있어야 이러한 작업을 수행하기 위한 연결을 확보할 수 있음을 주의한다.

현재 적용된 방화벽 정책들을 확인하기 위해서 다음과 같이 명령어를 실행한다.

```
SELECT * FROM sys.firewall_rules
```

그 결과로 각각의 방화벽 규칙 이름을 볼 수 있는데, 각각의 이름들은 고유한 키 값이다. SP_SET_FIREWALL_RULE 명령을 통하여 새로운 규칙을 추가할 수 있다.

새로운 규칙이 완전하게 반영되는 데 수분이 소요될 수 있다. 예를 들어 다음의 구문을 통하여 새 방화벽 규칙 NewRule을 추가한다고 하자. 여기서 첫 번째 매개변수는 유니코드 문자열임을 명시하고 있다.

```
sp_set_firewall_rule N'NewRule', '192.168.1.1', '192.168.1.10'
```

기존 방화벽 정책을 삭제하려면 아래와 같이 명령어를 실행한다.

```
sp_delete_firewall_rule N'NewRule'
```

규격 준수

비록 클라우드 컴퓨팅이 위험 관리의 관점에서 기존의 조직에 대해 새로운 도전을 요구한다 할지라도, Microsoft의 클라우드 데이터 센터들은 다중 감사 정책과 내부 규제에 따른 평가를 받게 된다. 이러한 규격 준수 감사와 평가 정책을 가능하게 하기 위해서, Microsoft는 Operational Compliance 팀을 조직하였고 이 팀은 공동의 규격 준수 프레임워크를 실제 운영을 위하여 설계하였다.

Microsoft에 따르면, 자사의 클라우드 컴퓨팅 인프라는 PCI, 건강 보험 양도 및 책임에 관한 법안(HIPAA), 사베인즈 옥슬리 법을 포함한 다양한 규제를 만족시킨다. 또한 다음과 같은 인증들 또한 획득하기도 하였다.

- ISO/IEC 27001:2005
- SAS 70 Type I and II

■ **NOTE** Microsoft의 규제 준수에 대한 정보는 www.globalfoundationservices.com.에서 확인 가능하다.

결론

클라우드 환경에서 보안은 매우 복잡한 주제이며 여러분의 요구 사항과 설계 사항에 대한 면밀하고 세심한 분석을 필요로 한다. 이 단원에서는 CIA 3원칙의 기본에 대해서 살펴보았고 기밀성, 무결성, 가용성의 각 사항들을 검토해보았다.

또한 여러분은 강력한 암호화와 해시 계산을 Visual Studio 기반 응용프로그램에서 어떻게 만들 수 있는지에 대해 살펴보았으며 마지막으로 개발 초기 단계에서 스키마 분리를 시행하여 권한 할당과 유지 관리를 단순화 할 수 있다는 것도 살펴보았다.

이제 여러분은 SQL Azure에 데이터를 저장할 때 사용할 수 있는 수많은 옵션들에 대해서 이해해야 하고, 또한 SQL Azure 플랫폼 상의 제약에 대해서도 인지를 해야 한다. 그러나 이러한 제약 사항들이 Microsoft가 제공하는 SQL Azure Platform에 대한 업데이트를 통하여 개선되거나 완화될 수도 있다는 점을 기억하고 지속적으로 정보를 살펴야 함을 명심해야 한다.

CHAPTER 5

데이터 이관과 백업 전략

Azure 기술, 그 중에서도 특별히 SQL에 관련된 Azure 기술을 이야기할 때, 이러한 기술에 대해서 식견이 있거나 먼저 많은 연구를 해왔던 회사들이 이야기하는, 보안에 관련된 두 가지 주된 걱정 거리는, 로컬 데이터베이스와 그것의 데이터를 클라우드 컴퓨팅 환경으로 이관하는 일과 백업 전략에 관한 것이 많다. Azure가 발표되기 전까지는, 데이터베이스들은 과거에도 그렇고 지금도 로컬 환경에서만 제공되었으며, 회사 내부의 방화벽이나 격리된 데이터 센터 안에 있는 경우가 많았다. Azure 플랫폼으로 이동한다는 것, 그리고 SQL Azure로 이관하기로 결정하였다는 것은 전체 또는 일부에 해당하는 여러분의 데이터를 클라우드에 저장하는 것을 뜻한다.

4장에서는 여러분의 데이터를 클라우드에 저장할 때 있을 수 있는 보안에 대한 걱정거리, 고려 사항, 최선의 수행 방안에 대하여 길게 이야기했다. 클라우드 환경으로 여러분의 데이터를 이관하는 것은 여러분에게는 결코 쉬운 결정 사항이 아닐 것임을 잘 안다. 그러나 SQL Azure로 이동하고 적극적으로 활용하기로 결정한 시점부터는 여러분의 데이터를 클라우드에서 어떻게 가져와야 하는지에 대한 고민으로 바뀌게 된다. 로컬 데이터베이스의 데이터들을 SQL Azure로 자연스럽게 모두 옮길 수 있다면 참 좋을 것이고 여러분에게 많은 생각을 요구하지 않도록 해줄 것이다. 여러분 스스로 모두들 실용적으로 채택할 수 있는 수많은 옵션들을 검토해왔을 것이나, 또한 반드시 고려해야 할 것이 있다면 단지 데이터를 옮기는 것 말고도 데이터 전송에 따른 금액에 대한 것도 중요하다.

여러분의 데이터가 클라우드로 이관된 이후에는 로컬 데이터베이스를 운영할 때와 마찬가지로 백업 전략에 대한 고민을 하게 될 것이다. SQL Azure에서는 백업 장치, 백업을 하는 일, 그리고 백업된 데이터를 복원하는 일 모두 없는 셈 쳐야 한다. 충격적으로 들릴 수도 있겠지만 Microsoft가 하드웨어와 각종 운영 등에 있어서 여러분을 대신하여 모든 것을 관리한다는 사실을 기억하자. 그러므로 드라이브라던가 장치라던가 하는 것 역시 존재하지 않는다.

이번 장에서는 기존과 다른 방식의 데이터 이관 도구, 전략과 함께 몇 가지 구체적으로 묘사된 예제를 통해서 이러한 도구들이 여러분의 데이터베이스를 어떻게 이관할 수 있는지를 살펴보고자 한다. 그 다음에는 최근에 추가된 기능 중 SQL Azure에 대한 백업을 가능하게 하는 기능 또는 SQL Azure 데이터베이스를 복제하는 기능으로 알려진 부분을 살펴보고자 한다.

데이터베이스와 데이터를 SQL Azure로 이관하기

이제 여러분은 운영하는 응용프로그램과 그에 관련된 데이터베이스 한 개 혹은 그 이상을 클라우드 컴퓨팅 환경으로 이관하고자 할 것이다. 이는 매우 가치 있는 아이디어이다. 십중팔구 여러분은 클라우드 환경으로 응용프로그램을 이동하려고 하는 이들과 같은 처지에 있지만 처음부터 시작하고 싶지는 않을 것이다. 여러분은 기존의 응용프로그램을 클라우드로 이관하길 원하지만 무엇을 어떻게 해야 할지 혹은 이러한 절차를 수행할 수 있는 기술이 있는지 확신이 서지 않을 것이다. 이번 섹션에서는 Microsoft에서 직접 제공하였거나 SQL Server와 함께 제공되는, 이에 관련된 도구 세 가지를 살펴보고자 한다.

- 스크립트 생성 마법사
- SQL Server 통합 서비스
- BCP 유틸리티

이 세 가지 도구를 살펴보는 것뿐만 아니라 이전에 잠시 언급한 CODEPLEX 홈페이지에서 무료로 제공되던, 마법사 방식의 인터페이스를 통하여 여러분의 데이터베이스와 데이터를 손쉽게 SQL Azure로 이관할 수 있도록 도와주는 무료 유틸리티인 SQL Azure Migration Wizard도 살펴보았다.

이번 장에서 사용할 예제는 SQL Server 2008 R2 커뮤니티 기술 평가(CTP) 버전을 기준으로 한 것이며, 이 책을 집필하던 시점에 MSDN 홈페이지에서 찾을 수 있었던 예제들이었다. 이 예제들은 SQL Server 2008에서도 책에서 소개하는 것과 같은 화면은 아니지만 실행할 수 있다.

여기서 SQL Server 가져오기 마법사와 내보내기 마법사가 언급되지 않은 이유를 궁금해할 수 있는데, 아직 SQL Azure에서는 가져오기 마법사와 내보내기 마법사를 사용할 수 없다. 현재 Microsoft는 여기에 대한 작업을 진행 중에 있으며 언제 가져오기 마법사와 내보내기 마법사가 SQL Azure에서 완전하게 지원될지 언급한 바는 없지만 이에 대한 작업이 진행 중이라는 것에 대해서는 확언할 수 있다.

이 책에서 사용되는 예제들은 Apress 웹 사이트에서 내려 받을 수 있는 TechBio 데이터베이스 샘플을 기반으로 한다. 이 데이터베이스 샘플은 이 책을 위해서 제공되는 전체 버전의 TechBio 응용프로그램과 데이터베이스의 축소판이다.

스크립트를 생성하고 내보내기

스크립트 생성 및 내보내기 마법사는 SQL Server 데이터베이스들과 각 데이터베이스들 내부에 위치한 각종 개체들을 생성할 수 있는 T-SQL 스크립트를 생성하는 데 사용된다. 여러분들은 이미 이 마법사를 한 번 이상 사용해보았을 것이므로 이번 섹션에서는 이 마법사를 단계별로 설명하지는 않을 것이며 대신 SQL Azure를 대상으로 스크립트를 생성할 때 꼭 짚고 넘어가야 할 부분에 한정해서 요약하고 넘어가려 한다.

SQL Server 2008 R2에서부터는 기존의 데이터베이스를 SQL Azure 데이터베이스 환경으로 이관하기 위하여 필요한 기능들을 추가로 제공하고 있다. 이는 대개의 경우 SQL Server 2008 R2가 이 책에서 예제의 기준으로 맞추어진, 이전 버전인 SQL Server 2008로 이행하지 않았기 때문이다.

개체 스크립트 생성 기능을 포함하여 SQL Server 2008 R2와 SQL Server 2008 사이의 차이점 중 하나는, 마법사를 진행하는 도중에 고급 스크립트 옵션 대화 상자를 사용할 수 있다는 점이다. 이 대화 상자에는 데이터베이스 개체를 스크립트로 생성하는 과정에서 어떤 버전의 SQL Server를 대상으로 할 것인지를 결정할 수 있도록 돕는 두 가지 속성을 제공하는데, 하나는 대상 서버 버전에 대한 것이고 또 하나는 데이터베이스 엔진 유형에 관한 것이다. 대상 서버 버전 옵션 목록에서는 스크립트 생성 및 내보내기 마법사에서 지원하는 SQL Server 버전을 SQL Server 2000에서부터 SQL Server 2008 R2까지 하나를 택할 수 있다.

데이터베이스 엔진 유형에 따른 선택은 두 가지 선택 사항을 제공하는데, 독립 실행형 인스턴스와 SQL Azure 데이터베이스 중 하나를 택할 수 있다. SQL Azure 데이터베이스의 경우 SQL Server 2008 R2 서버 버전에 대해서만 작동할 수 있다. 예를 들어, 대상 서버 버전을 SQL Server 2008 R2가 아닌 SQL Server 2008로 설정하고 데이터베이스 엔진 유형을 SQL Azure 데이터베이스로 설정하였다면 자동으로 대상 데이터베이스 서버 버전이 SQL Server 2008 R2로 변경된다.

스크립트 생성 및 내보내기 마법사는 SQL Azure를 대상으로 대략적인 개체 스크립팅을 하는 일에 관해서는 매우 유용하게 사용할 수 있다. 이 마법사는 지원되지 않는 문법과 데이터 형식, 그리고 각 테이블의 Primary Key를 점검한다. 그리하여 몇 가지 이유로 다음의 예제들의 기준 버전을 SQL Server 2008 R2가 아닌 SQL Server 2008로 설정하였다. 첫 번째는, 대다수의 사람들이 SQL Server 2008 R2를 사용하지 않고 SQL Azure에 대한 옵션을 사용할 수 없을 것이기 때문이다. 두 번째는 이번 예시에서 SQL Azure에서 실행할 수 있는 스크립트를 얻기 위해서 어떤 과정을 거쳐야 하는지를 보일 것이기 때문이다.

마법사 시작하기

SQL Server Management Studio(SSMS)의 스크립트 생성 및 내보내기 마법사를 실행하기 위해서는, 개체 탐색기를 열고 데이터베이스 노드를 클릭하여 확장한다. 데이터베이스 하나를 오른쪽 버튼으로 클릭하고 나타나는 팝업 메뉴에서 스크립트 생성 메뉴를 클릭한다.

SQL Server 2008 R2에 대한 마법사의 소개 페이지에서 여러분은 다음의 네 단계를 거쳐 마법사를 끝낼 수 있다는 것을 알 수 있을 것이다.

1. 데이터베이스 개체 선택하기
2. 스크립트로 생성하거나 개체를 내보낼 것인지를 지정하기
3. 선택 사항 검토하기
4. 스크립트 생성하기

다음의 각 섹션들은 이러한 단계를 설명할 것이다.

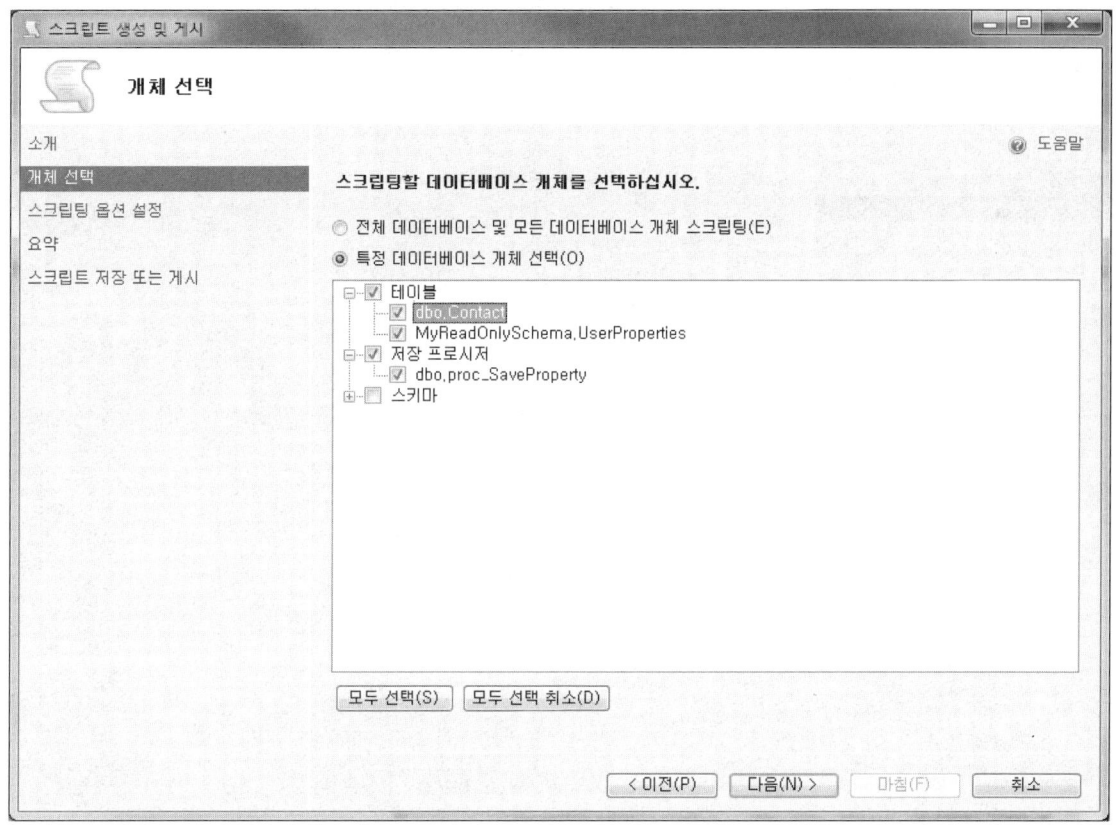

그림 5-1 스크립트로 이관하려는 데이터베이스 개체 선택

스크립트로 옮길 대상 개체 선택하기

스크립트로 옮길 데이터베이스 개체를 선택하기 위해서 다음의 단계를 따른다.

1. 스크립트 작성 및 내보내기 마법사의 첫 소개 페이지에서 다음 버튼을 클릭한다.

2. 그림 5-1과 같이 개체 선택 페이지가 나타나면, '특정 데이터베이스 개체 선택' 라디오 버튼을 클릭하여 이 예제에서 기능을 시험해볼 몇 가지 개체만 선택한다.

3. 그림 5-1의 목록에서 테이블 노드와 저장 프로시저 노드를 확장하여 다음과 같은 개체만을 선택한다.

    A. 테이블: Docs, UserDocs, Users

    B. 저장 프로시저: proc_CreateProfile, proc_GetDocument, proc_UpdateDocFile

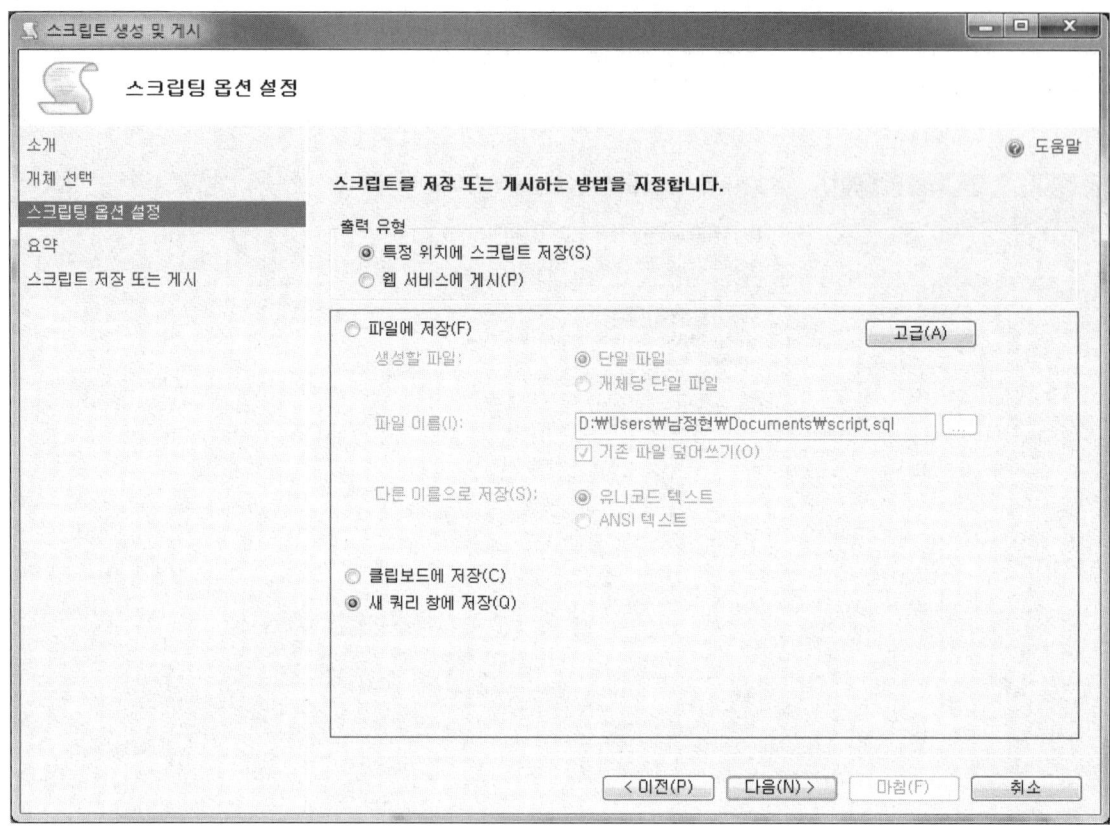

그림 5-2 스크립트 저장 방법 설정

4. 다음 버튼을 클릭한다.

5. 스크립트 옵션 설정 페이지에서 '새 쿼리 창에 저장' 옵션을 그림 5-2와 같이 선택하고 고급 버튼을 클릭한다.

고급 옵션 설정하기

고급 버튼을 클릭하면 그림 5-3과 같이 고급 스크립트 옵션 대화 상자가 나타난다. 다음의 단계를 따라 진행한다.

1. 고급 스크립트 대화 상자에서 다음의 항목들을 설정한다.

    A. UDDT를 기본 타입으로 변환 항목을 True로 설정한다.

    B. 확장 속성 스크립트 항목을 False로 설정한다.

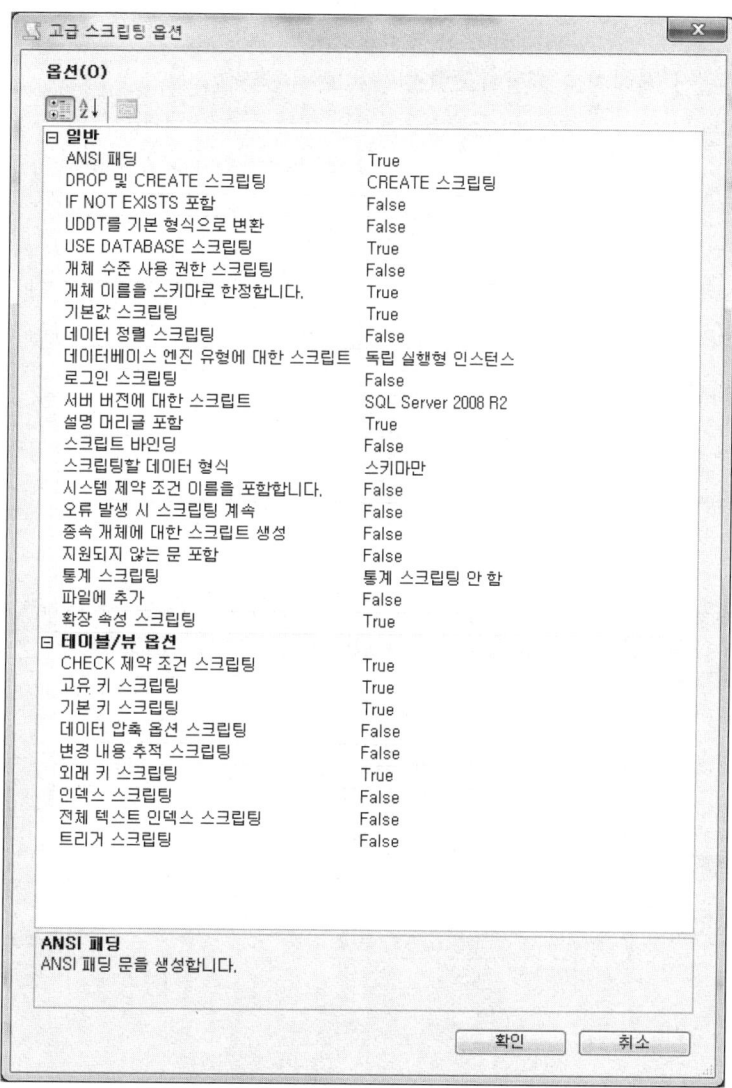

그림 5-3 고급 스크립트 옵션 대화 상자

    C. 로그인 스크립팅을 False로 설정한다.

    D. USE DATABASE 스크립팅을 False로 설정한다.

    E. 스크립팅 데이터 유형을 스키마와 데이터로 설정한다.

여기서 DROP 및 CREATE 스크립트 옵션을 그림 5-3과 같이 DROP 및 CREATE 스크립트로 설정할 수 있다. 그러나 이 옵션은 지금 SQL Azure에는 필요하지 않다.

2. 확인 버튼을 클릭하여 고급 스크립트 옵션 대화 상자를 닫고, 스크립트 생성 및 내보내기 마법사 페이지로 되돌아오면 다음 버튼을 클릭한다.

저장 및 내보내기

다음의 단계를 거쳐 마법사를 완료할 수 있다.

1. 마법사의 요약 페이지에서 이제까지 선택한 항목들이 모두 정확한지 다시 한 번 검토하고 다음 버튼을 클릭한다. T-SQL 스크립트가 생성될 것이고, 그림 5-4와 같이 저장 및 내보내기 페이지가 나타나는 것을 볼 수 있을 것이다.
2. 마침 버튼을 클릭한다. 이 시점에서 여러분이 요청한 내용들이 스크립트로 작성되어 SQL Server Management Studio의 새 쿼리 창에 결과가 나타날 것이다.

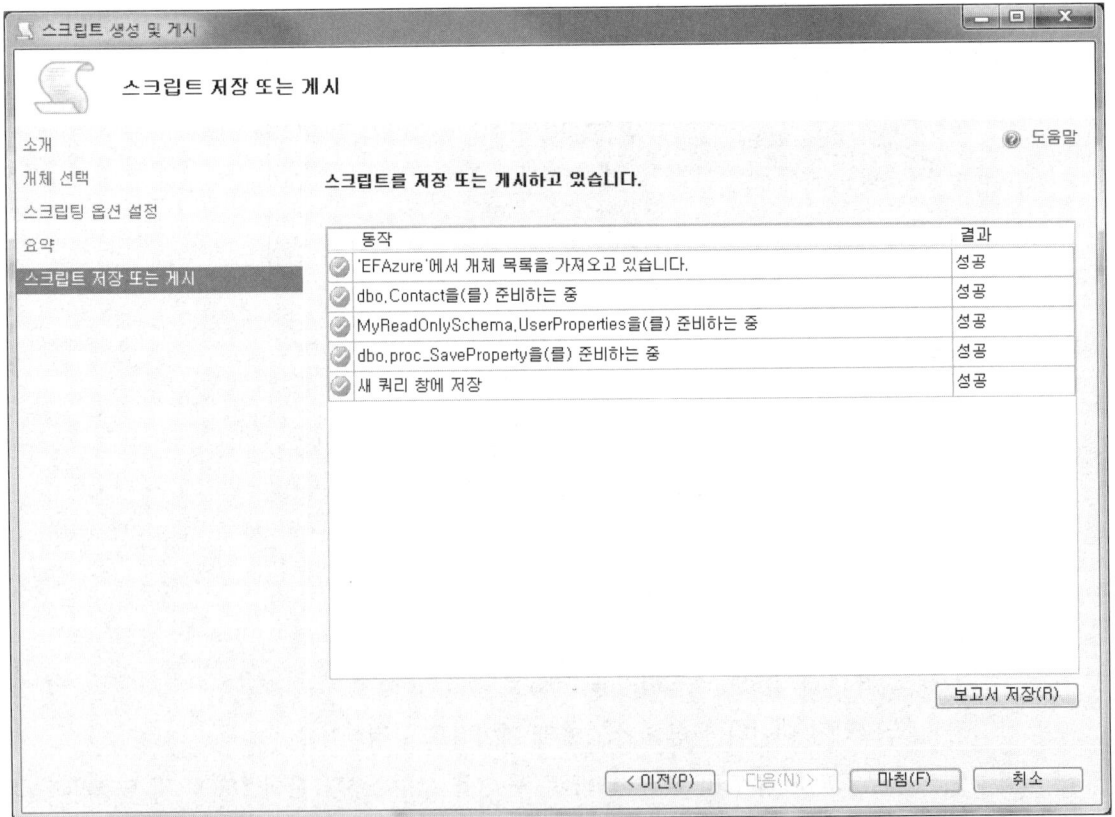

그림 5-4 마법사 실행 완료 화면

생성된 스크립트 검토하기

스크립트 생성 및 내보내기 마법사를 통하여 작성된 스크립트를 열고, 만들어진 T-SQL 스크립트를 한번 훑어보자. 다음의 코드 조각에는 테이블 세 개와 저장 프로시저 세 개에 대한 생성 스크립트와 함께, 생성된 테이블로 데이터를 삽입하기 위하여 필요한, 실제 데이터를 삽입하는 INSERT 문장 여러 개가 포함된 것을 볼 수 있다. 스크립트 생성 마법사에게 제외할 것을 지시한 몇 가지 사항들을 제외하면 다음의 T-SQL 문장은 우리가 평소에 다뤄왔던 일반적인 개체 생성을 위한 T-SQL들과 별로 다르지 않은 것을 알 수 있다.

```sql
/****** Object:  Table [dbo].[Users]    Script Date: 03/31/2010 23:39:20 ******/
SET ANSI_NULLS ON
GO
SET QUOTED_IDENTIFIER ON
GO
SET ANSI_PADDING ON
GO
CREATE TABLE [dbo].[Users](
        [ID] [int] IDENTITY(1,1) NOT NULL,
    [Name] [nvarchar](50) NULL,
    [NTUserName] [nvarchar](128) NULL,
    [Domain] [nvarchar](50) NOT NULL,
    [Intro] [nvarchar](100) NULL,
    [Title] [nvarchar](50) NOT NULL,
    [State] [nvarchar](10) NOT NULL,
    [Country] [nvarchar](100) NULL,
    [PWD] [varbinary](100) NULL,
    [rowguid] [uniqueidentifier] DEFAULT NEWSEQUENTIALID()
PRIMARY KEY CLUSTERED
(
    [ID] ASC
)WITH (PAD_INDEX = OFF, STATISTICS_NORECOMPUTE = OFF,
IGNORE_DUP_KEY = OFF, ALLOW_ROW_LOCKS  = ON,
ALLOW_PAGE_LOCKS  = ON) ON [PRIMARY]
) ON [PRIMARY]
GO
SET ANSI_PADDING OFF
GO

SET IDENTITY_INSERT [dbo].[Users] ON
INSERT [dbo].[Users] ([ID], [Name], [NTUserName], [Domain], [Intro], [Title],
    [State], [Country], [PWD])
VALUES (1, N'Herve Roggero', N'hroggero', N'PYNLOGIC',
```

```sql
    N'Enterprise and Azure Architect; Speaker. Expert knowledge in C#. Prev. mgmt exp.',
    N'Azure Architect', N'FL', N'US',
    0xE8F97FBA9104D1EA5047948E6DFB67FACD9F5B73)

INSERT [dbo].[Users] ([ID], [Name], [NTUserName], [Domain], [Intro], [Title],
    [State], [Country], [PWD])
VALUES (2, N'Jim Mullis', N'jmullis', N'PYNLOGIC',
    N'Expert in software development. C++; Oracle; SQL Server DBA', N'', N'FL', 'US',
    0xE8F97FBA9104D1EA5047948E6DFB67FACD9F5B73)

INSERT [dbo].[Users] ([ID], [Name], [NTUserName], [Domain], [Intro], [Title],
    [State], [Country], [PWD])
VALUES (3, N'Scott Klein', N'sklein', N'',
    N'Expert in software development. MVP SQL Server. Author. Speaker.',
    N'Architect', N'FL', N'US', xE8F97FBA9104D1EA5047948E6DFB67FACD9F5B73)
SET IDENTITY_INSERT [dbo].[Users] OFF

/****** Object:  StoredProcedure [dbo].[proc_CreateProfile]
Script Date: 03/31/2010 23:39:21 ******/
SET ANSI_NULLS ON
GO
SET QUOTED_IDENTIFIER ON
GO
CREATE PROCEDURE [dbo].[proc_CreateProfile]
    @uid [nvarchar](50),
    @pwd [nvarchar](50),
    @name [nvarchar](50),
    @title [nvarchar](50),
    @country [nvarchar](50),
    @state [nvarchar](20),
    @rowguid uniqueidentifier
WITH RECOMPILE, ENCRYPTION
AS
DECLARE @password varbinary(100)
SET @password = HASHBYTES('sha1', @pwd)

-- Make sure the UID is not already taken...
IF (Exists(SELECT TOP 1 * FROM Users WHERE NTUserName = @uid))
BEGIN
    RAISERROR(N'0x001   User ID already in use', 16, 1)
END
ELSE
BEGIN
    INSERT INTO Users
        (Name, NTUserName, Domain, Intro, Title, State, Country, PWD, rowguid)
```

```
        VALUES
              (@name, @uid, '', '', @title, @state, @country, @password, @rowguid)
       END
GO
```

스크립트를 보면 몇 가지 옵션들을 사용하도록 지정하고 있는데, 가령 ANSI_NULL과 ANSI_PADDING과 같은 옵션이 보인다. 그 다음, 스크립트에서는 Users 테이블을 생성한다. 이 테이블에는 IDENTITY 열뿐만 아니라 UNIQUEIDENTIFIER 데이터 형식을 사용하는 ROWGUID 열도 가지고 있다. ROWGUID 열 또한 NEWSEQUNTIALID() 함수를 이용하여 자동으로 생성되는 GUID 값을 기본 값으로 사용하도록 되어 있다. 이 테이블은 PRIMARY 파일 그룹에 만들어지며 WITH 절에 의하여 다른 테이블에도 같은 설정이 적용된다.

스크립트를 좀 더 살펴보면, 앞서 살펴본 코드 조각과 마찬가지로 몇 개의 저장 프로시저들이 생성되는 스크립트들을 볼 수 있다. Proc_CreateProfile 저장 프로시저는 몇 개의 입력 매개 변수를 받아들이는 표준 저장 프로시저로서 WITH 절로 추가적인 옵션이 기술되어 있는데, 이 경우 RECOMPILE 옵션을 통하여 데이터베이스 엔진이 이 저장 프로시저에 대하여 실행 시점에 컴파일을 수행하고 그 이후에 캐시를 하지 않도록 하며, ENCRYPTION 옵션을 통하여 저장 프로시저의 코드 내용을 볼 수 없게 보호하도록 하였다.

스크립트 고치기

여기서 여러분은 SQL Server 2008을 기반으로 스크립트를 생성하도록 만들었기 때문에, 몇 가지 문법이나 구문은 SQL Azure에서 지원되지 않는다. 그림 5-5에서는 생성된 스크립트를 SQL Azure에서 실행시켰을 때 나타나는 오류들을 열거하고 있다.

SQL Azure에서의 또 다른 문제점은 힙 테이블을 지원하지 않는다는 것이다. 힙 테이블은 클러스터드 인덱스를 포함하지 않는 테이블을 뜻한다. SQL Azure는 현재 클러스터드 인덱스를 포함한 테이블만을 지원한다.

만들어진 스크립트를 SQL Azure에서 사용할 수 있도록 하기 위해서는 아래와 같이 수정을 거쳐야만 한다.

1. SET ANSI_NULLS ON에 일치하는 문자열을 삭제한다.

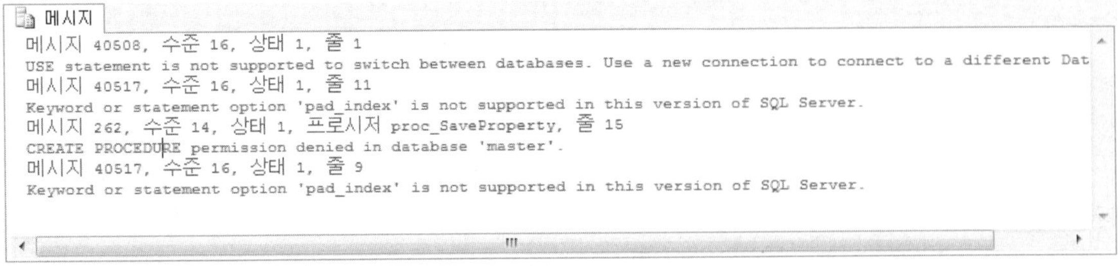

```
메시지
메시지 40508, 수준 16, 상태 1, 줄 1
USE statement is not supported to switch between databases. Use a new connection to connect to a different Dat
메시지 40517, 수준 16, 상태 1, 줄 11
Keyword or statement option 'pad_index' is not supported in this version of SQL Server.
메시지 262, 수준 14, 상태 1, 프로시저 proc_SaveProperty, 줄 15
CREATE PROCEDURE permission denied in database 'master'.
메시지 40517, 수준 16, 상태 1, 줄 9
Keyword or statement option 'pad_index' is not supported in this version of SQL Server.
```

그림 5-5 SQL Azure 실행 오류

2. ON [PRIMARY]와 일치하는 문자열을 삭제한다.

3. PAD_INDEX=OFF와 ALLOW_ROW_LOCKS=ON, 그리고 ALLOW_PAGE_LOCKS=ON 과 일치하는 문자열을 삭제한다.

4. Users 테이블에서는 rowguid 열의 기본값 설정을 NULL로 바꿔야 하는데, DEFAULT NEWSEQUENTIALID()를 NULL로 변경한다.

5. 저장 프로시저 설정 전체에 대하여 ENCRYPTION 절을 삭제한다.

6. 힙 테이블로 구성된 테이블에 클러스터드 인덱스를 포함시킨다.

부록 B에서 이러한 변경 사항들이 의미하는 상세한 내용들을 살펴보겠지만 여기서 간단히 언급한다면 다음과 같다.

- ON [PRIMARY]는 필요하지 않다. 그 이유는 1장과 2장에서 확인한 것처럼 SQL Azure는 하드웨어에 종속적인 정보를 모두 감춘다고 하였다. 그렇기에 PRIMARY나 파일 그룹에 대한 개념은 Microsoft가 디스크 공간에서부터 모든 것을 관리하기 때문에 우리가 이런 것을 파악할 길이 없으며 따라서 이러한 옵션은 필요하지 않다.

- SQL Server Books Online에 따르면 여러분은 테이블 옵션에 대해서 서술된 WITH 절 전체를 제거할 수 있다고 하였다. 그러나 여기서 실제로 제거해야 하는 항목은 PAD_INDEX, ALLOW_ROW_LOCKS, ALLOW_PAGE_LOCKS 속성에 대한 것만이다.

- NEWSEQUENTIALID() 함수는 SQL Azure에서 지원되지 않는데, SQL Azure에서는 CLR 코드로 작성된 함수의 실행을 아직 지원하지 않기 때문이고, 그리하여 CLR 기반의 모든 데이터 형식 역시 지원되지 않는다. NEWSEQUENTIALID() 함수가 이러

한 경우에 속하는 데이터를 반환한다. 또한 ENCRYPTION 옵션도 SQL Azure가 아직 자체 암호화를 지원하지 않기 때문에 사용할 수 없다.

- SQL Azure는 아직 힙 테이블을 지원하지 않는다. 그러므로 여러분은 힙 테이블들을 클러스터드 인덱스를 추가하여 클러스터드 테이블 형태로 변경해야만 SQL Azure에 게시할 수 있다. 흥미롭게도, 한 번에 한 문장씩 실행을 한다면 강제로 힙 테이블을 만드는 것은 가능할 수도 있다. 그러나 이렇게 만들어진 테이블에는 데이터를 삽입할 수 없어 쓸모가 없다.

위의 목록에 있는 항목들 중 마지막 항목에 대한 이야기를 잠시 하려고 한다. 클러스터드 인덱스를 정의하는 문법은 아래와 같다.

```
CREATE TABLE [dbo].[UserDocs]
(
    [UserID] [int] NOT NULL,
    [DocID] [int] NOT NULL
PRIMARY KEY CLUSTERED
(
    [UserID], [DocID] ASC
)
)
```

SQL Azure 문서에서 제안하는 한 가지 사항은, 앞에서 제시한대로, 사용자 정의 데이터 형식을 기본 형식으로 변경하는 것을 True로 지정해야 하는 것이라고 하였다. 이는 사용자 정의 데이터 형식이 SQL Azure에서 지원되지 않기 때문이다.

모든 변경 사항을 적용한 SQL 스크립트는 이제 아래와 같은 형태가 된다.

```
/****** Object:  Table [dbo].[Users]    Script Date: 03/31/2010 23:39:20 ******/
SET QUOTED_IDENTIFIER ON
GO
SET ANSI_PADDING ON
GO
CREATE TABLE [dbo].[Users](
    [ID] [int] IDENTITY(1,1) NOT NULL,
    [Name] [nvarchar](50) NULL,
    [NTUserName] [nvarchar](128) NULL,
    [Domain] [nvarchar](50) NOT NULL,
    [Intro] [nvarchar](100) NULL,
    [Title] [nvarchar](50) NOT NULL,
    [State] [nvarchar](10) NOT NULL,
```

```sql
    [Country] [nvarchar](100) NULL,
    [PWD] [varbinary](100) NULL,
    [rowguid] [uniqueidentifier] NULL
PRIMARY KEY CLUSTERED
(
    [ID] ASC
)
WITH (STATISTICS_NORECOMPUTE = OFF, IGNORE_DUP_KEY = OFF)
)
GO
SET ANSI_PADDING OFF
GO


SET IDENTITY_INSERT [dbo].[Users] ON
INSERT [dbo].[Users] ([ID], [Name], [NTUserName], [Domain], [Intro], [Title],
    [State], [Country], [PWD])
VALUES (1, N'Herve Roggero', N'hroggero', N'PYNLOGIC',
N'Enterprise and Azure Architect; Speaker. Expert knowledge in C#. Prev. mgmt exp.',
N'Azure Architect', N'FL', N'US',
0xE8F97FBA9104D1EA5047948E6DFB67FACD9F5B73)

INSERT [dbo].[Users] ([ID], [Name], [NTUserName], [Domain], [Intro], [Title],
    [State], [Country], [PWD])
VALUES (2, N'Jim Mullis', N'jmullis', N'PYNLOGIC',
N'Expert in software development. C++; Oracle; SQL Server DBA', N'', N'FL', N'US',
0xE8F97FBA9104D1EA5047948E6DFB67FACD9F5B73)

INSERT [dbo].[Users] ([ID], [Name], [NTUserName], [Domain], [Intro], [Title],
    [State], [Country], [PWD])
VALUES (3, N'Scott Klein', N'sklein', N'',
N'Expert in software development. MVP SQL Server. Author. Speaker.',
N'Architect', N'FL', N'US', 0xE8F97FBA9104D1EA5047948E6DFB67FACD9F5B73)
SET IDENTITY_INSERT [dbo].[Users] OFF

/****** Object:  StoredProcedure [dbo].[proc_CreateProfile]
Script Date: 03/31/2010 23:39:21 ******/
SET QUOTED_IDENTIFIER ON
GO
CREATE PROCEDURE [dbo].[proc_CreateProfile]
    @uid [nvarchar](50),
    @pwd [nvarchar](50),
    @name [nvarchar](50),
    @title [nvarchar](50),
    @country [nvarchar](50),
    @state [nvarchar](20),
```

```
    @rowguid uniqueidentifier
WITH RECOMPILE
AS
DECLARE @password varbinary(100)
SET @password = HASHBYTES('sha1', @pwd)

-- Make sure the UID is not already taken...
IF (Exists(SELECT TOP 1 * FROM Users WHERE NTUserName = @uid))
BEGIN
    RAISERROR(N'0x001   User ID already in use', 16, 1)
END
ELSE
BEGIN
    INSERT INTO Users
        (Name, NTUserName, Domain, Intro, Title, State, Country, PWD, rowguid)
    VALUES
        (@name, @uid, '', '', @title, @state, @country, @password, @rowguid)
END
GO
```

Azure 데이터베이스를 대상으로 스크립트 실행하기

아직 이 스크립트를 실행할 대상 Azure 데이터베이스가 없으므로 아래의 단계를 거쳐 새로 만들 수 있다.

1. 필요한 경우 2장의 내용을 참조하여 SQL Azure에 접속하되, master 데이터베이스로 연결할 수 있도록 준비한다.

2. 새 쿼리 창을 만들고, 2장에서 설명한 대로 SQL Azure에 새 데이터베이스를 만들도록 실행한다. 새 데이터베이스의 이름은 TechBio로 정하는데, 이는 이 장에서 예제 데이터베이스의 이름을 TechBio로 정하고 시작했기 때문이다.

3. 생성된 스크립트가 불러들여진 창을 클릭한다. 이 쿼리 창은 현재 여러분의 로컬 SQL 인스턴스로 명령을 전송하도록 준비된 창이므로 이 창이 SQL Azure 데이터베이스로 명령을 전송할 수 있도록 변경해야 한다. 스크립트 문서 창의 빈 공간 아무 곳을 오른쪽 버튼으로 클릭하고, 나타나는 팝업 메뉴에서 연결 → 연결 변경 메뉴를 클릭하여 SQL Azure 연결로 변경한다.

4. 데이터베이스 엔진으로 연결 대화 상자가 나타나면, SQL Azure 인스턴스에 대한 접속 정보를 입력하고, 앞에서 만든 TechBio 데이터베이스의 이름을 연결 속성 탭에

서 지정한다.

5. 연결 버튼을 클릭한다.

이제 여러분은 스크립트와 데이터베이스, 그리고 연결 상태까지 확보하였다. 실행 버튼을 클릭하면 여러분의 스크립트를 통해서 테이블, 저장 프로시저, 데이터 모두가 SQL Azure 데이터베이스에 만들어질 것이다.

SQL Server의 스크립트 작성 및 내보내기 마법사는 SQL Azure로 이관하는 과정에서 무엇이 어떻게 바뀌어야 하는가에 대한 이해를 돕는 매우 훌륭한 도구이다. 이러한 기본 사항을 기초로, 또 다른 옵션인 SQL Server 통합 서비스에 대한 이야기를 하고자 한다.

SQL Server 통합 서비스

SQL Server 통합 서비스는 데이터 연동과 워크 플로우 솔루션 플랫폼으로, 데이터 웨어하우징을 위한 데이터를 추출하고, 변환하고, 불러들이는 솔루션이다. 이 서비스를 통하여 제공되는 그래픽 기반의 도구와 마법사를 통하여 개발자들은 데이터를 이관하는 과정에서 필요로 하는 다양한 요구 사항을 빠르고 편리하게 개발할 수 있다. 보통 말하기를, SQL Server 통합 서비스는 로컬 데이터베이스와 SQL Azure 데이터베이스 사이에서 데이터를 전달하는 일에 있어서 매우 훌륭한 선택이라고 한다. 그러나 여기서 알아둘 것은, '데이터'라는 것에만 초점을 두었다는 사실이다. 여러분이 SQL Server 통합 서비스를 이용해서 작업하기 위해서는 반드시 SQL Azure에 동일한 테이블이 존재해야 한다는 것을 알아야 한다.

■ **NOTE** SQL Server 통합 서비스에 대해서는 서적, 강좌, 온라인 도움말 등 수많은 정보들이 있다. 이번 섹션에서는 SQL Server 통합 서비스의 기본에 대해서 이야기하지 않을 것이며, 만약 독자 여러분이 SQL Server 통합 서비스를 처음 보는 것이라고 한다면 이번 섹션에서 여러분이 작업을 시작하는 데 필요한 기본적인 정보만을 제공할 것이다.

여러분이 SSIS를 어떤 관점에서 사용해보았든 간에, 여러분은 아마도 데이터를 옮기는 것에 대해서 왜 제약이 있는지 궁금해 할 것이다. 몇몇 SQL Server 통합 서비스에 대한 작업은 데이터와 마찬가지로 개체까지 옮길 수 있도록 해주는 작업, 가령 SQL Server 개체 전송 작업과 같은 것이 있다. 이 작업에 대해서 Microsoft는 SQL Server 통합 서비스가

SQL Server 관리 개체에 의존하기 때문에, 그리고 SQL Server 관리 개체가 SQL Azure에서 지원되지 않는 관계로 기능에 제약이 있을 수 있다고 언급하였다. 그러므로 지금으로서는 보통의 SQL을 사용하여 데이터베이스와 테이블을 먼저 생성한 이후에 SQL Server 통합 서비스로 데이터를 이관하는 순서로 작업이 이루어져야 문제를 해결할 수 있다. 다음의 섹션은 SQL Server 통합 서비스를 이용하여 기존의 SQL Server 데이터베이스를 SQL Azure 데이터베이스로 이동할 수 있는지를 보여준다.

통합 서비스 프로젝트 만들기

새로운 프로젝트를 만들기 위하여 다음의 순서대로 작업을 진행한다.

1. 시작 메뉴 → 프로그램(혹은 모든 프로그램) → Microsoft SQL Server 2008 → Business Intelligence Development Studio 순으로 클릭하여 프로그램을 실행한다.
2. Business Intelligence Development Studio가 열리면 새 프로젝트 대화 상자를 열어, Business Intelligence 프로젝트를 프로젝트 유형 중에서 선택한 후 그림 5-6과 같이

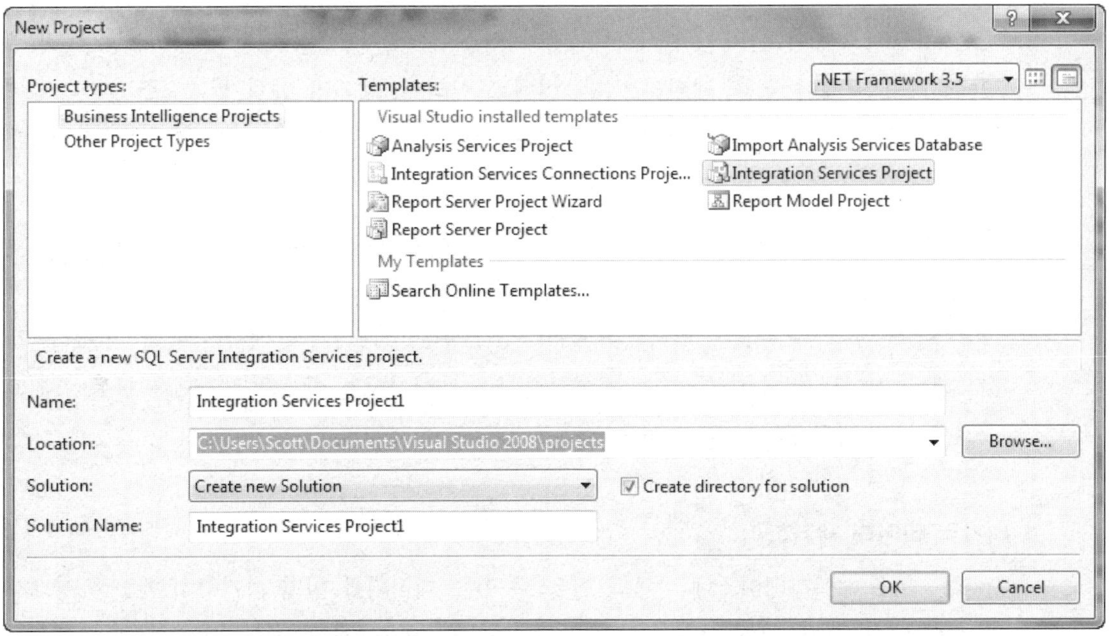

그림 5-6 새 SSIS 프로젝트 만들기

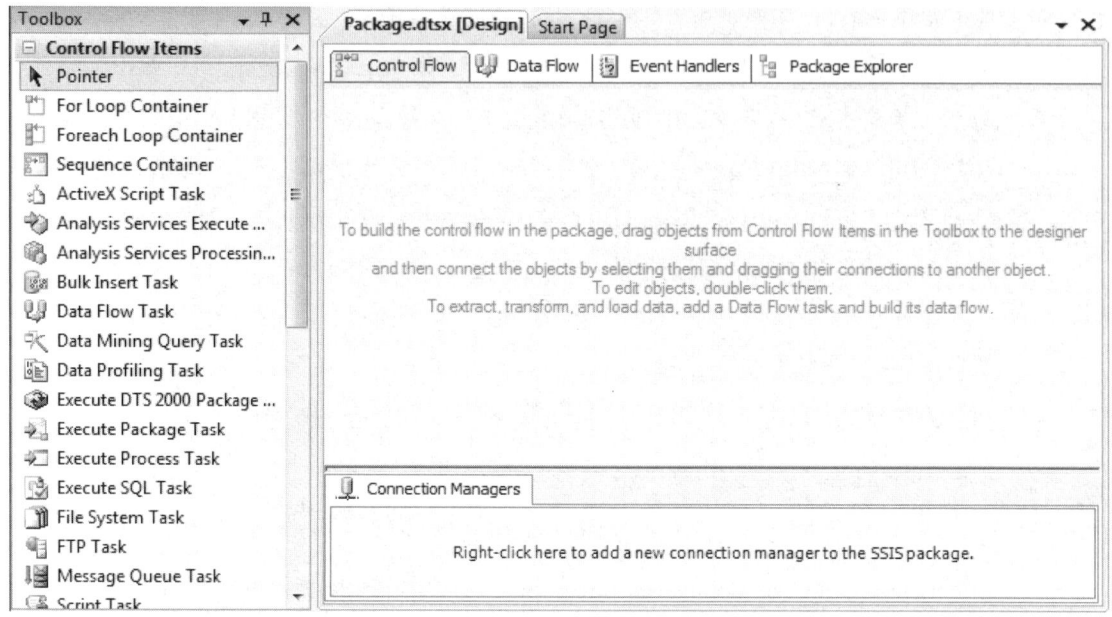

그림 5-7 SSIS 디자이너

통합 서비스 항목을 선택하고 확인 버튼을 클릭한다.

SQL Server 통합 서비스 패키지 디자이너가 보일 것이다. 이 디자이너의 상단 탭 배열을 살펴보면 제어 흐름, 데이터 흐름, 이벤트 처리기, 패키지 탐색기가 그림 5-7과 같이 나타나는 것을 볼 수 있다. 이번 예제에서는 제어 흐름과 데이터 흐름 탭만을 사용할 것이다.

Visual Studio의 메뉴에서 보기 → 도구 모음을 선택한다. 도구 상자에 작업이라고 불리는 엄청난 수의 항목들이 포함되어 있는데, 여기에는 제어 흐름과 데이터 흐름 범주에서 사용할 수 있는 수많은 항목들이 들어 있고 하나의 패키지 안에서 실행될 수 있다. 로컬 데이터베이스에서 SQL Azure 데이터베이스로 데이터를 이관하는 작업을 만들기 위하여 여기에 있는 내용 중 일부 항목들을 활용하게 될 것이다.

기존 데이터 제거하기

SQL Azure 데이터베이스에 잔존해 있을 수 있는 데이터를 먼저 제거하여 깨끗한 상태를 유지하여야 한다. SQL Server Management Studio에서 이전에 만든 SQL Azure의

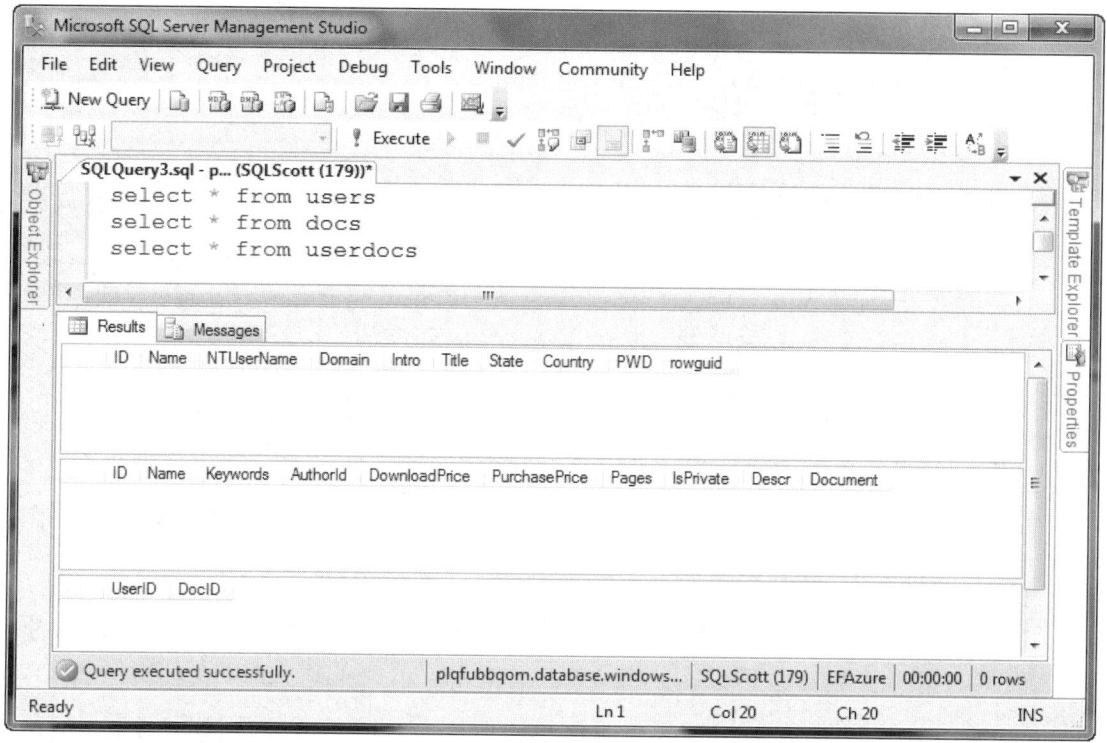

그림 5-8 기존 데이터 확인하기

TechBio 데이터베이스로 연결을 하고 새 쿼리 창을 연다. 그 다음, UserDocs, Users, Docs 테이블에 있는 모든 데이터를 DELETE 명령을 사용하여 제거한다.

```
DELETE FROM UserDocs
DELETE FROM Docs
DELETE FROM Users
```

그림 5-8에서 보는 것과 같이 세 개의 테이블에는 데이터가 모두 지워져 있을 것이다.

데이터 이관 패키지 만들기

다음의 단계를 거쳐, 이제 데이터 이관 작업을 수행하는 SQL Server 통합 서비스 패키지를 만들 차례이다.

1. SQL Server 통합 서비스 디자이너에서, 제어 흐름 탭을 클릭한 후, SQL 작업 실행 항목을 제어 흐름 디자이너 위로 새 개 항목을 추가한다.

```
□ SQL Statement
   ConnectionType      OLE DB
   Connection
   SQLSourceType       <New connection...>
   SQLStatement
```

그림 5-9 새 연결 추가하기

2. SQL 작업 실행 항목을 오른쪽 버튼으로 클릭하고, 나타나는 팝업 메뉴에서 편집 메뉴를 클릭하면 SQL 편집 창이 나타날 것이다.

3. 작업 이름을 **데이터 지우기**로 정하고, 연결 방식을 OLE DB로 설정하고, SQLSourceType을 직접 입력으로 선택한다.

4. 연결 속성에서 〈새 연결…〉을 그림 5-9와 같이 선택한다. 그러면 그림 5-10과 같이 연결 관리자 대화 상자가 나타날 것이다.

5. 연결 관리자 대화 상자에서, SQL Azure 서버의 이름을 입력하고, SQL 인증을 사용하도록 라디오 버튼을 클릭한 후 적절한 사용자 이름과 비밀번호를 입력한다. 사용자 이름은 반드시 사용자 이름@서버 이름 형식이어야 하며, 여기서 사용자 이름은 SQL Azure 상에서 관리자로 등록된 계정을 사용해야 하고, 서버 이름은 전체 SQL Azure 서버 주소인 xxxx.database.windows.net에서 xxxx에 해당하는 부분만을 입력하면 된다.

6. 데이터베이스 이름 입력 또는 선택 상자에서는 OLE DB 공급자가 데이터베이스 목록을 반환하는 기능을 SQL Azure에 대해서는 제공하지 못하므로 정확한 이름인 TechBio를 입력한다.

7. 연결 테스트 버튼을 클릭하여 연결이 올바르게 이루어지는지 확인한다. 모든 정보를 정확하게 입력하였고, SQL Azure 방화벽 설정이 현재 테스트를 진행하려는 컴퓨터의 IP 주소를 허용하도록 맞추어져 있는 상태이면 연결 테스트는 성공할 것이다.

8. 확인 버튼을 클릭하여 연결 관리자 대화 상자를 닫는다.

9. SQL 작업 실행 대화 상자 편집기로 되돌아와서, SQLStatement 속성의 … 버튼을 클릭하여 SQL 쿼리 대화 상자를 연다. 여기에서 실행하려는 T-SQL 구문을 입력할 수 있는데, 다음의 DELETE 구문을 차례대로 입력하여 이전의 예제를 삭제하도록 한

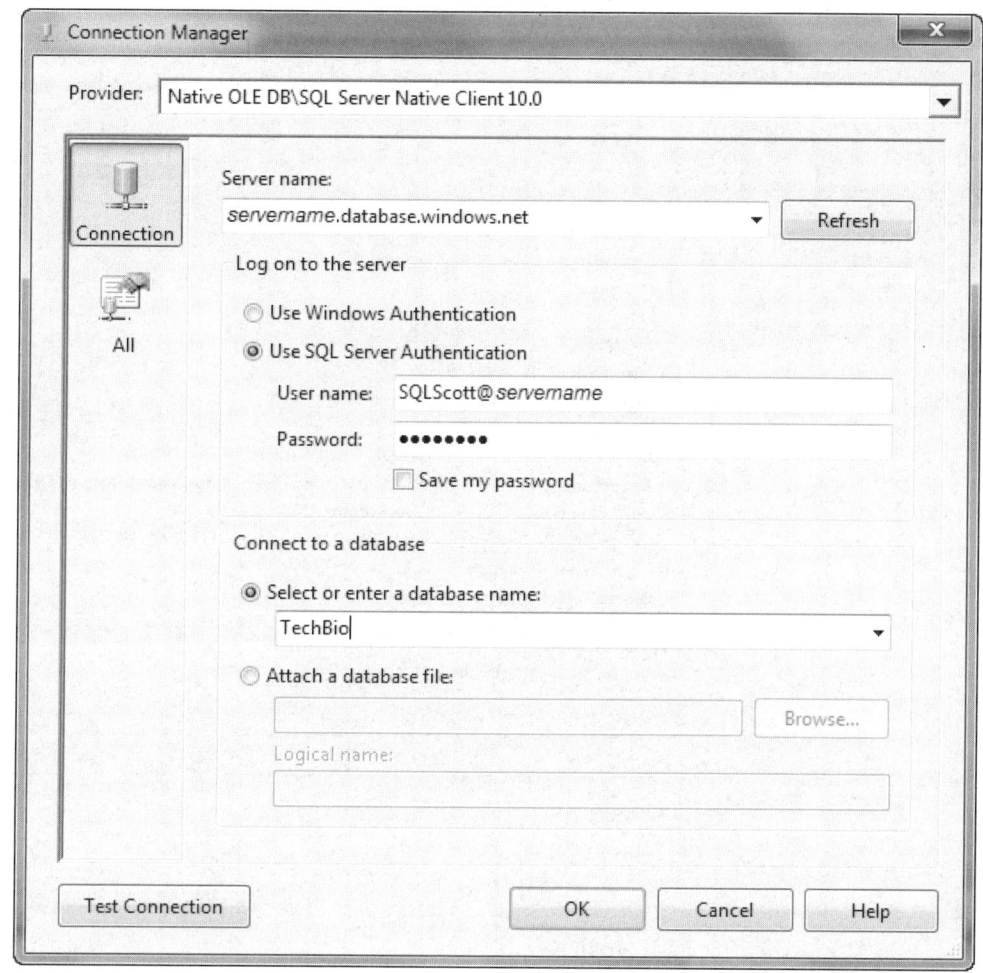

그림 5-10 연결 정보 입력하기

다. 이 작업 자체가 중요한 것은 아니지만 정확히 깨끗한 상태를 유지할 수 있도록 방어적으로 구현하는 것뿐이다.

```
DELETE FROM UserDocs
DELETE FROM Users
DELETE FROM Docs
```

10. SQL 입력 대화 상자에서 확인 버튼을 클릭하면 그림 5-11과 같이 내용이 작성되어 있을 것이다. 확인한 후 확인 버튼을 다시 한 번 클릭한다.

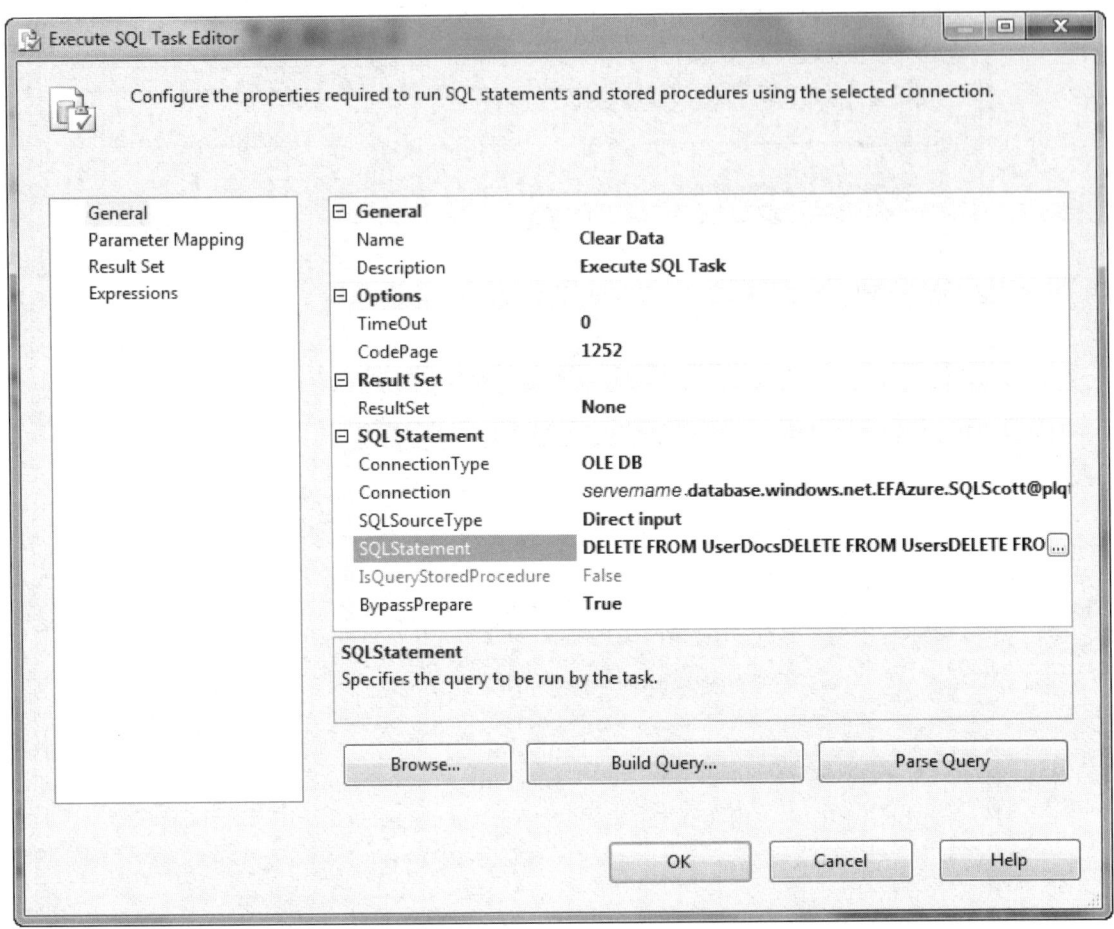

그림 5-11 SQL 작업 편집기 실행하기

11. SQL Server 통합 서비스 패키지 디자이너의 제어 흐름 탭으로 되돌아와서, 데이터 지우기 작업이 선택되어 있는지 다시 확인한다. 데이터 지우기 작업 아래로부터 녹색 화살표가 그려져 있는 것을 볼 수 있고, 이 화살표 아무 곳을 클릭한 상태에서 첫 번째 데이터 흐름 작업으로 끌고 간다. 그렇게 하면 데이터 지우기 작업과 첫 번째 데이터 흐름 작업 사이에 연결이 만들어지게 된다. 그림 5-14의 예제와 같이 나타날 것이다. 데이터 지우기 작업의 실행이 끝나면 첫 번째 데이터 흐름 작업이 이어서 실행되도록 구성된 것이다.

12. 첫 번째 데이터 흐름 작업에 실제 로직을 추가하도록 하자. 연결된 데이터 흐름 작

업을 더블클릭하거나, 오른쪽 버튼을 클릭한 후 편집 메뉴를 클릭하면 데이터 흐름 탭이 나타날 것이다.

13. OLE DB 원본 작업과 OLE DB 대상 작업을 데이터 흐름 디자인 표면 위로 끌어다 놓는다. 이것은 본 예제에서 원본인 로컬 데이터베이스로부터 대상인 SQL Azure 데이터베이스로 데이터가 이동해야 함을 명시하는 것이다.

14. OLE DB 원본 작업을 오른쪽 버튼으로 클릭한 후 편집 메뉴를 클릭한다. 이렇게 하여 OLE DB 원본 편집기가 나타나는데 이 편집기를 통하여 여러분의 로컬 데이터베이스를 그림 5-10과 같이 지정할 수 있게 한다. 여러분은 이미 SQL Azure 데이터베이스에 대한 연결을 가지고 있지만, 복사할 데이터를 정의하기 위하여 로컬 데이터베이스에 대한 설정을 추가로 지정해야 한다.

15. OLE DB 원본 편집 작업에서, SQL Azure 데이터베이스에 대한 연결이 보일 것이다. 새로 만들기 버튼을 클릭하면 OLE DB 연결 설정 관리자 대화 상자가 나타날 것인데, 다시 한 번 새로 만들기 버튼을 클릭하여 그림 5-10에서와 같은 연결 관리 대화 상자를 띄운다.

16. 이 대화 상자에서, 클라우드 데이터베이스로 옮기려고 하는 TechBio의 로컬 데이터베이스에 대한 연결 정보를 완성한다.

17. 연결 테스트 버튼을 눌러 정상적으로 연결되는지 확인한 후 확인 버튼을 클릭한다.

18. 다시 한 번 확인 버튼을 클릭한다.

19. OLE DB 원본 편집기로 되돌아와서, 테이블/뷰 드롭 다운 항목을 클릭한 후 목록에서 Docs 테이블을 선택하고 확인 버튼을 클릭한다.

20. 제어 흐름 작업에서 했던 것과 마찬가지로, OLE DB 원본 작업으로부터 나온 녹색 화살표를 OLE DB 대상 작업 쪽으로 끌어다 놓는다.

21. 데이터가 진행되는 방향인 SQL Azure 데이터베이스에 대한 작업 속성을 편집하기 위하여, OLE DB 원본 작업 항목을 더블클릭한다. 이미 여러분은 SQL Azure 데이터베이스에 대한 연결을 만들었기 때문에, 해당 연결 정보를 재 사용할 수 있다. OLE DB 대상 편집기에서, SQL Azure 연결을 선택하고, 드롭 다운 항목을 클릭한 후 나타나는 목록에서 Docs 테이블을 선택한다. 그러나 그림 5-12와 같이 오류 메

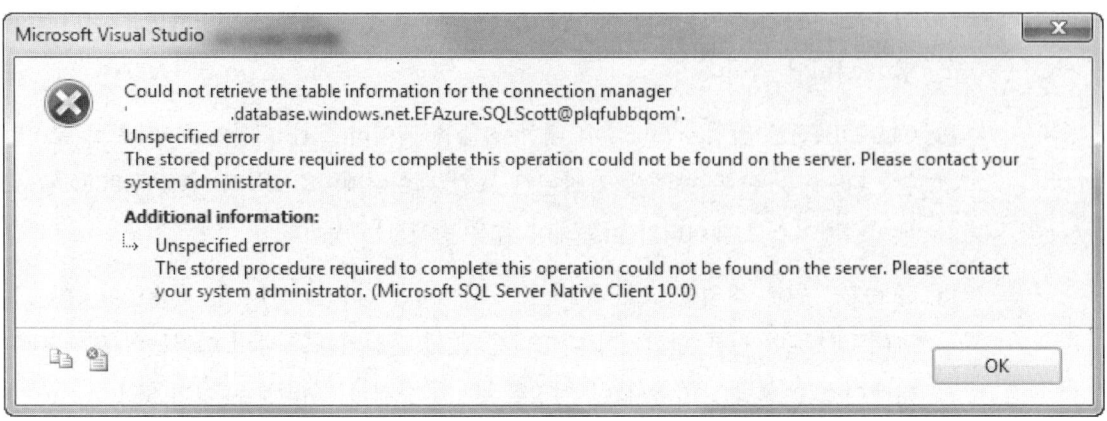

그림 5-12 OLE DB 연결 오류

시지가 나타나는 것을 볼 수 있다.

이 오류를 잘 알아둘 필요가 있는데, SQL 실행 작업을 설정할 때에는 볼 수 없었던 오류이다. 두 연결 관리 대화 상자 사이에서의 차이점은 양쪽 대화 상자의 동작이 서로 다른 방식이라는 점이다. SQL Azure 데이터베이스와 연결된 SQL 실행 작업에서의 연결 관리 대화 상자는 같은 대상에 연결된 OLE DB 작업에서의 연결 관리 대화 상자에서처럼 테이블 이름이 열거되어 있는 것을 선택했던 방식과 다르게 테이블 이름을 직접 입력하도록 했다는 것이다. OLE DB 대상 작업에서의 연결 관리 대화 상자에서 테이블 이름을 열거하도록 할 경우 그림 5-12와 같은 오류를 만나게 된다.

이 오류를 수정하기 위해서는 ADO.NET 대상 작업으로 기존의 OLE DB 대상 작업을 교체해야 한다. 이를 위해서 다음의 절차를 따른다.

22. OLE DB 대상 작업을 제거하고, ADO.NET 대상 작업을 디자인 표면 위로 끌어다 놓는다.

23. 두 작업 사이를 연결하고, ADO.NET 대상 작업을 더블클릭하여 설정을 시작한다.

24. ADO.NET 대상 편집 대화 상자가 나타나면, 새 ADO.NET 연결을 만들기 위하여 새로 만들기 버튼을 클릭한다.

25. 지난 두 개의 연결을 만들 때와 같은 방법으로 작업을 진행한다. 이번에는 연결 관리 대화상자에서 데이터베이스 이름을 입력할 수 있을 것이다.

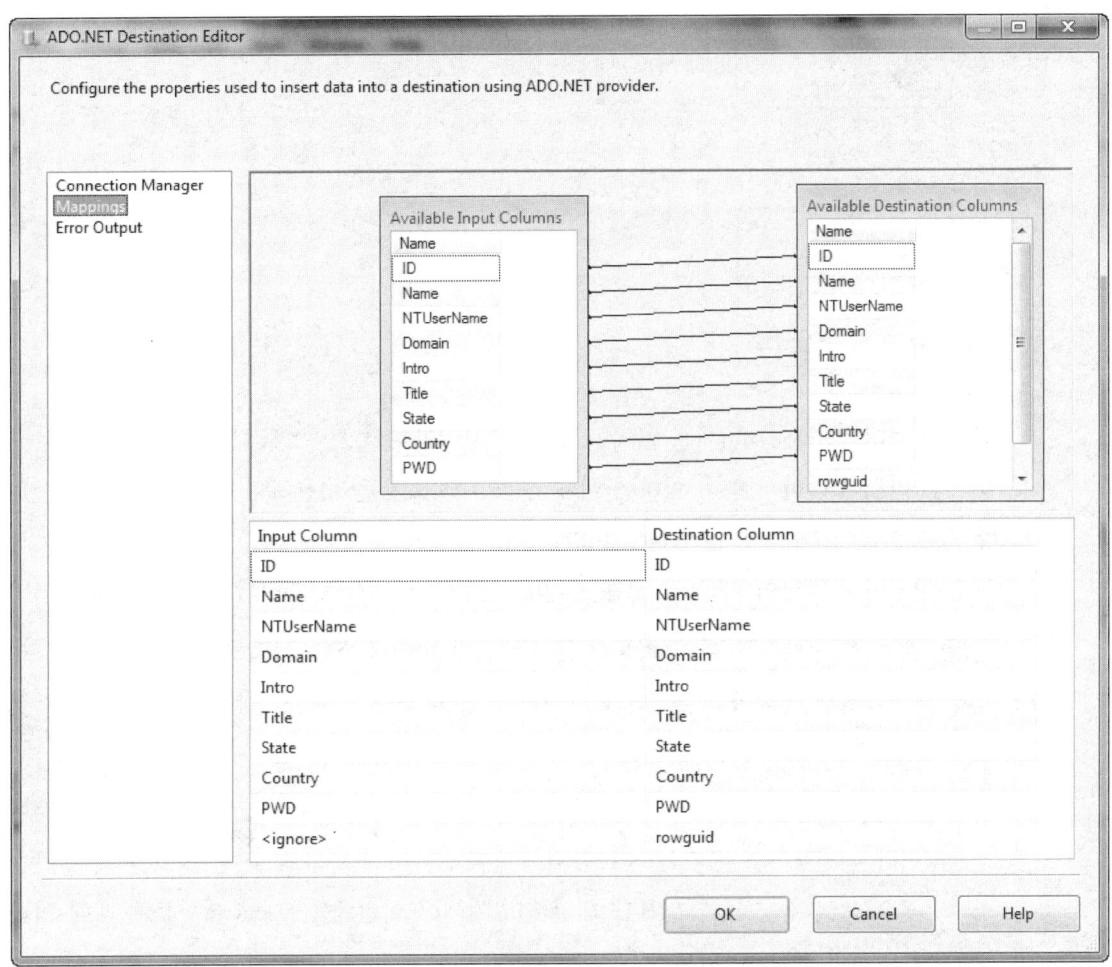

그림 5-13 관계 맵핑이 지정된 ADO.NET 대상 편집기

26. ADO.NET 대상 작업 편집 대화 상자가 나타날 때까지 다시 확인 버튼을 클릭한다.
27. ADO.NET 대상 작업 편집 대화 상자에서 확인 버튼을 클릭하기 전에, 그림 5-13과 같이 관계 설정 항목을 왼쪽 목록에서 클릭한다. 원본 테이블과 대상 테이블 사이가 잘 연결되었는지 확인하고 필요한 경우 다시 조정한다. 연결 상태를 확인한 후 확인 버튼을 클릭하여 대화 상자를 닫는다.

만약 SQL Server 통합 서비스를 처음 사용하는 것이라면, 여러분은 성공적으로 SQL Server 통합 서비스 데이터 흐름을 설정한 것이다. 여러분의 데이터 흐름은 그림 5-14와

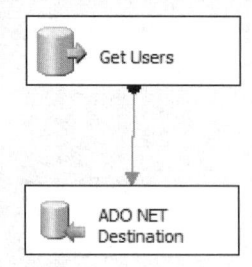

그림 5-14 데이터 흐름

같이 특별히 대단해 보이지는 않지만, 그렇다 하더라도 쓸모 있게 된 것이다. SQL Server 통합 서비스에 대한 경험이 있다면 이제 이 데이터 흐름을 이용하여 더 나은 설정을 만들 수 있으므로 자축할만한 일이 된 셈이다.

그러나 아직 작업이 다 끝난 것은 아니다. 다음의 단계를 더 수행할 필요가 있다.

28. 제어 흐름 탭으로 다시 이동한 후, 첫 번째 데이터 흐름 작업을 두 번째 데이터 흐름 작업에 연결하고, 두 번째 데이터 흐름 작업을 세 번째 데이터 흐름 작업에 연결한다.

29. 두 번째 데이터 흐름 작업을 더블클릭하여, 첫 번째 데이터 흐름 작업을 구성하기 위하여 진행하였던 것처럼 12단계에서부터 다시 반복하되, 연결 정보를 새로 만들 필요는 없다. 그러나 원본과 대상 편집기에서 이번에는 Users 테이블에 대해 이관 작업이 일어날 수 있도록 구성해야 한다.

30. 세 번째 데이터 흐름 작업도 같은 방법으로 구성을 완료하되, UserDocs 테이블에 대해서 진행한다.

그림 5-13과 같이 구성되었다면 모든 작업이 끝난 것이다. 작업들 각각이 그림에서처럼 녹색으로 아직 표시되지는 않았지만 연결 상태와 구성이 비슷한지 확인한다.

데이터 이관 패키지 실행하기

이제 SQL Server 데이터 이관 패키지를 실행할 준비가 모두 끝이 났다. Visual Studio에서 도구 모음의 녹색 화살표 버튼을 클릭하고 패키지를 실행한다. SQL Azure 데이터베이스 상의 Users, Docs, UserDocs 테이블을 모두 지우고 시작하는 데이터 지우기 작업이 실행

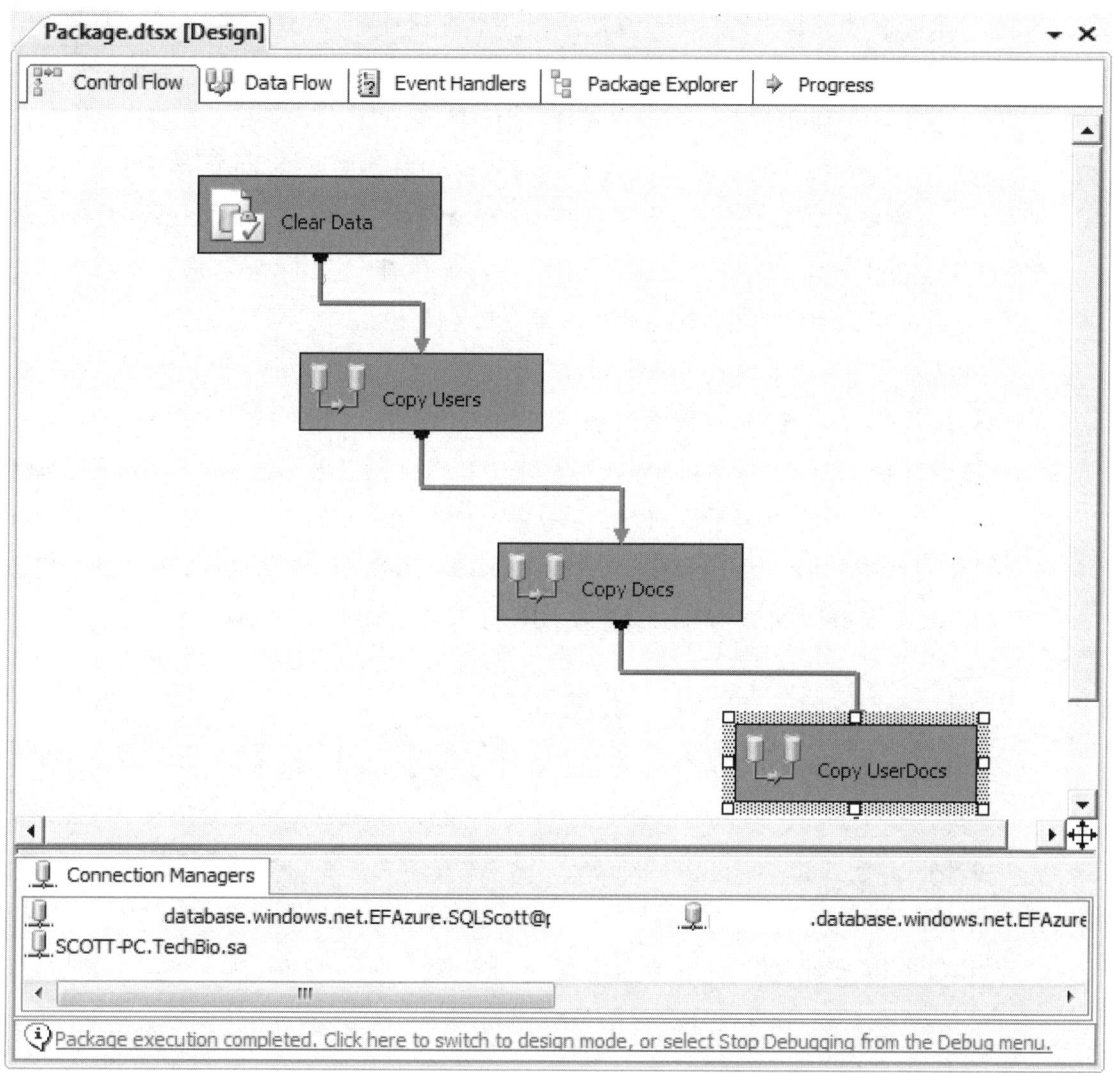

그림 5-15 SSIS 패키지의 성공적인 실행

될 것이다. 그 다음, 로컬 데이터베이스의 Users 테이블의 내용을 SQL Azure의 TechBio 데이터베이스 내에 있는 Users 테이블로 복사하는 첫 번째 데이터 흐름 작업이 실행될 것이다. 이어서 Docs, UserDocs 테이블에 대한 두 번째와 세 번째 데이터 흐름 작업이 실행될 것이다.

모든 실행이 끝나면 각 작업 항목들이 그림 5-15와 같이 녹색으로 나타나며 작업이 성공적으로 끝난 것을 볼 수 있다. 실행 중인 작업에 대해서는 노란 색으로 표시될 것이며, 빨간색으로 표시된 것은 실패한 것으로, 작업의 실행 도중에 오류가 발생한 것이며, 이는 제어 흐름이나 데이터 흐름, 실행 중단에 의한 것이다.

모든 작업이 녹색으로 표시되었다면 이제 잠시 쉬러 가도 좋다. 만약 문제가 표시되었다면 출력 창의 내용을 살펴보는 것부터 시작해야 한다. 오류 내용을 포함하여 모든 작업 결과가 출력 창에 열거될 것이다. '오류:'와 같이 시작되는 내용들을 모두 찾아 문제를 수정하기 위한 절차를 진행하면 문제 해결에 도움이 된다.

발생한 오류는 SQL Server 통합 패키지에 국한되거나 SQL Azure 데이터베이스에 국한된 것일 가능성이 있다. 예를 들어, 연결 정보가 정확히 지정되었는지 확인해야 할 것이다. 연결 테스트 버튼은 어디까지나 단순한 연결 상태 점검을 위한 목적으로만 사용해야 하는 것으로, 만일 더 완전한 테스트가 필요하다면, OLE DB 또는 ADO.NET 연결 편집기 대화 상자에서 미리 보기 버튼을 클릭하여 200개의 행을 살펴볼 수 있다. 이러한 방법을 사용하여 데이터까지 완전히 조회할 수 있는지 정확히 진단할 수 있다.

이행 결과 검토하기

모든 작업이 성공적으로 수행된 것으로 표시되었다면, Visual Studio의 도구 모음에서 파란색 사각형 버튼을 클릭하여 실행을 중지한다. SQL Server Management Studio로 되돌아가서, 이행 대상으로 지정한 SQL Azure의 세 개 테이블에 대해 데이터를 각각 조회하여 모든 데이터가 성공적으로 복사되었는지 확인한다. 그림 5-16에서 보여지는 것과 같이, 대략 100개의 행이 Users 테이블에, 두 개의 행이 Docs 테이블에, 그리고 두 개의 행이 UserDocs 테이블에 복사된 것을 볼 수 있을 것이다.

검토할 수 있는 다른 방법들

열의 이름과 데이터 형식까지 완전히 동일하게 구성되어 있어 원본과 대상 간에 동기화가 가능한 단순한 예제를 지금 살펴보았다. 하지만, 원본 테이블과 대상 테이블 사이에 열 이름과 데이터 형식이 서로 다른 경우도 있을 수 있다. Derived Column, Data Conversion, Lookup Tasks(TODO)와 같은 작업을 이용하여 이러한 작업을 풀어나갈 수 있다. 만약 여러분이 이러한 작업을 사용하였을 때 오류가 발생하였다면 데이터 Truncation이나 데이터 변환 오류가 원인이 되지 않았는지 확인해보는 것으로부터 원인

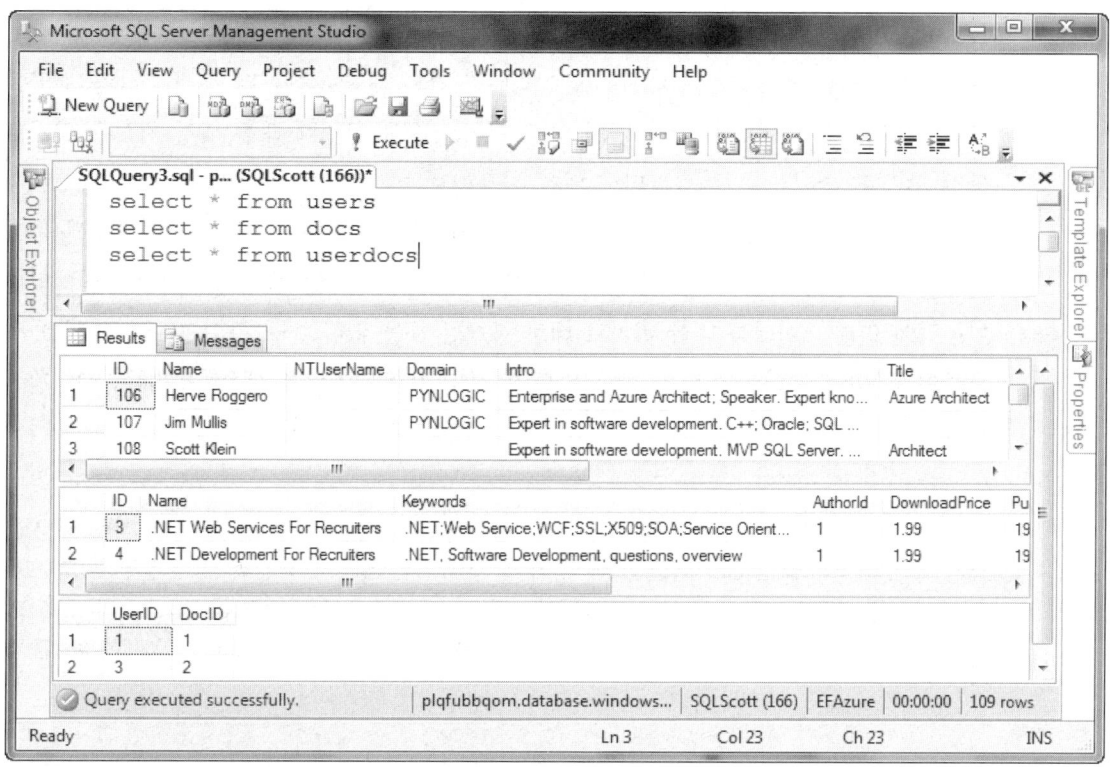

그림 5-16 SSMS에서 이관된 데이터 살펴보기

을 찾아야 한다.

다시 이야기하지만 이번 섹션에서는 SQL Server 통합 서비스에 대한 기초를 다루지 않는다. SQL Server 통합 서비스에 대한 입문부터 고급 활용에 이르기까지 넓은 범주를 다루는 다양한 도서들이 많이 있다. SQL Server MVP로 활동 중인 Brian Knight의 SQL Server 통합 서비스에 대한 여러 책들에서 여러분이 찾고자 하는 기본적인 정보에서부터 고급 활용 전략에 이르기까지 다양한 내용들을 찾아볼 수 있다. 지금까지 SQL Server 통합 서비스와 SQL Server의 스크립트 생성 및 내보내기 마법사를 이용하여 상호 간의 약간의 차이점이 있지만 데이터 이관을 위하여 사용할 수 있는 방법들을 이야기해보았다. 예를 들어, SQL Server 통합 서비스는 스크립트 생성 및 내보내기 마법사의 경우처럼 스키마를 이관하지는 않았다. 이제 세 번째 방법인 BCP 도구의 사용에 관하여, SQL Azure 데이터베이스로의 데이터 이관에 대하여 이야기해볼 차례이다.

BCP

BCP 유틸리티는 Microsoft SQL Server 인스턴스 간의 대규모 데이터 복제 기능을 제공한다. 이 유틸리티는 SQL Server와 함께 설치되며, T-SQL 문법에 대한 배경 지식을 필요로 하지 않는다. 만약 BCP 유틸리티를 처음 사용해보는 것이라고 한다면, SQL Server의 데이터 가져오기/내보내기 마법사의 기능과 혼동해서는 안 된다. 비록 BCP 유틸리티 문서에서는 BCP 유틸리티가 대량 복사를 수행한다고 하지만, 단일 문장으로 BCP 유틸리티를 이용하여 원본 데이터를 대상 위치로 대량 복제할 수는 없다. 반드시 BCP 유틸리티를 사용하여 원본으로부터 데이터를 꺼내온 후, 다시 BCP 유틸리티를 사용하여 데이터를 전송해야 한다.

■ **NOTE** BCP 유틸리티는 매우 유연하고 강력한 도구이며, 다양한 옵션을 이 유틸리티에 적용하여 사용할 수 있다. 이 섹션에서는 BCP 유틸리티에서 사용할 수 있는 옵션들을 모두 살펴보지는 않을 것이며 또한 이 유틸리티의 다양한 쓰임새를 상세히 살펴보지는 않을 것이다. SQL Server Books Online이나 MSDN 웹사이트 http://msdn.microsoft.com/en-us/library/ms162802.aspx에 방문하여 더 자세한 정보를 얻을 수 있다.

이번 섹션에서는 BCP 유틸리티를 통하여 로컬 데이터베이스로부터 데이터를 어떻게 추출하고, SQL Azure 데이터베이스로 다시 데이터를 어떻게 이관할 수 있는지 방법을 설명할 것이다. 또한 SQL Azure 데이터베이스를 상대로 BCP 유틸리티를 사용할 때 주의할 점도 같이 살펴볼 것이다.

BCP 유틸리티 호출하기

BCP 유틸리티에는 GUI가 없으며 순수한 명령줄 기반 유틸리티이다. 그러나 지금 하고자 하는 작업에 관하여는 특별히 걱정할 필요가 없다. 이 도구가 너무 유연해서 지나치게 거대하게 느껴질 수도 있지만 사실 단순하다. BCP 유틸리티의 기본적인 문법은 이와 같은 형태이다.

BCP 테이블이름 방향 파일이름 -s 서버이름 -u 사용자이름 -p 비밀번호

각 항목은 다음과 같다.

- **테이블이름**: 원본 또는 대상 테이블 이름을 지정할 수 있는 매개 변수이다.

- **방향**: in 또는 out 문자열을 지정하여 데이터를 복사하여 밖으로 꺼내오기 위함인지, 꺼내온 데이터를 다시 삽입하기 위함인지 작업 방향을 결정할 수 있는 매개 변수이다.

- **파일이름**: 방향에 따라 데이터를 저장할 파일 경로이거나 데이터를 읽어 올 파일 경로 중 하나가 된다.

- **서버 이름**: 데이터를 가져올 서버이거나 데이터를 전송할 서버의 이름을 지정한다.

- **사용자이름**: 데이터를 가져올 서버에 접근하기 위한 사용자 ID이거나 데이터를 전송할 서버에 접근하기 위한 사용자 ID이다.

- **비밀번호**: 지정한 사용자 이름과 관계되어 있는 비밀번호이다.

이제 여러분의 원본 데이터베이스로부터 데이터를 꺼내오도록 하자.

데이터 내보내기

여러분의 로컬 SQL Server 인스턴스에서 데이터를 추출하는 것으로부터 작업을 시작하게 된다. 명령줄 프롬프트를 열고, 그림 5-17에서와 같은 순서대로 명령어를 입력한다. 서버 이름, 대상 디렉터리, 사용자 이름, 비밀번호와 같은 부분들을 여러분의 로컬 서버 환경이나 현재 작업 환경에 맞추어 적절히 입력한다. 그림 5-17에서 비밀번호는 화면 상에서 삭제하였음을 미리 언급한다.

이번 예제에서는 BCP 유틸리티의 동작 방향이 out으로 설정된 것에 주목한다. 이것은

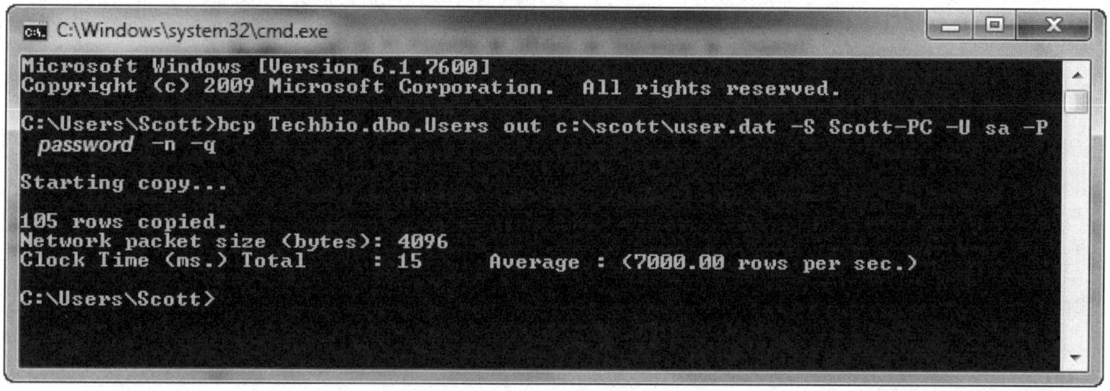

```
C:\Windows\system32\cmd.exe

Microsoft Windows [Version 6.1.7600]
Copyright (c) 2009 Microsoft Corporation.  All rights reserved.

C:\Users\Scott>bcp Techbio.dbo.Users out c:\scott\user.dat -S Scott-PC -U sa -P
 password -n -q
Starting copy...

105 rows copied.
Network packet size (bytes): 4096
Clock Time (ms.) Total     : 15      Average : (7000.00 rows per sec.)

C:\Users\Scott>
```

그림 5-17 BCP를 사용하여 데이터 내보내기

로컬 SQL Server 기준으로 보았을 때 SQL Server 밖으로 데이터를 반출하는 동작이기 때문이다.

-N 매개 변수는 기본 데이터베이스 형식을 사용하여 대량 데이터 복사 작업을 수행함을 뜻한다. -Q 매개 변수는 SET QUOTED_IDENTIFIERS ON 문장을 BCP 유틸리티와 SQL Server 인스턴스 사이에 사용한다는 의미이다.

명령어를 입력한 후 Enter 키를 누르면 BCP 유틸리티가 시작된다. 잠시 후, 105개의 행이 user.dat 파일로 모두 복사되었다는 메시지가 나타날 것이다. 이제 같은 작업을 Docs 테이블과 UserDocs 테이블에도 동일하게 수행한다.

데이터 가져오기

다음 단계는 데이터를 클라우드 데이터베이스인 SQL Azure TechBio 데이터베이스로 복사해 넣는 작업이다. Out 매개 변수를 사용하여 데이터를 반출할 때와 마찬가지로 In 매개 변수를 사용하여 데이터를 반입하는 작업 역시 문법적으로 매우 비슷하다. 여러분은 In 키워드를 사용하면서 서버 이름, SQL Azure 접속에 필요한 인증 정보들을 그림 5-18과 같이 입력할 수 있다.

명령어를 입력한 후, Enter 키를 눌러 BCP 유틸리티를 실행한다. 한 개의 행만 복사되고 그 다음 오류가 나타날 것인데, 예기치 않은 파일의 끝(EOF)을 만났다는 식의 오류 메시지가 나타날 것이다. 이 오류는 SQL Azure에 한정된 오류가 아닌데, BCP 유틸리티는

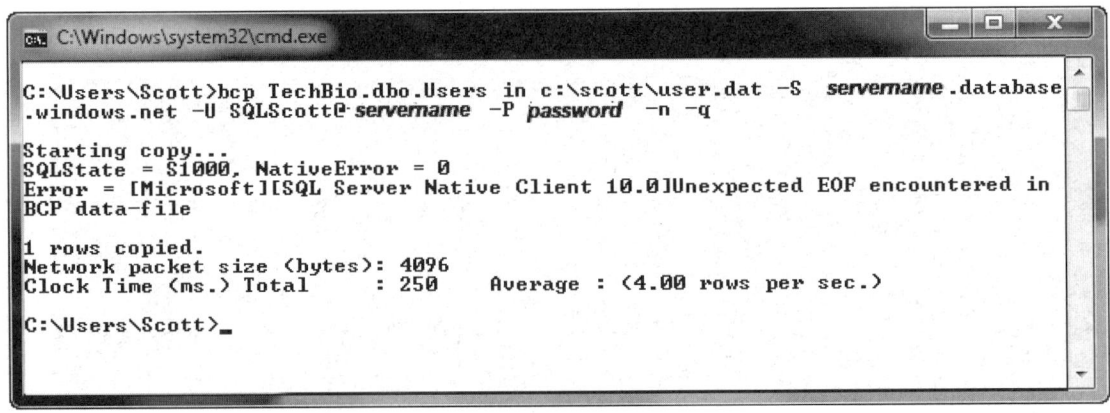

그림 5-18 BCP를 통한 가져오기 작업 수행 중 UNIQUEIDENTIFIER 데이터 형식에 관한 오류가 발생하는 경우

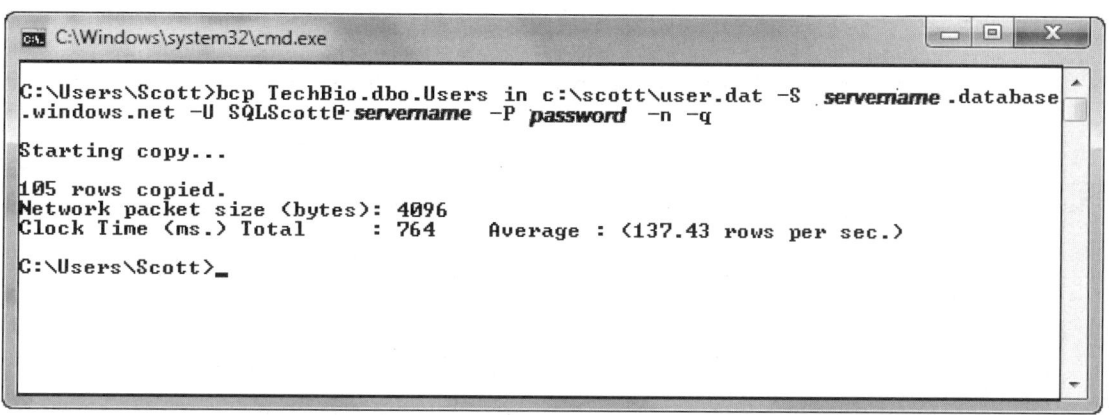

그림 5-19 성공적인 BCP 도구를 통한 데이터 가져오기

UNIQUEIDENTIFIER 데이터 형식을 사용하는 열에 대하여 호환성 문제가 있다. 이 문제를 해결하기 위하여 인터넷 상의 여러 블로그나 기술 자료들을 검색해볼 수 있다.

이 문제를 해결하기 위해서는 SQL Azure 데이터베이스에 접속하여 다음과 같이 특정 열을 삭제하도록 T-SQL 문장을 한 번 실행하는 것이다.

```
ALTER TABLE users
DROP COLUMN rowguid
```

데이터를 다시 내보낼 필요 없이, BCP Import 명령을 다시 실행하면 된다. 이렇게 하면 그림 5-19와 같이 105개의 행이 모두 반입되었다는 메시지를 볼 수 있다. 이제 같은 명령어를 Docs 테이블과 UserDocs 테이블에도 실행하면 된다.

작업을 마무리 하기 전에, 이전에 Users 테이블에서 삭제한 ROWGUID 열을 복원하는 작업을 잊지 않도록 한다. 아래의 T-SQL 문장을 실행하면 복원할 수 있다.

```
ALTER TABLE users
ADD rowguid uniqueidentifier
```

데이터 반출과 반입을 한번에 수행하기

지금까지 수행했던 데이터 반출과 반입 과정에서 사용한 여러 명령어를 하나의 파일로 만들어 사용하기 쉽게 관리할 수 있다. 이를 위하여, 메모장을 열어 아래와 같이 코드를 작성하되, 이탤릭체로 표기된 부분에 한하여 여러분의 환경에 알맞도록 수정한다.

```
bcp Techbio.dbo.Users out c:\scott\user.dat -S Scott PC -U sa -P Password -n -q
bcp Techbio.dbo.Docs out c:\scott\docs.dat -S Scott PC -U sa -P Password -n -q
bcp Techbio.dbo.UserDocs out c:\scott\userdoc.dat -S Scott PC -U sa -P Password -n  q

bcp Techbio.dbo.Users in c:\scott\user.dat -S servername.database.windows.net
-U SQLScott@ servername -P #ackThis -n -q
bcp Techbio.dbo.docs in c:\scott\docs.dat -S servername.database.windows.net
-U SQLScott@ servername -P #ackThis -n -q
bcp Techbio.dbo.userdocs in c:\scott\userdoc.dat -S servername.database.windows.net
-U SQLScott@ servername -P #ackThis -n -q
```

위와 같이 작성한 후에 AzureBCP.CMD 파일로 저장하고 해당 파일이 있는 위치로 이동한다. 만든 파일을 더블클릭하여 실행하면 명령 프롬프트 창이 나타나면서 BCP 명령이 데이터를 반출하고 반입하는 과정에 대한 결과가 열거될 것이다.

앞서 이야기한 대로, SQL Server Books Online을 통하여 BCP 유틸리티의 전체 사용법을 알 수 있다고 하였다. 이번 섹션에서는 BCP 유틸리티를 사용하여 여러분의 로컬 SQL Server 인스턴스에서 SQL Azure 데이터베이스로 어떻게 데이터를 이관할 수 있는지에 대해서만 간략히 살펴보았다. BCP 유틸리티는 대량 복제 방식으로 데이터를 이동하는 도구이다. 이는 SQL Server 통합 서비스의 기능 중 데이터를 원본 형식에서 또 다른 형식으로 변환하는 데이터 변환 기능이나 순차 흐름 구성 요소와 같은 부분들은 제공되지 않음을 뜻한다. 그러나 만일 어떤 테이블을 이와 비슷한 형태의 또는 동일한 구조를 가지는 대상 테이블로 옮기는 작업을 필요로 한다면 BCP 유틸리티는 좋은 선택이 될 것이다.

SQL Azure Migration Wizard에 대하여

이번 장에서 소개한 여러 도구들은 모두 Microsoft에 의하여 제공되는 것이다. 그러나, 독립적인 서드파티 유틸리티도 사용할 수 있는데, SQL Azure로 데이터를 이관하는 작업 자체에만 집중하는 유틸리티이다. 이 유틸리티는 SQL Azure Migration Wizard이며 충분히 살펴볼 가치가 있다.

SQL Azure Migration Wizard의 목표는 여러분의 로컬 SQL Server 2005 및 2008 데이터베이스의 데이터들을 SQL Azure로 이관하는 것이다. 이 유틸리티는 마법사 방식으로 되어 있어 사용하기에 매우 편리한 형태로 되어 있다. 단계별로 모든 과정이 진행되며, 데이터 이관 작업이 단순하고 일관성이 있다.

SQL Azure Migration Wizard를 내려 받으려면 아래 CodePlex 프로젝트 홈페이지를 방문한다.

한 가지 알아둘 것은, 이 유틸리티 자체가 매력적이긴 하나 실제로 동작하기 위해서는 SQL Server 2008 R2가 필요하다는 점이다.

SQL Azure 백업 전략

이제 여러분의 데이터는 클라우드에 저장되어 있다. 그러나 아직 끝난 것이 아니다. 데이터베이스 관리자들이 로컬 데이터베이스에서 사용하던 기능과 전략, 팁들 중 상당수는 아직 클라우드에서 사용할 수 없다. 여기서 중요한 것은 '아직'이라는 것이다. 이 책을 집필하는 현 시점에서, SU4가 근래에 발표되었으며 데이터베이스 복제 기능이 새로 추가되었다.

데이터베이스 복제 기능은 여러분의 데이터베이스를 새로 만들 다른 SQL Azure 서버로 복사할 수 있는 기능이다. 대안적으로, 여러분은 같은 지역이나 데이터 센터 내의 다른 SQL Azure 데이터베이스로 복사할 수 있다는 뜻이다. 이 기능은 매우 필수적이지만, 동시에 단점이 되기도 하며, 어떤 의미에서는 대안으로 사용될 수도 있지만, 더 나은 기능은 향후 제공될 서비스 업데이트를 통하여 개선될 것이다.

데이터베이스 복제하기

데이터베이스 복제 기능은 여러분의 원본 데이터베이스에 대한 새로운 단일 복사본을 생성하는 기능이다. 이 작업을 수행하기 위해서는 CREATE DATABASE 명령을 실행할 때 AS COPY OF 매개 변수를 추가하여 수행할 수 있으며 이는 아래와 같은 데이터베이스 생성 명령을 기반으로 하는 것이다.

CREATE DATABASE MyDatabase (MAXSIZE= 10 GB, EDITION= 'Business')

원본 데이터베이스에 대한 새로운 사본을 만들기 위해서 이제는 다음과 같이 지정 가능하다.

CREATE DATABASE MyDatabase AS COPY OF [*source_server_name*].*source_database_name*]

그러므로 기존에 생성한 TechBio 데이터베이스에 대한 사본을 만들기 위해서 아래와 같이 실행하게 된다.

CREATE DATABASE TechBio2 AS COPY OF *servername*.TechBio

그림 5-20에서는 방금 실행한 문장의 실행 결과를 보여주고 있다. 여기서 흥미로운 것은 메시지 창에 나타난 내용에 대한 것이다. 여러분이 AS COPY OF 매개 변수를 추가한

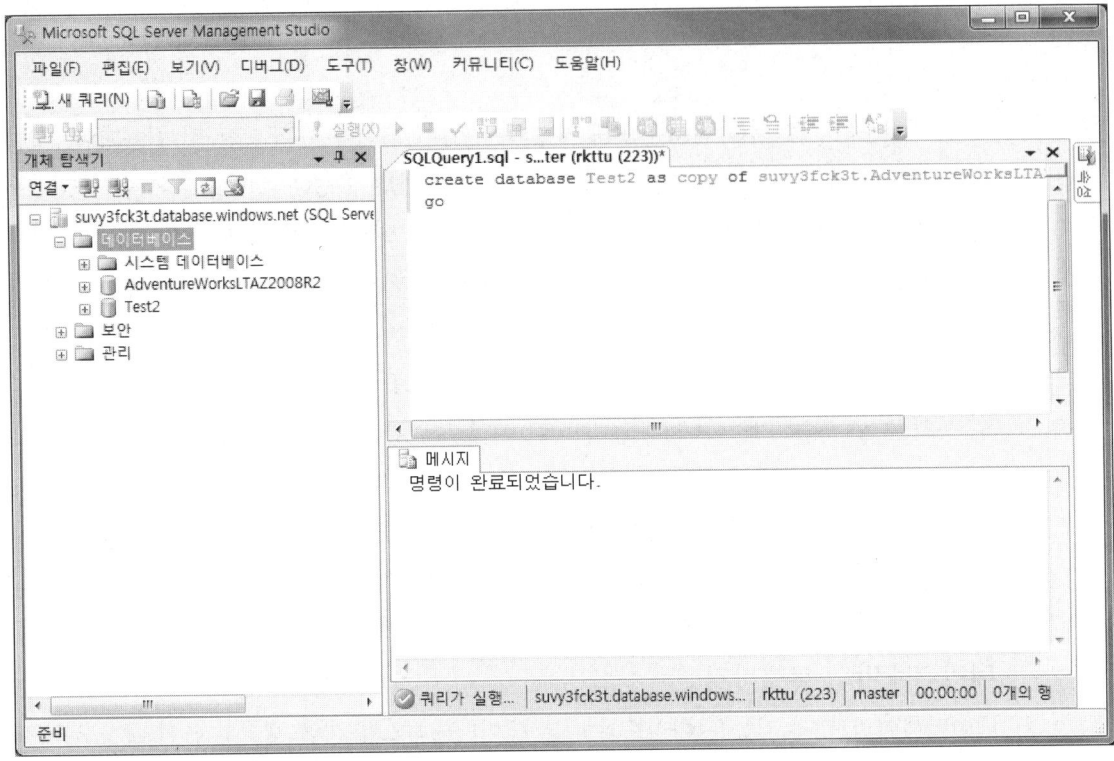

그림 5-20 데이터베이스 복사하기

CREATE DATABASE 명령을 실행하였을 때, 여러분은 그 즉시 'Command(s) completed successfully' 메시지를 받게 된다. 그렇다면 데이터베이스 복사 작업이 순식간에 마무리된 것일까? 그렇지는 않다. 이 메시지는 복사 작업이 정상적으로 기동되었음을 뜻하는 것이다. 또한 여러분은 그림 5-20의 개체 탐색기에 방금 실행한 명령에 의하여 생성된 TechBio2 데이터베이스가 나타난 것을 볼 수 있는데, 사실 이는 복사 작업이 모두 완료되기 전까지 큰 의미가 없는 것이다.

언제 복사가 완료될지 알 수 있는 방법

그렇다면 한 가지 궁금한 것이 생기는데, 복사가 언제 끝날지 알 수 있을까? 답은 Microsoft가 새롭게 만든 데이터 관리 뷰(DMV)가 제공하는 데이터베이스 복사 작업에 대한 상태 보고를 통하여 알 수 있다. 이 데이터 관리 뷰는 SYS.DM_DATABASE_COPIES이

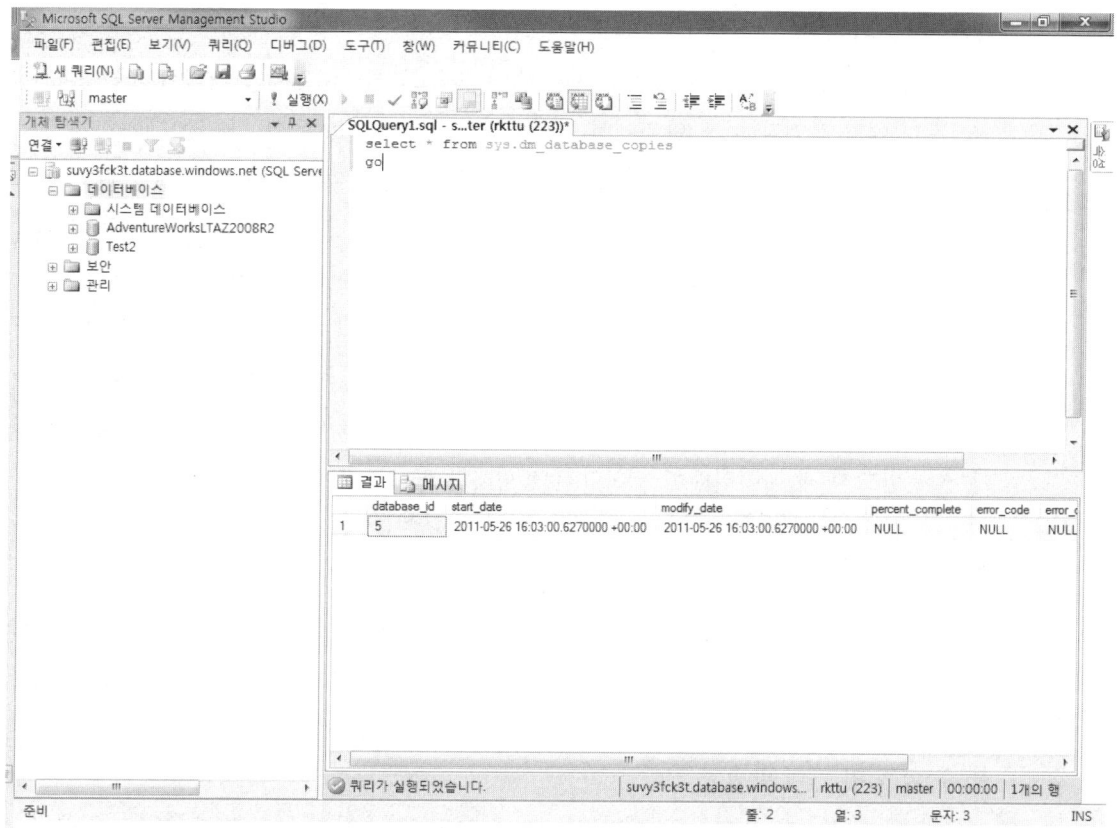

그림 5-21 데이터베이스 복사 진행 상황 살펴보기

며, 데이터베이스 복사 상황, 즉 데이터베이스 복사가 시작되었는지 완료되었는지, 몇 바이트가 복사되었는지, 발생한 오류 코드가 무엇인지 등에 대한 매우 유용한 정보를 제공한다. 더 나아가서, 이 SYS.DATABASES 테이블의 STATE와 STATE_DESC 열을 추가하도록 수정하여, 새 데이터베이스의 상태에 대한 상세한 정보를 제공하도록 Microsoft가 수정하였다.

그림 5-21에서는 TechBio2 데이터베이스를 삭제하고 다시 생성하는 과정에서 나타난 내용을 보여주고 있다. 이번에는 SYS.DM_DATABASE_COPIES 데이터 관리 뷰의 내용을 통하여 복사 상태를 동시에 확인하고 있다. 그림 5-21에서 강조 표시한 문장을 볼 수 있고, 또한 데이터 관리 뷰의 내용을 조회한 결과도 볼 수 있다. TechBio 데이터베이스는 크기가 매우 작은 데이터베이스이기 때문에 몇 초 이내에 복사 작업이 완료될 것이다.

복사 자동화하기

여러분은 데이터베이스 복사 작업을 기존에 사용하고 있는 내부에 설치해서 쓰는 SQL 에이전트의 예약 작업과 이전 단원에서 논의하였던 SQL Server 통합 서비스 패키지를 활용하여 스케줄에 등록하여 자동화할 수 있다. 보통의 SQL 에이전트 수행을 위한 작업과 마찬가지로 이 작업 또한 에이전트에 스케줄로 등록할 수 있고, 그 동안 SQL 실행 작업을 통하여 SQL Azure 데이터베이스의 연결 정보를 확인하도록 할 수 있다.

비록 이 작업이 자주 활용되는 방법은 아니라고 하더라도, 고려할 수 있는 하나의 수단이자, 여러분이 찾고 있는 스케줄링 기반의 작업 방법이 될 수 있다. 이 작업 방법에서의 핵심은 기존 SQL Azure 데이터베이스를 먼저 삭제하고 그 다음 데이터베이스를 복사하기 전에 반드시 새 데이터베이스를 다시 생성해야 한다는 점이다.

백업 이력 관리하기

데이터베이스 복사 기능은 여러분의 데이터베이스에 대한 즉각적인 백업 기능을 제공하지만, 데이터베이스 백업 이력을 만들어주지는 않는다. 달리 표현하면, 만들어진 백업을 증분으로 관리하거나, 여러 날에 걸쳐서 백업을 분할할 수는 없음을 뜻한다. 그러나 선택할 수 있는 몇 가지 방법이 있다.

만약 당일 백업을 만드는 것에만 관심이 있다면, 기존에 만들어진 백업 데이터베이스를 삭제하고 새 데이터베이스를 만들기만 하면 된다. 이는 많은 관리 능력을 필요로 하지 않으면서도 수행할 수 있는 작업이다.

만약, 다른 한편으로 백업 이력을 관리하기 원한다면 더 많은 요령을 발휘해야 한다. 대개 기업들은 몇 주치의 백업을 보관하기 원한다. 이러한 기업들은 그들의 데이터베이스를 매일 밤 백업하여 7일간 보관하여 언제든 그 전날 밤의 상태로 복원할 수 있도록 준비한다. 데이터베이스 복제 기능을 통하여 이를 구현하려면, 반드시 7개의 원본 데이터베이스에 대한 복사본을 만들어 매 순간 7개의 데이터베이스를 관리해야 함을 뜻한다.

이러한 전략이 실행 불가능한 것은 아니나 알아두어야 할 것이 있다면 이렇게 만들어진 7개의 데이터베이스에 대한 비용을 계속 지불해야 한다는 것이다. 즉, 핵심은 SQL Azure에서 여러분의 백업 계획은 치명적일 수 있다는 점이다.

Microsoft가 향후 어떤 서비스 업데이트를 제공할 것인지는 모른다. 기업들은 SQL Azure의 백업과 복원 기능을 SQL Azure 상에서 구현하기 위하여 많은 노력을 기울이게 될 것이다. Microsoft는 여러분의 피드백을 매우 중요하게 생각한다. 데이터베이스 복제와 증분 백업에 대한 이야기를 지속하면서 이러한 요구 사항에 대한 이야기를 꾸준히 전달할 수 있다면 머지 않은 미래에 적절한 해결책이 등장하지 않을까 생각한다.

결론

이번 단원에서는 몇 가지 서로 다른 방식의 데이터 이관 전략을 살펴보았고 이를 통하여 여러분의 데이터베이스 스키마와 관련되어 있는 데이터들을 SQL Azure로 이관하는 방법에 대하여 살펴보았다. 지금까지 살펴보았던 대로 각각의 방법들은 장점과 단점이 각각 존재하는데, 가령 SQL Server 스크립트 생성 마법사는 스크립트와 데이터를 같이 SQL 문장으로 생성하는 기능을 가지고 있지만, SQL Server 통합 서비스와 BCP 유틸리티는 그렇지 않다고 하였다. 또한 우리는 SQL Server 2008 R2를 사용할 경우 SQL Azure로 개체와 데이터를 이관할 때 고려해야 할 사항들을 자동으로 반영하는 스크립트를 생성할 수 있다는 것도 살펴보았다.

또한 SQL Azure 데이터베이스 복사 기능을 통하여, 여러분의 SQL Azure 데이터베이스를 백업 목적으로 복제하는 기능에 대해서도 살펴보았다. 이제 우리는 SQL Azure를 대상으로 여러분의 데이터베이스를 이용하여 응용프로그램을 작성할 수 있는지, 계속해서 6장의 내용을 통하여 살펴보고자 한다.

IT 대한민국은 ITC(Info Tech Corea)가 함께 하겠습니다.
www.itcpub.co.kr

CHAPTER 6
SQL Azure로 프로그래밍하기

이번 장에 앞서서 이 책 전반에 걸쳐 펼쳐진 내용들을 살펴보았다. 여러분은 SQL Azure의 기본적인 내용들을 살펴보았으며, 클라우드 컴퓨팅 환경에서의 설계 고려 사항들을 살펴보았고, Azure 계정을 만드는 과정을 살펴보았다. SQL Azure의 보안, 가령 보안 규제나 암호화와 같은 주제들을 살펴보았으며, 지난 5장에서는 여러분의 데이터를 어떻게 클라우드로 이관할 수 있는지에 대한 방법과 데이터베이스 관리자들에게 흥미로울 수 있는 백업 전략에 대한 이야기를 살펴보았다.

이번 장을 포함하여 이 책의 나머지 부분들은 SQL Azure를 활용하는 개발 이야기를 주로 다루게 될 것이다. 이번 장에서는 Microsoft의 다양한 기술들을 SQL Azure에 대하여 사용하는 방법, 가령 ODBC, ADO.NET, LINQ 외 여러 기술들에 대한 이야기를 하게 될 것이다. 또한 이번 장에서는 SQL Azure를 기반으로 하는 새로운 응용프로그램이나 기존의 응용프로그램을 SQL Azure 기반으로 이동하면서 고려해야 할 개발 관련 사항들도 같이 살펴볼 것이다.

가능하다면, 여러분은 SQL Azure가 여러분의 로컬 SQL 데이터베이스에 대비했을 때 그렇게 차이가 크지 않다는 것을 상기하는 것이 필요하다. 지난 5장에서는 잠시 SQL Azure에서의 T-SQL 문법이 조금 다른 부분이 있다는 것을 언급했던 적도 있지만 또한 Microsoft가 지속적으로 특성과 기능들을 더해나가면서 빠른 속도로 격차를 줄여나가고 있다고 하였다. 그 격차는 사실 우리가 이 책을 집필하는 과정에 있어서 흥미로운 도전으로 자리매김하기도 하였지만, 이는 별개의 이야기이다. 응용프로그램을 개발하는 과정에 있어서의 핵심은 여러분의 응용프로그램이 여러분이 클라우드 방식의 데이터베이스를 사용한다는 것에 초점을 맞추고 있는 것이 아니라, 그보다는 여러분의 응용프로그램과 설계 고려 사항의 개발을 여러분의 클라우드 데이터베이스를 위하는 방향으로 접근해야 한다는 것이다. 데이터베이스를 클라우드 환경으로 이관하고, 그 데이터베이스를 가리키도록 여러분의 응용프로그램을 수정하는 작업은 매우 처참한 결과를 드러낼 수도 있는데, 가령 여러분의 응용프로그램이 옮기기 이전보다 더욱 떨어진 성능을 보여준다거나, 원하지 않는 혹은 의도하지 않은 비용을 발생시키기도 한다.

이번 장에서는 우선 SQL Azure 응용프로그램 개발에서 보편적으로 통용되는 응용프로그램 설계 접근 방법에 대하여 초점을 맞출 것이다. 그리고 이번 장의 나머지 부분에서는 SQL Azure 데이터베이스에 접근하는 다양한 방법들에 대하여 이야기하면서, 어떻게 하면 이러한 기술들을 이용하여 접속하고 데이터를 가져올 수 있는지 그 과정을 보일 것이다. 이러한 목적을 달성할 수 있는 기술들을 선택할 수 있는 폭이 넓으므로, 여러분은 적절한 기술 하나를 택하여 그것을 습득하는 데에만 집중하면 된다. 이번 장의 끝에서는 예제 프로그램 하나를 살펴보면서, 로컬 환경에서 테스트를 하고 원격으로 배포하는 방법을 통하여 SQL Azure 응용프로그램 배포를 성공적으로 할 수 있는 권장 방안을 논의할 것이다.

■■■ 응용프로그램 배포 시의 요인들

이전에 언급하였던 대로, 5장에서 살펴보았던 방법을 이용하여 여러분의 모든 데이터베이스를 SQL Azure로 이관할 수 있다고 하였다. 그러나 이것이 정말 온당한 방법일까?

2장에서는 설계 측면에서의 아키텍처 접근과 클라우드 환경으로의 응용프로그램 배포, 가령 저장소, 높은 가용성, 보안, 성능과 같은 주제들을 포함하여 내용을 살펴보았다. 각각의 측면들, 그 중에서도 성능은 특별히 중요하고, 여러분의 응용프로그램을 클라우드 기반으로 전환하는 과정에서 꼭 논의되어야 할 부분들이다. 또한, 보안과 성능 역시 클라우드 컴퓨팅 환경에 대해서 기업들이 일반적으로 걱정하는 주요 사항들 중 하나이다. 마지막으로 기업들이 원하는 것은 중요한 응용프로그램을 클라우드 환경으로 옮길 것인가에 대한 결정을 내리기만 하고, 기존의 응용프로그램에 대해 많은 수정 작업을 하지 않기를 바라는 것이다.

기존의 응용프로그램을 클라우드 환경으로 자동으로 옮기는 것이 보안 문제나 성능 감소를 야기할 것으로 오해하지 않길 바라며, 이는 사실이 아니다. 충분한 계획과 정확한 접근을 전제로 한다면, 여러분은 클라우드 환경으로 응용프로그램을 이관하는 것에 관하여 큰 성공을 누릴 수 있다. 2장에서 논의했던 것과 같이 이번 주제의 목적은 여러분이 배포를 위한 계획을 세우기 전에 어떻게 하면 정확한 접근을 할 수 있는지에 대한 내용을 전달할 수 있게 하기 위함이다. 즉, 요지는 어떻게 하면 정확한 접근을 한 것인가에 대한 부분이다.

이 이야기는 두 가지 이야기로 나뉜다. 첫 번째는 클라우드 환경으로 응용프로그램을 옮기기로 결정할 때에, 데이터베이스와 응용프로그램을 포함하여 응용프로그램의 모든 것을 클라우드로 이관할 것인지 아니면 일부분만을 옮길 것인지에 대한 것이다. 두 번째는, 데이터베이스를 전체이든 부분을 옮기든 관계없이, 응용프로그램을 여기에 같이 편승시켜서 옮기게 할 것인지 아니면 그대로 둘 것인지에 대한 부분이다. SQL Azure가 Azure 플랫폼으로 여러분의 응용프로그램을 모든 측면에 있어서 자동으로 이관하는 것을 돕는 것이 아니라는 것을 기억하자. 여러분의 데이터베이스를 클라우드 환경으로 옮기고 난 이후에라도, 여러분의 응용프로그램은 기존 환경에서 그대로 실행할 수도 있다. 이는 전적으로 여러분의 선택에 달린 것이다. 이제 SQL Azure 응용프로그램을 실행하는 몇 가지 다른 방법들을 이야기해보자.

기존 응용프로그램

기존 응용프로그램에 대한 정의는, 여러분의 응용프로그램이 Windows Azure 플랫폼이 아닌 로컬에서 실행되는 상황을 뜻하지만, 여러분의 데이터베이스는 SQL Azure에 있는 것을 의미한다. 여러분의 응용프로그램 코드는 하나 이상의 SQL Azure 데이터베이스에 접근하기 위하여 클라이언트 라이브러리를 사용할 것이다. 몇몇 기업들은 비즈니스 로직이나 특정한 상황을 고려한 로직을 기업 내 데이터 센터 외부에 배치하는 것을 기피한다. 그리고 기존 응용프로그램의 논리를 내부적으로 유지하면서도 클라우드의 데이터를 저장할 수 있는 능력을 필요로 하기도 한다.

비록 이것이 실행 가능성이 있는 옵션이라 하더라도, 연관된 제약들이 있는데, 가령, 다음의 클라이언트 라이브러리에 대해서만 연결을 지원한다.

- .NET Framework 3.5 SP1 SQL Server 데이터 공급자(System.Data.SqlClient) 또는 그 이후 버전의 .NET Framework(4.0 이상)

- Entity Framework 3.5 SP1 이상
- SQL Server 2008 R2 네이티브 클라이언트 ODBC 드라이버
- SQL Server 2008 네이티브 클라이언트 드라이버(일부 기능만 한정적으로 지원)
- SQL Server 2008 Driver for PHP 버전 1.1 또는 그 이후 버전

만약 여러분의 응용프로그램이 OLE DB를 사용하는 경우, 여러분의 응용프로그램에서 사용하는 클라이언트 라이브러리를 위에서 열거한 수단 중 하나로 변경해야만 한다.

기존의 환경에서 여러분의 응용프로그램을 실행할 수 있도록 유지하기 위해서 가장 크게 고려하게 되는 부분은 바로 비용에 관한 것이다. 언제든 여러분은 SQL Azure와 기존의 응용프로그램 사이에서 데이터가 오고 가도록 만들 수 있지만, 비용과 관계되어 있는 부분이 많다. 이 책을 집필하는 현 시점에서 SQL Azure 데이터 센터가 수신하는 트래픽 용량 1GB당 $0.1, 송신하는 트래픽 용량 1GB당 $0.15의 비용이 발생하며, 아시아 지역 데이터 센터에서는 물가 및 경제 환경 등에 대한 요건이 추가되어 기본 단위 요금이 좀 더 높을 수 있다. 만약 여러분이 Azure Storage를 사용한다면 여기에도 역시 사용량에 따른 비용이 발생하게 될 것이다. 이 책을 집필하는 시점에서 Azure Storage는 매달 1GB당 $0.15의 비용이 발생한다. 다시 말하자면, GB 단위로 요금 자체는 매우 저렴한 편이다. 비용을 많이 지출하는 예를 잠시 들어보자면, 엄청난 양의 데이터를 하루에도 몇 번씩 동기화하는 작업을 수행하는 경우를 들 수 있는데, 기억해둘 것은 심지어 50GB짜리 데이터베이스를 이런 식으로 공유한다고 할지라도 기껏해야 $5 남짓밖에 되지 않는 셈이다.

이러한 비용과 제약 사항들이 여러분의 응용프로그램을 기존의 응용프로그램과 연계하여 사용하지 못하도록 할 만큼 심각한 것은 아니다. 이제 Azure에서 실행되는 서비스가 무엇을 제공할 수 있는지 살펴보도록 하자.

Azure에서 실행되는 응용프로그램

Azure에서 실행된다는 것은 여러분의 코드가 Windows Azure에서 실행되고 동시에 데이터베이스도 SQL Azure를 사용한다는 것을 의미한다. 여러분의 응용프로그램은 이전에 사용하던 것과 동일한 클라이언트 라이브러리를 사용하여 SQL Azure의 데이터베이스나 다른 데이터베이스에 접근할 수 있다. 대부분의 기업들은 당장 ASP.NET 응용프로그램을 유지하면서 Windows Azure로 웹 사이트를 내보내고 데이터베이스로 SQL Azure를 사용

하는 것에 집중할 것이다. 그러나, 단순히 웹 응용프로그램에만 국한되는 것이 아니며, 기존의 Windows 응용프로그램과 Silverlight 응용프로그램처럼 Entity Framework와 Windows Communication Foundation Data Services를 사용하는 클라이언트가 SQL Azure에 접근할 때에도 해당이 된다. 즉, 선택할 수 있는 옵션은 무궁무진하다.

Azure에서 실행되는 서비스의 가장 큰 장점은 SQL Azure 데이터베이스에 접속하는 데에 필요한 네트워크 소요 시간을 최소화할 수 있다는 점이다. 또한 SQL Azure 데이터베이스와 응용프로그램 사이의 데이터 이동에 관하여 소요되는 비용을 획기적으로 줄일 수 있다는 것도 중요하다. Windows Azure와 SQL Azure가 같은 지역 안에 있을 동안에 발생하는 Windows Azure와 SQL Azure 사이의 트래픽 요금은 완전히 무료이다.

여러분의 응용프로그램과 데이터베이스를 Windows Azure Platform 위에 배치하여 여러분은 응용프로그램과 데이터베이스 사이에서 더욱 효율적인 트랜잭션을 구현할 수 있는데, 이렇게 하면 여러분의 응용프로그램과 데이터베이스 사이의 네트워크 대기 시간을 최소화할 수 있다.

그러나 이는 Compute 서비스에 대한 비용을 발생시키는 부분으로, 시간당 $0.12의 비용을 발생시킨다. Compute hour는 Windows Azure에 여러분의 응용프로그램이 배포된 이후 경과된 시간을 의미한다. 여러분의 서비스가 실행 상태에 있지 않더라도, 요금은 계속 청구된다. 요금은 시간 단위이며, 단위 시간 내에 배포되었다 삭제된 경우에도 한 시간으로 계산된다. 여러분이 응용프로그램을 개발하고 테스트하는 동안에는 사용하지 않는 Compute 인스턴스들은 분명히 삭제해야 한다. 따라서, 요점은 원격으로 배포하기 전에 반드시 로컬에서 테스트해야 한다는 것이다.

무엇을 택해야 하는가?

여러분의 응용프로그램을 클라우드로 옮기면서 결정해야 할 것은 로컬에 특정 영역을 남겨두는 것을 고수할 것인지 또는 모든 것을 클라우드로 옮길 것인지 서로 대립하는 두 가지 결정 사항 중 하나를 결정하는 것이고, 앞서 살펴 본 두 가지 시나리오만으로 단독으로 결정을 내릴 수 없을 것이다. 의사 결정은 미리 준비될 수 없다. 여러분은 몇 가지 다른 요인들, 가령 비용, 데이터 트래픽, 대역폭과 같은 다른 요인들을 살펴보아야 할 것이고, 그 다음에는 이러한 정보를 분석한 것을 바탕으로 결정을 내려야 한다. 예를 들어, 얼마 되지 않는 적은 웹 트래픽을 일으키는 응용프로그램이 Azure 위에서 실행되는 것은 타당하지 않을 수 있는데 Compute 서비스의 비용에 관하여 그렇다. 이러한 경우에도 Azure에 데이터베이스를 유지하면서 기존 응용프로그램을 활용한다면 데이터 전송량은 적을 것이고 더불어 SQL Azure의 장점인 장애 극복, 확장성의 이점을 동시에 누릴 수 있을 것이다.

많은 기업들의 초기 목표는 양자택일 식의 접근법이 아니다. 기업들은 일정한 시간을 그들의 데이터베이스와 응용프로그램을 위하여 할애하고, 어떤 기능들이 클라우드 상에서 작동하도록 할 수 있는지 결정하고, 그러한 기능들을 평가하게 된다. 그 중에서도 성능을 최우선적으로 평가할 것이고, Azure 환경으로 배포된 이후에도 확실히 기대했던 성능을 낼 수 있는지 확인하고자 할 것이다. 중요한 사항들을 확인해가며 성공적으로 Azure 환경으로 배포할 수 있도록 하려는 생각이다. 여러분의 응용프로그램을 필요한 경우 몇 등분으로 나눈 후, 실제 배포에 앞서 로컬에서 먼저 테스트하도록 할 수 있다.

모든 것을 배포하든, 여러분이 소유하는 응용프로그램이나 데이터베이스 상의 일부분만을 배포하든 이는 여러분의 결정에 달린 것이다. 2장에서는 그러한 문제에 대하여 상당 부분을 할애하여 이미 내용을 살펴보았고 이번 장에서는 여러분이 결정을 내리기 전까지, 모든 사실들을 확인해보기 전까지는 다시 이러한 내용을 반복하지는 않고자 한다.

SQL Azure에 연결하기

SQL Azure를 기반으로 응용프로그램을 개발하는 것은 엄청난 기술이 아니지만, 알아둘 것이 있는데 어떤 것을 기대하는지, 또한 어떤 기능들이 작업을 하는 동안 필요할지에 관한 부분이다. 이전에 살펴본 대로, 모든 클라이언트 라이브러리들이 SQL Azure와 호환되는 것은 아니며 이미 살펴본 대로 몇몇 라이브러리만이 지원된다는 것을 알고 있다. 5장에서는 SQL Azure에서 제공되는 T-SQL 기능들에 대해서도 살펴보았다. 이 책이 쓰여진 시점에서도 Microsoft는 지속적으로 새로운 기능들을 추가해 나가고 있다. 이번 장에서는 클라이언트 응용프로그램의 관점에서 내용을 이야기하고자 한다.

이번 섹션에서는 SQL Azure 데이터베이스에 연결하고 쿼리를 실행할 수 있도록 하기 위한 몇 가지 기술들, 가령 ADO.NET, ODBC, WCF Data Services와 같은 기술들을 살펴볼 것이다. 여러분은 이전에 Azure 플랫폼으로 이동하기 위하여 택할 수 있는 올바른 접근법을 살펴보았을 것이다. 여러분은 반드시 많은 것들을 고려하게 될 것이며 그 중에는 다음의 내용도 포함되어 있을 것이다.

- SQL Azure는 TCP 포트 1433으로 통신하는 것만 허용한다.
- 아직 SQL Azure는 OLE DB를 지원하지 않는다.
- SQL Azure는 SQL Server 인증 방식만 지원하고 Windows 인증 방식은 지원되지 않는다.
- SQL Azure에 접속할 때에는 반드시 대상 데이터베이스를 연결 문자열 상에 미리 지정해야 하며, 그렇지 않을 경우 자동으로 master 데이터베이스에 연결된다.
- 테이블이나 Shard 패턴을 경유하는 다른 데이터베이스 등 여러 자원에 걸쳐서 영향을 줄 수 있는 분산 트랜잭션은 SQL Azure에서 지원되지 않는다.
- SQL Azure 방화벽 설정이 특정 연결을 받아들일 수 있도록 구성되어 있는지 반드시 확인하여야 한다.
- 응용프로그램 내부에 포함되어 있을 수 있는 내장된 또는 하드 코딩된 T-SQL 구문이 SQL Azure에서 지원되는 것인지 사전에 확인해야 한다.
- 여러분은 〈login〉@〈server〉와 같은 로그인 이름 형식을 사용하여 SQL Azure에 로그인해야만 하는데, 몇몇 도구들은 Tabular Data System(TDS)을 다른 방식으로 구현하기 때문이다.

이 목록에 대부분의 항목들은 자기 설명적이지만, 몇 가지 항목들에 대해서는 좀 더 살펴보기로 하겠다. 우선, 부록 B의 내용을 검토하는 것을 적극 권장하며, 부록 B는 SQL Azure에서 지원되지 않는 T-SQL 문법에 대해서 설명하는 부분이다. 또한, 가지고 있는 내장된 또는 하드 코딩된 T-SQL 구문들이 있다면, 부록 B에서 설명하는 T-SQL 지원 사항에 충족하는지 검토해볼 필요가 있다. 그리고 또한 여러분은 당연히 온라인 도움말을 살펴보면서 지원되는 T-SQL 문법을 확인할 것인데, 이 책이 집필이 완료되고 출판되는 시점에서 Microsoft가 T-SQL 구문을 변경할 수 있기 때문이다.

두 번째로는, 비록 분산 트랜잭션이 지원되지는 않지만, 10장에서는 Shard 패턴이라고 불리는, 이를 사용하여 성능을 극적으로 향상시킬 수 있는 기술을 사용할 수 있다. Shard 패턴은 여러분의 데이터를 지리적 위치와 같은 특정한 판단 기준에 따라 횡단 파티션으로 구분하여 데이터를 저장하는 콘셉트며, 여기에 ADO.NET 작업 병렬화 라이브러리 (TPL)를 이용하여 병렬성과 동시성을 여러분의 응용프로그램에 더할 수 있다.

세 번째로는 OLE DB에 대해서 신중히 생각해야 한다는 점이다. SQL Azure는 현재 OLE DB를 통한 연결을 지원하지 않지만, OLE DB는 Microsoft의 관심사 안에 있는 부분이다. 그러나, 3장에서 살펴보았듯이, SQL Server 통합 서비스에서는 OLE DB를 사용하여 연결할 수 있었다. 권장되지 않는 방법이긴 하나, OLE DB가 완전히 지원될 때까지는 제한적이나마 사용할 수 있을 것이다.

이제 실제 코드를 살펴보기로 하자. 다음의 몇 섹션에 걸쳐서 ADO.NET, ODBC, SQLCMD 유틸리티, WCF 데이터 서비스 등의 서로 다른 라이브러리나 유틸리티를 사용하여 SQL Azure에 연결하여 쿼리를 실행할 수 있는지 살펴볼 것이다.

ADO.NET

Microsoft는 그림 6-1에서 보이는 것과 같이 ADO.NET과 ODBC에 대해서 적절한 연결 문자열을 제공하는 것만으로 손쉽게 SQL Azure에 연결할 수 있도록 SQL Azure를 설계하였다. SQL Azure 서버 관리자 페이지에서 접속할 데이터베이스를 선택하고, Connection Strings 버튼을 클릭하면 연결 문자열을 찾을 수 있다.

연결하기

ADO.NET을 사용하여 SQL Azure 데이터베이스에 연결하는 방법을 살펴보도록 하자. Visual Studio 2010을 시작한 후, Windows Forms 응용프로그램 프로젝트를 새로 만든 후 다음의 단계를 따른다.

1. Form1 폼 위에 버튼 컨트롤을 하나 올려놓고, 버튼을 더블 클릭하여 Click 이벤트를 구현하도록 코드 창을 연다.

2. Click 이벤트를 구현하는 코드를 작성하기에 앞서, 연결 문자열을 반환하는 간단한 메소드 하나를 추가하도록 하겠다. 로컬 데이터베이스를 상대로 SQL Azure 데이터베이스 연결을 흉내 내기 위하여 로컬 데이터베이스에 연결하도록 만들 것이다. 그 다음, 여러분은 SQL Azure 데이터베이스 연결 문자열로 바꿀 수 있다. Click 이벤트 코드 바로 아래에 GetConString이라는 이름의 메소드를 여러분의 로컬 SQL Server

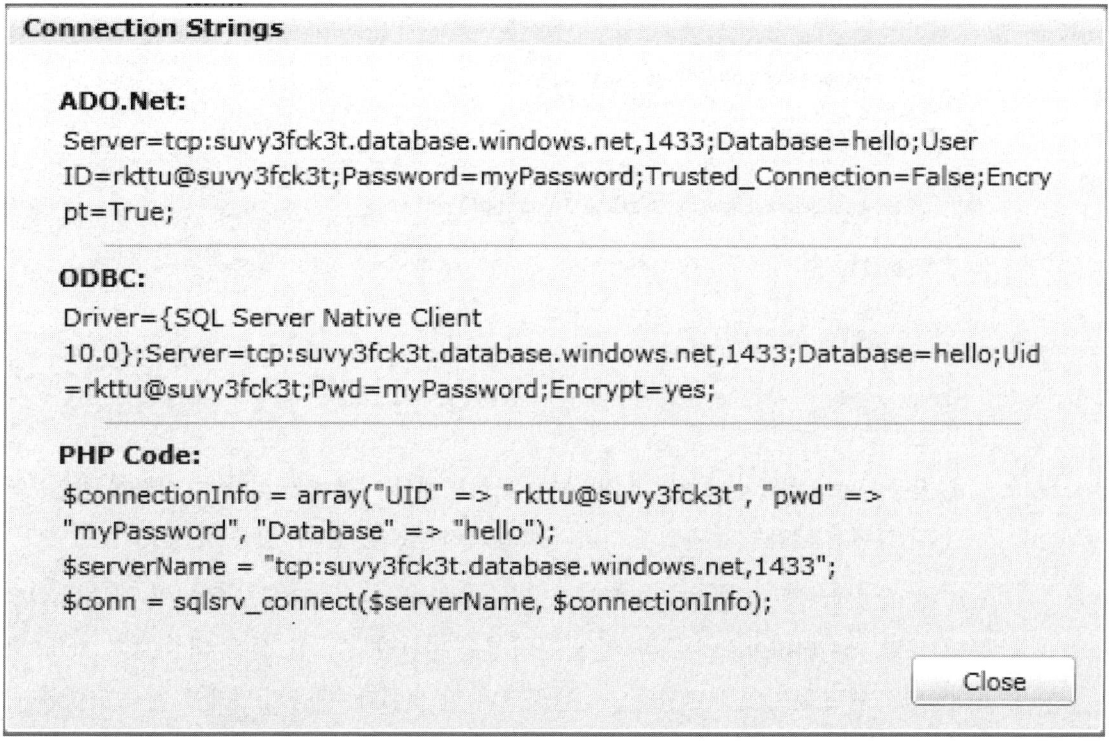

```
Connection Strings

ADO.Net:
Server=tcp:suvy3fck3t.database.windows.net,1433;Database=hello;User
ID=rkttu@suvy3fck3t;Password=myPassword;Trusted_Connection=False;Encry
pt=True;

ODBC:
Driver={SQL Server Native Client
10.0};Server=tcp:suvy3fck3t.database.windows.net,1433;Database=hello;Uid
=rkttu@suvy3fck3t;Pwd=myPassword;Encrypt=yes;

PHP Code:
$connectionInfo = array("UID" => "rkttu@suvy3fck3t", "pwd" =>
"myPassword", "Database" => "hello");
$serverName = "tcp:suvy3fck3t.database.windows.net,1433";
$conn = sqlsrv_connect($serverName, $connectionInfo);
```

그림 6-1 연결 문자열

인스턴스를 가리키는 연결 문자열을 반환하도록 아래의 코드와 같이 작성한다.

```
string GetConString()
{
    return "Server=server;Database=TechBio;User ID=sa;Password=password;";
}
```

3. 버튼의 Click 이벤트 코드로 되돌아가서, 다음의 코드를 추가한다. 이 코드는 이전에 추가한 GetConString 메소드를 호출하여 연결 문자열을 가져온 뒤, 로컬 데이터베이스에 대한 연결을 준비한 후 열고, 그리고 닫는 동작을 할 것이다.

```
private void button1_Click(object sender, EventArgs e)
{
    string connStr = GetConString();
    using (SqlConnection conn = new SqlConnection(connStr))
    {
        try
```

```
        {
            conn.Open();
            MessageBox.Show("연결 성립됨");
        }
        catch (SqlException ex)
        {
            MessageBox.Show(ex.Message.ToString());
        }
        finally
        {
            conn.Close();
        }
    }
}
```

    4. 응용프로그램을 실행하고, 나타나는 폼 화면에서 버튼을 클릭한다. 이렇게 하면 '연결 성립됨'이라는 문자열이 나타나는 메시지 박스를 볼 수 있을 것이다.

    이제 이렇게 만든 간단한 응용프로그램을 SQL Azure에 연결하도록 바꾸어보자. 여러분의 로컬 데이터베이스에 대한 연결 문자열을 반환하도록 한 설정 대신 SQL Azure의 ADO.NET 연결 문자열을 반환하도록 바꾸고자 할 것이다. 다음의 단계를 계속 진행한다.

    5. SQL Azure 서버 관리 페이지에 가서, 접속할 데이터베이스를 선택한다.

    6. Connection Strings 버튼을 클릭하고, ADO.NET 연결 문자열에 있는 Copy to Clipboard 링크를 클릭한다.

    7. Visual Studio 프로젝트 개발 환경으로 되돌아와서, GetConString 메소드의 코드 중 연결 문자열 부분을 SQL Azure의 ADO.NET 연결 문자열 코드로 다음에 보여지는 것과 같이 바꾸어 넣는다. 주의할 것은, 정확한 비밀번호를 연결 문자열에 지정해야 한다는 것이다.

```
string GetConString()
{
    return "Server=tcp:servername.database.windows.net;Database=TechBio;
        UserID=SQLScott@servername;Password=password;
    Trusted_Connection=False;Encrypt=True;";
}
```

    8. 응용프로그램을 시작하기 전에, SQL Azure 서버 관리자 페이지로 들어가서 SQL Azure의 방화벽 설정에 이 프로그램을 실행하는 여러분의 컴퓨터 IP 주소나 관련

대역이 포함되어 있는지 다시 한 번 확인하도록 한다. 그 다음, 응용프로그램을 실행하고 나타나는 폼 화면 위의 버튼을 클릭하면 이번에도 '연결 성립됨'이라는 문자열이 적힌 메시지 박스가 나타나는 것을 볼 수 있을 것이다.

잘 아시다시피 이는 매우 단순한 예제이다. 그러나 기존의 응용프로그램을 SQL Azure와 연결되도록 변경하는 일이 얼마나 간단한지 잘 보여주고 있다. 여기서 주의할 점은 여러분의 응용프로그램이 무엇을 포함하고 있는지에 대한 부분이다. 이전에 언급하였던 대로, 프로그램 내에 하드 코딩된 T-SQL 구문이 있다면, 사용된 T-SQL 구문이 SQL Azure에서도 지원되는지를 최소한 확인해야 한다는 것이다. 그럴 가능성이 있다고 하면, 항상 점검하고 테스트하는 것이 가장 안전한 길이다.

비록 SQL Azure에 연결하는 것에 성공했다고 할지라도, 여러분이 데이터를 가져오기 위하여 사용하는 코드에도 영향을 끼치게 될 것인지는 아직 모른다. 다음의 두 섹션에서 DataReader와 DataSet을 SQL Azure에 대하여 사용하는 것에 대해 논의하게 될 것이다.

DataReader의 사용

SQL Azure를 사용하는 것에 점점 더 익숙해질수록, 내장된 T-SQL 구문에 대한 사항들은 논외로 하더라도 그다지 여러분의 응용프로그램을 많이 바꿀 것이 없음을 쉽게 알 수 있을 것이다. 이런 멋진 일이 가능한 것은 바로 여러분이 ADO.NET이라는 검증되고 신뢰할 수 있는 데이터 액세스 기술을 사용하기 때문이다. 따라서, 그다지 바뀔 것이 많지는 않다. 앞서 만든 예제를 조금 더 수정하고 버튼의 이벤트 코드를 좀 더 프로그래밍하여 이를 재현해보기로 하겠다. 다음의 단계를 따른다.

1. 폼 화면 위에 새로운 리스트 박스 컨트롤을 추가한다.

2. 앞서 추가한 버튼의 Click 이벤트 코드로 다시 이동하여, 다음의 코드 조각에서 굵게 표시된 부분을 기존 코드에도 똑같이 타이핑하여 추가한다. 새 코드는 SqlDataReader 클래스를 사용하여 SQL Azure에 대해 간단한 SELECT 쿼리를 실행하고, SqlDataReader 클래스를 통하여 그 결과를 열거하여 리스트 박스에 데이터를 표시할 것이다.

```
private void button1_Click(object sender, EventArgs e)
{
```

```csharp
string connStr = GetConString();
using (SqlConnection conn = new SqlConnection(connStr))
{
    SqlCommand cmd = new SqlCommand("SELECT Name FROM Users", conn);
    conn.Open();
    SqlDataReader rdr = cmd.ExecuteReader();
    try
    {
        while (rdr.Read())
        {
            listBox1.Items.Add(rdr[0].ToString());
        }
        rdr.Close();
    }
    catch (SqlException ex)
    {
        MessageBox.Show(ex.Message.ToString());
    }
}
```

3. 프로그램을 시작하고, 버튼을 클릭한 뒤 잠시 기다리면, 리스트 박스에 Users 테이블로부터 가져온 Name 항목들의 값이 열거되는 것을 볼 수 있을 것이다.

여기서 핵심은, 여러분은 지금 사용하는 연결 문자열을 로컬 데이터베이스 연결 문자열로 바꾸더라도 그대로 동작한다는 점이다. 이는 여러분이 ADO.NET을 통하여 연결을 제어하고 있기 때문이며, 이 때문에 어떤 데이터베이스를 사용하는가가 중요하지 않을 수 있게 된 것이다. 이제 다음으로, 지금 만든 예제에서 한 단계 더 나아간 기능을 구현해 보고, DataSet을 어떻게 사용하는지 살펴볼 것이다.

DataSet의 사용

방금 전의 예제를 통하여, 여러분은 SqlDataReader를 통하여 SQL Azure 데이터베이스에서 데이터를 가지고 오는 작업이 큰 차이가 없었음을 확인하였다. 이번 예제에서는 SqlCommand 클래스와 SqlDataAdapter 클래스를 이용하여 SQL Azure에서 데이터를 조회하고 그 내용을 DataSet에 담는 작업을 수행할 것이다. 다음의 단계를 따른다.

1. 앞서 추가한 버튼의 Click 이벤트 코드에 있던 내용을 지우고, 다음의 코드로 내용을 바꾸어 넣는다.

```csharp
using (SqlConnection conn = new SqlConnection(connStr))
{
    try
    {
        using (SqlCommand cmd = new SqlCommand())
        {
            conn.Open();
            SqlDataAdapter da = new SqlDataAdapter();
            cmd.CommandText = "SELECT Name FROM Users";
            cmd.Connection = conn;
            cmd.CommandType = CommandType.Text;
            da.SelectCommand = cmd;
            DataSet ds = new DataSet("Users");
            da.Fill(ds);
            listBox1.DataSource = ds.Tables[0];
            listBox1.DisplayMember = "Name";
        }
    }
    catch (SqlException ex)
    {
        MessageBox.Show(ex.Message.ToString());
    }
}
```

이번 코드는 아까 전의 예제와 동일한 연결 문자열을 사용하여 새로운 연결을 만들고, 그 다음에는 SqlCommand 객체의 인스턴스를 만든다. SqlCommand 객체의 Connection, CommandText, CommandType 속성을 지정하고, SqlDataAdapter의 SelectCommand 속성에 방금 완성한 SqlCommand 객체를 지정하여 데이터 조회를 실행한다. 새로운 데이터셋을 만들어 SqlDataAdapter를 통해 데이터를 채워 넣고 이렇게 채워진 데이터셋을 리스트 박스 컨트롤의 DataSource 속성과 연결할 것이다.

2. 프로그램을 시작하고, 나타나는 폼 위의 버튼을 클릭한다. 이번에도 리스트 박스에는 SQL Azure 데이터베이스의 Users 테이블에서 Name 열의 항목들만을 열거하도록 데이터가 나타날 것이다. 그리고 연결 문자열을 다시 로컬 데이터베이스로 연결하도록 바꾼다 하더라도 여전히 잘 작동할 것이다.

그렇다면, 이러한 형태의 코드가 어떤 상황에서 잘 동작하지 않는 것일까? 아래와 같은 형태로 구성된 코드가 여러분의 응용프로그램 상에 있다고 가정해보자. 이 코드는 클러스터드 인덱스를 사용하지 않는 테이블을 만들고 있다.

```csharp
using (SqlConnection conn = new SqlConnection(connStr))
{
    try
    {
        using (SqlCommand cmd = new SqlCommand())
        {
            conn.Open();
            SqlDataAdapter da = new SqlDataAdapter();
            cmd.CommandText = "CREATE TABLE TestTable(ID int, Name varchar(20))";
            cmd.Connection = conn;
            cmd.ExecuteNonQuery();
            cmd.CommandText = "INSERT INTO TestTable (ID, Name) VALUES (1, 'Scott'), (2, 'Herve')";
            int val = cmd.ExecuteNonQuery();
        }
    }
    catch (SqlException ex)
    {
        MessageBox.Show(ex.Message.ToString());
    }
}
```

비록 이 코드는 컴파일 오류도 없고, 실제로 로컬 SQL Server를 대상으로 실행했을 때에도 전혀 이상이 없지만, SQL Azure 데이터베이스를 대상으로 실행할 때에는 동작하지 않는다. 왜 그럴까? 이 코드를 방금 전에 작성하였던 버튼의 Click 이벤트 코드를 지우고 다시 넣어, 프로그램을 실행해보자. 오류 메시지 박스가 하나 나타날 것인데 이 메시지 박스에서는 SQL Azure에서의 클러스터드 인덱스를 포함하지 않는 테이블의 생성은 지원하지 않는다고 서술하고 있을 것이다. 이를 무시하고 계속 실행하면, 테이블 자체는 생성이 된 상태로 유지가 되지만, INSERT 문을 사용하여 데이터를 삽입하려 하였을 때 오류가 다시 나타나는 것을 볼 수 있다. 이제 이 응용프로그램이 정상적으로 실행될 수 있도록 고쳐야 하며, 이런 식의 오류가 발생하는 부분들을 모두 수정하여, SQL Azure에서 여러분의 응용프로그램이 잘 실행될 수 있도록 다듬을 필요가 있다.

지금까지 ADO.NET과 ADO.NET을 기반으로 사용할 수 있는 몇 가지 다른 방식의 데이터베이스 프로그래밍 기법을 살펴보았다. 이제 또 다른 데이터베이스 프로그래밍 방식인 ODBC에 대하여 논하고자 한다.

ODBC

사실 여기에 경천동지하거나 엄청난 이야기가 있다거나 한 것은 아니지만, 예제를 살펴보면서 ODBC 연결이 어떻게 동작하고, 여러분의 ODBC 클래스들이 사용하던 그대로 작동하는지를 살펴보고자 한다. 다음의 단계를 따른다.

1. 적절한 방법으로 이를 수행할 수 있도록 하기 위하여 연결의 방식을 선택할 수 있도록 나열 상수를 하나 만들 것이다.

2. GetConString 메소드를 다음의 코드 조각에서 보여지는 것과 같이 수정할 것이다. 매개 변수 하나를 새로 받을 것인데 매개 변수를 통하여 선택할 수 있는 ADO.NET 과 ODBC 연결 방식 중 정확한 연결 문자열을 반환하도록 프로그래밍을 할 것이다. 주의할 것은 연결 문자열에 지정되는 비밀번호와 서버 이름에 대한 것으로 정확히 지정하였는지 다시 확인한다. 만약 이 메소드로 전달된 매개 변수의 값이 ADO_NET이면 ADO.NET 방식의 연결 문자열을 반환해야 하고, 그렇지 않으면 ODBC 연결 문자열이 반환되도록 구성한다.

```
enum ConnType
{
    ADO_NET = 1,
    ODBC = 2
}
string GetConString(ConnType connType)
{
    if (connType == ConnType.ADO_NET)
        return Server=tcp:servername.database.windows.net;Database=TechBio;
            User ID=SQLScott@servername;Password=password;
            Trusted_Connection=False;Encrypt=True;";
    else
        return "Driver={SQL Server Native Client
10.0};Server=tcp:servername.database.windows.net;
                Database=TechBio;Uid=SQLScott@servername;Pwd=password;Encrypt=yes;";
}
```

3. 폼 위에 두 번째 새로운 버튼을 추가하고, DataGridView 컨트롤도 그 옆에 추가한다. 새로 추가한 두 번째 버튼을 더블 클릭하여 Click 이벤트를 구현하도록 한 뒤 다음의 코드를 추가한다. 이번 코드도 직전에 추가한 ADO.NET 연결 방식을 사용하는 코드와 거의 동일하지만, 단지 다른 것은 ODBC 데이터 클래스를 SQL 데이터 클래

스 대신 사용한다는 점이다. 정확히 알 수 있도록, 새로 추가한 두 번째 버튼의 디자인 타임 속성 중 Text 속성의 내용을 'ODBC'로 변경하여 양쪽 버튼 사이의 차이점을 알 수 있도록 만든다. 코드에서도 알 수 있듯이, 매개 변수로 ODBC를 GetConString 메소드에 제공하면, ODBC 연결 문자열을 반환하도록 만들었기 때문에 이해가 쉽다.

```
string connStr = GetConString(ConnType.ODBC);

using (OdbcConnection conn = new OdbcConnection(connStr))
{
    try
    {
        conn.Open();
        OdbcDataAdapter da = new OdbcDataAdapter();
        OdbcCommand cmd = new OdbcCommand("SELECT Name FROM Users", conn);
        cmd.CommandType = CommandType.Text;
        da.SelectCommand = cmd;
        DataSet ds = new DataSet("Users");
        da.Fill(ds);
        listBox1.DataSource = ds.Tables[0];
        dataGridView1.DataSource = ds.Tables[0];
        listBox1.DisplayMember = "Name";
    }
    catch (OdbcException ex)
    {
        MessageBox.Show(ex.Message.ToString());
    }
}
```

4. 응용프로그램을 실행하고, ODBC 버튼을 클릭한다. 이전 예제와 마찬가지로, 리스트 박스에 Users 테이블의 Name 열의 항목들이 열거되는 것을 볼 수 있다. 그림 6-2에서 보여지는 것처럼, 새로 추가한 DataGridView 컨트롤에도 동일한 데이터 집합이 보여지는 것을 볼 수 있을 것이다.

앞서 살펴본 예제들에서 보았듯이, SQL Azure에 쿼리를 실행하는 것이 기존에 사용하던 로컬 SQL Server 인스턴스에 대해 하던 일과 특별한 차이가 없다는 것을 알았을 것이다. 이번 장의 마지막에서는 SQL Azure로 이관하기 위하여 필요한 권장 사항과 최선책들을 소개하고자 한다.

지금까지 ADO.NET과 ODBC라는 서로 다른 두 가지 접근법을 사용하여 데이터베이스

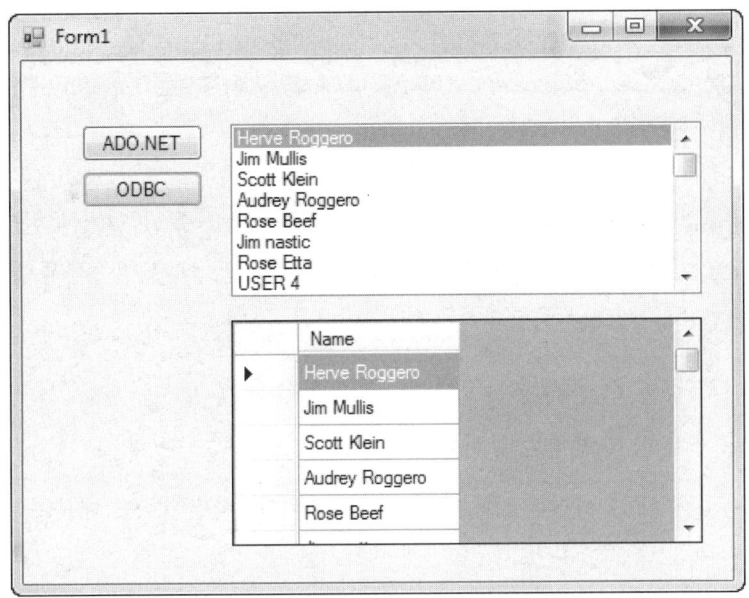

그림 6-2 데이터를 가져온 프로그램 화면

연결을 하고 데이터를 조회하도록 구성해보았다. 이제 SQLCMD 유틸리티를 사용하는 것에 대하여 논의해보기로 하겠다.

SQLCMD

여러분이 언젠가 SQL Server를 통하여 작업을 해본 적이 있다면, SQLCMD 유틸리티를 활용해볼 기회가 몇 번이고 있었을 것이다. 이 유틸리티는 T-SQL 구문이나 기타 개체를 명령 프롬프트에서 텍스트를 입력하여 실행할 수 있도록 기능을 제공한다. 또한 SQLCMD 유틸리티를 쿼리 편집기의 SQLCMD 모드를 이용하여 실행할 수도 있고, Windows 스크립트 파일이나 SQL Server 에이전트 작업을 통해서 실행할 수도 있다.

이번 섹션에서는 SQLCMD 유틸리티를 이용하여 SQL Azure 데이터베이스에 연결하고 데이터베이스를 상대로 쿼리를 실행할 수 있는 방법을 알아볼 것이다. 이번 섹션은 여러분이 SQLCMD 유틸리티를 활용하는 것이 어느 정도 익숙하다는 것을 전제로 한다. 이 유틸리티는 매우 많은 기능과 매개 변수들을 가지고 있지만, SQL Azure에 연결하기 위하여 필요한 사항만을 다룰 것이다.

> ■ **NOTE** SQL Azure는 이 유틸리티의 옵션 중 사용자의 비밀번호를 바꿀 수 있는 –z 또는 –Z 옵션을 지원하지 않는다. 대신 SQL Azure의 master 데이터베이스에 해당 사용자 계정으로 로그인한 다음 ALTER LOGIN 명령을 따로 호출하여 비밀번호를 변경해야 한다.

SQLCMD 유틸리티를 사용하기 위해서는, 명령 프롬프트를 우선 열어야 한다. 명령 프롬프트에서 SQL Azure에 연결하기 위하여 필요한 최소한의 매개 변수들을 우선 제공해야 한다. 가장 단순한 형태는 다음과 같은 형태이다.

SQLCMD -U <로그인 이름> -P <비밀번호> -S <서버> -d <데이터베이스>

- -U는 사용자 ID를 지정하는 부분이다.
- -P는 사용자에 대한 비밀번호를 지정하는 부분이다. 비밀번호는 대문자와 소문자를 구분한다.
- -S는 접속할 대상 SQL Server의 이름을 지정하는 부분이다.

부수적으로, -d 매개 변수를 이용하여 접속할 데이터베이스 이름을 추가로 지정할 수 있다. 따라서, SQLCMD 도구를 시작하는 전체 문법의 형태는 다음과 같다.

SQLCMD U ProviderLogin@Server P ProviderPassword S ProviderServer d Database

위의 문법을 이용하여 실제로 접속해보자. 다음의 단계를 따른다.

1. 명령 프롬프트에서, SQLCMD 도구를 앞의 문법을 사용하여 호출하되, 그림 6-3과 같이 여러분의 데이터베이스 정보에 알맞게 변경하여 입력한다. 예시에서, 보안을 위하여 데이터베이스 이름과 비밀번호, 서버 주소는 숨겼다. 입력한 후 Enter 키를 누른다.

2. SQLCMD 유틸리티가 정상적으로 시작되고 연결에 성공하면, 프롬프트 문구로 1>이 나타나고, 그 뒤에 T-SQL 문장을 입력하고 실행할 수 있도록 커서가 깜빡일 것이다. 이전에 입력했던 T-SQL 문장을 한번에 실행할 수 있는 명령어는 GO이다. 예를 들어, 그림 6-4와 같이 SELECT 문장을 입력하였다면 이를 실행시켜준다.

SELECT Name FROM Users

3. 1> 행에서 위의 SELECT 문장을 입력하고, Enter 키를 누른다. 그 다음 2> 행에서

그림 6-3 SQLCMD를 이용하여 접속하기

GO 명령을 입력하고 Enter 키를 누르면 그림 6-4와 같이 쿼리가 실행된다. 이렇게 하면 그림 6-5와 같이 SQLCMD를 통하여 실행한 문장의 결과가 반환된다. 지금 살펴본 것처럼 SQLCMD에서 쿼리를 실행하는 것은 어렵지 않다.

이제 여기에 새로운 테이블 하나를 더 만들어 그 테이블에 데이터를 더 추가해보도록 하자. 다음의 단계를 따른다.

1. 이전의 쿼리 실행이 끝난 다음에, 여러분은 다시 1> 프롬프트로 되돌아온 화면 상태를 확인할 수 있을 것이다. 여기에 그림 6-6과 같이 명령어를 입력한다.

2. GO 명령을 입력한 2> 행에서 Enter 키를 눌러 명령을 실행한다. 이렇게 하면 CREATE 명령이 실행될 것이다.

3. 지금 입력한 명령과 같은 경우는 반환하는 데이터가 없는 명령문이므로 출력되는 데이터도 없고, 오류가 없는 한 특별한 안내 문구도 없이 곧바로 1> 프롬프트를 나타낼 것이다. 반면, SQL Server Management Studio에서 같은 명령을 실행하면 정상처리 여부를 알 수 있다. SQL Server Management Studio로 SQL Azure 데이터베이스에 접속하여, 접속한 데이터베이스의 테이블 노드를 펼쳐보면 방금 전의 명령으로

그림 6-4 SELECT 문장 실행하기

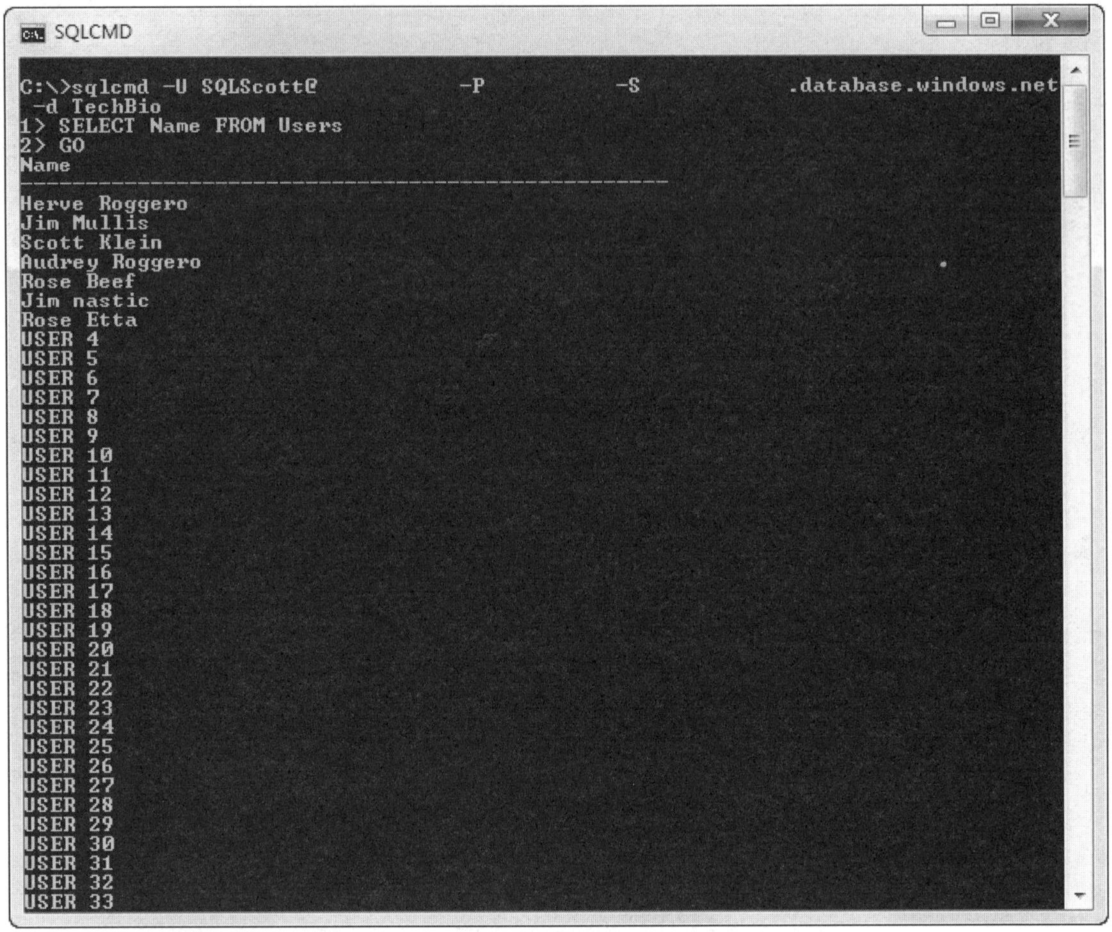

그림 6-5 SQLCMD를 통한 쿼리 실행 결과

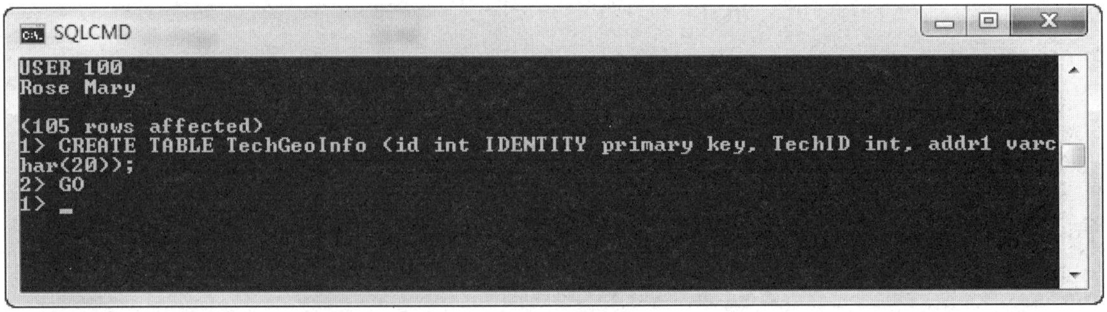

그림 6-6 테이블 생성하기

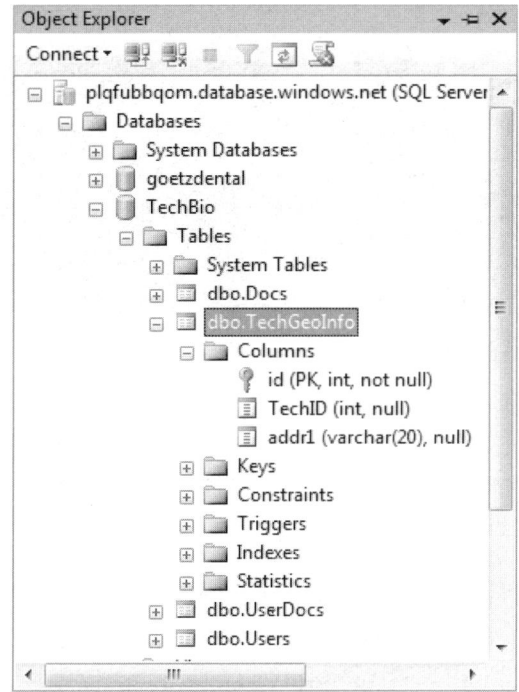

그림 6-7 SQL Server Management Studio에서 보이는 새 테이블

생성된 테이블이 목록에 나타나는 것을 볼 수 있다. 그림 6-7에서는 이에 대한 결과, 즉 테이블이 정상적으로 생성된 것을 보여준다.

지금 여러분이 만든 테이블은 TechGeoInfo라는 테이블이며, 세 개의 열을 포함하고 있다. Primary Key(클러스터드 인덱스)로 사용될 ID 열, TechID 열, Address 열로 구성되어 있다. 테이블 자체는 단순하지만, 기능을 시연하기에는 충분하다.

■ **NOTE** 이전에 살펴보았던 대로, ID 열은 반드시 Primary Key이자 클러스터드 인덱스로 지정되어 있어야만 한다고 하였다. 그렇지 않을 경우 테이블에 데이터를 추가할 수 없다.

4. 명령 창으로 다시 되돌아가서 그림 6-8과 같이 INSERT 문을 사용하여 데이터를 몇 건 새로 추가해보기로 하겠다. SQLCMD 유틸리티의 장점은 여러분이 GO 명령을 입력하기 전까지 필요한 모든 명령을 한꺼번에 입력해두었다가 한 번에 실행할 수

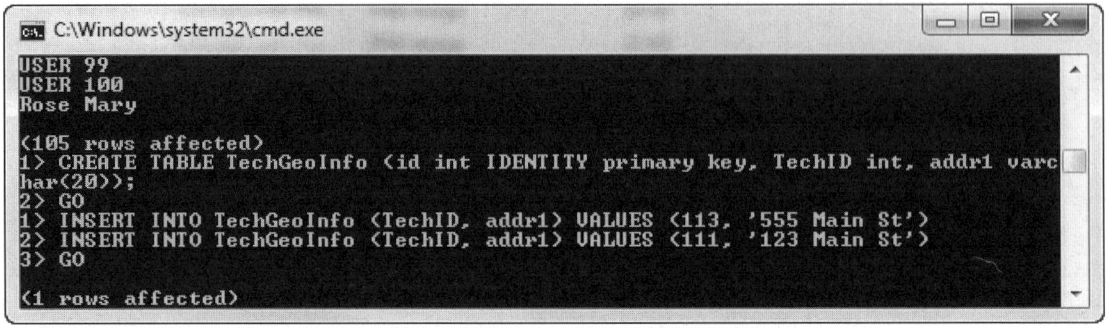

C:\Windows\system32\cmd.exe
USER 99
USER 100
Rose Mary
(105 rows affected)
1> CREATE TABLE TechGeoInfo (id int IDENTITY primary key, TechID int, addr1 varc
har(20));
2> GO
1> INSERT INTO TechGeoInfo (TechID, addr1) VALUES (113, '555 Main St')
2> INSERT INTO TechGeoInfo (TechID, addr1) VALUES (111, '123 Main St')
3> GO
(1 rows affected)

그림 6-8 SQLCMD를 통하여 새 레코드 추가

있다는 점이다. 여기서는 두 번의 INSERT 문을 사용하여 이전에 만든 테이블에 두 건의 레코드를 새로 추가할 것이다.

5. 3> 행에서 GO 명령을 입력하고 Enter 키를 누른다. 비록 SQLCMD 유틸리티에서는 1행만 반영되었다고 결과 메시지를 내보내지만, SQL Server Management Studio에서 새 테이블에 대하여 데이터를 조회하면 그림 6-9와 같이 정상적으로 두 건의 데이터가 입력된 상태를 볼 수 있다.

Microsoft SQL Server Management Studio
File Edit View Query Project Debug Tools Window Community Help
New Query
TechBio
Execute
SQLQuery1.sql - p... (SQLScott (148))*
select * from techgeoinfo
Results
Messages
id TechID addr1
1 1 113 555 Main St
2 2 111 123 Main St
Query executed successfully.
plqfubbqom.database.windows...
SQLScott (148)
TechBio
00:00:00
2 rows
Output
Ready
Ln 1
Col 26
Ch 26
INS
Object Explorer
Registered Servers

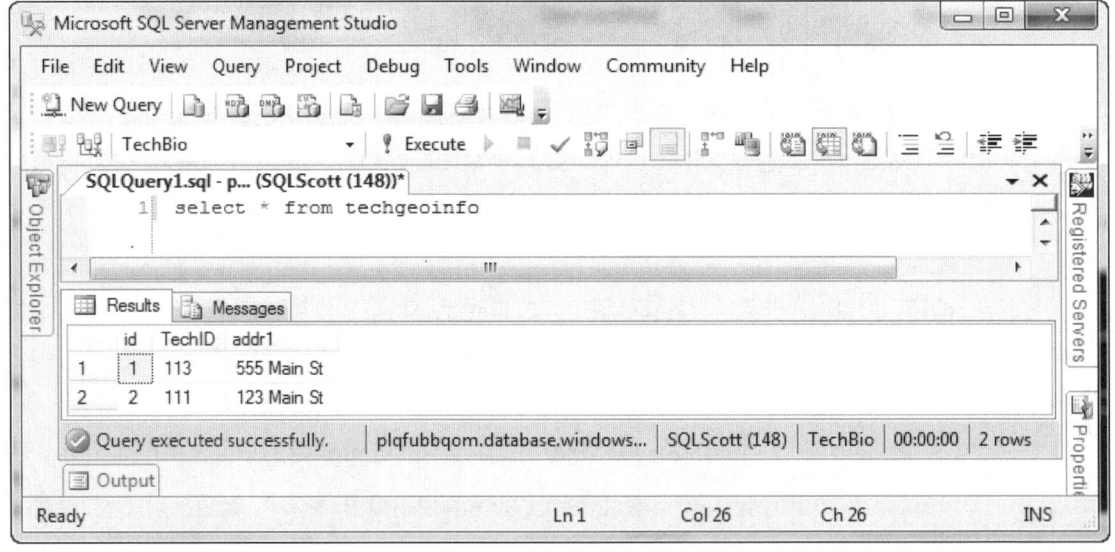

그림 6-9 SQL Server Management Studio로 결과 보기

지금 살펴보았듯이, SQLCMD 유틸리티를 사용하는 것은 매우 직접적인 것이다. 다시 이야기하지만, SQL Azure에서는 힙 테이블을 만들거나 사용할 수 없다고 하였다. 모든 테이블은 반드시 Primary Key로 지정된 열을 하나 이상 포함하고 있어야 한다. 그리고 이전에 언급했던 대로 SQLCMD 유틸리티의 -z 또는 -Z 옵션은 지원되지 않는다.

이번 섹션에서는 SQL Azure에 접속하고 쿼리를 실행하는 과정에서, ADO.NET, ODBC, SQLCMD와 같은 서로 다른 메커니즘들에 대하여 이야기를 해보았다. 기존의 데이터베이스와 마찬가지로 연결하고 쿼리를 실행하는 방법이 크게 다르지 않다는 것을 알 수 있었을 것이다. 그러나, 서비스 지향 아키텍처(SOA)에 대한 기업들의 요구 사항에 맞추어, SQL Azure 데이터베이스를 사용하는 WCF 데이터 서비스에 대하여 다음 단계로 넘어가 토론해볼 필요가 있다.

WCF 데이터 서비스

WCF 데이터 서비스는 이전에 ADO.NET 데이터 서비스로 알려진 기술이며, OData 서비스를 생성하고 소비할 수 있도록 하는 기술이다. OData는 Open Data Protocol의 약칭으로 서로 다른 기종이나 시스템 사이에서 데이터를 공유할 수 있는 새로운 표준이다. WCF 데이터 서비스로 불리기 이전이었던 ADO.NET 데이터 서비스는 Visual Studio 2008 서비스 팩 1에서 Microsoft가 처음으로 선보인 OData 지원 기술이었다. 그 후, Microsoft는 OData의 기능을 SQL Server 2008 R2와 Windows Azure Storage 및 기타 제품에도 확장하였다. 이번 섹션에서는 WCF 데이터 서비스를 어떻게 SQL Azure 데이터베이스에 연결하고 데이터를 조회할 수 있는지 그 방법을 보일 것이다.

데이터 서비스 만들기

우선 여러분은 데이터 서비스를 하나 만들어야 한다. 다음의 단계를 따른다.

1. 새로운 ASP.NET 웹 응용프로그램 프로젝트를 만든 다음에, 이름은 WCFDataServiceWebApp으로 정한다. 웹 응용프로그램이 아니어도 WCF 데이터 서비스를 실행할 수 있는 방법은 다양하지만 여기서는 웹 응용프로그램을 기반으로 만들어보겠다.

2. 이제 다음 단계는 관계형 데이터베이스 시스템 위에서 데이터베이스의 모델을 정의하고 이를 기반으로 데이터 서비스를 만드는 것이다. 가장 좋은 방법은 ADO.NET Entity Framework를 활용하여 엔터티 모델을 만드는 것이다. 이를 위해서, 지금 만든 웹 프로젝트에 새로운 항목을 추가해야 하는데, 솔루션 탐색기에서 프로젝트 항목을 오른쪽 버튼으로 클릭하여 나타나는 메뉴에서 새 항목을 선택하고, 새 항목 추가 메뉴를 클릭한다. 새 항목 추가 대화 상자에서 ADO.NET Entity Data Model을 템플릿 목록 중에서 고른 다음, TechBioModel.edmx 와 같이 이름을 지정하고 확인 버튼을 클릭한다.

3. 데이터 모델 마법사의 첫 단계에서, 데이터베이스로부터 생성 항목을 클릭하고 다음 버튼을 클릭한다.

4. 다음 단계는 데이터 연결 선택 단계이다. 여기서 새 연결 버튼을 클릭하고, SQL Azure 데이터베이스에 대한 연결을 새로 만든다. 엔터티 연결에 대한 설정을 저장할 때 사용할 이름을 TechBioEntities로 정하고 다음 버튼을 클릭한다.

5. 마법사의 다음 단계는 데이터베이스 개체 선택 페이지이다. 모든 테이블을 선택한다. 여기서 ADO.NET Entity Framework 버전 4.0의 새로운 기능을 잠시 언급하면, 개체들의 이름을 영어로 작명하는 것과 관하여 단수화할 것인지 복수화할 것인지 그 규칙을 정할 수 있는 부분이 있다. 이 항목의 체크 박스를 체크한 상태로 진행하면 이 기능이 적용된다. 체크된 상태로 두고 마침 버튼을 클릭한다.

6. ADO.NET Entity Framework에서 앞에서 선택한 테이블들에 대한 모든 내용을 검사하여 데이터 서비스를 통하여 노출할 수 있도록 상위 데이터 모델 콘셉트를 자동으로 완성한다. Visual Studio에서는 마법사를 완료하고 나면 곧 Entity Framework 모델 디자이너가 테이블에 대한 시각적으로 화면에 그 내용을 보여줄 것이다. 여기서 물리적으로는 각각의 개체들이 테이블로 불렸지만 이 화면에서는 엔터티로 불리며, 이들 사이의 관계도가 보여질 것이다. 이번 예제에서 모델 디자이너에 대한 부분은 필요하지 않으므로 디자이너 창을 닫는다.

7. 이제 방금 만든 데이터 모델을 기반으로 데이터 서비스를 만들 것이다. 솔루션 탐색기에서 웹 프로젝트 항목을 오른쪽 버튼으로 클릭하고, 추가 메뉴를 클릭한 다음 새 항목 추가 메뉴를 클릭한다. 새 항목 추가 대화 상자의 웹 카테고리의 여러 항목들

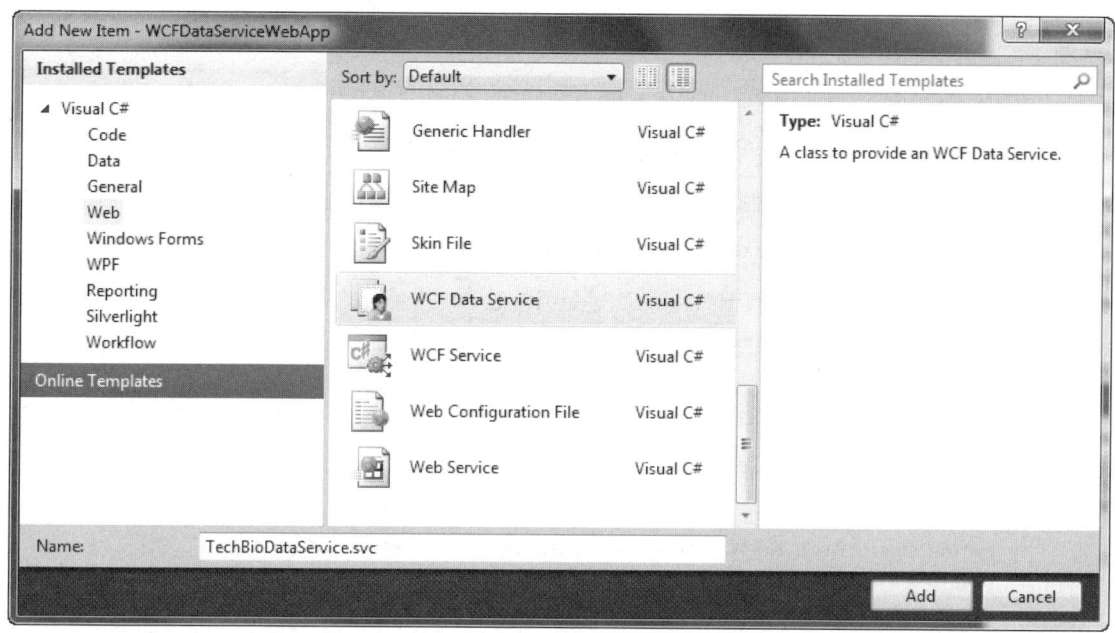

그림 6-10 WCF 데이터 서비스를 프로젝트에 추가하기

중 WCF 데이터 서비스 템플릿이 있을 것이다. TechBioDataService로 이름을 정하고 그림 6-10과 같이 이 항목을 프로젝트에 추가한다.

ADO.NET 데이터 서비스가 여러분의 프로젝트에 추가되면, 관련된 C# 코드 파일이 자동으로 IDE 전면에 편집기와 함께 나타날 것이다. 보여지는 것처럼 ADO.NET 데이터 서비스 템플릿은 여러분이 데이터 서비스를 만들 수 있도록 자동으로 코드를 생성해주었다.

데이터 서비스를 모델에 연결하기

이제 여러분은 여러분이 작성한 데이터 모델을 데이터 서비스와 연결하여 데이터 서비스가 어떤 데이터 소스로부터 데이터를 가져올 수 있는지를 정의할 수 있다. 코드에 적혀 있는 것과 같이 어떤 부분을 변경하면 이런 일을 할 수 있는지 이미 나타나 있다. 그러므로 다음의 코드를 변경한다.

```
public class TechBioDataService : DataService< /* TODO: 데이터 소스 클래스 이름 지정 */ >
```

이 부분을 아래와 같이 변경한다.

```
public class TechBioDataService : DataService<TechBioEntities>
```

데이터 서비스로 데이터 모델을 감싸는 것은 매우 쉬운 작업이다. 믿기 어렵겠지만 이미 데이터 서비스를 테스트할 준비가 모두 끝이 났다. 그러나 한 가지 더 할 일이 남아있다. 기본적으로, WCF 데이터 서비스는 보호되어 있다. WCF 데이터 서비스는 어떤 데이터를 내보낼 것인지를 명시적으로 선언해야만 그 데이터를 외부에 노출한다. 이를 선언하는 방법은 코드에 의한 것이며 해당 코드는 InitializeServices 정적 메소드 안에 배치되면 된다. 아래의 코드는 지정된 엔터티에 대하여 읽고, 쓰고, 삭제하고, 변경하는 권한을 인가하는 내용을 포함하고 있다.

```
// 서비스 수준의 정책을 초기화하기 위하여 이 메소드는 한 번만 호출됩니다.
public static void InitializeService(DataServiceConfiguration config)
{
    // TODO: 어떤 엔터티 세트를 노출시키거나 업데이트 가능하도록 할 것인지 규칙을 정합니다.
    // 예시:
    config.SetEntitySetAccessRule("Docs", EntitySetRights.All);
    config.SetEntitySetAccessRule("UserDocs", EntitySetRights.All);
    config.SetEntitySetAccessRule("Users", EntitySetRights.All);
    config.SetEntitySetAccessRule("TechGeoInfo", EntitySetRights.All);
    config.DataServiceBehavior.MaxProtocolVersion = DataServiceProtocolVersion.V2;
}
```

엔터티를 각각 열거하기 불편하다고 느껴지면, * 연산자를 사용하여 모든 엔터티를 다음의 코드와 같이 한번에 지정할 수 있다.

```
config.SetEntitySetAccessRule("*", EntitySetRights.All);
```

위의 코드는 여러분이 모든 엔터티에 대하여 동일한 권한을 지정하기 원한다고 가정하고 사용하는 것으로 권장되지 않는다. 그러나 예제를 위하여 여기서는 임시로 사용하기로 하겠다. 실무에서 사용할 때에는 좀 더 구체적으로 각각의 엔터티에 대하여 어느 정도의 권한을 인가할 것인지를 명시적으로 제어하는 것이 좋다.

그리고 EntitySetRights 옵션에는 다른 옵션들이 더 있는데, AllRead, AllWrite, None, ReadSingle, WriteAppend가 있다.

더 자세한 내용은 http://msdn.microsoft.com/en-us/library/system.data.services.entitysetrights.aspx에서 살펴볼 수 있다.

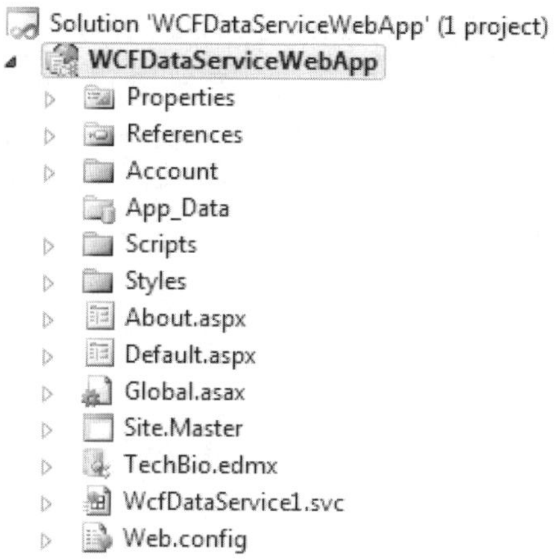

```
Solution 'WCFDataServiceWebApp' (1 project)
  WCFDataServiceWebApp
    ▷ Properties
    ▷ References
    ▷ Account
      App_Data
    ▷ Scripts
    ▷ Styles
    ▷ About.aspx
    ▷ Default.aspx
    ▷ Global.asax
    ▷ Site.Master
    ▷ TechBio.edmx
    ▷ WcfDataService1.svc
    ▷ Web.config
```

그림 6-11 솔루션 탐색기

지금까지 여러분은 데이터 모델과 WCF 데이터 서비스를 포함하는 웹 응용프로그램을 하나 만들었다. 이제 솔루션 탐색기의 모습이 그림 6-11과 같은지 살펴보도록 하자.

클라이언트 응용프로그램 만들기

이제 다음 단계로 클라이언트 응용프로그램을 만들 차례이다. 솔루션 탐색기에서 솔루션 항목을 오른쪽 버튼으로 클릭하고, 추가 메뉴의 새 프로젝트 메뉴를 클릭한다. 새 프로젝트 만들기 대화 상자에서, Cloud 프로젝트 항목 아래에 있는 Windows Azure Cloud Service를 선택하고, 그림 6-12와 같이 이름을 TechBioSite로 지정한다.

새 프로젝트 추가 대화 상자에서 확인 버튼을 클릭한다.

다음으로, 새 클라우드 서비스 프로젝트 대화 상자에서, ASP.NET Web Role을 클라우드 서비스 솔루션 패널 쪽으로 오도록 하나를 추가하되, 이름은 기본값인 WebRole1으로 두고 확인 버튼을 클릭한다.

다음으로, 새로 추가한 웹 역할 프로젝트를 솔루션 탐색기에서 오른쪽 버튼으로 클릭한 후 서비스 참조 추가 메뉴를 클릭한다. 이렇게 하면 새 서비스 참조 추가 대화 상자가 그림 6-13과 같이 나타날 것이다.

이제 이 대화 상자에서 탐색 버튼을 클릭하면, 솔루션 내에 존재하는 기존의 모든 웹 서비스들을 검색하여 그 결과를 열거할 것이다. 그림 6-12에서 보여지는 것과 같이, 앞의

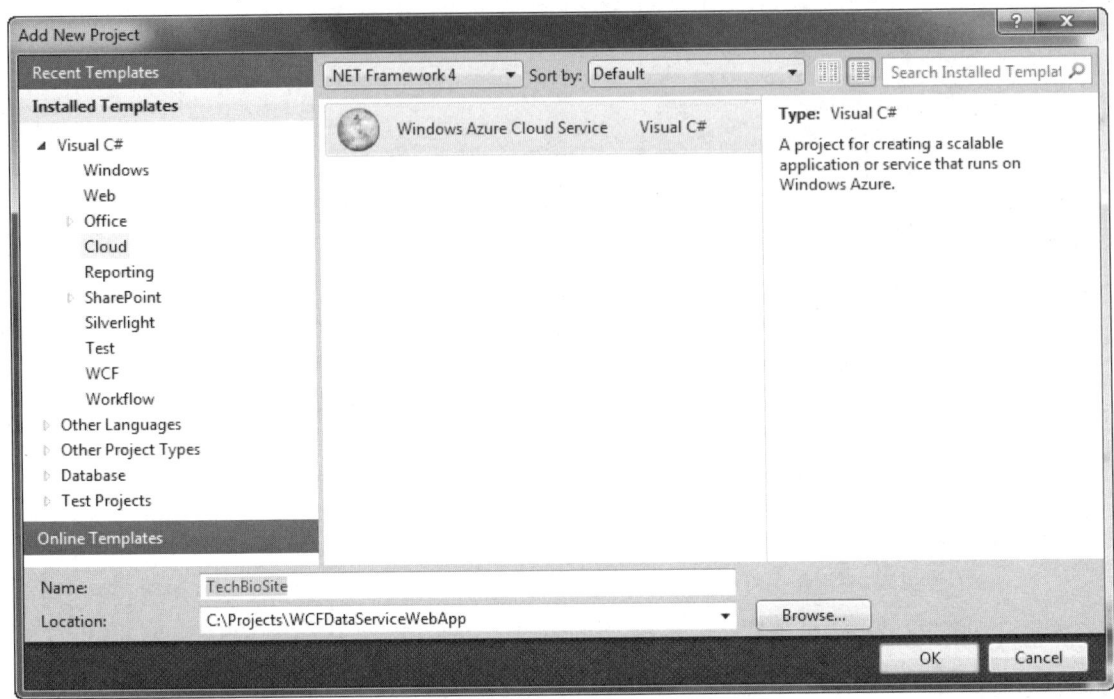

그림 6-12 Azure 클라우드 서비스 추가하기

웹 응용프로그램 프로젝트에서 만들었던 TechBioDataServices 서비스가 검색되는 것을 볼 수 있다. 자동 검색 기능을 이용하면 또한 이 서비스의 현재 로컬 URI도 자동으로 보여주며, 현재 공개되어 있는 엔터티 또한 자동으로 보여준다. 아래의 네임스페이스 이름을 TechBioServiceReference로 지정하고 확인 버튼을 클릭한다.

이 시점에서 솔루션 탐색기에는 아래 그림 6-14와 같이 TechBioSite 클라우드 서비스 프로젝트 아래에 WCFDataServiceWebApp 프로젝트와 WebRole1 프로젝트가 보여지고 있을 것이다.

사용자 인터페이스 만들기

이제 거의 다 되었다. 여러분은 간단한 사용자 인터페이스를 하나 만들어서 데이터 서비스를 통하여 조회된 데이터가 잘 보여지고 있는지 시험해볼 것이다. 이제 Azure Web Role 프로젝트의 Default.aspx 파일을 더블 클릭하여 열고, 아래쪽의 소스 탭을 클릭한다. 기존의 코드를 삭제하고 아래와 같이 코드를 작성하여 리스트 박스, 라벨, 콤보 박스 컨

제6장 SQL Azure로 프로그래밍하기 ■ 183

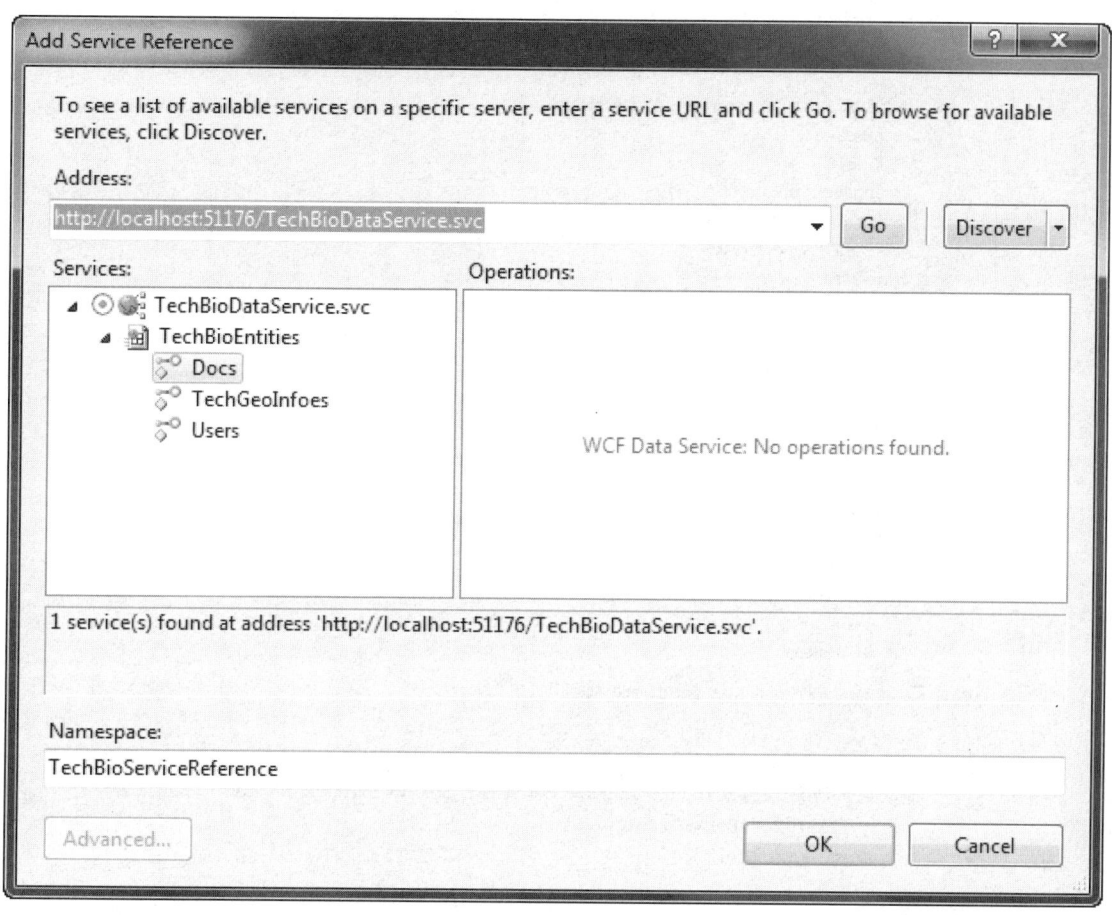

그림 6-13 서비스 참조 추가

트롤을 새로 추가한다.

```
<%@ Page Title="Home Page" Language="C#" AutoEventWireup="true"
    CodeBehind="Default.aspx.cs" Inherits="WebRole1._Default" %>

<html xmlns="http://www.w3.org/1999/xhtml">
<head runat="server">
    <title></title>
</head>
<body>
    <form id="form1" runat="server">
        <div>
            <asp:ListBox ID="docsList" runat="server"
```

```
Solution Explorer

Solution 'WCFDataServiceWebApp' (3 projects)
   TechBioSite
      Roles
         ServiceConfiguration.cscfg
         ServiceDefinition.csdef
   WCFDataServiceWebApp
   WebRole1
      Properties
      References
      Service References
      Account
      App_Data
      Scripts
      Styles
      About.aspx
      Default.aspx
      Global.asax
      Site.Master
      Web.config
      WebRole.cs
```

그림 6-14 솔루션 탐색기에 새로 추가된 프로젝트

```
                OnSelectedIndexChanged="docsList_SelectedIndexChanged"
                AutoPostBack="true">
            </asp:ListBox>
            <br />
            <br />
            <asp:Label ID="infoLabel" runat="server"></asp:Label>
            <br />
            <br />
            <asp:DropDownList ID="authorList" runat="server">
            </asp:DropDownList>
        </div>
    </form>
</body>
</html>
```

이제 여기서 할 마지막 일은 위의 코드에서 지정한 이벤트 처리기인 docsList_SelectedIndexChanged를 코드 비하인드 파일에서 구현하는 일이다. Default.aspx 페이지가 열린 상태에서 디자인 탭을 클릭하고, 화면 상의 리스트 박스 컨트롤을 더블 클릭하면 docsList_SelectedIndexChanged 이벤트 처리기를 코드 비하인드 파일에 자동으로 생성할 것이다. 그러나 이 이벤트 처리기를 구현하기 전에, Page_Load 이벤트 처리기에 몇 가지 변수를 정의할 수 있는 코드를 먼저 넣어야 한다. 우선, 다음의 문장을 코드의 첫 부분에 추가한다.

```
using System.Data.Services.Client;
using WebRole1.TechBioServiceReference;
```

그 다음, 다음의 멤버 변수를 추가한다. 아래의 두 변수는 데이터 서비스 호출에 필요한 DataServiceContext와 URI를 정의한다. 이 URI는 그림 6-13에서 본 서비스 참조 추가 대화 상자에서 사용하였던 것과 동일한 것으로 지정한다.

```
private TechBioEntities context;
private Uri svcUri = new Uri("http://localhost:51176/TechBioDataService.svc");
```

그 다음, 다음의 코드를 Page_Load 이벤트 처리기에 추가한다. 아래 코드를 통하여 데이터 서비스 컨텍스트를 인스턴스화하고, 리스트 박스에 사용 가능한 문서들과 콤보 박스에 등록된 사용자들을 열거하도록 할 것이다.

```
context = new TechBioEntities(svcUri);

DataServiceQuery<Doc> docs = context.Docs;
DataServiceQuery<User> users = context.Users;

foreach (Doc d in docs)
{
    docsList.Items.Add(new ListItem(d.Name, d.ID.ToString()));
}

foreach (User u in users)
{
    authorList.Items.Add(new ListItem(u.Name, u.ID.ToString()));
}
```

마지막으로, 다음의 코드를 docsList_SelectedIndexChanged 이벤트 처리기에 추가한다. 이 코드는 Docs 테이블을 조회하여 문서 정보를 얻어오는데, 선택된 문서와 문서에 연관된 사용자들에 대한 정보, 그리고 가격을 각각 콤보 박스와 라벨에 출력할 것이고, 그 후 선택한 문서에 대한 작성자를 사용자 목록을 출력한 콤보 박스에서 선택하여 나타낼 것이다. 여기서 다른 한편으로, 아래의 쿼리는 LINQ to Entities 쿼리로, 여기서 LINQ 란 언어 통합 쿼리(Language Integrated Query)의 약칭이며, 이를 통하여 개발자가 LINQ

문법에 맞추어 쿼리를 작성하고 Entity Framework 개념 모델에 대응되게 개발할 수 있도록 돕는 역할을 한다.

```
var docInfo = (from d in context.Docs
               where d.ID == Convert.ToInt32(docsList.SelectedItem.Value)
               select d).FirstOrDefault();
infoLabel.Text = string.Concat("Desc: ", docInfo.Descr, "   ", "Price: ",
docInfo.PurchasePrice.ToString());

authorList.SelectedIndex = docInfo.AuthorId;
```

응용프로그램 실행하기

이제 응용프로그램을 실행할 준비가 되었다. We Role 프로젝트를 기본 시작 프로젝트로 지정되도록, Web Role 프로젝트를 솔루션 탐색기에서 오른쪽 버튼으로 클릭한 다음, 시작 프로젝트로 지정 메뉴를 클릭한다. 그 다음 F5 키를 눌러 프로젝트를 빌드하고 실행하도록 한다. 그림 6-15와 같이 웹 페이지가 화면에 나타나면, 리스트 박스에 Docs 테이블에서 조회해온 책들의 목록이 나타나는 것을 볼 수 있을 것이다. 임의의 항목을 목록에서 선택하면 상세 정보가 조회되며 가격은 라벨에, 관련 저자 정보는 콤보 박스에 나타나는 것을 볼 수 있다.

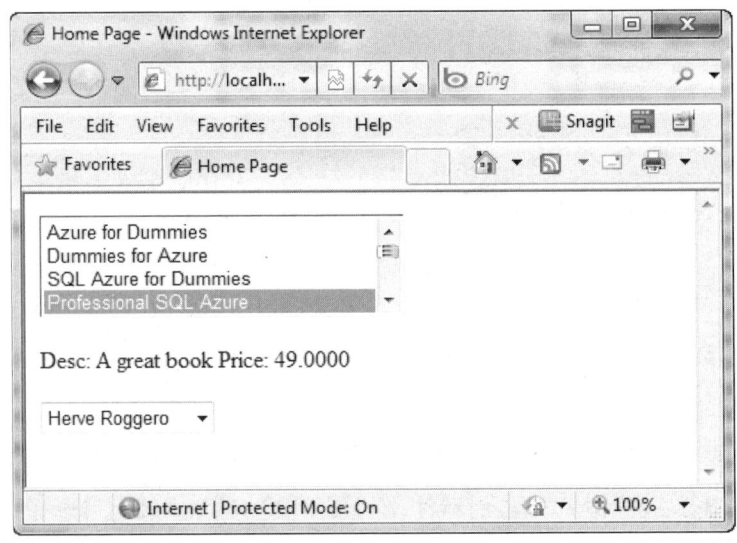

그림 6-15 응용프로그램 실행 모습

여러분은 방금 막 WCF 데이터 서비스를 만들었고 이제 이 서비스는 SQL Azure 데이터베이스에 연결하고 데이터를 조회하도록 만들어졌다. 이는 매우 단순한 예제이지만, 여러분이 믿고 시작할 수 있는 완고한 기반을 마련해주는 데는 문제가 없다. 이제 이를 기반으로 클라우드를 기반으로 하는 데이터 서비스를 만들거나 설계할 수 있는 것이다.

WCF 데이터 서비스에서 레코드 탐색하기

이 장을 마무리하기 전에, 여러분이 방금 만든 WCF 데이터 서비스에서 노출하는 데이터 레코드가 어떤 모습인지 한 번 살펴볼 필요가 있다. 레코드 탐색은 필자에게 있어 WCF 데이터 서비스의 기능들 중에서도 매우 흥미를 이끄는 부분이다.

여러분의 프로젝트가 아직 실행 중이면, 프로젝트의 실행을 중지시키고, 솔루션 탐색기를 연 다음, 데이터 서비스 항목까지 찾아간다. 간단히 설명하기 위하여, 직접 이 데이터 서비스를 실행해보도록 하겠다. 데이터 서비스 항목을 오른쪽 버튼으로 클릭하고, 브라우저에서 보기 메뉴를 클릭한다. 서비스가 자동으로 시작되고, 곧 REST(Representational State Transfer) 기반의 서비스가 여러분의 관계형 데이터베이스 위에서 실행될 것이며, 데이터 서비스를 통하여 노출된 단순한 형태의 서비스와 엔터티들이 그림 6-16과 같이 XML로 표현되는 것을 볼 수 있다. 여러분은 엔터티의 전체 목록을 모두 볼 수 있는데 이는 이전에 모든 엔터티들에 대한 권한 전체를 인가했기 때문이다. 앞의 페이지로 되돌아가서, 엔터티들에 대한 권한을 인가했던 코드를 찾아 숨기거나 권한을 제한하고자 하는 부분을 주석 등을 활용하여 편집한 후 다시 브라우저를 통해 내용을 살펴보면 Docs, TechGeoInfoes, Users 테이블 중 여러분이 보이지 않도록 만든 테이블에 대한 정보만 빠진 상태로 XML로 표현되는 것을 볼 수 있을 것이다.

여기서 궁금한 것은, 어떻게 하면 실제로 데이터를 볼 수 있는지에 대한 것이다. 답은 간단하다. 지금 접속하기 위하여 사용한 URI에 끝에 살펴보려는 엔터티의 이름만 추가하면 되는데, 이렇게 하면 데이터가 열거될 것이다. 예를 들어, 앞의 URI에 Users 엔터티의 내용을 살펴보기 위하여 다음과 같이 URI를 지정할 수 있다.

http://localhost:51176/TechBioDataService.svc/Users

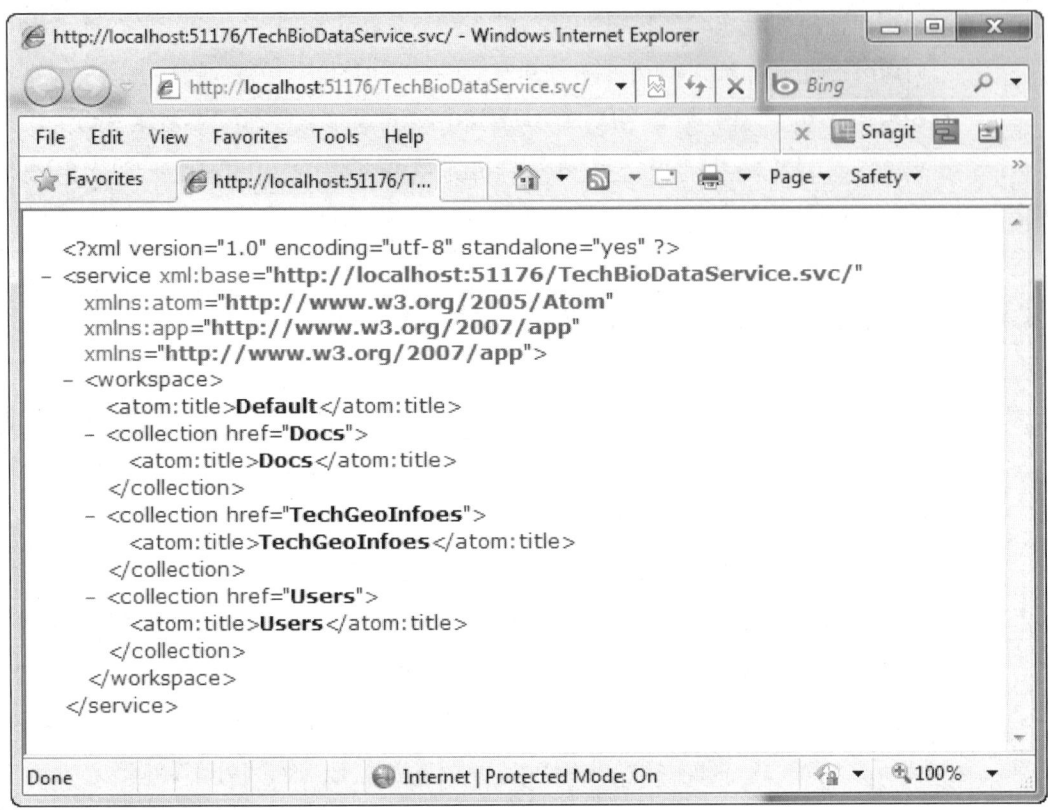

그림 6-16 REST 프로토콜을 이용하여 WCF 데이터 서비스의 데이터 탐색하기

여기서 엔터티의 이름은 대/소문자 구분을 한다는 것에 유의한다. 여기서 Users라고 입력하지 않고 소문자로 users라고 입력하면 페이지를 찾을 수 없다는 오류를 대신 받게 될 것이다.

■ TIP 시간을 내어 일부러 엔터티의 이름에 오타를 내어 그 결과를 살펴볼 것을 권한다. 이렇게 하면 여러분이 무심코 실수했을 때에도 오류를 좀 더 순조롭고 빠르게 찾아내는 데에 도움을 준다. 머지 않아 이러한 오류들을 보게 될 것이다.

Internet Explorer의 피드 보기 기능 끄기

이 시점에서 Users 테이블에 대한 XML 형태의 표현 결과를 볼 수도, 또는 그림 6-17과 같

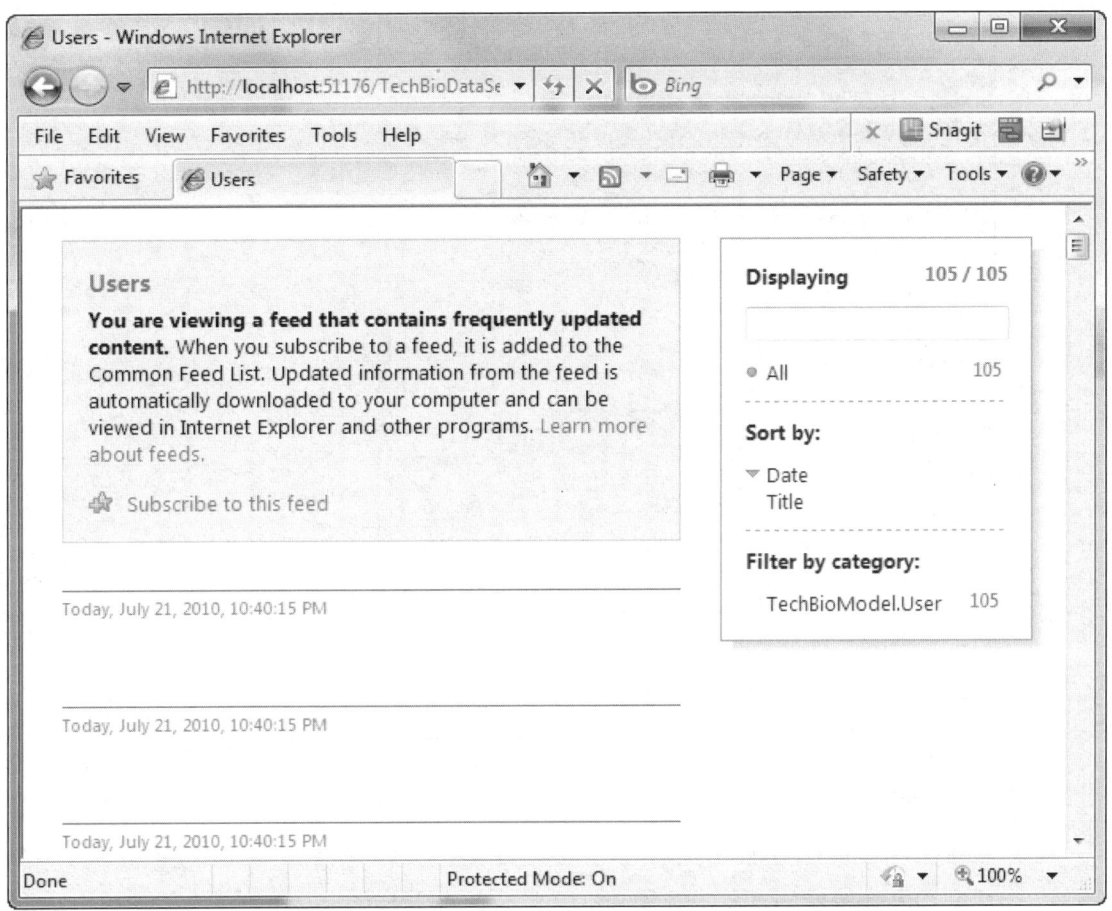

그림 6-17 RSS 피드 페이지

은 웹 페이지를 보게 될 수도 있다. 만약 후자의 경우라면, 정확한 결과를 살펴보기 위하여 Internet Explorer의 피드 보기 기능을 끌 필요가 있다. Internet Explorer는 ADO.NET 데이터 서비스가 만든 XML 결과물이 RSS 피드와 더불어 많이 사용되는 ATOM 기반의 블로그 피드로 이해하고 자동으로 이러한 페이지를 보여주기 때문이다.

이 문제를 해결하기 위해서는 Internet Explorer의 기능을 하나 꺼야 한다. Internet Explorer를 열어서, 도구 메뉴의 옵션 메뉴를 클릭하면 인터넷 속성 대화 상자가 나타날 것이다. 이 대화 상자의 상단에 위치한 여러 탭 중 내용 탭을 클릭한다. 그 다음, 아래쪽에 있는 피드 및 웹 조각 설정 버튼을 클릭한다.

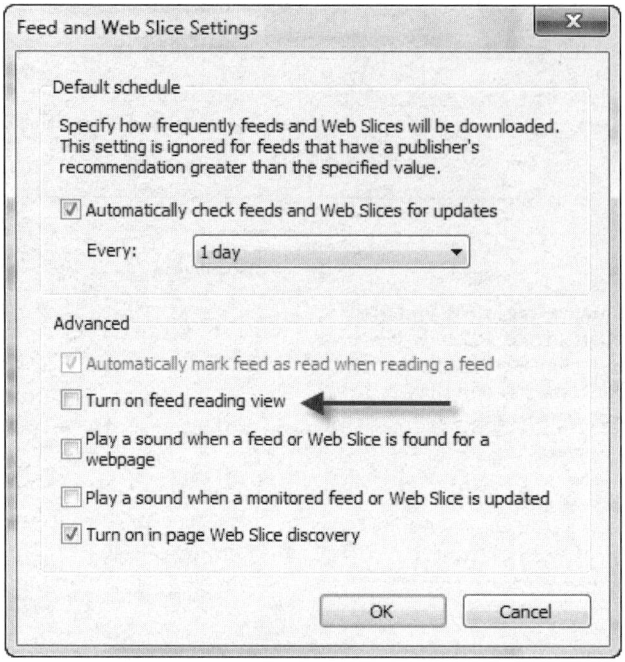

그림 6-18 RSS 피드 보기 기능을 끄는 방법

이 버튼을 클릭하면 그림 6-18과 같이 대화 상자가 하나 더 나타날 것이다. 이 대화 상자에서 피드 읽기 전용 뷰 체크 상자 앞의 체크를 해제하고, 이 대화 상자와 인터넷 속성 대화 상자의 확인 버튼을 각각 클릭하여 설정을 저장한다.

최종 결과 보기

다시 웹 페이지로 되돌아와서, F5 키를 눌러 페이지를 새로 고친다. 이제 그림 6-19와 같이, Users 테이블의 내용이 정상적으로 XML의 형태로 나타날 것이며, Users 테이블 아래에 어떤 내용이 있는지 잘 보일 것이다.

그러나, 아직 여기서 끝이 아니고, 더 많이 테스트해볼 수 있는 것들이 남아있다. 예를 들어, 지금 보고 있는 페이지는 Users 테이블에 대한 모든 데이터를 반환하고 있지만, 만약 여러분이 특정 사용자에 대해서만 XML 데이터를 받아보기 원한다고 하면 어떻게 할 수 있을까?

데이터를 살펴보면 각 레코드 별로 데이터를 식별할 수 있는 ID 열이 있는 것을 알 수

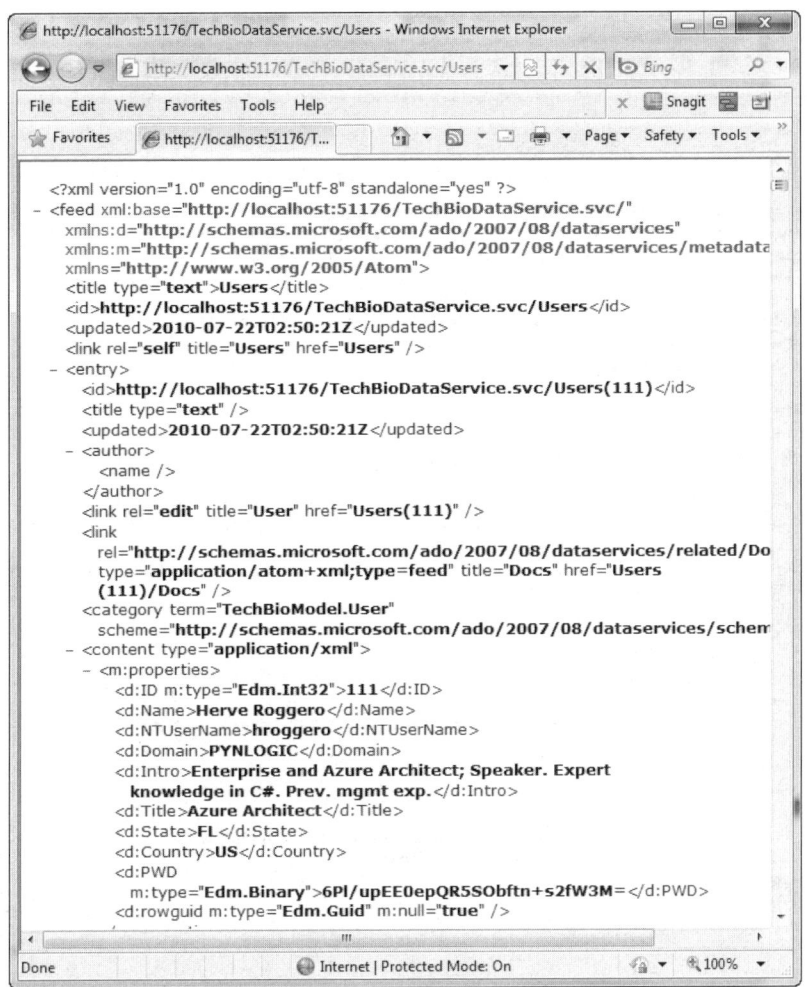

그림 6-19 모든 사용자 정보 보기

있고, 여러분은 URI에 이 ID 열의 값을 지정하는 방법을 사용하여 특정 사용자에 대한 정보를 추출하여 볼 수 있다. 이는 마치 T-SQL 쿼리에서 사용하던 WHERE 절과 기능이 매우 비슷해 보이는데, WHERE ID = 113이라고 지정하는 것과 같은 의미가 된다. 여기서 필자는 특정 사용자의 상점 정보를 검색하기 위하여 URI에 적절한 ID 조건 값을 넣도록 쿼리를 수행하였다.

원하는 데이터를 얻어오기 위하여 URI를 만들 때 추가적으로 특정 필드를 선택하도록 구성할 수 있는데 아래와 같은 형태가 된다.

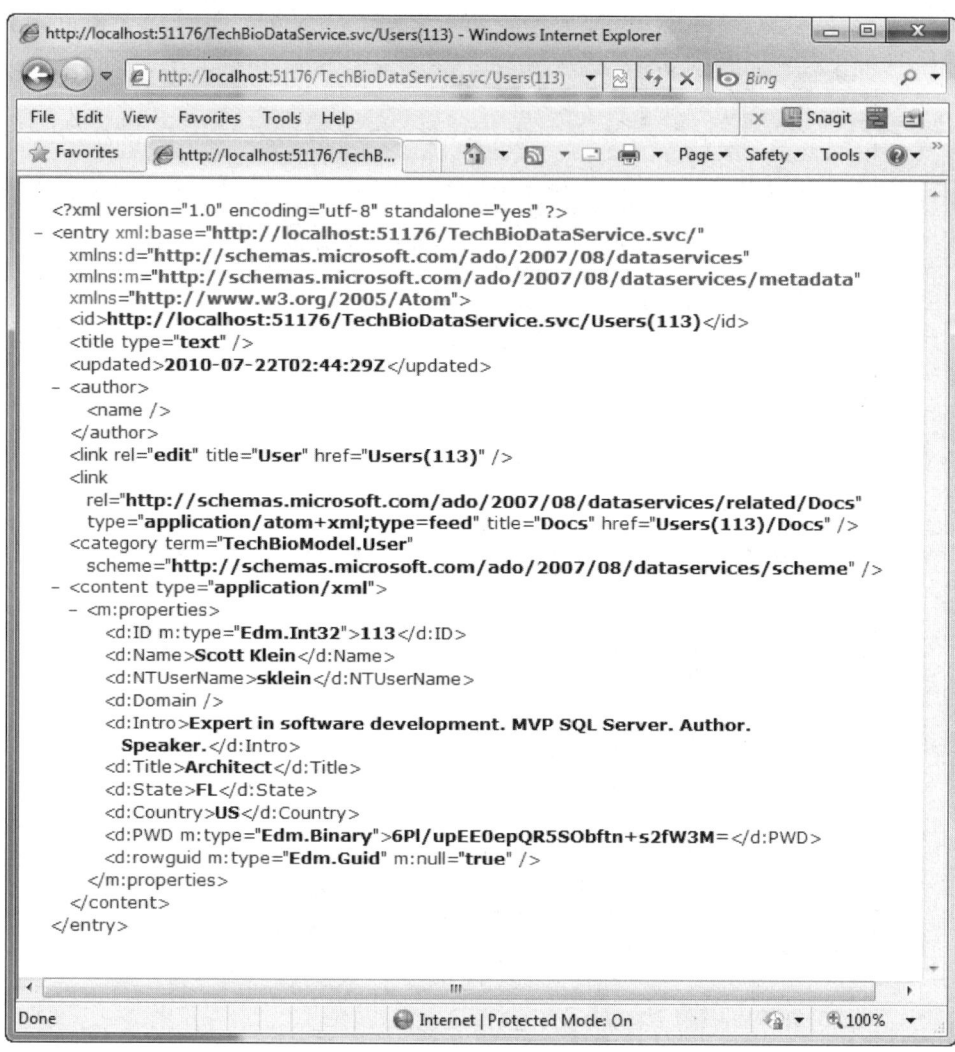

그림 6-20 특정 사용자 정보 보기

http://localhost:51176/TechBioDataService.svc/Users(113)/Name

특정 필드를 ID와 함께 지정하여 URI를 만들어 실행하면 그 결과로 해당 조건에 맞는 레코드의 특정 필드에 대한 데이터만 반환된다. URI를 보면 알 수 있듯이 그림 6-21과 같은 형태로 UserID 열의 값이 113인 항목의 Name 필드만 반환된다.

또한 여러분은 같은 방법을 사용하여 테이블 사이를 연관 지어 탐색할 수 있다. 예를 들어, 만약 특정 사용자 ID와 관련되어 있는 문서들의 정보를 한꺼번에 보고 싶다면 아

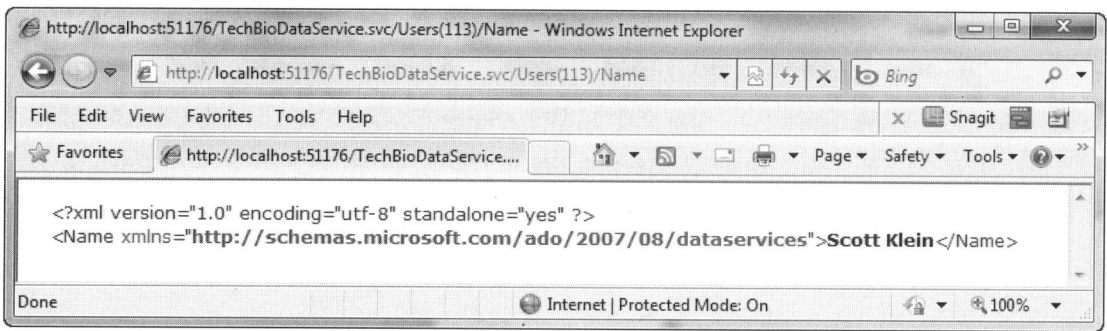

그림 6-21 특정 사용자의 이름만 보기

래와 같이 URI를 만들 수 있다.

http://localhost:51176/TechBioDataService.svc/Users(113)/Docs

이 정보가 SQL Azure에 연결하는 것에 관하여 그다지 중요한 것은 아닐지 몰라도, REST 기반의 서비스가 어떻게 동작하고, 앞서 설명한 기능들이 여러분의 응용프로그램에 어떤 식으로 도움이 되는가를 아는 데에는 도움이 될 것이다. 이번 장이 Entity Framework나 REST 기술에 대해서 깊이 있게 다루는 것은 아니지만, APRESS의 다른 도서들과 MSDN의 여러 정보들이 부족한 내용들을 충분히 채워줄 것이다. 개인적으로 이러한 기술들이 SQL Azure 응용프로그램에 어떻게 작용하여 발전을 이룰 수 있는지 자세한 내용을 살펴보기를 적극 권장한다.

■■■ Azure 프로그래밍 고려 사항

이번 장을 마무리하면서, 잠시 SQL Azure와 같은 클라우드 기반 서비스를 이용하여 응용프로그램을 개발할 때 고려해야 할 사항들을 짚어보고자 한다. 이번 장에서 많은 시간을 SQL Azure에 연결하기 위한 방법을 익히는 데에 사용하였지만, 그러나 여러분이 실제로 코드를 작성하기에 앞서서 반드시 고려해야 할 것은 또한 연결에 대한 부분이다. 무엇보다도 중요한 것은, 여러분의 연결 문자열을 각종 Injection 공격이나 중간 정보 수집에 의한 공격 등으로부터 보호해야 한다는 점이다. .NET Framework는 SqlConnection 클래스와 같이 사용할 수 있도록 연결 문자열의 내용을 관리하고 암호화하는 간단한 클래스를 하나 제공하고 있는데, 이 클래스는 SqlConnectionStringBuilder 클래스이다.

다음의 예제에서는 이 클래스를 어떻게 사용하는지를 보여준다. 우선 네 개의 정적 변수를 선언하고 사용자 이름, 비밀번호, 데이터베이스 이름, 서버 정보를 보관하도록 만들었다.

```
private static string userName = "SQLScott@server";
private static string userPassword = "password";
private static string dataSource = "tcp:server.database.windows.net";
private static string dbName = "TechBio";
```

그 다음, GetConString 메소드를 SqlConnectionStringBuilder 클래스를 사용하도록 수정하여 연결 문자열을 동적으로 조립하도록 재구성한다.

```
string GetConString(int connType)
{
    if (connType == 1) {
        SqlConnectionStringBuilder connstr = new SqlConnectionStringBuilder();
        connstr.DataSource = dataSource;
        connstr.InitialCatalog = dbName;
        connstr.Encrypt = true;
        connstr.TrustServerCertificate = false;
        connstr.UserID = userName;
        connstr.Password = userPassword;
        return connstr.ToString();
// 중략…
    }
}
```

따라서, SQL Azure 데이터베이스에 연결할 때에는 다음의 사항들을 고려해야 한다.

- SqlConnectionStringBuilder 클래스를 사용하여 Injection 공격을 예방해야 한다.
- 연결을 암호화해야 한다. Encrypt 매개 변수를 True로 지정하고, TrustServerCertificate를 False로 지정하여 연결이 정확히 암호화될 수 있도록 하여 중간에서 정보를 가로채는 방식의 공격을 허용하지 않도록 해야 한다.
- 가능한 MARS(다중 활성 결과 집합)를 사용하여 데이터베이스에 대한 왕복 횟수를 최소화한다.

끝으로, 몇 가지 연결에 대한 제약 사항을 이야기하고자 한다. 이전에 간단히 이야기했던 부분이지만 SQL Azure 연결에 대하여 다시 이야기하겠다. SQL Azure의 연결을 다루는 부분과 여러 자원들이 여러분의 서버에 의하여 사용될 가능성이 있는 경우, Microsoft는 서비스의 안정성을 최우선으로 할 것이므로 예고 없이 여러분의 연결을 다음의 조건에 한하여 끊을 가능성이 있다.

- **장기 실행 쿼리와 장기 실행되는 단일 트랜잭션** - 만약 여러분의 쿼리가 이 책을 집필하는 현 시점에서 SQL Azure의 정책인 최대 30초를 넘기게 되는 경우 Azure는 자동으로 연결을 종료할 것이다. 이는 단일 트랜잭션에 대해서도 동일하다.
- **정체된 연결** - 필요한 작업을 모두 수행하였다면 연결은 반드시 닫아야 한다. 연결을 유지한 상태로 두지 않는 것이 좋다.
- **지나친 리소스 사용** - 이는 두 번 언급할 필요가 없다. 다른 서비스 사용자들과도 리소스를 공유하기 때문에, 다른 자원들을 독차지하도록 사용해서는 안 된다. 다시 강조하지만, 신사적으로 서비스를 사용하는 것이 좋다.
- **서버 장애로 인한 장애 극복** - 이는 확실하다. 만약 서버가 어떤 이유에 의하여 실패하게 되는 경우 여러분의 연결이 끊어질 수 있다. 그러나 응용프로그램이 연결을 다시 시도할 경우, 장애 극복 절차에 의하여 마련된 백업 데이터베이스와 자동으로 다시 연결될 것이다.

처음의 세 가지 정책에 대해서는 여러분의 재량에 달려있지만, 마지막의 경우 그렇지 않다. 첫 번째와 세 번째의 경우 이 장의 시작에서 내용을 살펴본 적이 있다. 핵심은 로컬에서 완전히 테스트하고 배포를 나중에 하라는 것이다. 이는 절대적으로 지켜야 할 사항이다. 시간을 내어 여러분의 쿼리를 살펴보고, 실행 예측 결과를 살펴서 효율적으로 실행되고 시간이 너무 오래 걸리지는 않는지 확인해볼 필요가 있다. 여러분의 데이터베이스 사용 방식에 문제가 있는 경우 이를 해결하기 전까지는 클라우드 환경에 배포해서는 안 된다.

■■■ 결론

이 장을 시작하면서 여러분의 응용프로그램을 배포하는 과정에서 고려해야 할 몇 가지 요소들을 언급하면서 시작하였는데, 가령 여러분의 응용프로그램을 기존 IT 환경 또는 Azure위에서 실행되도록 선택하는 것에 대한 부분이었다. 또한 응용프로그램 배포를 데이터베이스 관점에서 수행하는 것과, 여러분의 데이터베이스를 클라우드로 이관하는 동안 고려해야 할 사항들과 콘셉트들, 가령 얼마나 많은 양의 데이터가 이동해야 하는지와 같은 부분들을 살펴보았다.

다음으로 SQL Azure 데이터베이스에 접속하고 쿼리를 실행하는 서로 다른 프로그래밍 기법인 ADO.NET과 ODBC에 대하여 살펴보았고 각각의 예제들도 충분히 검토해 보았다.

마지막으로, SQL Azure 데이터베이스를 WCF 데이터 서비스를 통하여 접근하는 방법을 살펴보았다. Microsoft 뿐만 아니라 서비스 지향 아키텍처(SOA)에 대한 강력한 주장을 펴는 곳은 많지만, WCF 데이터 서비스를 통하여 SQL Azure 데이터베이스를 기반으로 확고한 서비스 계층을 제공하는 방법도 살펴보았다. 이 정보는 OData에 대해서 좀 더 깊게 논의할 다음 장에서 훌륭한 시작점이 될 것이다. OData는 웹 환경에서 데이터를 조회하거나 변경하기 위한 표준화된 방법이다.

CHAPTER 7

SQL Azure와 OData

기술 관련 도서 저자들은 독자들과 함께 그들이 책으로 써내려 간 기술들에 대해 기쁨과 즐거움을 공유하고 싶어하여 책을 쓴다. 저자들은 여러 단원에 걸쳐서 작업하며, 설명하고자 하는 기술을 효과적이면서도 즐겁게 표현할 수 있는 방안을 그려 나가며, 실제 상황에 맞는 시나리오를 찾기 위하여 부단히 노력한다. 가끔, 책을 써내려 가면서 기술에 대한 열정이 최고조에 이르게 될 때면 책의 내용이 끊이지 않기를 바라기도 한다.

이 단원 역시 그러한 단원 중 하나이다. 이 단원은 OData라는 플랫폼 독립적인 프로토콜로 데이터를 조회하거나 업데이트하기 위한 목적을 가지고 있다. OData를 사용하면 여러분은 심지어 여러분의 휴대 장치에서도 데이터를 조회할 수 있다.

Windows Phone 7은 OData를 사용하여 SQL Azure 데이터베이스를 매우 손쉽게 조회할 수 있다. 멋지지 않은가? 이 단원의 마지막에 이르게 되면 여러분도 이 기술이 얼마나 멋진 기술인지 수긍하게 될 것이다.

여러분은 아마도 OData가 무엇인지 궁금해할 것이며, 이것이 Windows Phone과 SQL Azure에 어떻게 관련이 있는지도 궁금할 것이다. 이 단원에서는 이러한 질문에 대한 답을 제시하면서, 그 중에서도 OData 프로토콜이 왜 존재하고 SQL Azure와 어떻게 연결되는가에 대한 이야기를 할 것이다. 또한 여러분은 OData를 사용하여 SQL Azure 데이터베이스에서 데이터를 조회하는 방법과 함께 OData를 통하여 조회한 SQL Azure 데이터베이스의 내용을 표시하는 Windows Phone 기반 응용프로그램을 작성하는 방법을 배울 것이다.

서비스는 요즈음 응용프로그램 개발에서는 매우 중요하고 기본적인 부분이며, 앞으로의 응용프로그램에 있어서는 더더욱 그러하다. 이 책에서 WCF 데이터 서비스와 함께

SQL Azure와 연관 지어 특별히 OData를 다루게 된 배경이 바로 이 때문이다. OData는 HTTP와 같은 웹 기술을 사용하는 다양한 응용프로그램과 환경에서 사실상의 표준으로 수용되어가고 있다. 이제 OData를 살펴보자.

■■■ OData 개요

OData는 Open Data 프로토콜의 약칭이다. REST 기반의 웹 프로토콜로서, 플랫폼이나 데이터 원본 종류에 무관하게 데이터를 조회하거나 업데이트하기 위하여 사용된다. OData는 HTTP, 자바스크립트 객체 표기법(JSON), Atom Publishing Protocol(AtomPub)와 같은 기존 웹 기술을 사용하여 이러한 목적을 달성한다. OData를 통하여 여러분은 관계형 데이터베이스, 파일 시스템, 콘텐츠 관리 시스템(CMS)를 포함한 다양한 데이터 원본을 다양한 종류의 응용프로그램과 서비스에 연결할 수 있다.

OData 프로토콜은 지난 몇 년간 AtomPub 기반 클라이언트와 서버에 관련된 기술들을 종합하면서 쌓인 경험으로부터 나타난 것이다. OData는 URI를 기반으로 하여 웹 상에서 일관성 있는 상호 연동 기능을 제공하기 위한 목적으로 리소스를 식별하고, HTTP 기반의 단일화된 인터페이스를 통하여 다양한 데이터 원본에 데이터를 반영하기 위한 수단으로 사용한다. OData는 웹의 주요 기본 사항들에 맞추어져 있는데, 이는 OData를 엄청난 수의 서비스, 클라이언트, 도구 그리고 서버에까지 통합되거나 상호 운용될 수 있도록 만들었다.

여러분이 기본적인 데이터만을 제공 하는 공급자이든 엔터프라이즈 급의 웹 응용프로그램을 운용하는 공급자이든 관계없다. OData는 여러분의 데이터와 연관된 로직을 OData 피드로 내보낼 수 있으며, 따라서 비즈니스 인텔리전스 개발 스튜디오, 개발자 도구 및 라이브러리 등 OData 프로토콜을 지원하는 데이터 소비자 모두에게 사용 가능한 데이터를 공급할 수 있다.

OData 공급자

OData 공급자는 OData 프로토콜을 사용하여 데이터를 노출하는 서비스나 응용프로그램이다. 예를 들어, 여러분은 이 책에서도, 특히 이 단원에서 특별히 언급하는 SQL Azure와

OData 사이의 관계성 때문에 SQL Azure가 OData 형식으로 데이터를 내보낼 수 있음을 추론할 수 있을 것이다. 그러나 SQL Server Reporting Service나 SharePoint 2010 또한 다른 응용프로그램과 같이 OData 공급자로서의 역할을 수행할 수 있다. 이 장의 후반부에서 여러분은 SQL Azure 데이터베이스의 데이터를 OData 서비스를 통하여 내보내는 방법을 살펴볼 것이다.

현재 공개되어 있거나 사용 가능한 많은 OData 서비스가 존재하며, 이들 서비스를 응용프로그램에서 소비하도록 할 수 있다. 예를 들어, Stack Overflow, NerdDinner, 심지어는 Netflix가 Microsoft와 협력하여 OData API를 만들었다. 현 시점에서 사용 가능한 전체 OData 공급자, 서비스 목록을 확인하고 싶다면 www.odata.org/producers. 웹 페이지를 방문하도록 한다.

■ **NOTE** Netflix의 OData 서비스를 간단히 살펴보도록 하자. 여러분의 웹 브라우저를 열고, http://OData.netflix.com/Catalog 페이지를 방문한다. 이 예제는 Internet Explorer 7.0 이상을 사용하여야 보이며, Firefox나 Chrome을 사용할 경우 조금 다른 결과가 나타날 수도 있다.

브라우저에는 그림 7-1과 같이 Netflix에서 여러분이 살펴보거나 검색할 수 있는 영화들의 범주 목록이 표시될 것이다. 이제, 여러분이 6장의 내용을 건너뛰지 않았다면, 아마도 그림 7-1을 보면서 마치 WCF 데이터 서비스와 비슷하다는 느낌을 받을 것이다. 맞다. 그 이유는, 이전에 이야기한 대로 OData가 여러분의 데이터와 연관되어 있는 로직들을 OData 피드의 형태로 사용 가능하게 만들어주기 때문에, 데이터의 원본의 종류나 소비자의 유형에 관계없는 표준화된 방법을 통하여 손쉽게 이런 것을 구현할 수 있는 것이다.

따라서, 그림 7-1에서 보는 것과 같이 여러분은 Netflix의 영화 카탈로그를 검색하거나 카테고리를 살펴볼 수 있는 것이다. 예를 들어, 여러분은 영화 정보를 검색하기 위하여 다른 형식의 끝점을 볼 수 있는데, Titles, People, Languages, Genres와 같은 이름을 볼 수 있다.

6장에서 본 것처럼, Netflix 카탈로그를 탐색하기 위하여 URI 방식으로 쿼리를 전달할 수 있다. 예를 들어, Netflix에서 제공하는 매우 다양한 정보를 살펴보도록 하자. 이때 사용할 수 있는 URI는 http://OData.netflix.com/Catalog/Genres와 같다.

이렇게 하면 장르 목록이 〈entry〉 요소 내부에 있는 〈Name〉 요소에 들어있는 이름으

그림 7-1 Netflix 카탈로그

로 열거되면서 그림 7-2와 같이 나타날 것이다.

그림 7-2에서는 코미디 장르가 보여지고 있다. 추가적인 정보를 더 얻고자 한다면 URI에 필요한 문자열을 더 추가하는 것만으로 더 상세한 정보를 가져올 수 있다. 예를 들어, 〈id〉 요소를 보자. 이 요소의 값을 브라우저에서 복사한 후 주소 뒤에 붙여 넣으면 이 장르에 대한 상세한 정보가 나타나는 것을 볼 수 있다.

코미디 장르에 대한 조회 결과 예시를 계속 활용하여 이번에는 코미디 장르에 해당하는 모든 타이틀을 조회해보도록 하자. 이렇게 하려면, /Titles 필터를 URI 끝에 더 붙여서 다음과 같이 호출하면 된다.

http://OData.netflix.com/Catalog/Genres('Comedy')/Titles

이렇게 하면 Netflix OData 서비스는 코미디 장르에 해당되는 모든 영화 정보들을 반환하는 것을 볼 수 있다. 그림 7-3에서는 이 서비스를 통하여 반환된 영화 정보 하나가 브

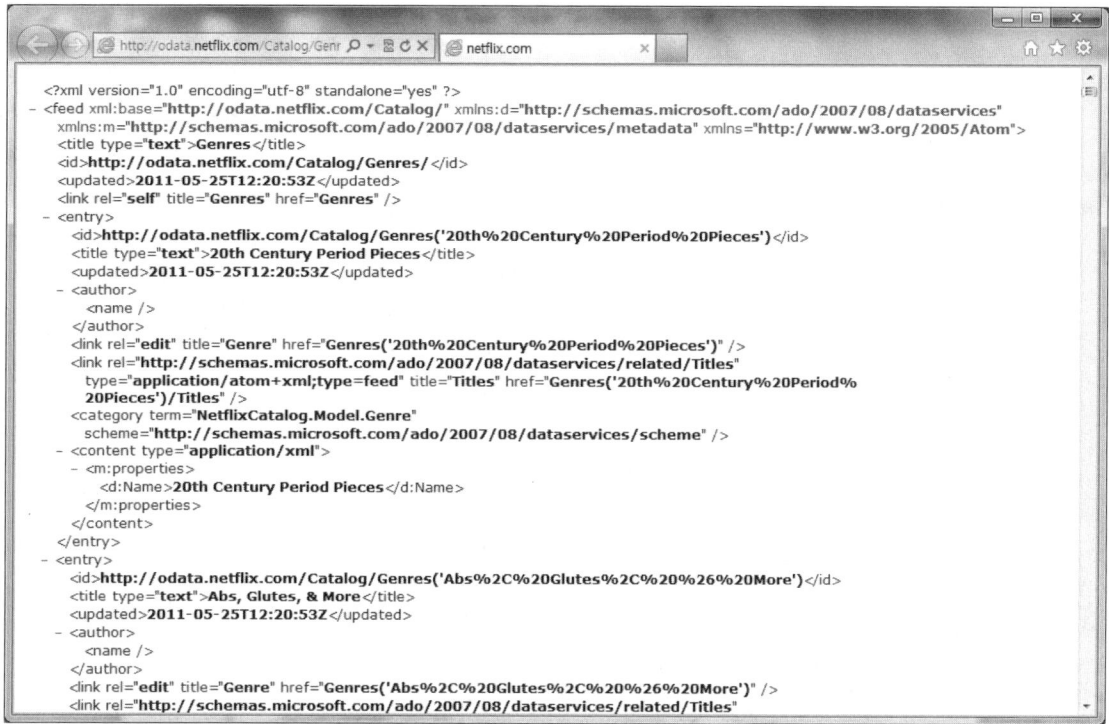

그림 7-2 Netflix 장르 목록

라우저에 출력된 모습을 보여준다.

이 시점에서 여러분은 어렴풋이 알게 되는 것이 있을 것이고 이를 통하여 더 많은 것을 살펴볼 수 있을 것이다. 비록 이 단원에서는 OData의 기초를 모두 살펴보기로 한 것이 아니지만, 다음과 같이 기본적인 예제를 통하여 여러분이 데이터를 조회해볼 수 있다.

- Netflix에 등록된 코미디 장르의 영화 정보가 몇 건이 들어있는지 알아보기 위하여 다음 URI를 사용할 수 있다. http://netflix.cloudapp.net/Catalog/Genres('Comedy')/Titles/$count?$filter =Type%20eq%20'Movie'

이렇게 하면 브라우저에 숫자가 표시될 것이다. 이 책을 집필하고 있었을 당시의 값은 4642건이었다.

- Netflix에 등록된 코미디 장르의 영화 정보들 중 1980년대에 공개된 항목들만 검색하고 싶다면 다음과 같이 URI를 사용할 수 있다. http://OData.netflix.com/Catalog/

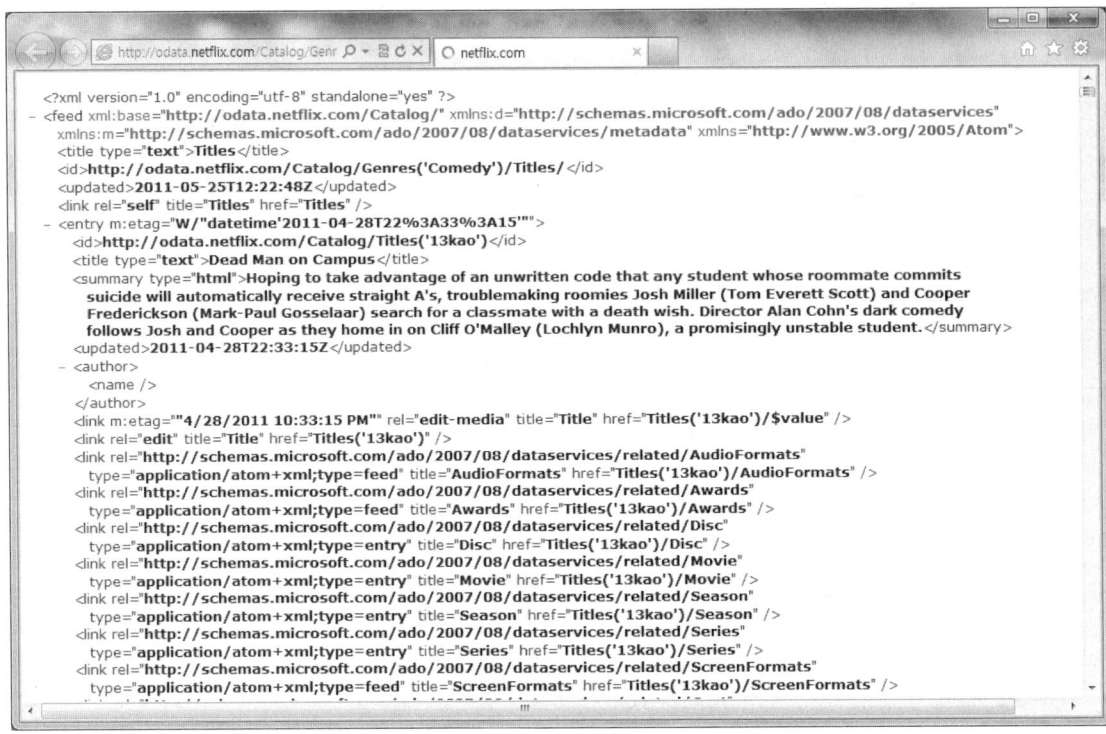

그림 7-3 Netflix 영화 제목 살펴보기

Genres('Comedy')/Titles?$filter=ReleaseYear%20le%201989%20and%20ReleaseYear%20ge%201980.

- Brad Pitt가 출연한 모든 영화를 검색하기 위하여, 다음의 URI를 사용할 수 있다.
  http://OData.netflix.com/Catalog/People?$filter=Name%20eq%20'Brad%20Pitt'&$expand=TitlesActedIn.

여기서 URL에 새로운 필터를 추가하기 위하여 알아야 할 핵심은, 모든 정보가 서비스에 의하여 반환된다는 점이다. 예를 들어, 다음의 예제를 조금 더 수정해 보겠다.

http://OData.netflix.com/Catalog/People?$filter=Name%20eq%20'Brad%20Pitt'

결과 페이지에서, ⟨link⟩ 요소에 여러분이 URI에 적용할 수 있는 더 구체적인 필터가 열거되는 것을 볼 수 있다.

<link rel="http://schemas.microsoft.com/ado/2007/08/dataservices/related/Awards"...

```
<link rel="http://schemas.microsoft.com/ado/2007/08/dataservices/related/TitlesActedIn"...
<link rel="http://schemas.microsoft.com/ado/2007/08/dataservices/related/TitlesDirected"...
```

이 링크들은 여러분이 어떤 데이터를 가려낼 수 있는지를 알려주는 역할을 한다.

OData 소비자

OData 소비자란 OData 프로토콜의 형태로 노출된 데이터를 소비하는 응용프로그램 전체를 아우르는 말이다. OData를 소비할 수 있는 응용프로그램의 종류는 무궁무진한데, 방금 전에 살펴본 것처럼 단순한 웹 브라우저일 수도 있고, 엔터프라이즈 환경에서 사용되는 응용프로그램일 수도 있다. 다음의 목록은 OData 프로토콜을 지원하는 소비자 응용프로그램들의 한 예이다.

- **브라우저**: 요즈음 출시된 대부분의 브라우저들은 OData 서비스와 ATOM 기반 피드를 이해할 수 있는 기능이 기본으로 제공된다.
- **OData Explorer**: Silverlight 기반의 응용프로그램으로 OData 서비스를 탐색할 수 있는 기능을 제공한다.
- **Microsoft Excel 2010**: Excel 2010 전용의 PowerPivot 플러그 인을 통하여 OData 피드를 읽어서 워크 시트에 통합할 수 있다.
- **LINQPad**: OData 쿼리를 생성할 수 있는 도구이다.
- **클라이언트 라이브러리**: .NET, PHP, Java, Windows Phone 7 등 OData 서비스를 활용할 수 있도록 기능을 제공하는 다양한 프로그래밍 클라이언트 라이브러리들이 있다.
- **Sesame(OData 브라우저)**: Fabrice Marguerie에 의하여 제작된 OData 탐색 전용 브라우저이다.
- **OData Helper for WebMatrix**: ASP.NET과 함께 사용할 수 있으며, OData 프로토콜을 기반으로 데이터를 내보내는 어떤 종류의 피드와도 같이 사용하여 데이터를 가져오거나 업데이트할 수 있도록 기능을 제공한다.

이뿐만 아니라 더 많은 클라이언트 라이브러리들이 OData 프로토콜을 지원한다. 최신 목록을 확인하기 원한다면 www.odata.org/consumers. 페이지를 방문하는 것을 권장한다.

이제 OData에 대해서는 충분히 이야기하였다. 더 많은 내용을 학습하기 원한다면, OData 홈페이지(www.OData.org/home)에 방문하여 공급자 목록을 살펴볼 수 있다. 사람들이 웹 서비스와 WCF 서비스에 대하여 알게 될수록, 이러한 기술들을 이해하고 구현하는 데 필요한 학습 곡선이 생길 것이 분명하다. OData만으로는 많은 것을 이야기할 수 없을지 몰라도, 기존의 기술들과 함께 이를 사용하거나, 이해하고, 학습할 수 있다면 OData는 더욱 다루기 쉬워지고 빨라질 것이다.

Azure 데이터베이스에 OData 지원 추가하기

여러분이 처음 OData와 SQL Azure 사이의 연동을 살펴보았을 때, 아마도 여러분은 여기에 엄청난 작업과 이해해야 할 정보들이 가득할 것이라고 생각했을지 모르겠지만 그렇지 않다. OData를 SQL Azure에서 지원하도록 만드는 것은 매우 손쉽고 거의 시간이 걸리지 않는다. 이번 장에서는 SQL Azure 데이터베이스에서 OData를 지원하도록 활성화하는 방법을 소개하는 데에 시간을 할애하고자 한다.

지금까지 여러분은 SQL Azure 포털 사이트(http://sql.azure.com)를 통해서 많은 작업들을 수행해왔다. 그러나 11장에서 소개할 SQL Azure 동기화 서비스를 비롯하여 OData 지원 기능 등 많은 수의 새로운 기능들이 SQL Azure Labs 페이지(http://sqlazurelabs.com)를 통하여 제공된다. SQL Azure Labs는 첫 페이지에서 이야기하는 그대로, SQL Azure의 최신 서비스와 향상된 기능들을 미리 경험하고 테스트할 수 있도록 제공되는 페이지이다. 그러므로, 이곳은 여러분이 OData나 SQL Azure 동기화 서비스와 같은 최신 기능을 미리 경험할 수 있는 좋은 곳이다.

SQL Azure Labs 시작하기

SQL Azure Labs 페이지에 우선 방문하여 다음의 단계를 따른다.

1. 홈페이지에서, 왼쪽 편을 보면 Microsoft가 현재 개발 중인 서비스들이 열거되는 것을 볼 수 있다. SQL Azure OData Service 탭을 클릭하면, Windows Live ID를 사용하여 로그인할 것을 안내 받는 페이지가 나타날 것이다.

2. 로그인을 하고 나면, 그림 7-4와 같이 창이 하나 나타나는 것을 볼 수 있는데, 이 창은 OData에 대한 설명과, SQL Azure OData 서비스를 설정하기 위한 중요한 첫 단계에 대한 설명이 나타나 있다. 오른편의 Create a New Server 링크를 클릭하면 SQL Azure 홈페이지로 이동하여 Azure 계정을 만들 수 있는 페이지로 안내될 것이다. 이미 여러분은 이 과정을 수행하였기 때문에 이 단계는 생략될 것이다. 연결 정보 섹션에서 여러분이 현재 사용하는 SQL Azure 서버 이름과 함께 사용자 ID와 비밀번호를 입력하도록 안내 받을 것이다. 해당 정보를 입력하고 Connect 버튼을 클

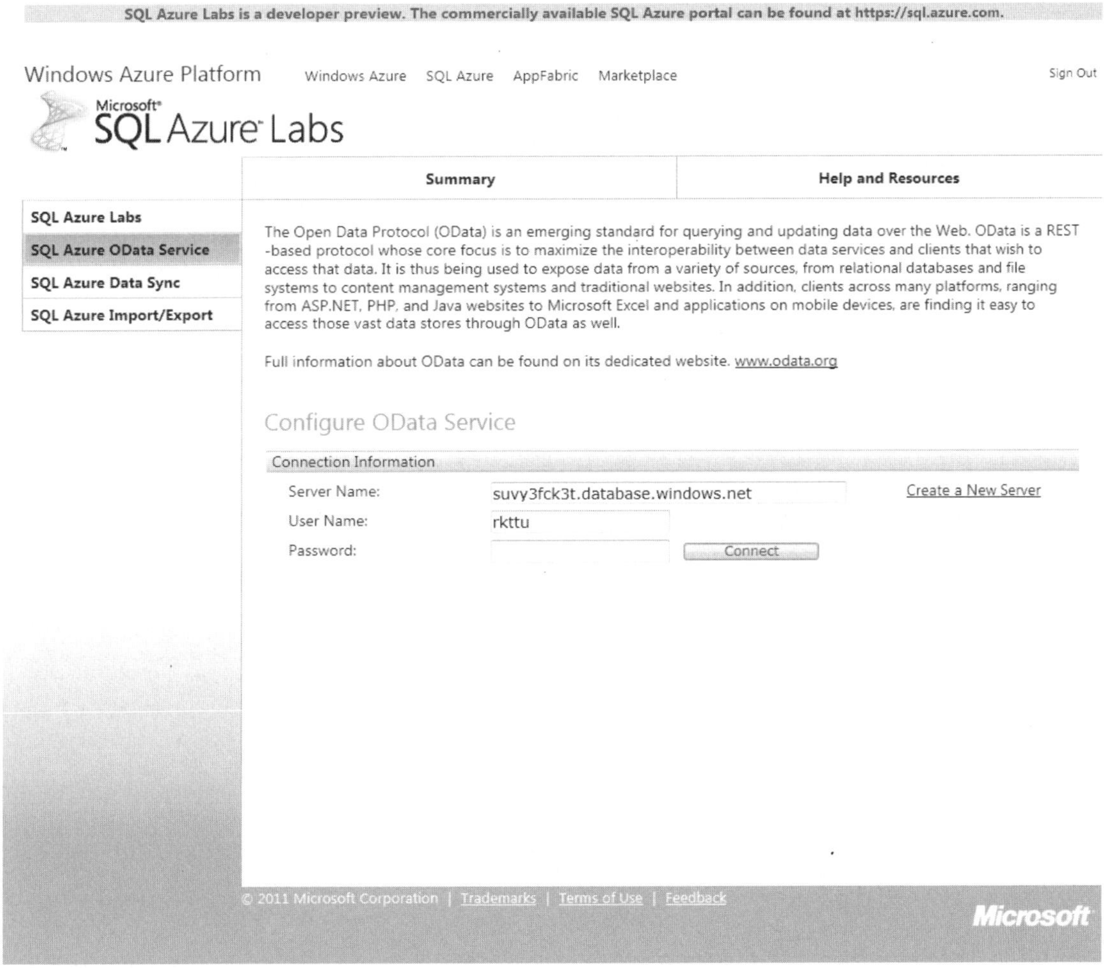

그림 7-4 OData 서비스 연결 정보 설정하기

릭한다.

3. 정보를 정확하게 입력하였다면, 데이터베이스 정보 섹션이 페이지에 나타날 것이다. OData 기능을 활성화하기 원하는 데이터베이스를 선택하고, Enable OData 체크 박스를 클릭하면 된다. 이 시점에서 여러분은 작업이 다 끝났을 것이라고 생각할 수 있지만 아직 다된 것은 아니다. Enable OData 체크 박스를 클릭한 때, User Mapping 섹션이 페이지 하단에 그림 7-5와 같이 나타나게 된다.

User Mapping 섹션에 있는 설명대로, Access Control Service 키와 연결하도록 특정 사용자 또는 단일 SQL Azure 계정을 통하여 OData를 통해 사용자의 SQL Azure 데이터베

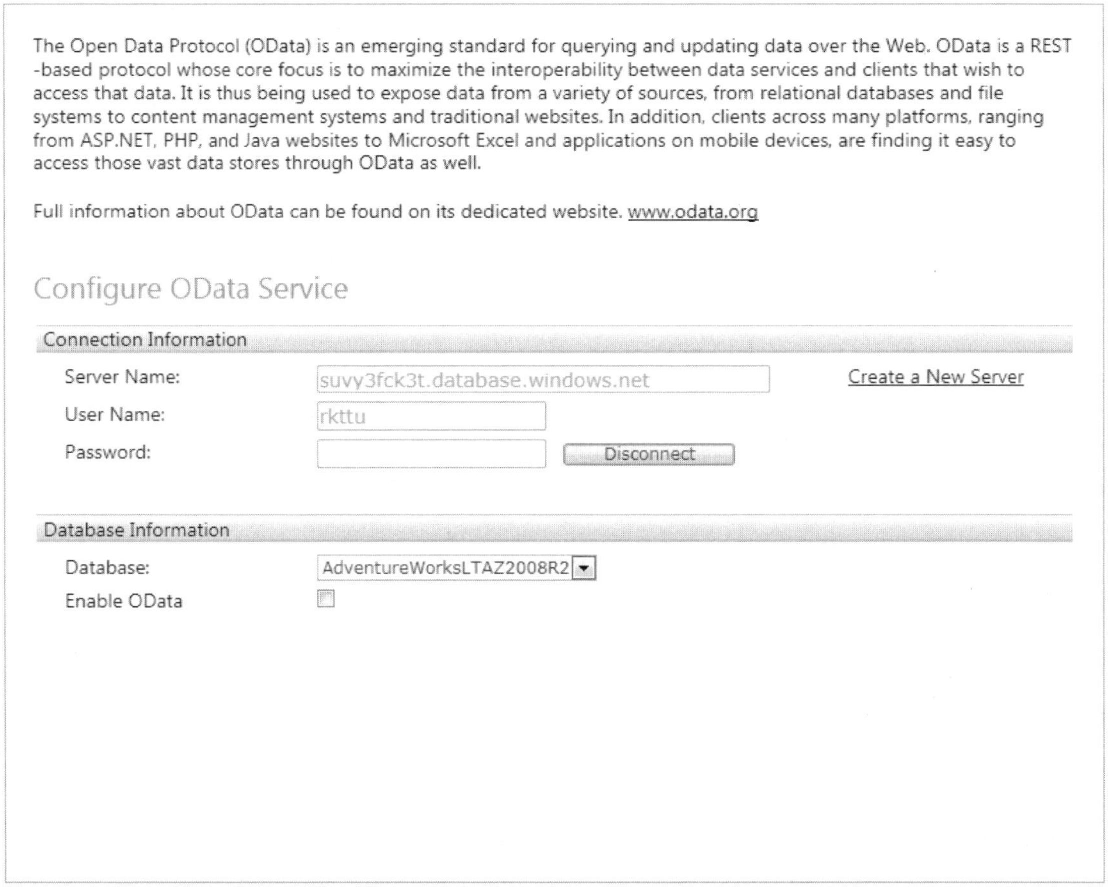

그림 7-5 OData 서비스 데이터베이스 정보 설정하기

이스에 대한 익명 접근을 허용하도록 만들 수 있다. 이제 REST 인터페이스를 통하여 노출된 데이터를 User Mapping을 통하여 SQL Azure 데이터에 접근하는 방법을 제어할 수 있다.

Anonymous Access User 드롭 다운 항목의 기본값은 No Anonymous Access이며 반드시 인증된 사용자만 접근할 수 있도록 되어 있다. 그러나 이 설정을 그림 7-6과 같이 dbo 자격으로 익명 연결을 하도록 만들 수도 있다. 이 단원에서는 익명 접근에 대해서 간단하게 이야기하고자 한다. 이 부분의 항목을 dbo로 지정한다는 것은 기본적으로 데이터베이스 관리자 자격으로 연결시키겠다는 의미이다. 잠깐이었지만 여러분은 OData 서비스를

그림 7-6 OData 서비스 사용자 계정 맵핑 설정하기

연결하는 올바른 방법을 배웠다.

또한 이 섹션에서 알 수 있는 것은 웹 브라우저를 통하여 SQL Azure 데이터를 살펴볼 수 있도록 URI가 제공되는 부분이다. 멋지지 않은가? 메모장에 이 URL을 복사하여 붙여 넣고, 이 링크를 이번 장의 여러 곳에서 활용할 수 있는데, 매우 편리하고 쉬울 것이다. 또한 이 섹션에서는 사용자를 추가할 수 있는 링크도 포함하고 있다.

이번 예제를 위하여, dbo로 선택한다. 이제 여러분은 SQL Azure 데이터베이스를 OData 방식으로 탐색할 수 있게 되었다. 계속 진행하기 전에, Anonymous Access와 Access Control Service가 어떻게 SQL Azure와 상호작용하는지 그 내용을 상세하게 살펴 보자.

Anonymous Access 이해하기

Anonymous Access는 HTTP 클라이언트와 SQL Azure OData 서비스 사이에 특별한 인증이 필요 없음을 뜻한다. 그러나 유념해야 할 것이 하나 있는데, SQL Azure 그 자체에는 익명 접근이라는 개념이 없다. 익명 사용자 접근을 허용하려면 반드시 SQL Azure의 특정 사용자 계정을 SQL Azure OData 서비스가 익명 사용자 개념으로 접근할 수 있도록 별도로 할당해야 한다. 그림 7-7이 그 방법을 보여주고 있다.

SQL Azure OData 서비스는 SQL Azure 사용자와 동일한 제약을 받게 된다. 그러므로 SQL Azure OData 서비스의 익명 접근을 위하여 사용되는 SQL Azure 계정이 읽기 전용 권한을 가지고 있는 경우, SQL Azure OData 서비스 역시 자동으로 읽기 전용 기능만 수행할 수 있게 되는 것이다.

응용프로그램의 요구 사항에 따라, SQL Azure 데이터베이스에서 읽기 전용 사용자를 만들어 제공할 것인지 결정할 수 있다. 이를 위해서, 다음의 T-SQL 명령문을 실행할 수

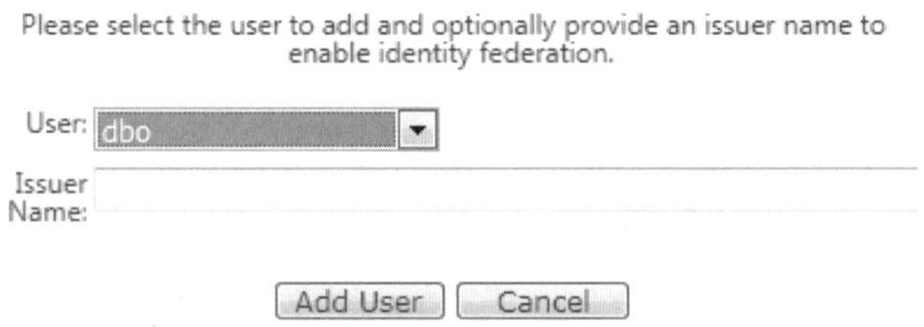

그림 7-7 새 OData 사용자 추가

있다.

```
EXEC sp_addrolemember 'db_datareader', username
```

이제 Access Control Service에 대하여 이야기하고, SQL Azure에 어떻게 적용하는지 살펴보도록 하자.

Access Control Service 이해하기

Access Control Service는 Windows Azure AppFabric의 일부이며, Windows Azure 데이터 센터에서 실행되는 서비스로 연동 인증을 규칙 기반, 클레임 기반으로 제공하며, REST 기반 웹 서비스를 위하여 제공되고, 이러한 웹 서비스들이 Access Control Service에 의존하여 사용자 이름과 암호 인증 시나리오를 처리할 수 있도록 해준다.

CTP 버전의 SQL Azure OData 서비스에서는 반드시 AppFabric 서비스를 신청해야 하며, SQL Azure OData 서비스에서 사용하기 위한 별도의 AppFabric 서비스 네임스페이스를 할당 받아야 한다. 이렇게 하여 단일 사용자가 SQL Azure OData 서비스에 접근하기 위하여 Windows Azure AppFabric Access Control Service를 통과하게 된다. 이 사용자는 데이터베이스 사용자와 동일한 사용자 ID를 가지고 있어야 한다.

보안 권장 사항 구현하기

이제 여러분은 SQL Azure OData를 보안 관점에서 고려할 부분들에 대하여 조금은 친숙해졌을 것이며, SQL Azure OData 서비스를 다루면서 필요한 권장 사항들에 친숙해질 필요가 있다.

- 항상 새 SQL Azure 사용자 계정을 만들어서 연결하고, 가급적 SQL Azure OData 서비스의 Anonymous Access는 사용하지 않도록 한다.
- SQL Azure OData 서비스를 통하여 SQL Azure의 관리자 계정을 연결하는 일은 절대 하면 안 된다.
- SQL Azure 사용자 계정에 대하여 SQL Azure OData 서비스의 Anonymous Access를 통하여 데이터베이스를 변경할 수 있도록 하면 안 된다.

새로운 사용자를 만들 때, 임의의 사용자가 데이터베이스를 읽거나 쓰도록 만드는 것은 문제를 악화시킬 가능성이 있다. 이렇게 만들 경우 사용자들이 어떤 식으로 데이터베이스를 다루거나 쓰게 될 지 알 수 없다.

그러나 이런 점을 감안하더라도 SQL Azure OData 서비스 자체는 아직 CTP 단계에 있기 때문에, SQL Azure 사용자를 Anonymous Access를 위한 용도로 연결해보는 것이 쉽다. 그러나 CTP 단계를 벗어나게 되면, 여러분은 Anonymous Access 기능을 통한 접근 대신 가능하면 전용 클라이언트를 따로 만들어서 서비스를 제공할 필요가 있다. 웹 브라우저는 웹 토큰 인증 개념이 따로 없고, Access Control Service를 통하여 인증을 해야 하는 SQL Azure OData 서비스에게는 필요한 부분이기 때문이다. 그러므로, 실무에서는 Anonymous Access를 허용해서는 안 되겠다.

■■■ OData를 통하여 SQL Azure 데이터 살펴보기

그리 힘든 과정은 아니었지만, 이제 여러분이 투자한 시간만큼 얻어진 결과를 볼 차례이다. 우선 여러분은 웹 브라우저를 통하여 Netflix 데이터를 봤던 것과 비슷한 데이터를 볼 수 있을 것이고, OData를 통하여 데이터를 가져올 수 있음을 증명하였다. 그 다음 서드파티 애플리케이션을 사용하여 데이터를 더 보기 편안한 형태로 살펴볼 것이고, 다음엔 여러분만의 고유한 응용프로그램을 만들어 데이터를 활용할 것이다.

웹 브라우저를 열고, 다음의 URL을 입력한다. 아래 URL을 입력할 때 server name 부분을 여러분이 SQL Azure OData Services와 연결한 실제 SQL Azure 데이터베이스의 서버 이름이 지정되도록 정확히 입력해야 하는 부분에 주의한다.

https://odata.sqlazurelabs.com/OData.svc/v0.1/[서버 이름]/[데이터베이스 이름]

이렇게 하면 지금 시점에서는 그림 7-8과 같은 익숙한 모습이 나타날 것이다. 6장에서 살펴본 것처럼 REST 기반의 서비스 호출 결과와 매우 비슷한 모습임을 알 수 있지만, 예외적인 것은 이전과 달리 이번엔 데이터베이스 내에 포함된 테이블과 Entity들이 모두 열거된다는 점이다. 나열된 Users와 Docs 테이블과 함께 11장에서 살펴볼 SQL Azure 데이터 동기화 서비스에 존재하는 테이블들까지 같이 열거된다.

이전 예제에서, 다른 Entity로 탐색하여 특정 데이터를 검색할 수 있었던 기능을 보았을 것이다. 예를 들어, 그림 7-9와 같이 URL을 약간 수정하여 특정 사용자에 대한 정보를

```xml
<?xml version="1.0" encoding="utf-8" standalone="yes"?>
<service xml:base="https://odata.sqlazurelabs.com/OData.svc/v0.1/suvy3fck3t/AdventureWorksLTAZ2008R2/" xmlns:atom="http://www.w3.org/2005/Atom"
  xmlns:app="http://www.w3.org/2007/app" xmlns="http://www.w3.org/2007/app">
  <workspace>
    <atom:title>Default</atom:title>
    <collection href="ErrorLogs">
      <atom:title>ErrorLogs</atom:title>
    </collection>
    <collection href="BuildVersions">
      <atom:title>BuildVersions</atom:title>
    </collection>
    <collection href="Addresses">
      <atom:title>Addresses</atom:title>
    </collection>
    <collection href="Customers">
      <atom:title>Customers</atom:title>
    </collection>
    <collection href="CustomerAddresses">
      <atom:title>CustomerAddresses</atom:title>
    </collection>
    <collection href="Products">
      <atom:title>Products</atom:title>
    </collection>
    <collection href="ProductCategories">
      <atom:title>ProductCategories</atom:title>
    </collection>
    <collection href="ProductDescriptions">
      <atom:title>ProductDescriptions</atom:title>
    </collection>
    <collection href="ProductModels">
      <atom:title>ProductModels</atom:title>
    </collection>
    <collection href="ProductModelProductDescriptions">
```

그림 7-8 샘플 데이터베이스에 대한 OData Feed 예시

```xml
<?xml version="1.0" encoding="utf-8" standalone="yes" ?>
<entry
  xml:base="https://odata.sqlazurelabs.com/OData.svc/v0.1/suvy3fck3t/AdventureWorksLTAZ2008R2/"
  xmlns:d="http://schemas.microsoft.com/ado/2007/08/dataservices"
  xmlns:m="http://schemas.microsoft.com/ado/2007/08/dataservices/metadata"
  xmlns="http://www.w3.org/2005/Atom">

  <id>https://odata.sqlazurelabs.com/OData.svc/v0.1/suvy3fck3t/AdventureWorksLTAZ2008R2/Customers(1)</id>
  <title type="text" />
  <updated>2011-05-26T16:15:03Z</updated>
  <author>
    <name />
  </author>
  <link rel="edit" title="Customer" href="Customers(1)" />
  <category term="AdventureWorksLTAZ2008R2.Customer"
    scheme="http://schemas.microsoft.com/ado/2007/08/dataservices/scheme" />
  <content type="application/xml">
    <m:properties>
      <d:CompanyName>A Bike Store</d:CompanyName>
      <d:CustomerID m:type="Edm.Int32">1</d:CustomerID>
      <d:EmailAddress>orlando0@adventure-works.com</d:EmailAddress>
      <d:FirstName>Orlando</d:FirstName>
      <d:LastName>Gee</d:LastName>
      <d:MiddleName>N.</d:MiddleName>
      <d:ModifiedDate m:type="Edm.DateTime">2005-08-01T00:00:00</d:ModifiedDate>
      <d:NameStyle m:type="Edm.Boolean">false</d:NameStyle>
      <d:PasswordHash>L/Rlwxzp4w7RWmEgXX+/A7cXaePEPcp+KwQhl2fJL7w=</d:PasswordHash>
      <d:PasswordSalt>1KjXYs4=</d:PasswordSalt>
      <d:Phone>245-555-0173</d:Phone>
      <d:rowguid m:type="Edm.Guid">3f5ae95e-b87d-4aed-95b4-c3797afcb74f</d:rowguid>
      <d:SalesPerson>adventure-works\pamela0</d:SalesPerson>
      <d:Suffix m:null="true" />
      <d:Title>Mr.</d:Title>
```

그림 7-9 샘플 데이터베이스 내의 특정 레코드에 대한 정보

Users 테이블에서 검색할 수 있다.

이 예제에서의 핵심은, 여러분의 SQL Azure 데이터베이스가 곧 OData 공급자로서, 그리고 지금 실행 중인 여러분의 브라우저가 OData 소비자로서 동작하고 있다는 것이다. 독립적으로 작동하는 이들 두 구성 요소를 통하여 여러분이 데이터를 탐색하거나 다른 종류의 필터를 적용하여 데이터를 효율적으로 검색할 수 있는 것이다.

이제 OData에 대해서 이해가 되었을 것이다. 그러나 앞에서 열거한 OData 소비자 목록들에 있는 서비스나 소프트웨어들을 다시 한번 검토해보기를 권한다. 이를 통하여 여러분이 OData 피드를 활용하는데 더 뛰어난 아이디어를 발굴할 수 있을 것이다.

■■■ OData 소비자를 통하여 데이터 보기

앞에서, 여러분이 설정한 OData 기능 지원 SQL Azure 데이터베이스의 탐색을 위하여 사용할 수 있는, 요즈음 잘 알려져 있고 사용할 수 있는 주요 OData 소비자에 해당하는 소프트웨어와 서비스의 목록을 나열하였다. 이번 섹션에서는 그러한 프로그램들 중 몇 가지를 선정하여 실제로 동작하는 모습을 보이고자 하는데, 웹 기반으로 구현된 Silverlight 기반의 OData Explorer를 활용해보고자 한다. 웹 브라우저에서 다음의 URL을 입력한다.

www.silverlight.net/content/samples/ODataexplorer/.

페이지가 처음 로딩되면, 그림 7-10과 같이 화면이 나타나는 것을 볼 수 있는데, 이 화면은 여러분의 작업 공간을 식별할 수 있는 이름과 처음 불러 올 OData 피드의 주소를 묻는 대화 상자이다. 작업 공간 이름은 여러분의 편의에 맞게, 가령 Test와 같이 임의로 입력한다. 필요한 정보를 모두 입력한 후에 OK 버튼을 클릭한다.

이제 OData 탐색기는 여러분의 OData 서비스 네임스페이스를 왼쪽 편에 열거하고, 연결된 OData 피드에서 반환하는 컬렉션들을 다음 왼쪽 편에 열거할 것이다. 각각의 개별 컬렉션을 클릭하면, 그림 7-11과 같이 오른쪽 편의 그리드 컨트롤에 모든 데이터가 열거될 것이다.

만약 SQL OData 서비스와 연결한 사용자나 지금 구성한 익명 사용자 계정이 데이터베이스에 대하여 쓰기 기능을 지원하도록 설정되어 있다면, 이 페이지에서는 또한 각 레코

제7장 SQL Azure와 OData ■ 213

그림 7-10 새 OData 워크스페이스 추가 대화 상자

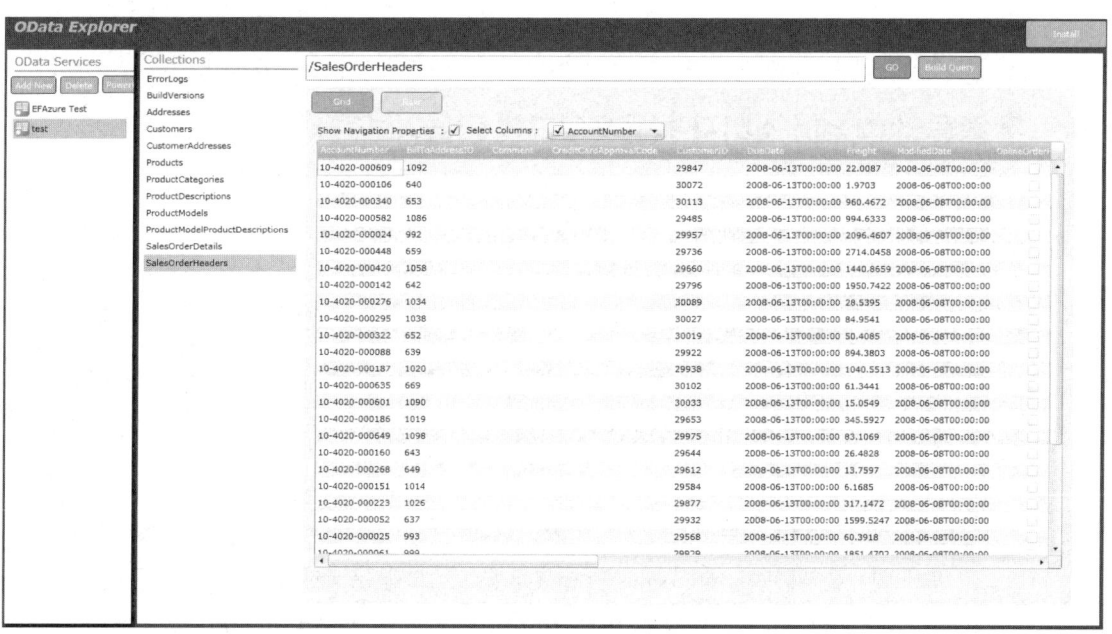

그림 7-11 OData 탐색기

드를 편집할 수 있도록 Edit 링크를 각 레코드 별로 그리드 컨트롤에 표시될 것이다. 또한 관련된 데이터를 살펴볼 수 있도록 각 행에는 자동으로 추출된 관계 설정에 따라 연관된 테이블의 이름으로 표기된 링크가 나타날 것이다. 브라우저를 통하여 데이터를 탐색하던 때와 마찬가지로, 특정한 데이터를 곧바로 검색할 수 있도록 상단의 텍스트 박스에 쿼리를 넣을 수도 있고, 또는 Build Query 버튼을 이용하여 더 편리하게 쿼리를 작성할 수도 있다.

이번 섹션에서는 이 응용프로그램의 모든 기능을 모두 살펴보지는 않을 것이나, OData 서비스를 통하여 노출된 데이터를 가지고 무엇을 할 수 있는지 보이기에는 충분했다. 이 멋진 응용프로그램을 통하여 여러분이 앞으로 무엇을 더 할 수 있는지 좋은 아이디어를 가져다 줄 수도 있을 것이다.

좀 더 시간을 낼 수 있다면, 다른 OData 소비자 응용프로그램이나 서비스도 같이 검토해보기를 권한다. 그러나 그보다도 더 중요한 것은, 다음 섹션으로 이동하여, 여러분만의 고유한 OData 소비자를 만드는 내용을 살펴보는 일이다.

두 종류의 OData 소비자 응용프로그램 만들어보기

이번 장의 나머지 부분에서는 두 개의 OData 소비자 응용프로그램을 직접 만들어, 이 프로그램을 통하여 여러분이 활성화한 SQL Azure 데이터베이스의 OData 지원 기능을 활용하기까지의 과정을 살펴보려고 한다. 첫 번째는 매우 단순한 응용프로그램으로, 여러분의 의욕을 끌어올릴 수 있게 해주고 기본을 보여줄 것이다. 두 번째는 이보다 더 재미있는 것이다. 물론, 즐길 수 있으려면 첫 번째 예제를 꼭 살펴봐야만 한다.

간단한 데모 응용프로그램

첫 번째 예제를 위하여, Windows Forms 응용프로그램 프로젝트를 하나 만든다. 이 프로젝트의 이름이나 언어의 종류는 관계 없으며 여러분의 편의를 따른다. 프로젝트를 만들고 나면 다음의 단계를 따른다.

1. 폼 화면 위로 리스트 박스 컨트롤과 버튼 컨트롤을 각각 하나씩 추가한다.

2. 솔루션 탐색기에서, 참조 폴더 항목을 오른쪽 버튼으로 클릭하고, 서비스 참조 추가 메뉴를 나타나는 팝업 메뉴에서 선택한다.

3. 서비스 참조 추가 대화 상자가 나타나면, 그림 7-6과 같이 URI를 복사하여 붙여 넣어야 한다. 주소 텍스트 박스에 URI를 붙여 넣고, 이동 버튼을 클릭한다. 몇 초 뒤에 사용 가능한 서비스와 연관된 끝점이 그림 7-12와 같이 폼의 서비스 섹션에 열거된다.

4. 네임스페이스 이름은 기본값 그대로 두고 확인 버튼을 클릭한다. 여러분이 방금 추가한 새 서비스 참조 항목이 솔루션 탐색기에 나타날 것이다.

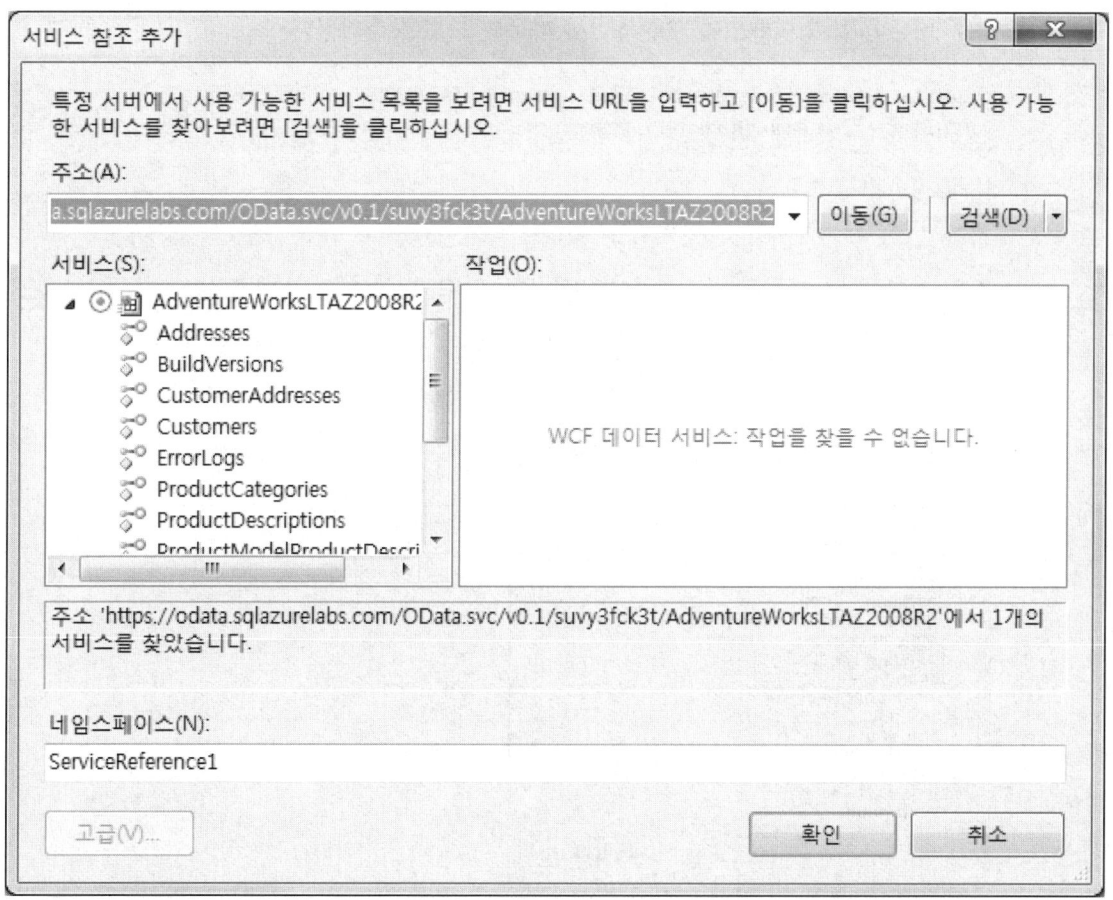

그림 7-12 OData 서비스 참조 추가

5. 폼의 코드 비하인드 파일로 이동하여, 다음과 같이 네임스페이스 참조 코드를 추가한다.

```
using System.Data.Services;
using System.Data.Services.Client;
```

6. 멤버 변수 선언 영역으로 이동하여, 다음의 두 줄을 코드에 추가한다. 첫 번째 줄은 새로 추가한 서비스와의 연결을 담당하는 콘텍스트 클래스의 인스턴스 참조를 보관하는 변수이며, 두 번째 줄은 접속하려는 OData 서비스의 주소를 저장한 상수이다.

```
private ServiceReference1.AdventureWorksLTAZ2008R2 context;
private const string svcUri =
    "https://odata.sqlazurelabs.com/OData.svc/v0.1/suvy3fck3t/AdventureWorksLTAZ2008R2";
```

7. 버튼의 클릭 이벤트를 구현하면서 다음의 코드를 추가한다.

```
context = new ServiceReference1.AdventureWorksLTAZ2008R2(new Uri(svcUri));
var query = from each in context.Customers
            select each;
foreach (var u in query)
    listBox1.Items.Add(u.FirstName + " " + u.LastName);
```

8. 프로그램을 시작한다. 폼이 화면에 나타나면, 버튼을 클릭한다. 몇 초가 지난 후에, 리스트 박스에 그림 7-13과 같이 사용자 이름이 열거되는 것을 볼 수 있다.

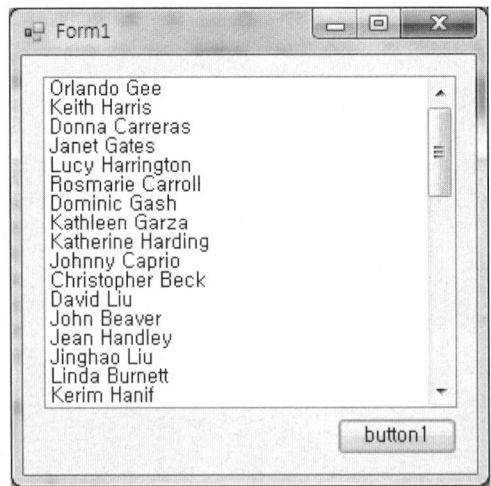

그림 7-13 OData 서비스를 통하여 Windows Forms에서 데이터를 가져온 모습

매우 단순하지만, 첫 시작을 위해서는 매우 훌륭한 초석이 될 것이다. 이번 예제에서는 어떻게 하여 OData 서비스를 .NET 응용프로그램에서 활용할 수 있는지를 보여주고 있다. 다음 장에서는 Windows Phone 기반으로 더 멋진 예제 응용프로그램을 만들어보고자 한다.

Windows Phone 7 응용프로그램

이제 이전에 경험해보지 못한 더 새롭고 멋진 예제를 하나 만들어보기로 하겠다. 이번 예제에서는 앞에서 사용한 것과 동일한 OData 서비스를 활용하는 새로운 응용프로그램을 Windows Phone 7 기반으로 하나 작성하고자 한다.

이번 예제의 실습을 위해서, 여러분의 컴퓨터에 우선 몇 가지 설치해야 할 것들이 있다. 우선 Windows Phone 7 시리즈를 위한 OData 클라이언트 라이브러리를 www.microsoft.com/downloads/details.aspx?FamilyID=b251b247-70ca-4887-bab6-dccdec192f8d&displaylang=en에서 다운로드 할 수 있다. 이 파일을 내려 받아 실행하면 여러분이 지정한 특정 디렉터리에 파일들을 압축 해제하여 저장할 것이다.

두 번째로 필요한 것은 Windows Phone Developer Tools로 Visual Studio에 Windows Phone 응용프로그램 개발을 위하여 필요한 템플릿과 관련된 구성 요소들을 설치하고, Visual Studio에 Windows Phone 7 디자인 타임 기능을 추가하는 등의 확장 기능을 제공해준다. Windows Phone Developer Tools는 http://developer.windowsphone.com/windows-phone-7/에 방문하여 'Download the Developer Tools!' 링크를 클릭하면 내려 받을 수 있다.

설치가 모두 완료되면 다음의 단계를 따른다.

1. Visual Studio 2010을 새로 시작하고, 새로운 프로젝트를 만든다. 새 프로젝트 만들기 대화 상자에서 Windows Phone Developer Tools의 일부로 설치된 Silverlight for Windows Phone 템플릿을 선택하고, Windows Phone Application을 그림 7-14와 같이 선택한다. 프로젝트의 이름은 중요하지 않고 여러분이 자유롭게 정할 수 있지만 의미를 부여하기 위하여 WP7ODataApp으로 정하기로 하겠다.

2. 코드를 작성하고 OData 피드를 활용하기 전에, 몇 가지 해야 할 것이 있다. 우선, OData 클라이언트 라이브러리를 설치하면서 얻은 파일 System.Data.Services.Client.

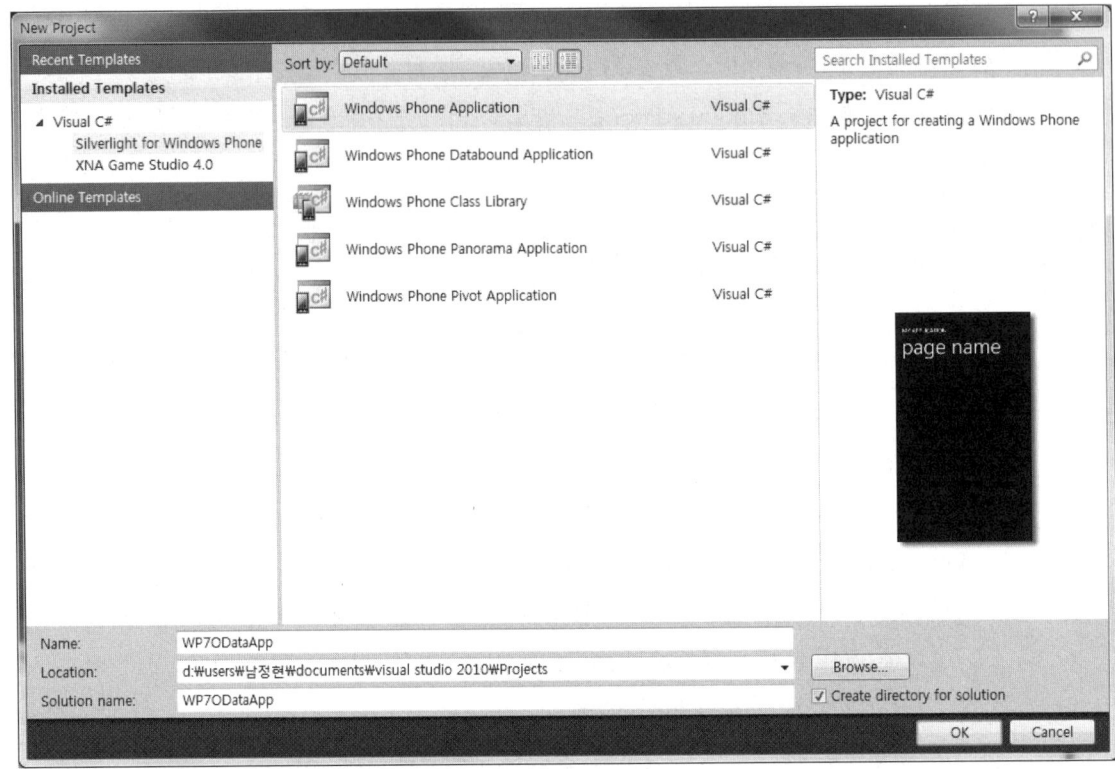

그림 7-14 새 Windows Phone 응용프로그램 만들기

dll을 프로젝트 참조에 추가해야 한다. 솔루션 탐색기에서 참조 폴더를 오른쪽 버튼으로 클릭한 후, 나타나는 팝업 메뉴에서 참조 추가 메뉴를 클릭한다. 참조 추가 대화 상자에서, 해당 파일이 있는 위치까지 이동한 다음 DLL 파일을 추가하여 프로젝트의 참조로 등록한다.

3. 그 다음, 사용할 OData 서비스에 대한 서비스 프록시 클래스를 따로 생성해야 한다. 명령 프롬프트 창을 열고, 다음의 위치까지 디렉터리 이동을 한다.

%WINDIR%\Microsoft.NET\Framework\v4.0.30319\

4. 다음의 명령어를 입력한다.

```
datasvcutil.exe /uri:https://odata.sqlazurelabs.com/OData.svc/v0.1/suvy3fck3t/AdventureWorksLTAZ2008R2 /out:C:\<작업 디렉터리>\AdventureWorks.cs /Version:2.0 /DataServiceCollection
```

DataSvcUtil은 WCF 데이터 서비스에 의하여 제공되는 명령줄 유틸리티로, OData 피드를 소비하고 .NET 클라이언트 응용프로그램 관점에서 사용할 수 있는 데이터 서비스 클라이언트 클래스를 자동으로 생성해주는 역할을 담당한다. 위에서 굵게 이탤릭체로 표시된 부분은 여러분의 상황에 맞게 정확히 치환해서 넣어야 하는 부분으로, OData 서비스의 주소 중 일부에 해당하는 SQL Azure 서버의 이름과 프록시 파일을 저장할 디렉터리 경로를 지정해야 한다.

5. Enter 키를 눌러 프록시 클래스를 생성한다. 그림 7-15와 같이 결과가 나타날 것이다.

별 다른 오류가 없다면, 이제 모든 준비가 다 된 것이다. 다음 단계에서 이 파일을 여러분의 프로젝트에 추가해야 한다.

6. 솔루션 탐색기에서 Windows Phone 7 프로젝트 이름이 적힌 항목을 오른쪽 버튼으

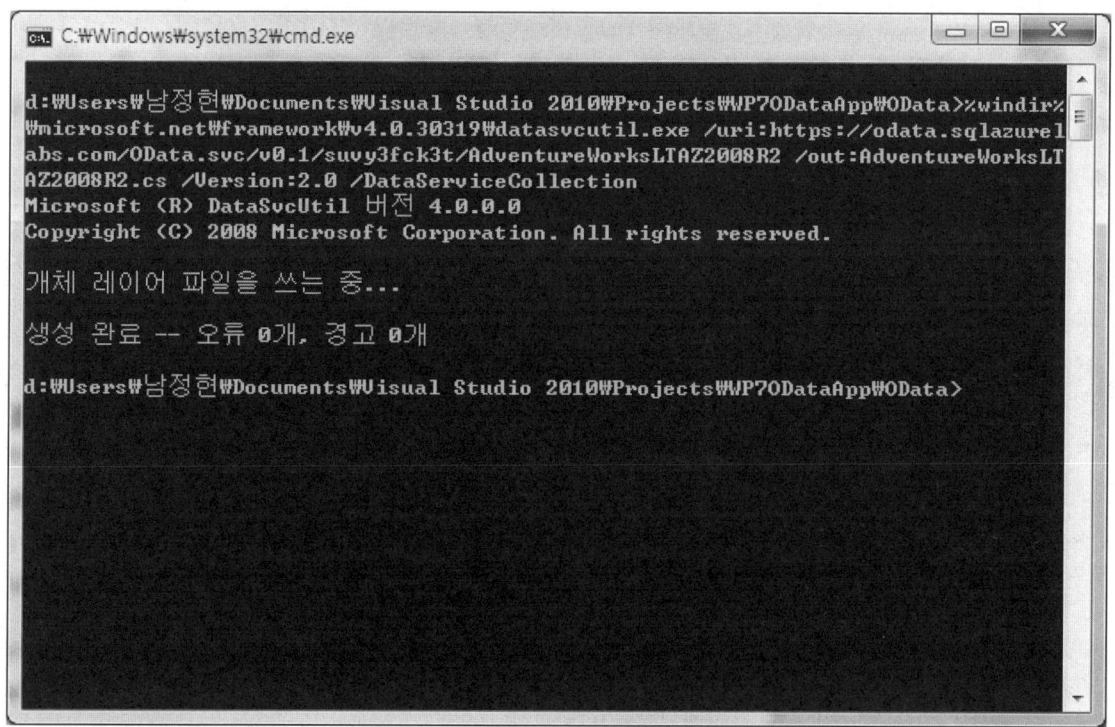

그림 7-15 프록시 클래스 생성하기

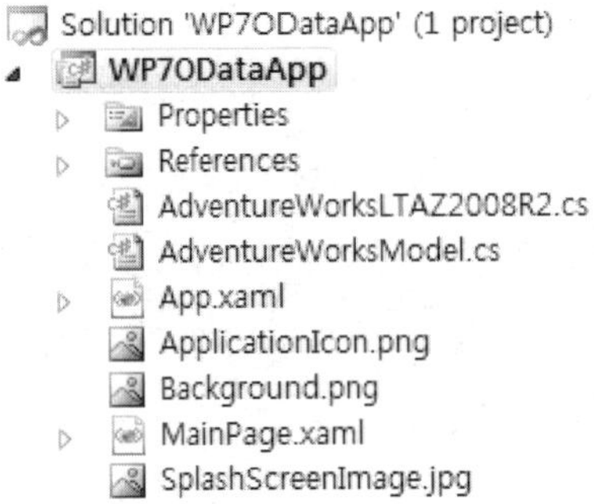

```
Solution 'WP7ODataApp' (1 project)
  WP7ODataApp
    Properties
    References
    AdventureWorksLTAZ2008R2.cs
    AdventureWorksModel.cs
    App.xaml
    ApplicationIcon.png
    Background.png
    MainPage.xaml
    SplashScreenImage.jpg
```

그림 7-16 솔루션 탐색기

로 클릭하고, 나타나는 메뉴에서 '추가 - 기존 항목 추가' 메뉴를 선택한다. 방금 전에 프록시 클래스를 만든 위치까지 이동하여 생성된 프록시 클래스 파일을 프로젝트에 추가한다.

7. 프로젝트에 새 클래스를 추가한다. 이 클래스는 OData 서비스와 연결하기 위하여 생성하는 것으로, OData 서비스에 대하여 쿼리를 정의하고 실행할 수 있으며, Customers 컬렉션으로부터 UI에 바인드할 데이터를 불러오는 역할을 담당한다. 이 예제에서는 새 클래스의 이름을 AdventureWorksModel로 정한다.

지금까지 이야기한 모든 구성 요소들을 빠짐없이 등록하였다면, 솔루션 탐색기 상에 여러분의 프로젝트의 모습은 그림 7-16과 비슷한 형태가 되어 있을 것이다. 이제 실제 코드 작성을 시작하자.

8. AdventureWorksModel 클래스를 열고, 다음의 네임스페이스 참조를 코드에 추가한다. 이들 네임스페이스들은 여러분의 OData 원본 및 컬렉션과 상호작용하기 위하여 필요한 추가 기능들을 제공한다. 예를 들어, System.Collections.ObjectModel 네임스페이스 안에는 재사용 가능한 컬렉션 객체 모델들이 포함되어 있다. 그리고 System.Data.Services.Client 네임스페이스는 데이터 서비스에 접근하기 위한 Silverlight 클라이언트 라이브러리의 대표적인 기능들을 포함하고 있다.

```
using System;
using System.Linq;
using System.ComponentModel;
using System.Collections.Generic;
using System.Diagnostics;
```

```
using System.Text;using System.Windows.Data;
using AdventureWorksLTAZ2008R2;
using System.Data.Services.Client;using System.Collections.ObjectModel;
```

9. 다음의 코드를 AdventureWorksModel 클래스에 추가한다. 이 클래스는 여러분의 OData 서비스를 실제로 호출하는 역할을 담당한다. 우선, 이전에 DataSvcUtil 도구를 이용하여 생성하고 여러분의 프로젝트에 추가한 AdventureWorksLTAZ2008R2 클래스의 인스턴스를 호출하려는 OData 서비스의 URI를 인자로 사용하여 초기화한다. 그 다음, Docs 테이블을 조회하는 LINQ 쿼리를 실행하여 사용자의 폰 UI에 직접 바인딩하기 위하여 사용하는 DataServiceCollection 클래스에 채워 넣는다. 이 예제에서는 Customers 테이블의 레코드 중 ID 열의 값이 1인 레코드를 가져오는 것으로 구성하였다.

```
public AdventureWorksModel()
    : base()
{
    this.LoadData();
}
private void LoadData()
{
    var context = new AdventureWorksLTAZ2008R2.AdventureWorksLTAZ2008R2(new Uri(
        "https://odata.sqlazurelabs.com/OData.svc/v0.1/suvy3fck3t/AdventureWorksLTAZ2008R2"));
    var qry = from u in context.Customers
              where u.CustomerID == 1
              select u;
    var dsQry = (DataServiceQuery<Customer>)qry;
    dsQry.BeginExecute(r =>
      {
          try
          {
              var result = dsQry.EndExecute(r);
              if (result != null)
              {
                  Deployment.Current.Dispatcher.BeginInvoke(() => Customers.Load(result));
              }
          }
          catch (Exception ex)
          {
              MessageBox.Show(ex.Message.ToString());
          }
      }, null);
```

```
}
private DataServiceCollection<Customer> _customers = new DataServiceCollection<Customer>();
public DataServiceCollection<Customer> Customers
{
    get { return this._customers; }
    set { this._customers = value; }
}
```

아마도 여러분은 왜 이 호출을 구현할 때 Dispatcher를 사용하는지 궁금해할 것이다. 이렇게 해야 하는 이유는 호출이 UI 스레드에 의하여 정확히 호출될 것을 보증할 수 없기 때문이다. 그런 연유로, Dispatcher를 이용하여 UI 스레드로의 호출을 마샬링해야 할 필요가 있다.

10. App.xaml.cs 파일에서 다음의 코드를 App 클래스에 새로 추가한다.

```
public static AdventureWorksModel worksModel = null;
public static AdventureWorksModel WorksModel
{
    get
    {
        if (worksModel == null)
            worksModel = new AdventureWorksModel();
        return worksModel;
    }
}
```

11. MainPage.xaml 파일을 솔루션 탐색기에서 오른쪽 버튼으로 클릭하고, 코드 보기 메뉴를 클릭한다. 그 다음 아래의 코드를 MainPage 생성자 바로 아래에 새로 추가한다.

```
protected override void OnNavigatedTo(System.Windows.Navigation.NavigationEventArgs e)
{
    base.OnNavigatedTo(e);

    if (DataContext == null)
        DataContext = App.WorksModel;
}
```

12. 리스트 박스의 ItemSource 속성을 그림 7-17에서와 같이 설정한다. 이 리스트 박스를 Docs DataServicesCollection에 바인딩하여 컬렉션에 데이터가 채워졌을 때, 리

```
FontSize="{StaticResource PhoneFontSizeNormal}"
Foreground="{StaticResource PhoneForegroundBrush}"
SupportedOrientations="Portrait" Orientation="Portrait"
shell:SystemTray.IsVisible="True">

<!--LayoutRoot is the root grid where all page content is placed-->
<Grid x:Name="LayoutRoot" Background="Transparent">
    <Grid.RowDefinitions>
        <RowDefinition Height="Auto"/>
        <RowDefinition Height="*"/>
    </Grid.RowDefinitions>

    <!--TitlePanel contains the name of the application and page
    <StackPanel x:Name="TitlePanel" Grid.Row="0" Margin="12,17,0,
        <TextBlock x:Name="ApplicationTitle" Text="MY APPLICATION
        <TextBlock x:Name="PageTitle" Text="rkttu.com" Margin="9,
    </StackPanel>

    <!--ContentPanel - place additional content here-->
    <Grid x:Name="ContentPanel" Grid.Row="1" Margin="12,0,12,0">
        <ListBox HorizontalAlignment="Left" Name="listBox1"
            Width="450"
            ItemsSource="{Binding Customers}">
            <ListBox.ItemTemplate>
                <DataTemplate>
                    <StackPanel x:Name="stackPanelForBinding">
                        <TextBlock Text="{Binding FirstName}" />
                        <TextBlock Text="{Binding LastName}" />
                        <TextBlock Text="{Binding CompanyName}" /
```

그림 7-17 ItemSource 프로퍼티 설정하기

스트 박스에 곧바로 데이터가 표시될 수 있도록 만드는 것이다.

13. 이제 F5 키를 눌러 프로젝트를 실행한다. Windows Phone 7 에뮬레이터가 시작되고, 처음에는 까만 화면이 보일 것이다. 그러나 Visual Studio의 왼쪽 아래에 보이는 진행률 표시기에 Visual Studio가 Windows Phone 7 에뮬레이터에 연결하는 상태가 나타나는데, 연결을 시도한 이후에 여러분의 응용프로그램을 에뮬레이터 환경으로 배포하는 작업을 진행시킨다. 몇 초 후에, 그림 7-18과 같이 Scott Klein이 저자인 책의 항목들이 리스트 박스에 열거되는 것을 볼 수 있을 것이다.

이제 이 예제를 성공적으로 마쳤고, 매우 훌륭한 예제를 방금 살펴보았다는 데에 동의할 것이라 믿는다. 휴대용 장치에서 데이터를 얻어오는 일은 그 동안 결코 쉬운 일이 아니었다.

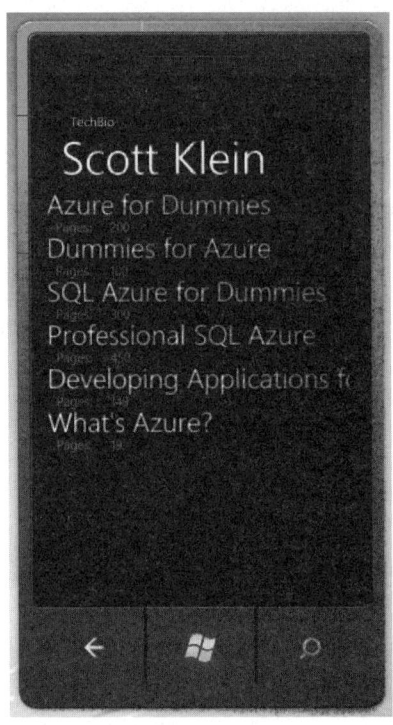

그림 7-17 Windows Phone 7에서 OData를 이용하여 데이터를 가져온 예시

■■■ 결론

이번 장에서는 OData와 SQL Azure 사이에 관련된 여러 주제와 예제들을 가지고 이야기 하였다. OData는 데이터를 공유하기 위한 공개된 프로토콜로, 데이터 공유의 가치를 높이고, 기존의 응용프로그램들이 더 많은 데이터를 활용할 수 있도록 만들어준다. SQL Azure를 OData 프로토콜을 통하여 데이터를 노출시키도록 만드는 것은 무수한 응용프로그램들이 데이터를 쉽고 효율적으로 활용할 수 있는 기회를 열어주는 것이다.

여러분은 몇 가지 OData 소비자와 공급자 예제들을 살펴보고, 어떻게 하면 SQL Azure 데이터베이스를 OData 방식으로 노출할 수 있는지 그 과정을 살펴보았다. 그 다음 여러분은 몇 가지 예제를 더 진행해보면서 어떻게 데이터를 가져올 수 있으며, Windows Phone 7 응용프로그램에서 이전보다 더 강력한 방식으로 데이터 공급자와 상호 작용하면서 데이터를 활용할 수 있는 방안을 살펴보았다.

8장에서는 SQL Azure와 SQL Server Reporting Service를 어떻게 같이 사용할 수 있고, 이를 통하여 SQL Azure 데이터베이스 안에 들어 있는 데이터들에 대하여 보고서를 작성하는 방법을 살펴볼 것이다.

IT 대한민국은 ITC(Info Tech Corea)가 함께 하겠습니다.
www.itcpub.co.kr

CHAPTER 8

SQL Azure와 Reporting Service

이번 장을 위하여 여러 블로그와 커뮤니티 게시물들을 찾아본 결과, SQL Server Reporting Service와 SQL Azure를 연계하여 사용하는 것에 관해서는 그다지 많은 정보를 찾을 수 없었다. 이번 장의 목표는 SQL Server Reporting Service에 대한 대략적인 개요를 살펴보고, 보고서 디자이너를 SQL Azure와 연동하는 방법을 살펴보면서, 여러분이 SQL Azure와 함께 SQL Server Reporting Service를 좀 더 나은 방향으로 사용할 수 있도록 해 보자는 취지이다.

보고서를 만들거나 SQL Azure 관련 작업을 할 때 올라오는 주요 질문은 주로 보고서에 대한 데이터의 출처에 기초하고 있다. 이러한 질문에 대한 답은 미리 결정된 것이 아니며, Azure에 관한 것은 모두 제쳐놓고, 이에 대한 답은 '하기 나름'이라는 것이다. 예를 들어, 여러분은 기존에 설치된 데이터베이스 상의 데이터와 SQL Azure에 있는 데이터를 모두 활용하여 보고서를 만들기 원할 것이다.

모든 보고서들이 같거나 같은 데이터를 사용하는 것은 아니다. 여러분은 기존 데이터베이스의 내용을 기반으로 만들어진 보고서를 쉽게 하나 만들 수 있고, 또 다른 보고서 하나는 온전히 SQL Azure의 내용을 기반으로 할 수도 있으며, 그 외 또 다른 보고서는 양쪽을 동시에 활용할 가능성도 있는 것이다.

이번 장에서는 우선 SQL Server 2008 Server R2의 Reporting Service를 이용하여 SQL Azure에 어떻게 연결하고, 데이터를 어떻게 가져오는지 그 방법을 살펴보려고 한다. 그 다음 예제를 수정하여 여러분의 로컬 데이터베이스에서 추가적인 데이터를 가져오는 하위 보고서를 만들 것이다. 이번 장에서는 여러분이 SQL Server Reporting Service의 활용에 능숙하다는 것을 가정으로 내용을 설명할 것이다. SQL Server Reporting Service 입문과 활용에 대한 책들은 역시 많이 있으므로 필요한 경우 같이 활용할 것을 권한다.

이제 시작해보도록 하겠다.

■■■ SQL Azure 기반 보고서 시작하기

데이터에 대한 연결을 제외하면 여러분이 SQL Azure에 대하여 보고서를 만들기 위해 시작하는 과정은 로컬 데이터에 대하여 수행하던 것과 전혀 차이가 없다. 아래의 예제들은 SQL Server 2008 R2를 기반으로 하며, Visual Studio 2008 BIDS와 함께 설치되며, 여러분이 보고서를 만들고 배포할 수 있는 기능을 제공한다. 보고서를 만들기 위하여 다음의 절차를 따른다.

1. BIDS를 열고, 새 보고서 서버 프로젝트를 만든다. 그림 8-1에서처럼 프로젝트의 이름은 AzureReports로 정하지만 여러분의 취향에 따라 이름을 자유롭게 정해도 된다. 이름을 설정하고 확인 버튼을 클릭한다.

■ **NOTE** 이 책의 모든 프로젝트들은 .NET Framework 4.0을 기반으로 하는 Visual Studio 2010 개발 환경을 사용하고 있다. 그러나 SQL Server 2008 R2가 Visual Studio 2008 기반의 BIDS와 함께 공급되기 때문에, 이 예제에서는 .NET Framework 3.5 버전을 기반으로 한다. 그러므로 이 책의 다른 장에서 보던 것과 다른 환경으로 작업하고 있는 것에 대하여 혼란스러워 할 필요가 없다.

---

2. 솔루션 탐색기에서, 솔루션 항목을 오른쪽 버튼으로 클릭하고, 새 항목 추가 메뉴를 클릭한다.

3. 새 항목 추가 대화 상자에서, 보고서 템플릿을 선택하고, 항목의 이름을 그림 8-2와 같이 Documents라고 지정하고 확인 버튼을 클릭한다.

이 시점에서, 여러분은 비어 있는 새 보고서를 만들었지만, 또한 새 보고서 데이터 탭이 Visual Studio IDE와 함께 표시된 것을 볼 수 있을 것이다. 여러분이 이제 해야 할 일은 보고서를 완성하기 위하여 어디서 데이터를 가져와야 하는지를 정의해야 하는 것이고, SQL Server 2008 R2에서는 이 작업이 매우 간단하다. SQL Server 2008 R2 이전 버전에서는 ADO.NET(SqlClient)와 OLE DB 연결 중 하나를 택했어야 하지만, R2에서는 SQL

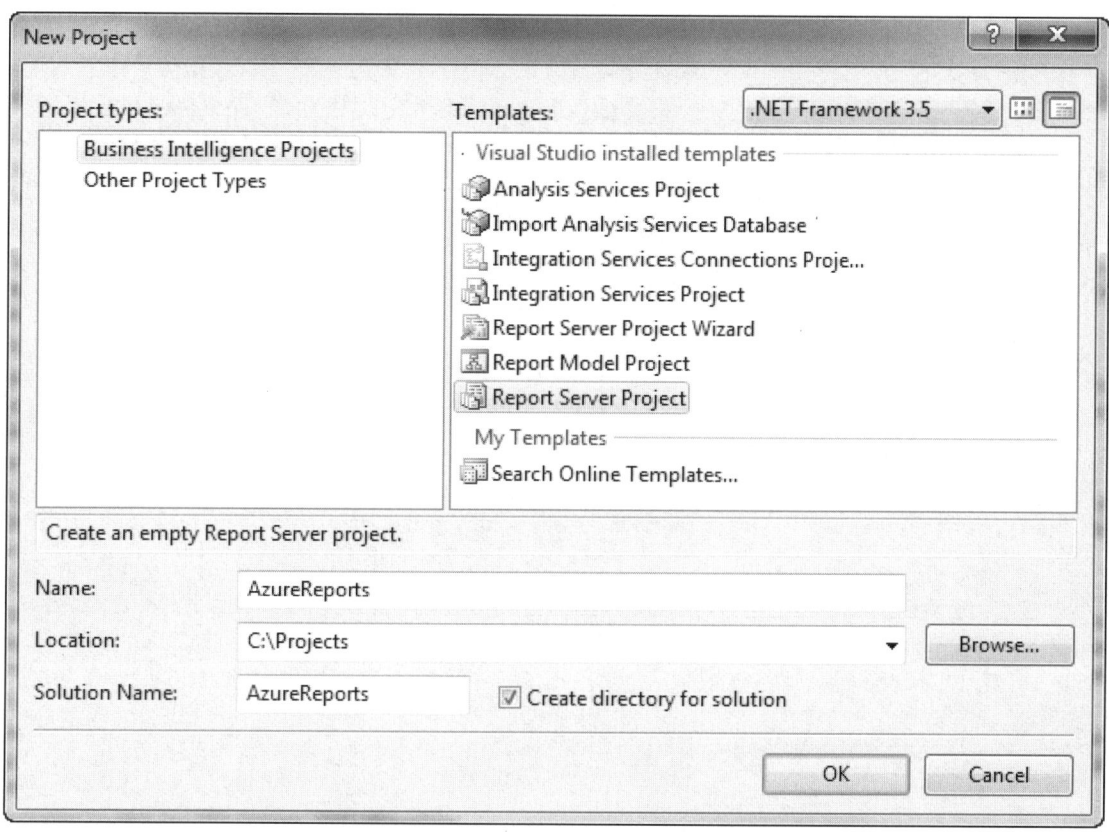

그림 8-1 새 보고서 서버 프로젝트

Azure에 특화된 연결 방식을 제공하고 있다. 간단하게 살펴보도록 하겠다.

■■■ SQL Azure 데이터 원본 만들기

다음의 단계를 계속 진행한다.

1. 보고서 데이터 창에서, 데이터 원본 항목을 오른쪽 버튼으로 클릭하고, 나타나는 팝업 메뉴에서 새 데이터 원본 추가 메뉴를 그림 8-3과 같이 클릭한다.

2. 데이터 원본 속성 대화 상자에서, 연결의 형태를 정의할 수 있는 부분이 나타난다. Embedded Connection 옵션을 선택하고, 연결 종류를 선택한다. 앞서 SQL Server

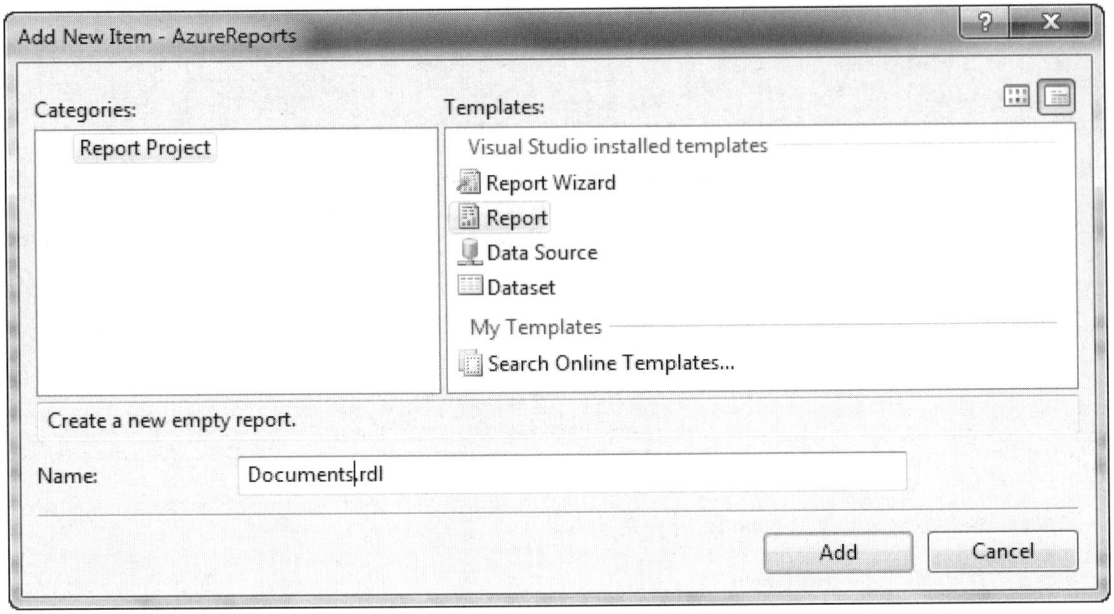

그림 8-2 보고서 추가

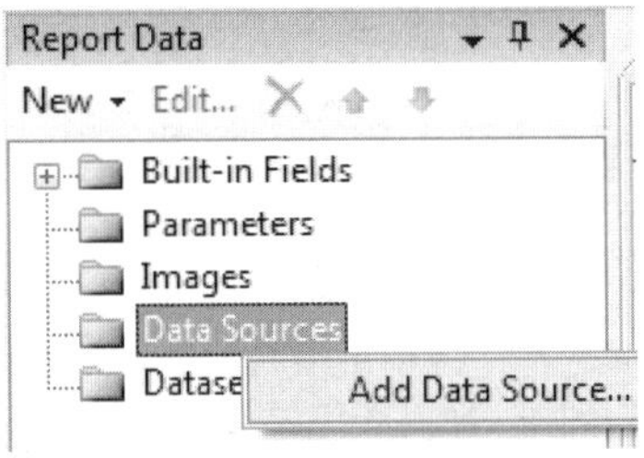

그림 8-3 데이터 원본 추가

    2008 R2 버전에서는 SQL Azure에 특화된 공급자가 별도로 있다고 하였는데 쉽게 이를 찾을 수 있을 것이다. 그림 8-4에서 보여지는 것과 같이 Microsoft SQL Azure 항목을 선택한다.

    이 공급자를 선택하면, 연결 문자열의 값이 자동으로 아래와 같이 설정될 것이다.

Encrypt=True;TrustServerCertificate=False

    비록 이 두 개의 매개 변수와 관련된 값이 자동으로 설정되었지만, 이 값을 바꾸지 않

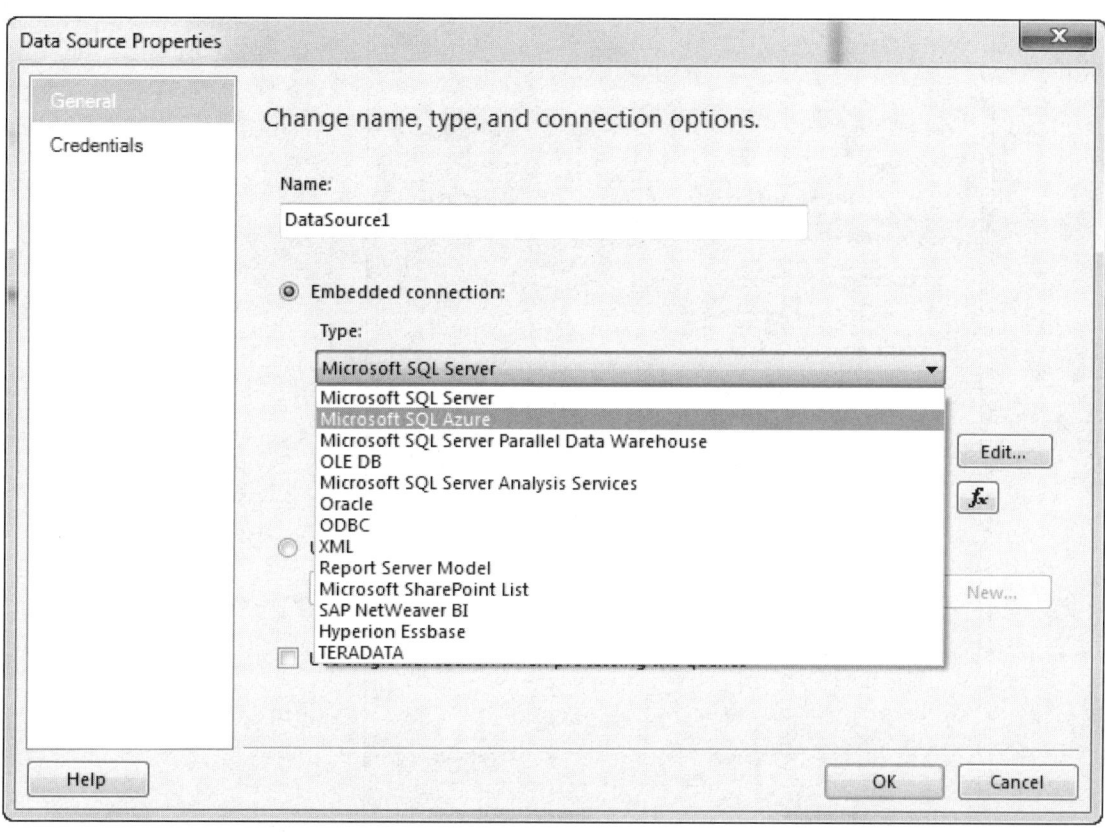

그림 8-3 데이터 원본 속성 대화 상자

는 것을 권장한다. Encrypt 매개 변수는 SQL Server가 SSL 암호화를 사용하여, 서버에 정상적인 인증서가 설치되어 있다는 것을 전제로, 서버와 클라이언트 사이에 주고 받는 모든 데이터를 암호화하여 연결을 유지할 것인지를 다루는 부분이다. TrustServerCertificate 속성은 전송 계층에서 SSL을 사용하여 채널을 암호화하고 신뢰성 여부를 검증하기 위하여 인증서 체인을 주고 받는 절차를 생략한다. Encrypt와 TrustServerCertificate 속성이 모두 True로 설정되면, 서버에 대한 암호화 수준이 사용되어 연결 문자열 상의 Encrypt 매개 변수를 False로 설정하였다고 할지라도 자동으로 암호화 상태가 유지된다

그러나, 기본 문자열이 설정되었다고 할지라도, 여전히 SQL Azure 연결 정보에 대한 설정이 더 추가되어야 하는데, 다음의 단계를 따른다.

3. 연결 속성 대화 상자를 열기 위하여 편집 버튼을 클릭하면 그림 8-5와 같이 나타날

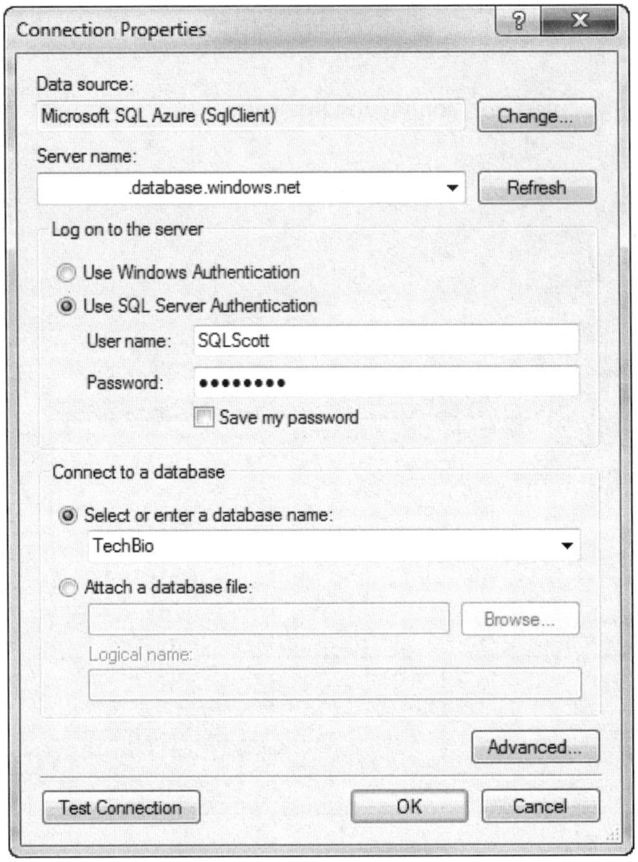

제8장 SQL Azure와 Reporting Service

그림 8-5 연결 속성 대화 상자

것이다. SQL Azure 데이터베이스의 이름, 사용자 ID, 비밀번호 등을 모두 입력한다. 이전 장에서 충분히 설명한 대로, Windows 인증은 사용할 수 없다고 하였으므로 SQL 인증을 선택하고 SQL Azure의 계정 이름과 비밀번호를 입력한다.

4. 데이터베이스 이름을 직접 입력하거나 목록 상자를 펼쳐 선택한 후, 연결 테스트 버튼을 클릭하여 정상적으로 연결이 성립되는지 확인한다.

5. 확인 버튼을 클릭하여 이 대화 상자를 닫으면 다시 데이터 원본 속성 대화 상자로 되돌아 올 것이다. 이제 그림 8-6과 같은 모습이 되어있을 것인데, 적절한 연결 방식과 연결 문자열이 완성된 상태로 되어 있을 것이다.

지금까지의 과정은 로컬 데이터베이스에 연결하기 위하여 사용하던 방법과 별반 차이

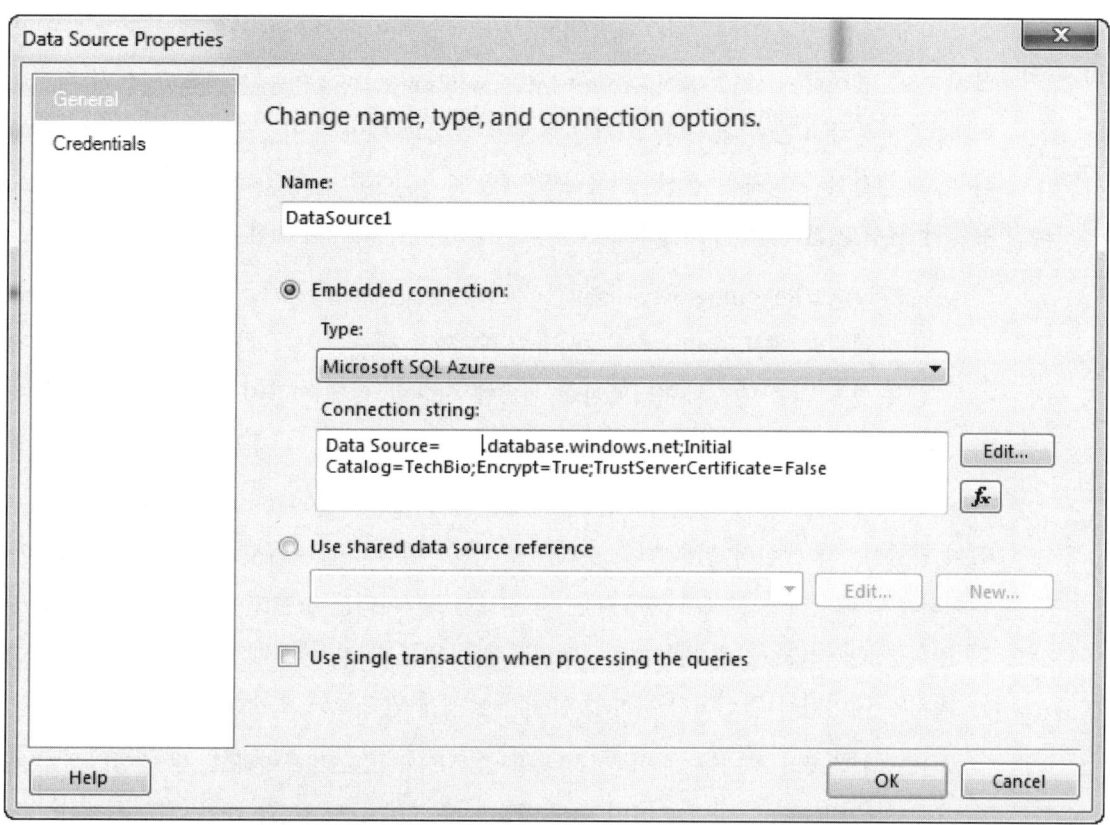

그림 8-6 완성된 데이터 원본 속성 대화 상자

가 없었다. 그러나 과정이 동일하다 할지라도, 중요한 구성 요소를 선택하는 부분에 있어서는 일부 차이가 있었으며, 그림 8-4와 그림 8-5에서 Microsoft SQL Azure 전용 공급자를 따로 선택하고, SQL Azure 연결에 필요한 정보를 따로 입력한 것과 같은 부분이 있었다.

이제 여러분의 데이터 원본에 접근하기 위하여 필요한 인증 정보를 설정할 차례이다. 왼쪽 편에서 Credentials 항목을 클릭하면 다음의 네 가지 옵션이 대화 상자에 나타날 것이다.

- Windows 인증(통합 인증)
- Prompt for Credentials
- 사용자 이름과 비밀번호 지정
- Do not use Credentials

당연히 인증 정보를 사용하도록 설정할 것이므로, 인증 정보를 생략하는 옵션은 사용하지 않을 것이다. 그리고 SQL Azure에서는 Windows 통합 인증을 사용할 수 없으므로 이 역시 사용하지 않을 것이다. 여기서는 오로지 접속 때마다 인증 정보를 물어보는 옵션과 미리 정보를 지정하는 옵션 중 하나만 택할 수 있는데, 설정을 변경하지 않고 그대로 유지할 경우 기본은 매번 물어보도록 설정하는 것이다. 다음의 단계를 따른다.

6. SQL Server Reporting Service의 권장 사항에서는 통합 인증을 사용하는 것이 좋다고 하였지만, SQL Azure에서는 사용할 수 없기 때문에, 사용자 이름과 비밀번호 지정 옵션을 사용하여 데이터베이스 접속에 사용할 실제 사용자 ID와 비밀번호를 이 곳에서 미리 지정해야 한다.

이제 여러분의 데이터 원본이 만들어졌고, 이제 보고서를 위한 데이터셋을 추가하는 일이 남았다. 각 데이터 원본 별로, 여러분은 하나 이상의 데이터셋을 만들어야 한다. 각 데이터셋은 데이터 원본에서 제공하는 열 정보들 중 여러분이 보고서에서 실제로 사용하기 원하는 항목들만 지정 가능하다. 데이터셋은 또한 데이터를 가져오기 위하여 사용하는 쿼리와 데이터를 걸러내기 위하여 사용하는 매개 변수들도 포함한다.

7. 보고서 데이터 창에서 데이터셋 항목을 오른쪽 버튼으로 클릭하고, 새 데이터셋 추가 메뉴를 클릭한다. 이렇게 하면 데이터셋 속성 창이 그림 8-7과 같이 나타날 것이다.

8. 데이터셋 속성 창의 쿼리 페이지에서는 두 가지 주요 작업을 할 수 있는데, 데이터셋이 기반으로 할 데이터 원본을 지정하는 일과, 수행하려는 쿼리의 종류 및 연관된 쿼리를 지정하는 일이다. 이번 예제에서는, Users 테이블의 모든 행과 열을 반환하는 것으로 하기 위하여, 그림 8-7과 같이 SELECT 문을 구성하여 적용할 것이다. 데이터셋의 이름은 그대로 DataSet1으로 설정할 것이다. 확인 버튼을 클릭한다.

데이터셋에 대하여 더 할 일이 없다. 이제 보고서의 레이아웃을 정하는 일만 남았다.

■■■ 보고서 디자인 만들기

보고서의 디자인 보기로 와서, 이제 보고서를 꾸미는 작업을 시작할 수 있다. 이번 예제에서는 특별히 화려하거나 멋지게 보고서를 꾸밀 필요 없이, 그저 SQL Azure의 연결이

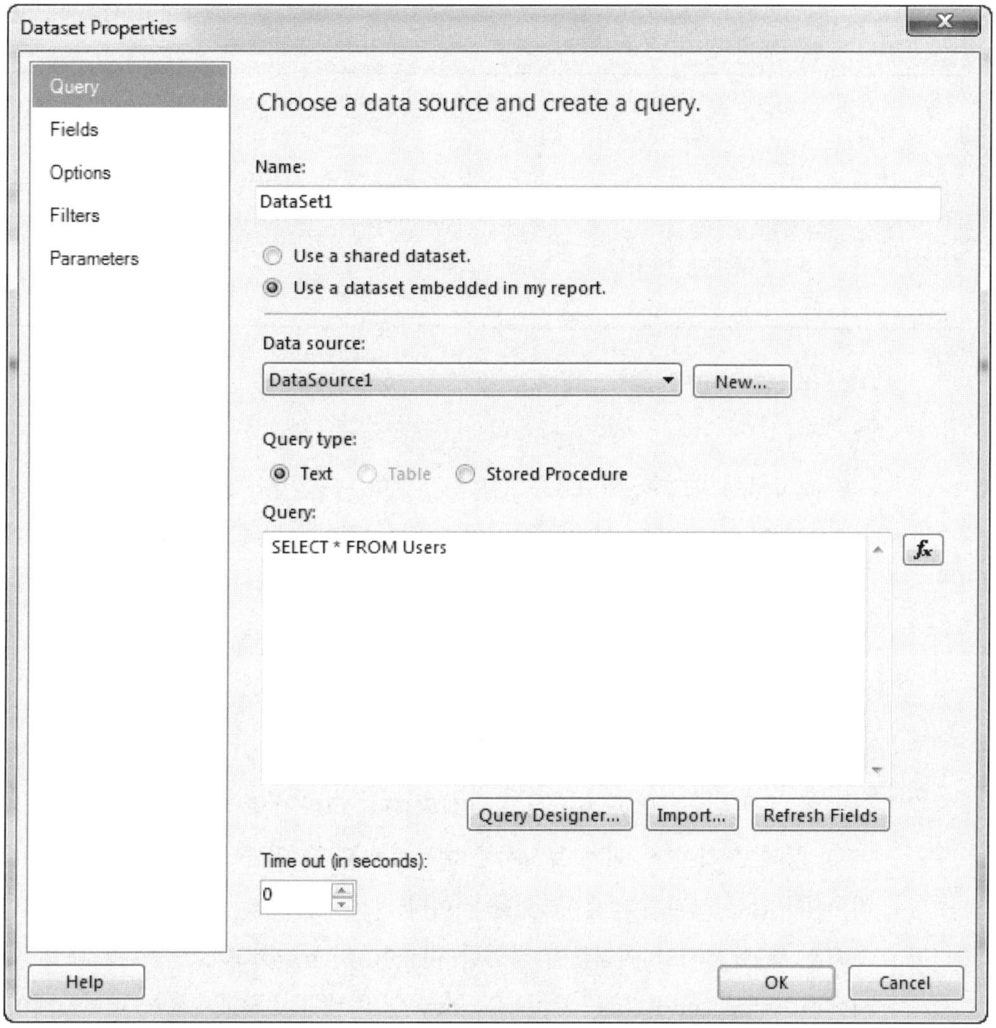

그림 8-7 데이터셋 속성 대화 상자

잘 작동하는지에 대해서만 확인하는 방향으로 보고서를 대강 만들어도 된다. 다음의 단계를 따른다.

1. 도구 상자에서, 텍스트 박스와 테이블을 보고서 디자이너 창 위로 추가한다. 텍스트 박스를 보고서의 제일 위로 이동시켜 보고서의 제목으로 활용한다. 텍스트 박스의 글자를 My First Azure SSRS Report로 변경한다.

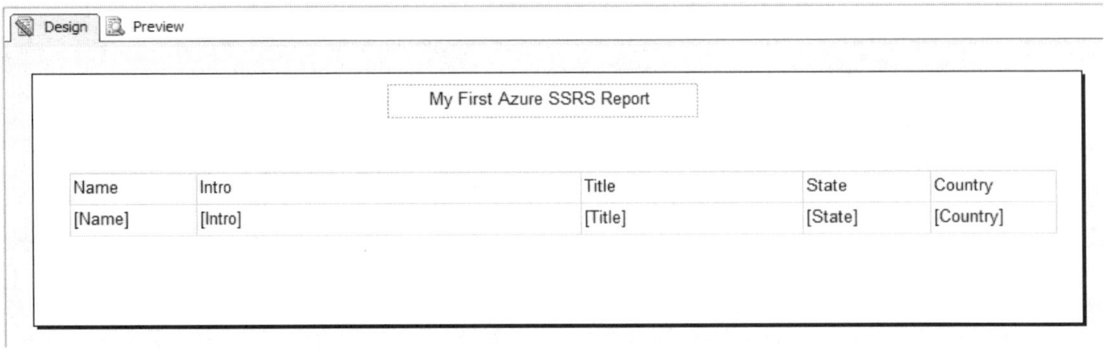

그림 8-8 보고서 디자인 보기

2. 보고서에 추가한 테이블은 세로로 3단이 나뉘어져 있지만 실제로는 세로 5단이 필요하다. 기존 열 아무 곳을 오른쪽 버튼으로 클릭하고, 나타나는 팝업 메뉴에서 열 삽입 메뉴를 클릭한다. 같은 방법으로 새 열을 하나 더 추가하여 총 5개의 열이 만들어지도록 구성한다.

3. 보고서 데이터 창에서, 데이터셋 항목 아래의 Name, Intro, Title, State, Country 열들을 테이블 위로 그림 8-8과 같이 끌어다 놓는다.

이제 여러분의 간단한 보고서가 완성되었다. 그다지 복잡하거나 예쁘지는 않지만 기능은 잘 동작할 것이다. 이제 보고서를 테스트해볼 수 있는데, 미리 보기 탭을 클릭하면 그림 8-9와 같은 결과를 얻을 수 있을 것이다.

그림 8-9에서처럼 여러분이 작업한 내용이 잘 동작하고 있는 것이 보일 것이다. 보고서에는 Name, Intro, Title, State, Country 열의 내용이 SQL Azure 데이터베이스의 Users 테이블로부터 조회되어 나온 것을 볼 수 있다. 이렇게 잘 나온다면 성공적으로 SQL Azure 데이터베이스를 대상으로 쿼리를 실행하여 첫 보고서를 잘 만든 것이다.

■■■ 보고서 배포하기

현 시점에서, SQL Azure로 보고서를 직접 배포하지는 못하므로, 모든 보고서는 로컬에서 배포되어야 한다. 보고서를 배포하기 위해서는 다음의 절차를 따른다.

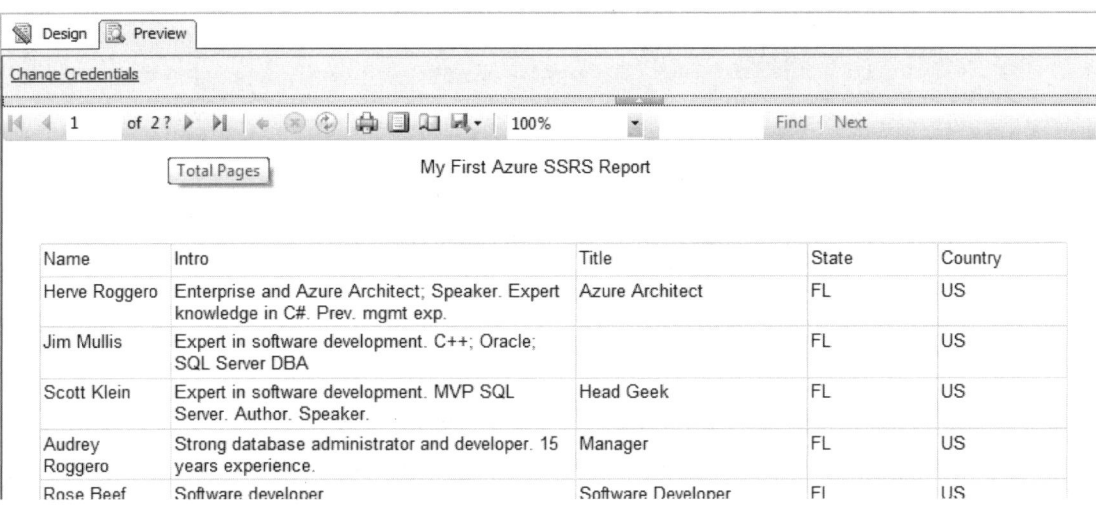

그림 8-9 보고서 미리 보기

1. 보고서 솔루션 항목을 오른쪽 버튼으로 클릭하고, 나타나는 팝업 메뉴에서 속성 메뉴를 클릭한다.

2. 속성 페이지 대화 상자에서 변경할 것은 TargetServerURL 속성으로, 그림 8-10과 같이 입력한다. 여기서 TargetReportFolder의 이름을 지금 만든 Visual Studio의 솔루션 이름과 동일하게 AzureReports로 같이 지정한다.

3. 솔루션 탐색기에서 보고서 프로젝트를 오른쪽 버튼으로 클릭하고, 나타나는 팝업 메뉴에서 배포 메뉴를 클릭한다.

4. 보고서가 성공적으로 배포되었다면, 웹 브라우저를 열고 http://[컴퓨터이름]/Reports 주소로 이동한다. 이렇게 하면 배포 대상 컴퓨터에 설치된 SQL Server Reporting Service의 기본 폴더와 AzureReports 폴더가 나타난 것이 보일 것이다. AzureReports 폴더 안에는 여러분이 방금 만든 Documents 보고서가 들어있을 것이다. 보고서를 보려면 그 링크를 클릭한다.

여러분은 이제 막 SQL Azure에서 데이터를 가져오는 간단한 보고서를 생성하는 과정을 진행해 보았다. 이제 여기서 하위 보고서를 만들어 기존 데이터베이스와 연동하는 과정을 살펴보도록 하겠다.

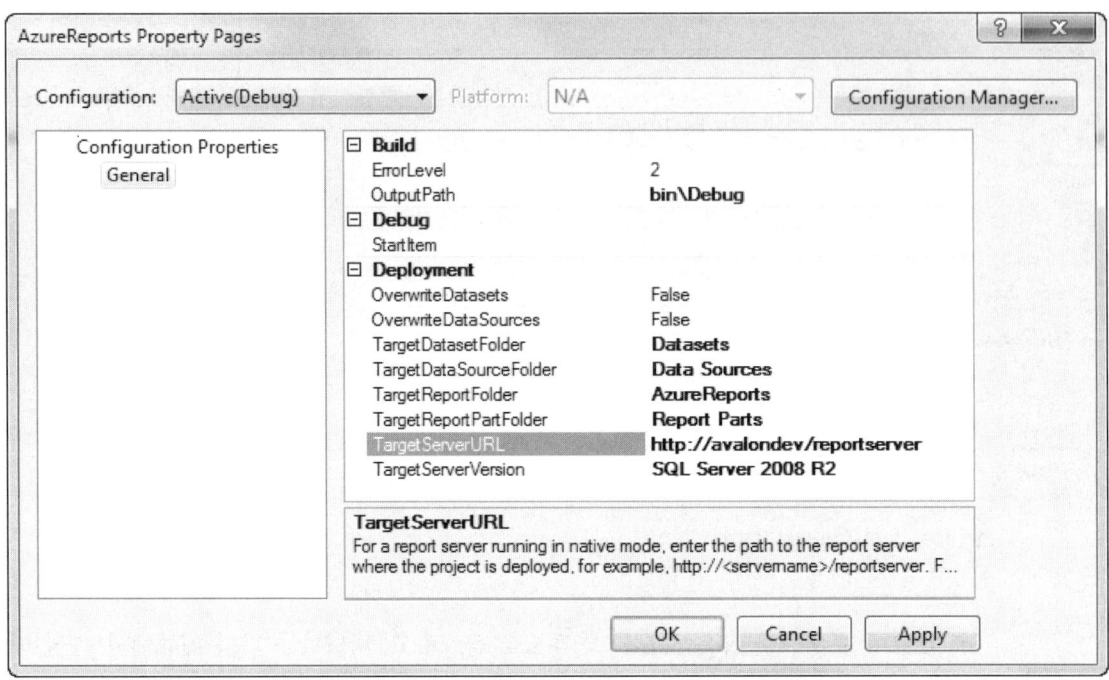

그림 8-10 솔루션 속성 페이지

■■■ 하위 보고서 만들기

여러분의 보고서는 Documents로 이름이 지어졌지만, 사용자 목록을 보여주고 있으며 하위 보고서를 새로 추가해야 할 이유가 여기에 있다. 한 사용자가 여러 건의 Documents 레코드를 가지고 있을 수 있으므로, 문서에 연관된 여러 사용자들을 보여주고자 할 것이다. 이렇게 하려면, 새로운 보고서를 하나 더 만들고, 새 데이터 원본과 데이터셋을 지정해야 한다. 그러나 이번에는 여러분의 기존 데이터베이스로부터 데이터를 가져와서 사용하고자 한다. 그러므로, 사용자 정보는 SQL Azure에서 가져오고, 관련된 문서 정보는 여러분의 기존 데이터베이스로부터 가지고 오도록 하는 것이다. 다음의 단계를 따른다.

1. 각 문서들에 대한 정보를 보일 수 있도록 하기 위하여 하위 보고서를 만들어야 한다. 이번 장의 앞에서 간략히 진행했던 내용에 따라 새 보고서와 이에 연관된 데이터 원본 및 데이터셋을 생성한다. 이번 예제에서 새 보고서의 이름은 상관없다. 데

이터 원본은 반드시 로컬 데이터베이스의 것을 가리키고 있어야 하고, 데이터셋은 Azure 기반 보고서에서 사용된 데이터셋과 동일한 구성을 갖도록 만든다.

2. 새 보고서에 대한 디자인 타임 편집기를 열고 난 후, 여러분의 로컬 데이터베이스와 연결된 데이터 원본을 만든다. 이 데이터 원본은 Windows 통합 인증과 같이 기존에 사용하던 인증 방식을 사용할 수 있다.

3. 새 데이터 원본을 기반으로 하는 새로운 데이터셋을 만든다. 데이터셋 속성 대화 상자의 쿼리 페이지에서, 방금 전에 만든 데이터 원본을 선택하고, 쿼리 종류를 Text로 선택한다. 그림 8-11과 같이 쿼리를 입력한다. 이 쿼리는 Docs 테이블에서 데이터를 가져오게 될 것이고, 필터를 적용하여 문서에 연관된 사용자를 기준으로 문서를 검색할 것이다. 이 기능을 동적으로 수행할 수 있도록 하기 위하여, 필터로는 매개 변수로 정의할 것이다.

4. 데이터셋 속성 페이지에서 그림 8-12와 같이 매개 변수를 선택하여 매개 변수 설정 페이지로 이동하면, 쿼리 페이지에서 입력한 매개 변수가 자동으로 등록되어 있는 것을 볼 수 있을 것이다. SQL Server 보고서 마법사가 이러한 정보를 자동으로 관리해준다는 것은 매우 고무적인 일이다.

5. 이제 다음 단계는 여러분의 보고서를 디자인하는 일이다. 보고서로 되돌아가서, 디자인 탭을 선택하고, 도구 모음에서 테이블을 보고서 디자인 화면 위로 드래그하여 추가한다. 다시 한 번, 기본으로 설정된 3개의 열을 5개의 열로 확장하기 위하여 2개의 열을 추가하고, 보고서의 정 중앙에 테이블이 위치하도록 조정한다.

6. 보고서 데이터 창에서 Name, Descr, Pages, Download Prices, Purchase Price 열을 테이블에 드래그하여 가져온다. 모든 작업을 완료하였을 때 그림 8-13과 같은 형태로 구성되어 있는지 확인한다.

7. 미리 보기 탭을 클릭하여 보고서를 미리 테스트해본다. 보고서에서는 AuthorId 매개 변수의 값을 지정할 것을 묻는 대화 상자가 나타나는데, 111이나 113과 같이 검색 가능한 값을 여기에 입력해 본다. 보고서에서는 여러분이 입력한 ID로 검색한 결과에 해당되는 데이터를 보고서에 나타낼 것이다.

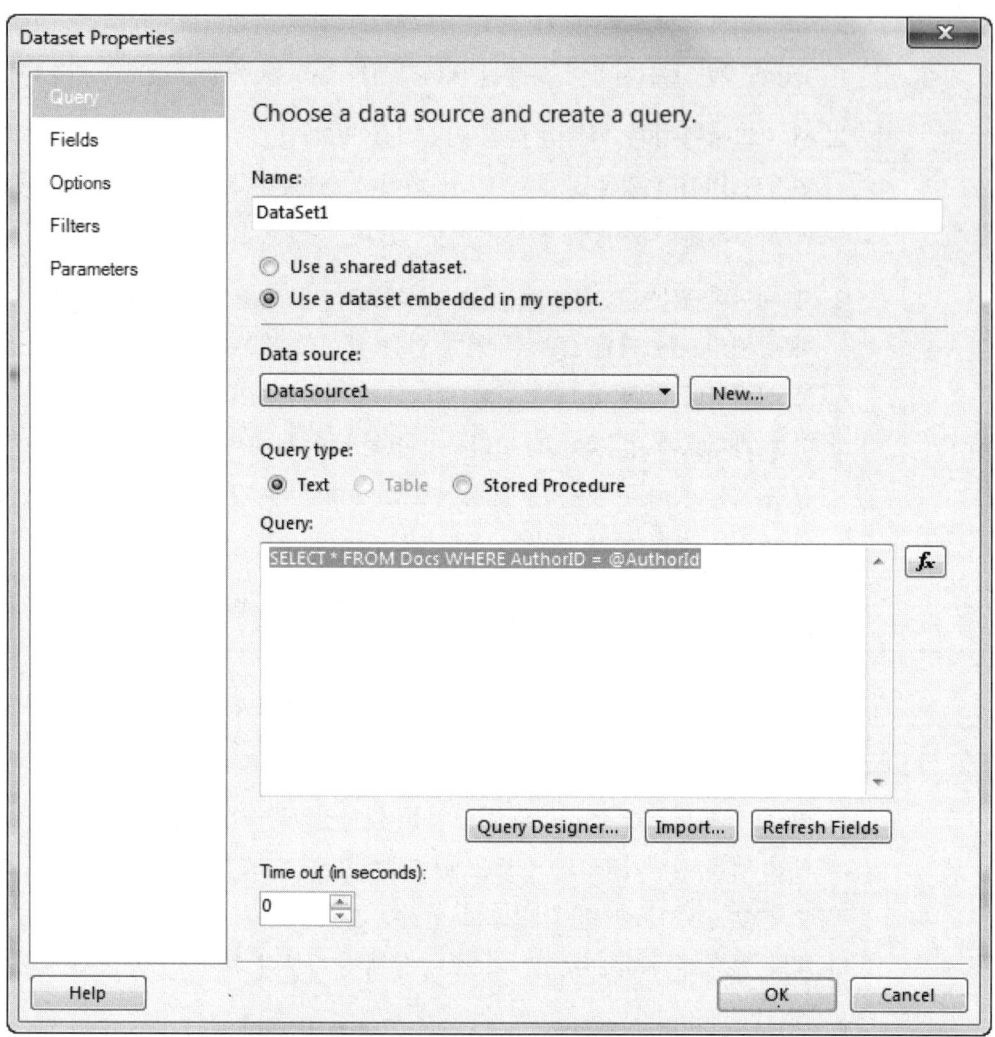

그림 8-11 로컬 데이터베이스를 대상으로 하는 데이터셋

하위 보고서를 주 보고서에 추가하기

이제 하위 보고서가 잘 동작하는 것을 확신할 수 있으므로, 주 보고서에 하위 보고서를 추가하여 완성해보도록 하자.

1. 처음 작업하였던 Documents 보고서에서 하위 보고서를 추가할 수 있는 방법은 두 가지가 있는데, 하위 보고서로 사용하기로 한 보고서를 솔루션 탐색기에서 찾아 부모 보고서로 끌어다 놓는 방법으로 하위 보고서와 주 보고서를 자동으로 연결되게

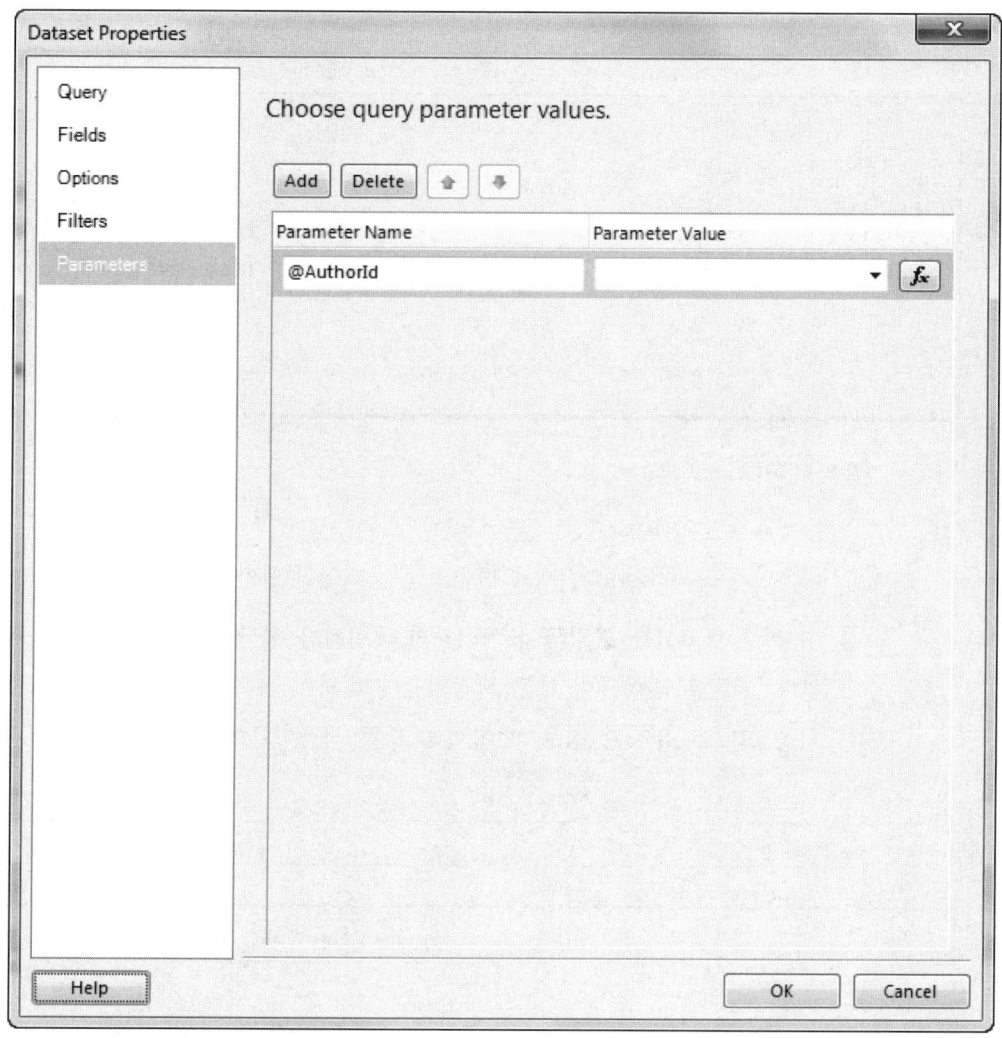

그림 8-12 매개 변수 페이지

하거나, 하위 보고서 컨트롤을 주 보고서 디자이너 위로 드래그하여 수동으로 속성을 설정하도록 만들 수도 있다. 어떤 방법을 사용하던 관계는 없으며, 설정할 내용이 많고 적음의 차이이고, 만들어진 하위 보고서를 오른쪽 버튼으로 클릭하여 속성 메뉴를 클릭하여 나중에 이러한 속성들에 접근할 수 있다. 하위 보고서 속성 대화 상자에서, 정확한 보고서가 하위 보고서로 선택되었는지 확인한다.

2. 매개 변수 페이지에서, 주 보고서에서 하위 보고서로 전달될 매개 변수를 추가하는

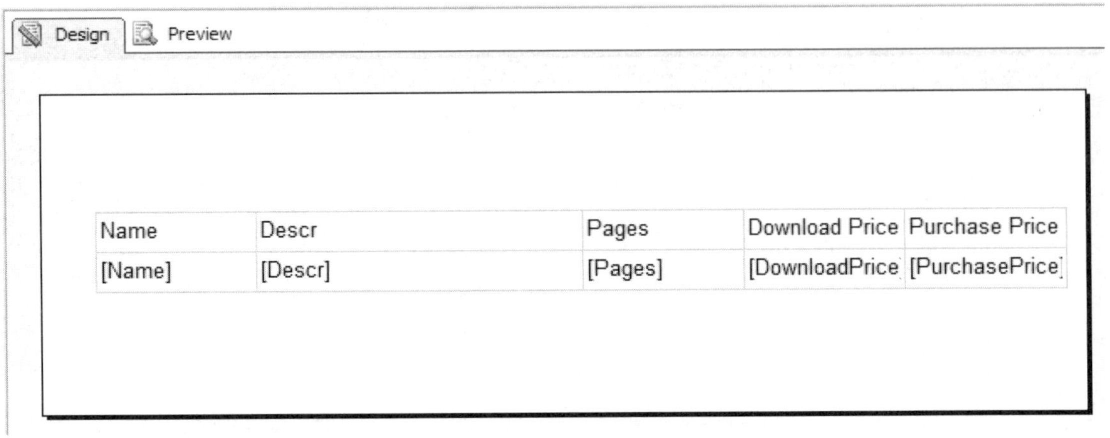
Design
Preview
Name
Descr
Pages
Download Price
Purchase Price
[Name]
[Descr]
[Pages]
[DownloadPrice
[PurchasePrice]

그림 8-13 완성된 하위 보고서

데, 이 경우 AuthorId가 매개 변수로 추가되어야 한다.

3. 이제 주 보고서를 변경하여 여러분의 데이터가 정확히 표시될 수 있도록 바꾸어야 한다. 지금은 테이블이 모든 사용자들에 대하여 목록을 열거할 것이다. 만약 이 방식을 그대로 유지할 경우, 보고서는 모든 사용자들에 대하여, 그리고 모든 문서에

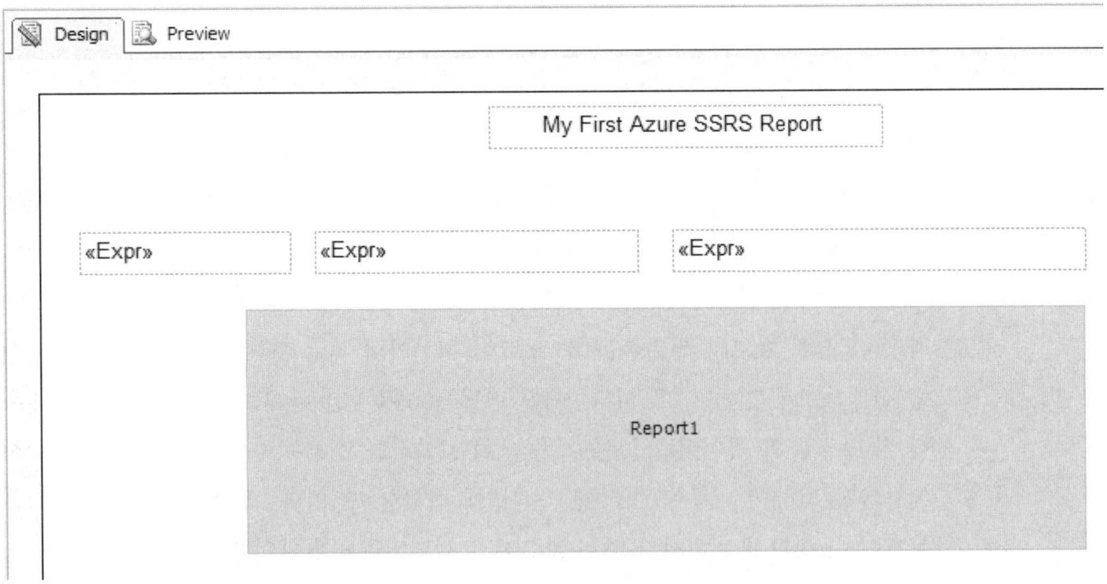
Design
Preview
My First Azure SSRS Report
«Expr»
«Expr»
«Expr»
Report1

그림 8-14 수정된 마스터 보고서

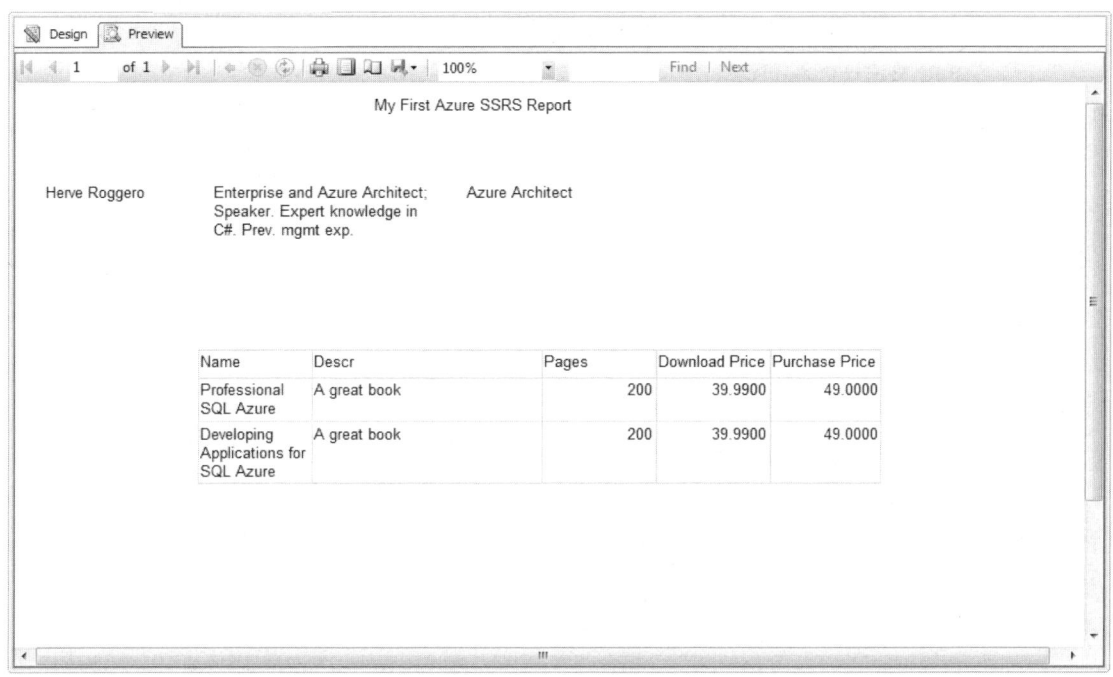

그림 8-15 완성된 보고서

대하여 정보를 열거하게 될 것이다. 그 대신, 우선 사용자들을 열거하고 그 이후 해당 사용자와 관련된 문서만을 열거하도록 하고자 할 것이다. 이렇게 하려면, 주 보고서에 있는 테이블을 삭제하고, 보고서 데이터 창에서 그림 8-14와 같이 Name, Intro, Title 항목을 데이터셋으로부터 드래그하여 추가한다. 이제 보고서를 실행하면, 사용자 목록을 표시하고 이에 관련된 문서 목록들만이 그림 8-15와 같이 열거될 것이다.

결론

이번 장에서, 여러분은 SQL Server Reporting Service를 이용하여 SQL Azure에서 데이터를 가져오는 방법을 살펴보았다. 또한 여러분은 SQL Azure와 기존 데이터베이스에서 동시에 데이터를 가져와서 활용하는 방법도 살펴보았다. 9장에서는 ASP.NET 응용프로그램을 Windows Azure에 어떻게 배포하고, SQL Azure에는 어떻게 연동시킬 수 있는지 그 과정을 살펴보고자 한다.

CHAPTER 9

Windows Azure와 ASP.NET

이번 장에서는 Windows Azure 응용프로그램을 만드는 과정을 진행해보고, 클라우드 환경으로 배포하는 절차를 살펴보기로 한다. 언제든 Windows Azure에 대한 기술 자료를 찾아보면 대개는 클라우드 기반으로 웹 서비스를 개발하는 것에 대한 내용이 제일 많이 나타날 것이다. 지금으로서는 Windows Azure에서 Windows Forms 기반 응용프로그램과 같은 형태로는 프로그램을 만들 수 없는 것이다.

   Microsoft 클라우드로 올려진 응용프로그램은 흔히 서비스로 불리는데 이것이 웹 사이트라고 하더라도 그러하다. 따라서 여러분은 웹 사이트를 실행하기 위하여 Windows Azure 서비스를 먼저 새로 만들어야 한다. 그 다음, 간단한 ASP.NET 응용프로그램을 만들어 클라우드에 올려야 한다.

■■■ Windows Azure 서비스 만들기

우선, Windows Azure 서비스를 클라우드 내에 구성해야 나중에 Windows Azure 응용프로그램을 배포할 수 있다. 각각의 클라우드에서 실행되는 Windows Azure 서비스는 가상 머신 안에서 실행된다. 하지만 각각의 가상 머신에 대한 제어 권한은 기본적으로 여러분에게 없다. 단지 여러분은 응용프로그램을 배포하고 몇 가지 매개 변수를 사용하여 제어하는 기능만 사용할 수 있다. 다음의 단계를 따라 서비스를 구성한다.

1. Internet Explorer를 열고, http://windows.azure.com에 접속한다. Windows Live ID를 사용하여 로그인하는 과정을 거치게 될 것이다.

246 ■ 제9장 Windows Azure와 ASP.NET

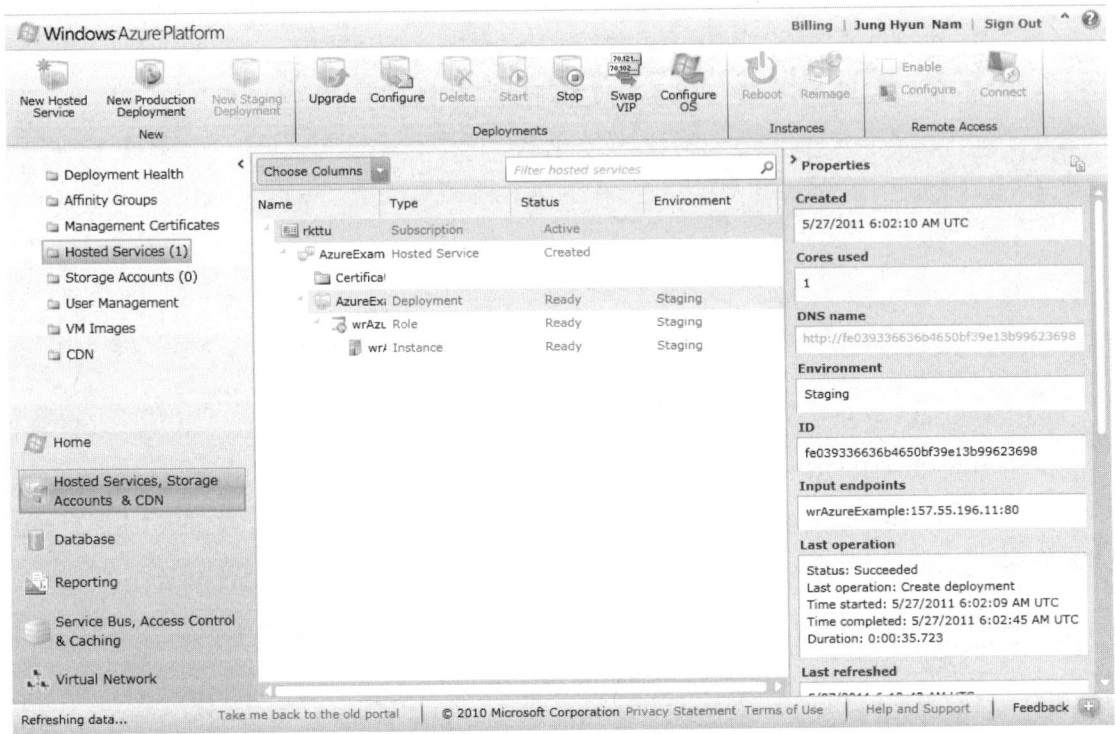

그림 9-1 Windows Azure 서비스 요약 페이지

2. 로그인한 다음, 3장에서 생성한 Windows Azure 프로젝트를 볼 것이다. 좌측의 메뉴들 중에서 Hosted Services, Storage Accounts & CDN 메뉴를 클릭하고, Hosted Services 폴더를 클릭하면, 이전 단계에서 차례대로 진행해왔던 대로, 그림 9-1과 같이 Azure 서비스 목록이 나타날 것이다.

■ NOTE 이번 장에서는 여러분이 이미 Windows Azure 서비스를 신청했다는 것을 전제로 한다. 서비스에 가입하면 자동적으로 Windows Azure Project가 클라우드 환경 상에서 만들어지게 된다.

3. New Hosted Service를 클릭하여 여러분의 첫 Windows Azure 서비스를 만든다. 이렇게 하면 어떤 종류의 서비스를 만들 것인지 선택하는 페이지가 이어서 나타날 것이다.

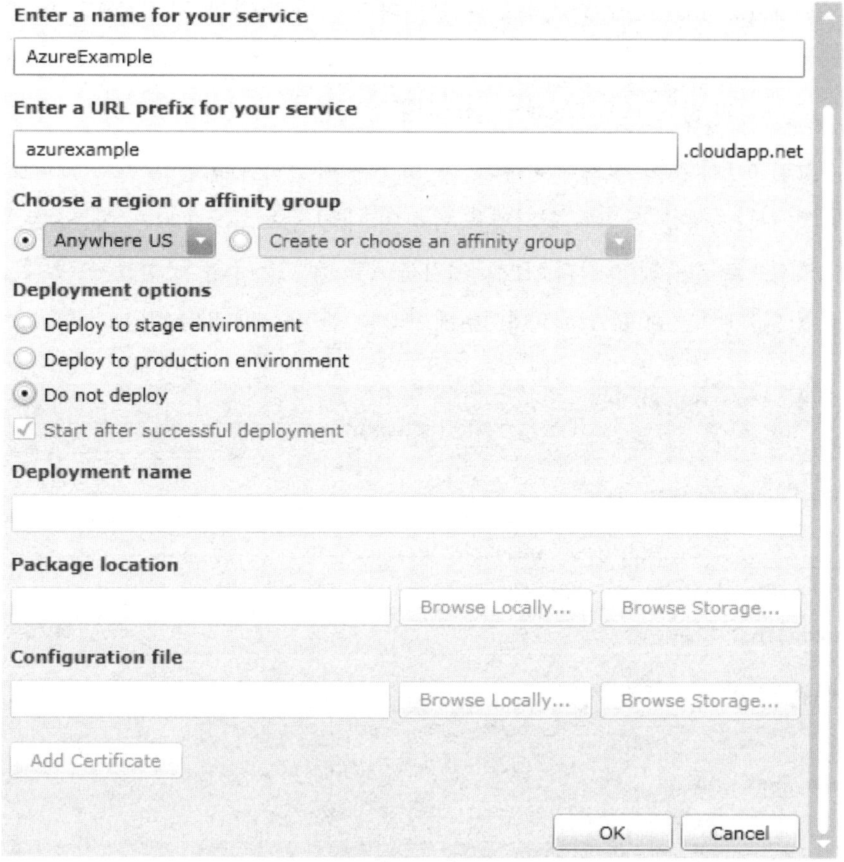

그림 9-2 새 Azure 서비스 생성하기

4. 그림 9-2의 화면에서 나타나는 각 항목들의 내용은 다음과 같다.

    A. Enter a name for your service: 서비스를 관리 목적으로 식별할 수 있도록 별칭을 지정하는 부분이다.

    B. Enter a URL prefix for your service: cloudapp.net 도메인 앞에 사용할 정규화된 호스트 이름을 지정한다. 이미 등록된 이름인 경우 실시간으로 검사하여 이를 알려준다.

    C. Choose a region or affinity group: 개설하고자 하는 서비스가 실행될 데이터 센터의 지리적 위치를 단독으로 설정하거나 다른 Windows Azure 서비스와의 관계를 위하여 Affinity Group을 지정하거나 새로 생성할 수 있다.

D. Deployment options: 배포하려는 패키지 파일(CSPKG) 및 설정 파일(CSCFG)이 이미 있는 경우 Stage Environment나 Production Environment 중 하나를 택하고, 그렇지 않은 경우 Do not deploy를 선택한다.

5. 그림 9-2의 대화 상자에서 두 번째 항목은 특별히 관심을 가지고 살펴보도록 한다. 여기서 지정한 이름은 인터넷을 통하여 대외적으로 노출되는 이름으로, 반드시 전역적으로 고유해야 한다. 또한 여기서 Affinity Group을 구성할 수 있다. 그리고 그림 9-3에서는 SQL Azure 데이터베이스를 신청할 때 만들었던 기존 Affinity Group

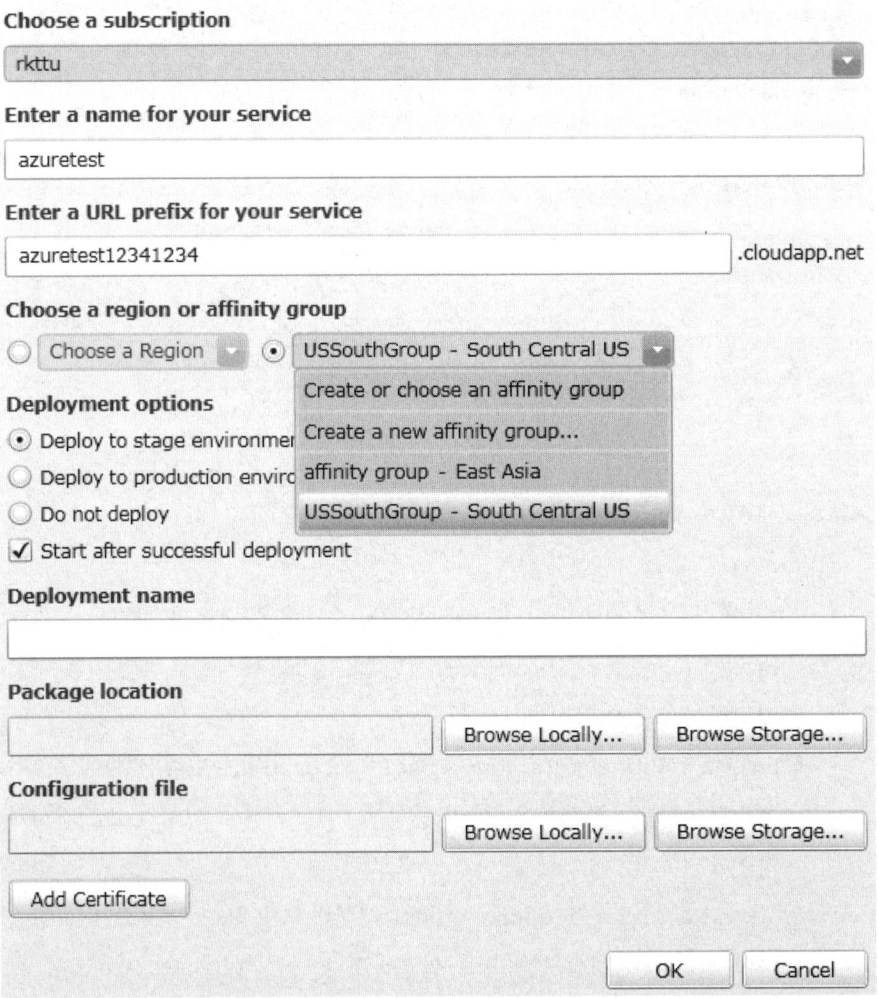

그림 9-3 Windows Azure Affinity Group 설정

과 같은 영역에서 실행될 수 있도록 설정하고 있다. Affinity Group의 이름은 USSouthGroup으로 불리며, 물리적으로는 미국 남부 중앙에 있는 데이터 센터를 사용하는 것을 기준으로 한다.

1단원에서 언급한 대로, Affinity Group은 다음의 두 가지 이유 때문에 매우 중요하다고 하였다.

- **가격**: Windows Azure 서비스가 같은 지역에 위치한 SQL Azure 데이터베이스에 접속할 때는, 서비스와 데이터베이스 사이에 오고 가는 데이터 소통에 대하여 일절 비용이 발생하지 않는다.
- **장애 극복**: Windows Azure나 SQL Azure 데이터베이스 중 한 곳에 예기치 못한 장애가 발생했을 경우, 다른 지역으로 이동하여 장애를 극복해야 하는데, 같은 Affinity Group에 속한 서비스는 가능한 서비스의 일관성을 위해 기존의 성능과 비용을 유지하는 방향으로 처리될 수 있다.

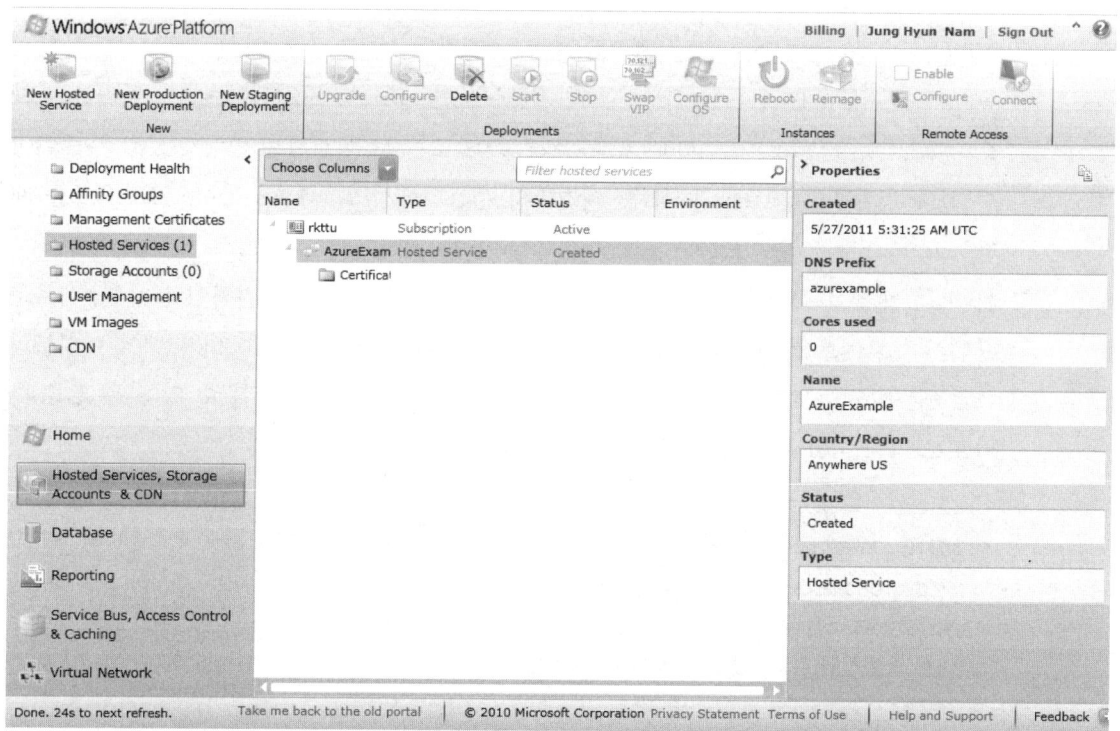

그림 9-4 Windows Azure 서비스 관리 페이지

6. 그림 9-3의 입력 항목들 중에서 빨간색으로 표시된 입력 필드가 없으면 서비스를 생성할 수 있다. OK 버튼을 클릭하면 그림 9-4와 같은 화면이 나타날 것이다.

■ **NOTE** 프로그래밍 코드가 이 서비스에 배포되기 전까지, 서비스 비용은 청구되지 않을 것이다. 그러나 무언가 배포를 하게 되면 그 시점부터 서비스 비용 청구 기준이 설정되어 모니터링이 시작될 것이다.

Windows Azure 프로젝트 만들기

이제 데이터베이스 사용자 목록을 출력하는 간단한 Windows Azure 응용프로그램을 Visual Studio에서 만들어 보자. 이 Windows Azure 프로젝트는 ASP.NET 응용프로그램을 기반으로 만들 것이지만 특별한 템플릿인 Cloud 템플릿을 이용하여 만들 것이다.

개발 환경 설정하기

Windows Azure ASP.NET 응용프로그램을 개발할 수 있도록 하기 위해서는 반드시 Windows Azure Tools를 여러분의 개발 환경에 연동되도록 구성해야 한다. 여러분은 반드시 Windows Vista 또는 Windows Server 2008 또는 그 이상의 운영체제를 사용 중이어야 한다. Windows Azure Tools는 여러분의 컴퓨터에서 Windows Azure 프로젝트를 개발하고 테스트할 수 있도록 실행 환경을 제공할 것이다. 기본적으로 Windows Azure Tools는 개발 목적의 로컬 클라우드를 제공한다. 이 개발 도구가 설치되고 나면, 새로운 형태의 프로젝트 종류인 Cloud가 나타나는 것을 볼 수 있다. Visual Studio에서 여러분의 프로젝트를 만들 때, Windows Azure Tools가 처음 설치될 때 선택할 수 있는 옵션 중 하나로 설치되는 Cloud 프로젝트 형식을 선택할 수 있다.

■ **NOTE** Windows Azure Tools를 내려 받기 위해서는 Microsoft Download Center 홈 페이지 (www.microsoft.com/downloads)에 방문해야 한다. Azure Tools를 검색어로 제시하고, 여러분의 Visual Studio 버전에 맞는 Windows Azure Tools 버전을 선택한다. 정확한 버전의 Windows Azure Tools를 내려 받아 설치하였는지 다시 한 번 확인한다.

첫 Visual Studio 클라우드 프로젝트 만들기

Visual Studio 클라우드 프로젝트를 만들기 위해서는, 다음의 절차를 따른다.

1. Visual Studio를 권한 상승 모드(흔히 관리자 모드로 불림)에서 실행하도록 한다. 이렇게 하려면, Microsoft Visual Studio 2008이나 Microsoft Visual Studio 2010 항목을 오른쪽 버튼으로 클릭한 후 '관리자 권한으로 실행' 메뉴를 그림 9-5와 같이 선택하여 실행한다. 권한 상승 모드로 실행하는 것은 Windows Azure 시뮬레이션 도구가 여러분의 Azure 서비스를 로컬에서 테스트할 수 있도록 기능을 부여하기 위하여 필요한 절차이다.

만약 Visual Studio를 권한 상승 모드에서 시작하지 않으면 프로젝트를 생성할 수는 있어도 실행할 수는 없다. 이를 시도할 경우, 그림 9-6과 같이 권한 상승 모드에서 Visual

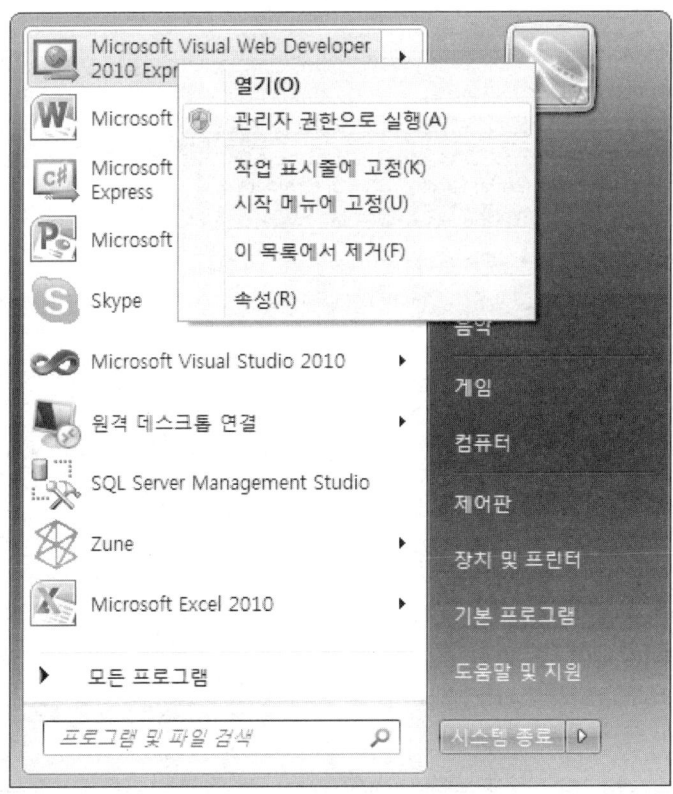

그림 9-5 Visual Studio를 권한 상승 상태로 실행하기

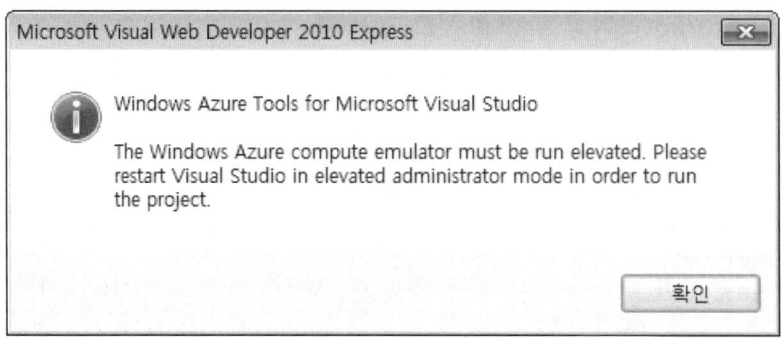

그림 9-6 권한 상승되지 않은 상태에서 Windows Azure 에뮬레이터를 실행한 경우

Studio를 다시 시작해야 함을 안내하는 메시지가 대신 나타나게 된다.

2. '파일 → 새로 만들기 → 새 프로젝트' 순으로 메뉴를 클릭하면 Visual Studio 2008 의 경우 그림 9-7과 같이, Visual Studio 2010의 경우 그림 9-8과 같이 창이 나타날

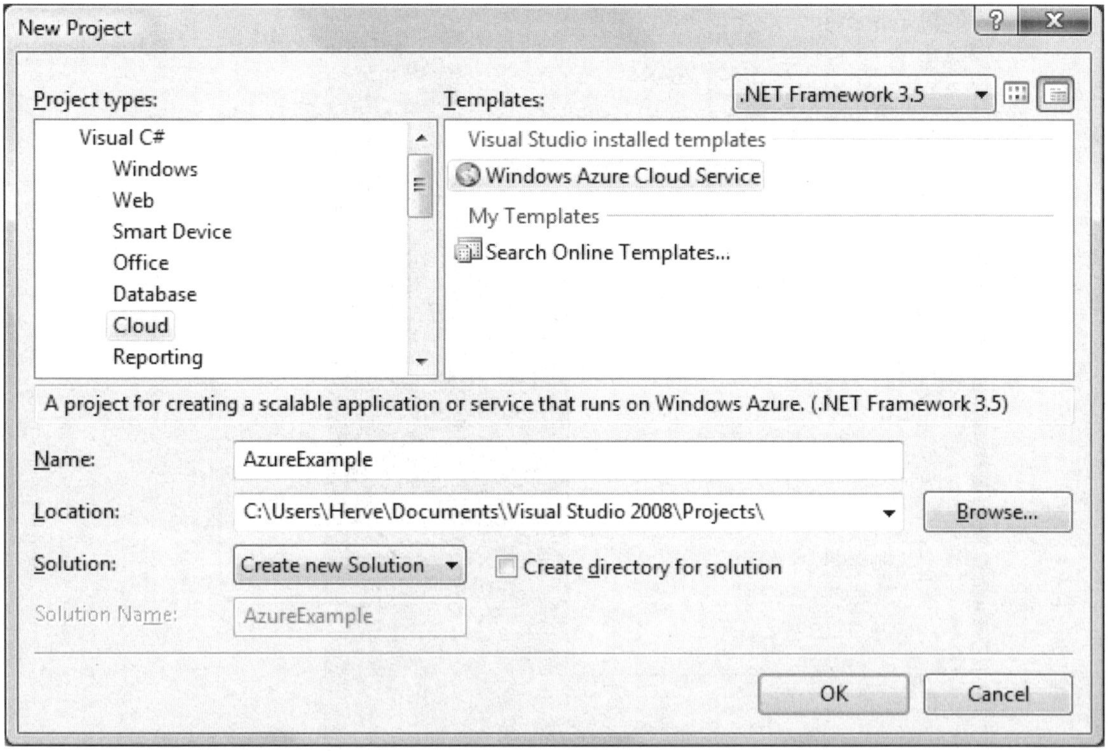

그림 9-7 Visual Studio 2008에서의 클라우드 프로젝트 형식

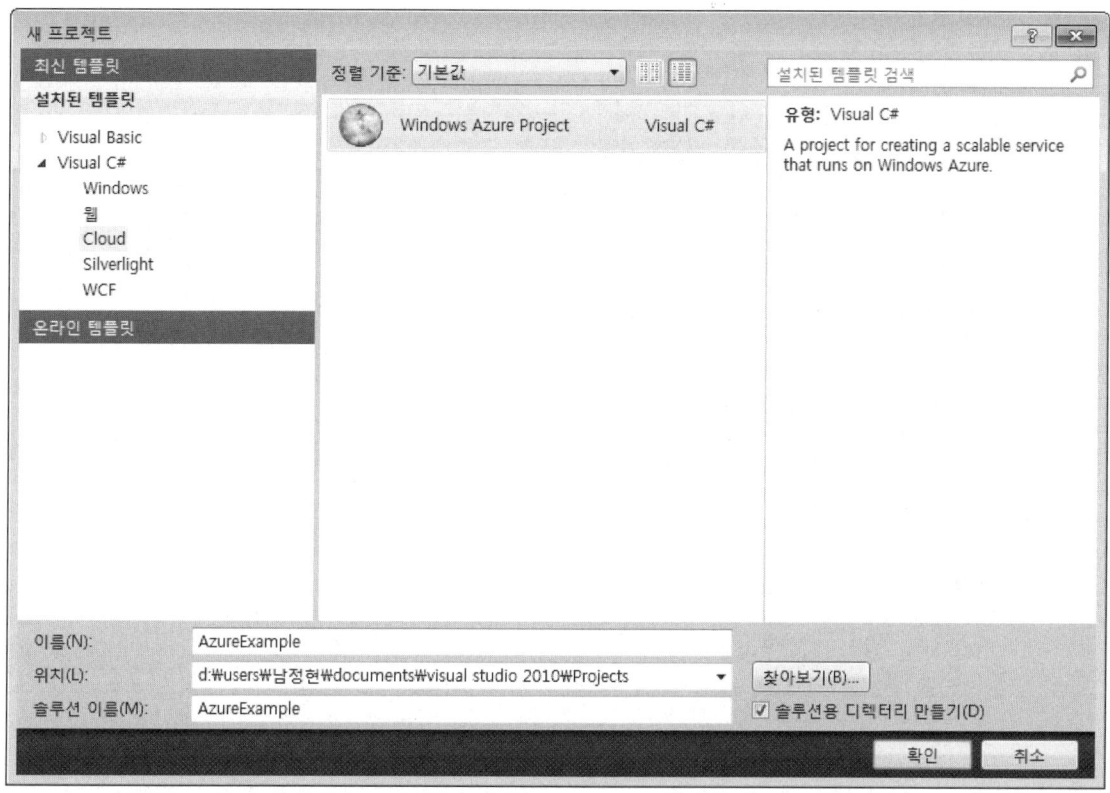

그림 9-8 Visual Studio 2010에서의 클라우드 프로젝트 형식

것이다. Visual Studio 2008의 경우 Cloud 프로젝트 형식을 선택하고, Visual Studio 2010의 경우 Cloud Service를 선택한 다음, Windows Azure Cloud Service를 선택한다.

3. 프로젝트의 이름을 입력하고 확인 버튼을 클릭한다. 그림 9-9와 같이 새로운 대화 상자가 나타나는데, 이 대화 상자는 여러분의 응용프로그램에서 필요로 하는 역할들을 정의할 수 있는 창이다. 여러분의 ASP.NET 응용프로그램 역할의 주요 역할을 여러분의 주된 목적에 알맞게 지정하고, 무엇을 할 수 있는지를 알아야 한다. 다음의 역할들을 사용할 수 있다.

- **ASP.NET Web Role**: ASP.NET을 이용하여 웹 사이트를 만들 수 있도록 해준다.
- **ASP.NET MVC 2 Web Role**: Visual Studio 2010 전용이며, MVC 2 기반의 웹 응용프

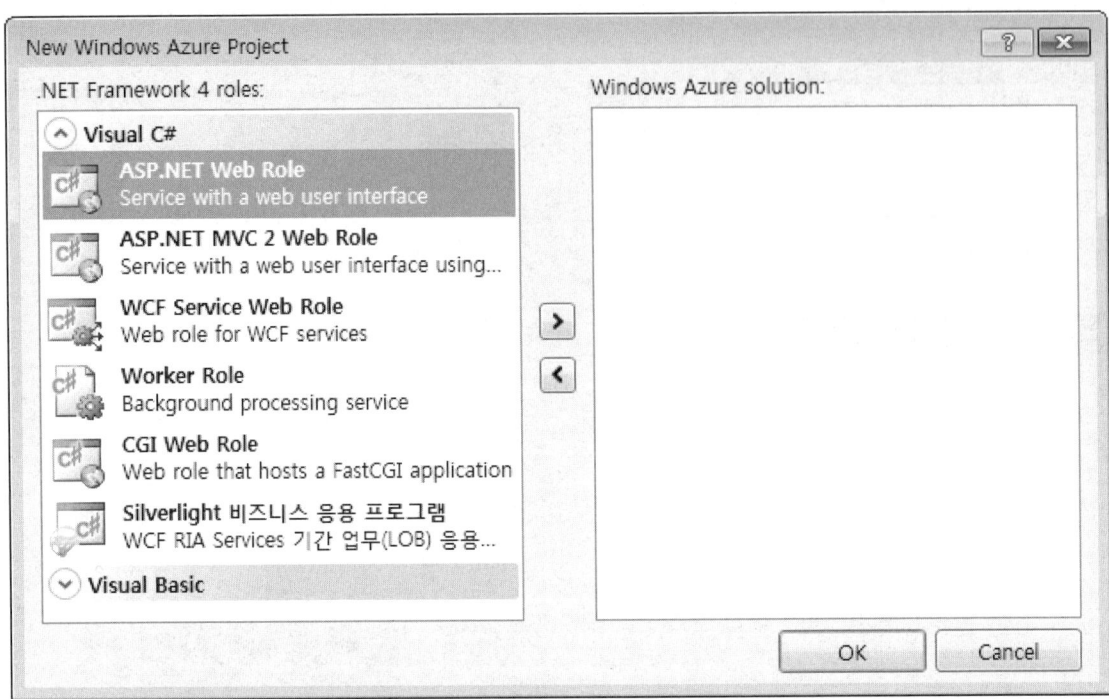

그림 9-9 Visual Studio 2010에서의 역할 형식들

로그램을 만들 수 있도록 해준다.

- **WCF Web Service Role**: Windows Azure에서 WCF 서비스를 만들 수 있도록 해준다.
- **Worker Role**: 사용자 인터페이스가 없는 백그라운드 서비스와 동일한 개념의 Windows Azure 응용프로그램을 만들 수 있도록 해준다.
- **CGI Web Role**: ASP.NET 이외의, 가령 Python과 같은 형태의 웹 응용프로그램을 만들 수 있도록 해준다.

4. 이번 예제에서는 첫 번째 옵션인 ASP.NET 웹 역할을 선택하고, 오른쪽 화살표 버튼 을 클릭한다. 이렇게 하여 새 ASP.NET 웹 역할을 새로 추가할 서비스 목록에 넣고, 프로젝트의 이름을 WebRole1으로 자동으로 지정된 것을 볼 수 있다.

5. 이름을 바꾸기 위해서는, WebRole1 항목을 선택하고 F2 키를 누르거나 Edit 링크를 클릭한다. Edit 링크를 보기 위해서는 WebRole1 항목 위에 마우스 커서를 가져다

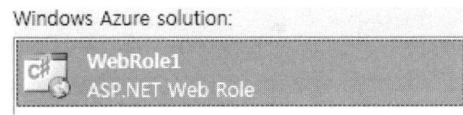

그림 9-10 웹 역할의 이름 수정

놓으면 되는데, 두 개의 아이콘이 보일 것이다. 연필 모양의 첫 번째 아이콘은 프로젝트의 이름을 바꿀 수 있는 기능을 제공하는 편집 기능이고, 두 번째는 서비스 목록에서 삭제하는 기능으로 그림 9-10을 참조한다.

6. 서비스의 이름을 wrAzureExample로 변경하고, Enter 키를 누른다. 웹 역할의 이름으로 AzureExample을 사용하면, 앞에서 지정한 솔루션 이름과 충돌이 발생하므로 계속 진행할 수 없다. 이제 웹 역할이 그림 9-11과 같이 나타나는지 확인한다.

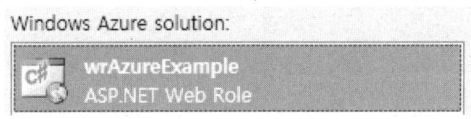

그림 9-11 웹 역할의 이름을 수정한 모습

7. OK 버튼을 클릭한다.

이 시점에서, 이제 새 클라우드 프로젝트와 여기에 속한 웹 프로젝트가 만들어졌다. 솔루션 탐색기에는 보통의 ASP.NET 프로젝트를 만들 때와는 조금 다른 형태로 항목들이 열거된 것을 볼 수 있다. 여러분의 솔루션에는 기본적으로 두 프로젝트가 들어있는데, AzureExample 프로젝트와 wrAzureExample 웹 역할 프로젝트로, 그림 9-12와 같이 프로젝트 ASP.NET 프로젝트 그 자체로 구성되어 있다. AzureExample 프로젝트에는 나중에 Windows Azure로 배포될 때에 필요한 환경 설정 파일들이 포함되어 있다.

■ **NOTE** 이 책을 집필하던 당시에는 Windows Azure가 .NET Framework 3.5 SP1과 .NET Framework 4.0을 지원하고 있었다.

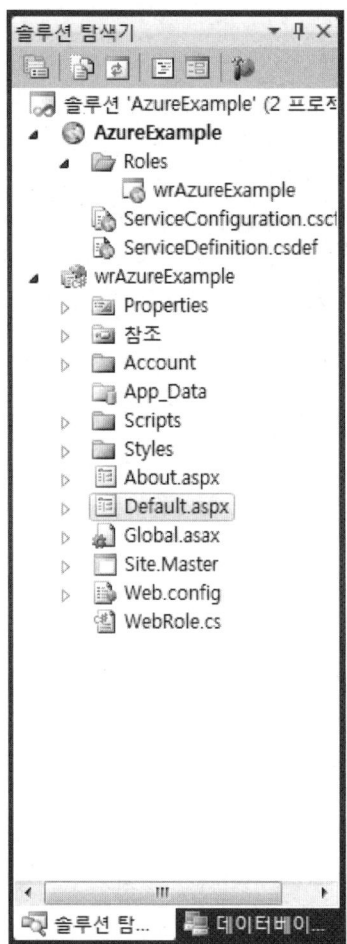

그림 9-12 ASP.NET 웹 역할의 프로젝트 파일 구성

GridView를 SQL Azure에 연결하기

다음의 단계를 따라 이전 예제를 계속 진행한다.

1. Default.aspx 페이지 위에 새 GridView 컨트롤을 추가하고, SQL Azure 데이터베이스에 연결되도록 만든다. 비록 SqlDataSource가 SQL Azure 데이터베이스를 지원하지만, 내장된 마법사 기능을 이용하여 SQL Azure 데이터베이스와 연결할 수 없기 때문에 수동으로 이 작업을 수행해야 한다. 다음의 몇 단계에 걸쳐 SqlDataSource를 수동으로 설정할 수 있는 방법을 설명할 것이다.

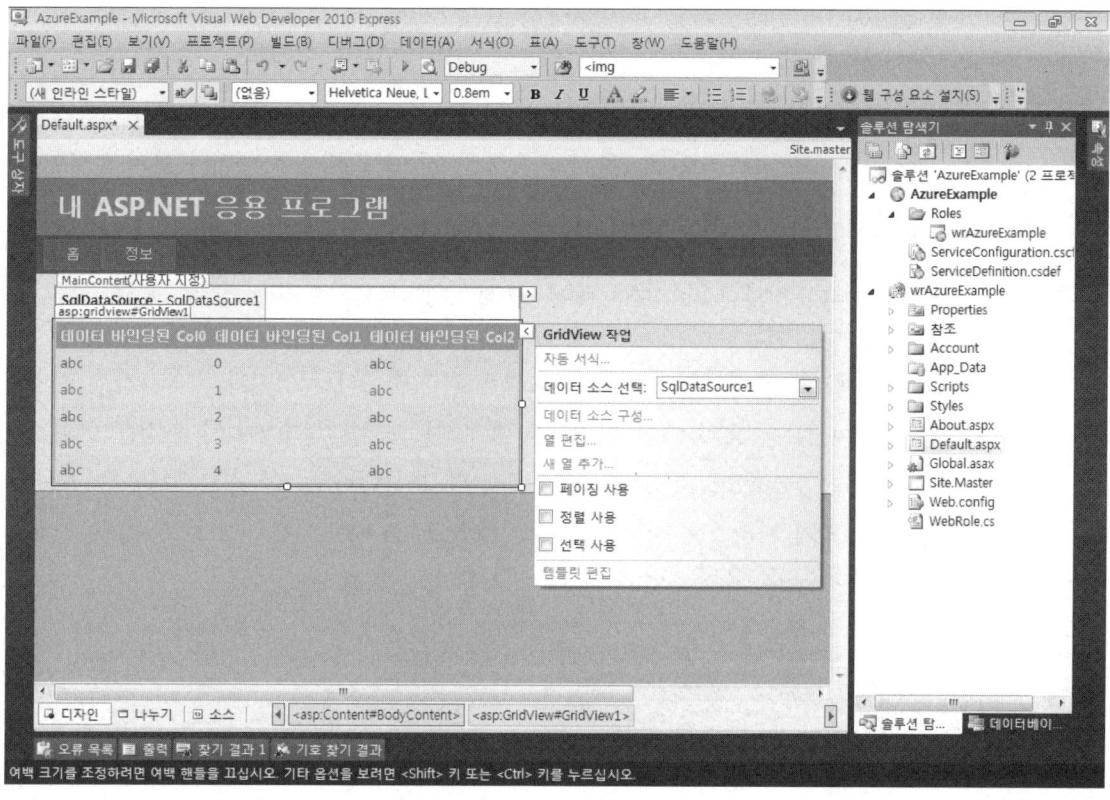

그림 9-13 ASP.NET 그리드 뷰 컨트롤의 데이터 소스 속성 변경

2. Default.aspx 페이지를 열고, 디자인 보기를 선택한다.

3. SqlDataSource를 도구 모음에서 드래그하여 추가하고, GridView 컨트롤도 같은 방법으로 페이지에 추가한 후, 새로 추가한 GridView 컨트롤의 Data Source 속성을 그림 9-13과 같이 SqlDataSource1으로 설정한다.

4. Web.config 파일을 열고, 3장에서 설명한 SQL Azure 포털 사이트에서 연결 문자열을 얻는 방법을 참고하여 얻을 수 있는 연결 문자열을 추가한다. 이렇게 하려면 connectionStrings 노드를 configuration 노드 아래에 다음의 예제와 같이 직접 추가해야 한다.

```
<connectionStrings>
<add name="Connection1"
connectionString="Server=tcp:suvy3fck3t.database.windows.net,1433;Database=master;User
```

ID=rkttu@suvy3fck3t;Password=myPassword;Trusted_Connection=False;Encrypt=True;"
    providerName="System.Data.SqlClient" /></connectionStrings>

5. Default.aspx 페이지로 되돌아가서, SqlDataSource 구성 요소의 속성 중 ConnectionString과 SelectCommand 속성을 수동으로 다음의 예시와 같이 설정한다.

```
<asp:SqlDataSource ID="SqlDataSource1" runat="server"
  ConnectionString="<%$ ConnectionStrings:Connection1 %>"
  SelectCommand="SELECT uid, name FROM sys.sysusers ORDER BY 1" >
</asp:SqlDataSource>
```

이제 프로젝트를 실행하면 그림 9-14와 같은 결과가 나타날 것이다.

지금까지 여러분은 로컬 개발 환경에서 프로젝트를 실행하기까지의 과정을 살펴보았다. 비록 Windows Azure Tools를 필요로 한다고 하더라도, 이 프로젝트는 Windows Azure의 스토리지 서비스를 전혀 사용하지 않았고, 곧바로 실제 SQL Azure 데이터베이스로 연결하는 작업만 수행하였다.

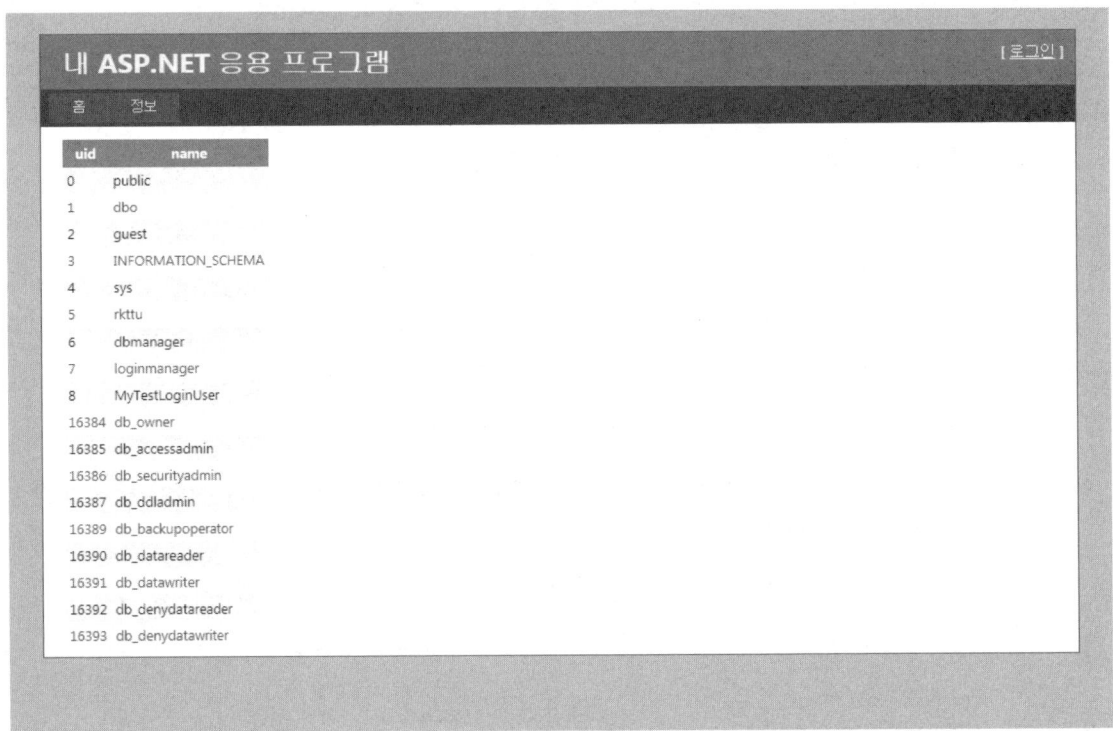

그림 9-14 SQL Azure로부터 데이터를 가져오도록 한 로컬에서 실행되는 클라우드 App의 예

Windows Azure 프로젝트가 아닌 보통의 ASP.NET 응용프로그램을 통해서 같은 예제를 작성했다고 하더라도 같은 결과를 얻을 수 있었을 것이다. 그러나, Windows Azure로 배포하는 작업을 수행하기 위해서는 반드시 Cloud 프로젝트 형식을 사용하여 프로젝트를 만들어야 한다.

■ **NOTE** 이번 장에서는 여러분이 SQL Azure 방화벽 설정을 사전에 미리 올바르게 구성했다는 것을 전제로 진행된다. 또한, Windows Azure에서 SQL Azure로 데이터베이스 접속을 허용하도록 하기 위해서는, 'Allow Microsoft Services access to this server' 옵션을 방화벽 설정 상에서 지정해야만 한다. 만약 특정 IP 주소로부터의 연결 시도에 관한 연결 관련 오류 메시지가 나타나는 경우, 3장의 상세한 내용을 참고하여 어떻게 SQL Azure 방화벽 설정을 정확하게 구성할 수 있는지 확인한다.

Windows Azure에 ASP.NET 응용프로그램 배포하기

이제 거의 다 끝났다. 이번 섹션에서는, ASP.NET 응용프로그램을 클라우드 환경에 배포하는 방법을 설명한다.

1. 이제 여러분의 프로젝트를 클라우드로 게시해야 한다. AzureExample 프로젝트 항목을 솔루션 탐색기에서 오른쪽 버튼으로 클릭한 후, 게시 메뉴를 클릭한다.

   근래의 Windows Azure SDK는 Visual Studio 안에서 곧바로 Cloud Package를 게시할 수 있도록 기능을 제공한다. 하지만 이 책에서는 구체적인 절차를 설명하기 위하여 수동 배포를 기준으로 설명하기로 하겠다. 배포 대화 상자에서 Create Service Package Only 라디오 버튼을 클릭하고 OK 버튼을 클릭한다.

   Windows Azure로 배포하기 위하여 필요한 두 가지 파일이 들어 있는 폴더를 가리키는 윈도우 탐색기 창이 열리게 될 것이다. 이 창을 곧 다시 사용해야 하므로 닫지 않도록 한다.

2. Internet Explorer를 열고, http://windows.azure.com 에 접속한다. Windows Live ID를 사용하여 로그인하는 과정을 거치게 될 것이다.

3. 로그인 한 다음, 3장에서 생성한 Windows Azure 프로젝트를 볼 것이다. 좌측의 메뉴들 중에서 Hosted Services, Storage Accounts & CDN 메뉴를 클릭하고, Hosted

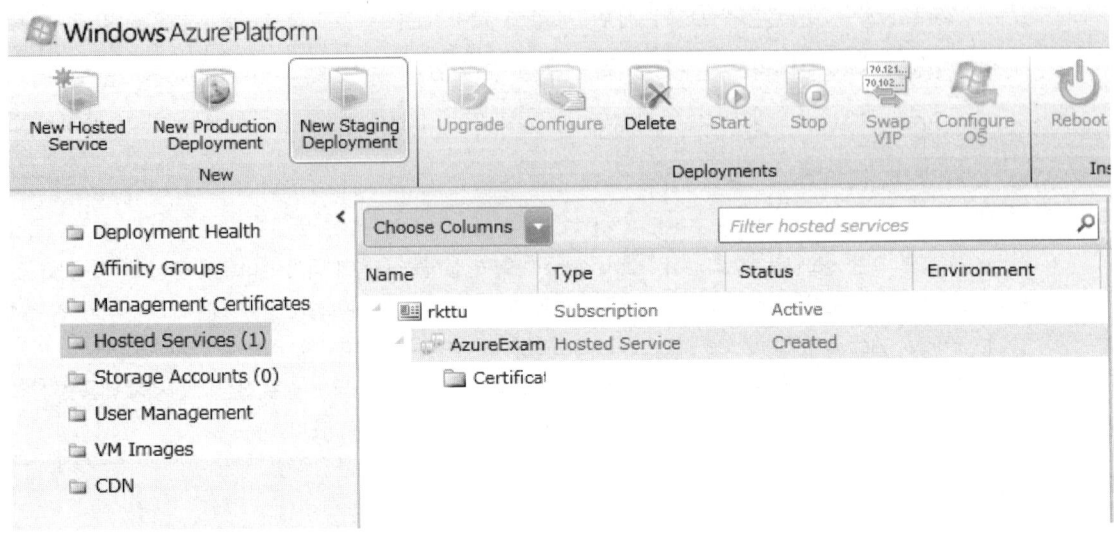

그림 9-15 상단 도구 모음에서 배포 환경 선택

Services 폴더를 클릭하면, 이전 단계에서 차례대로 진행해왔던 대로, 그림 9-1과 같이 Azure 서비스 목록이 나타날 것이다. 여기서 AzureExample 항목을 클릭한다.

4. 서비스를 어느 환경에 배포할 것인지를 결정하는 것은 그림 9-15에서 보여지는 것처럼 도구 모음에서 결정할 수 있다. Staging 환경에 배포를 하게 되면 임시로 서비스를 생성하여 여러분이 실제 공개된 URL로 전환하기 전까지 테스트 해볼 수 있도록 준비해준다. 이 방법을 통하여, 여러분의 응용프로그램이 실제로 배포되기 전까지 테스트 해볼 수 있다.

5. 이제 그림 9-16과 같이 새 페이지가 나타나며 다음의 항목들을 입력할 수 있도록 준비될 것이다.

- **Deployment Name:** Service Deployment Name 아래에 여러분이 원하는 서비스 배포 이름을 지정하여 버전을 구분할 수 있다. 예를 들어, TEST001이라고 지정할 수 있다.

- **Package Location:** Visual Studio가 배포를 위하여 만들어준 패키지 파일을 지정하는 부분이다. 이전 단계의 게시 메뉴를 통하여 자동으로 열린 탐색기 창에 나타나는 두 파일들 중 여기에 올리는 파일의 확장명은 CSPKG이다. Browse 버튼을 클릭하여

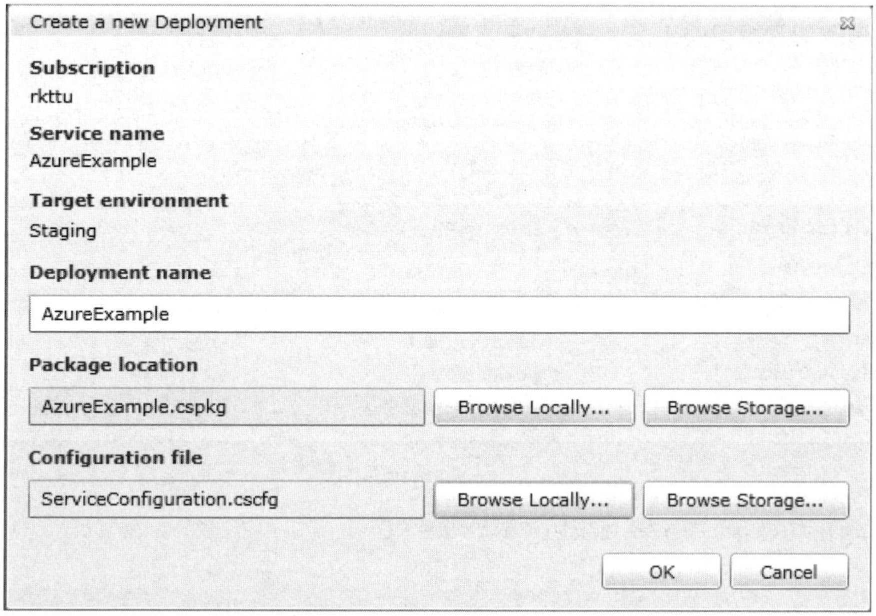

```
Create a new Deployment

Subscription
rkttu

Service name
AzureExample

Target environment
Staging

Deployment name
AzureExample

Package location
AzureExample.cspkg      [Browse Locally...]  [Browse Storage...]

Configuration file
ServiceConfiguration.cscfg  [Browse Locally...]  [Browse Storage...]

                                    [OK]    [Cancel]
```

그림 9-16 처음 패키지를 배포할 때 나타나는 대화 상자

파일 찾아보기 창을 연다. 이전에 열었던 탐색기 창의 전체 파일 경로를 주소 입력 텍스트 박스에서 복사하여 찾아보기 창의 파일 이름 입력 텍스트 박스에 붙여 넣고 Enter 키를 누르면 쉽게 그 위치까지 이동할 수 있다. 패키지 파일을 선택한 후 열기 버튼을 클릭한다. 또는, Azure BLOB Storage에 미리 게시한 파일을 찾아볼 수도 있다.

- **Configuration file**: 이 파일은 클라우드 서비스 프로젝트에 대한 환경 설정 파일을 지정하는 부분으로 확장명은 CSCFG인 파일을 찾으면 된다. 다시 한번, Browse 버튼을 클릭하여 같은 방법으로 파일을 찾아 열기 버튼을 클릭한다.

6. 그림 9-16과 같이 필요한 정보를 모두 입력한 다음 OK 버튼을 클릭한다. 만약 패키지 내의 역할 중 하나 이상의 설정에서 초기 코어의 수가 1인 경우 SLA 준수를 이행할 수 없을 수 있다는 경고 메시지가 나타나지만 예제에서는 일단 무시하고 진행한다. 이렇게 하면 클라우드 환경으로 적절한 파일들을 복사하고 그림 9-17과 같이 여러분의 프로젝트를 배포할 환경에서 가상 머신을 만들기 시작한다. 배포된 이후에, 여러분의 서비스는 아직 실행되지 않은 상태로 남아있지만, 서비스 비용은 이 시점

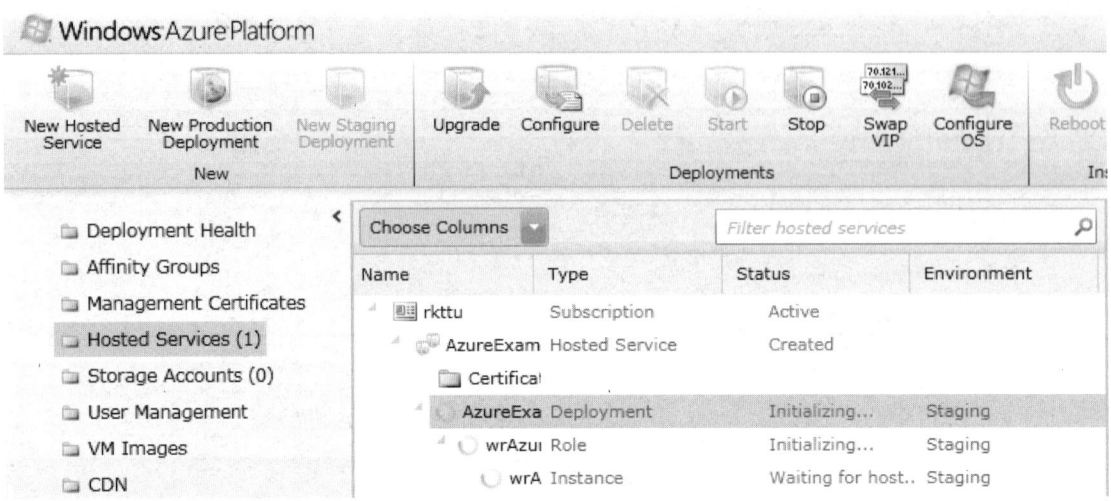

그림 9-17 Staging 환경으로 패키지가 배포되고 있는 모습

부터 곧바로 발생하기 시작한다.

이제 여러분의 화면은 그림 9-18과 같이 보일 것이다. 가상 머신을 시작하기 위해서는 Staging 섹션 아래에 있는 Run 버튼을 클릭한다. 이 작업은 몇 분 정도 소요될 수 있다. 서비스 기동이 모두 완료되면, 여러분의 서비스의 상태가 Ready로 나타나는 것을 볼 수 있다. 이 시점부터, 여러분이 클라우드 상에 게시한 ASP.NET 응용프로그램을 웹 사이트 URL을 클릭하여 테스트해볼 수 있다. 알아둘 것은 이 URL은 이전에 여러분이 서비스를 신청하면서 요청했던, 공개 서비스를 위하여 사용하는 URL이 아니다. 대신 Staging 환경에서는 배포 과정에서 생성한 배포 GUID를 기초로 만들어진 웹 사이트 URL을 대신 제공한다. 이 경우, Staging 환경을 위한 공개 URL은 다음과 같은 형태가 된다.

http://fe039336636b4650bf39e13b99623698.cloudapp.net/

그림 9-19와 같이 링크를 클릭하면 새 브라우저 창이 나타나며 여러분의 클라우드 서비스가 실행되는 모습을 볼 수 있다.

■ **NOTE** 이전에 언급한 대로, 이제 여러분은 Windows Azure 서비스의 비용을 지불해야 한다. 서비스가 실행 중인 경우 반드시 여러분의 서비스를 일시 정지시켜야 하며 이를 위해서는 Suspend 버튼을 클릭한다. 그러나 이것 만으로 서비스 비용 발생을 완전히 중지시킬 수는 없으며, 반드시 Staging과 Production 섹션 아래에 Delete 버튼을 눌러 완전히 삭제해야 한다. Delete 버튼을 클릭하여 Windows Azure Compute 서비스에 관한 비용을 일절 발생시키지 않도록 할 수 있다.

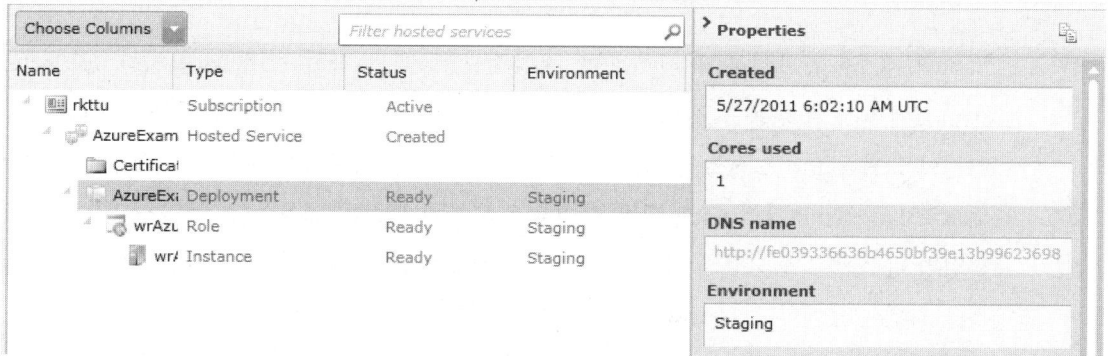

그림 9-18 서비스가 정상적으로 배포된 모습

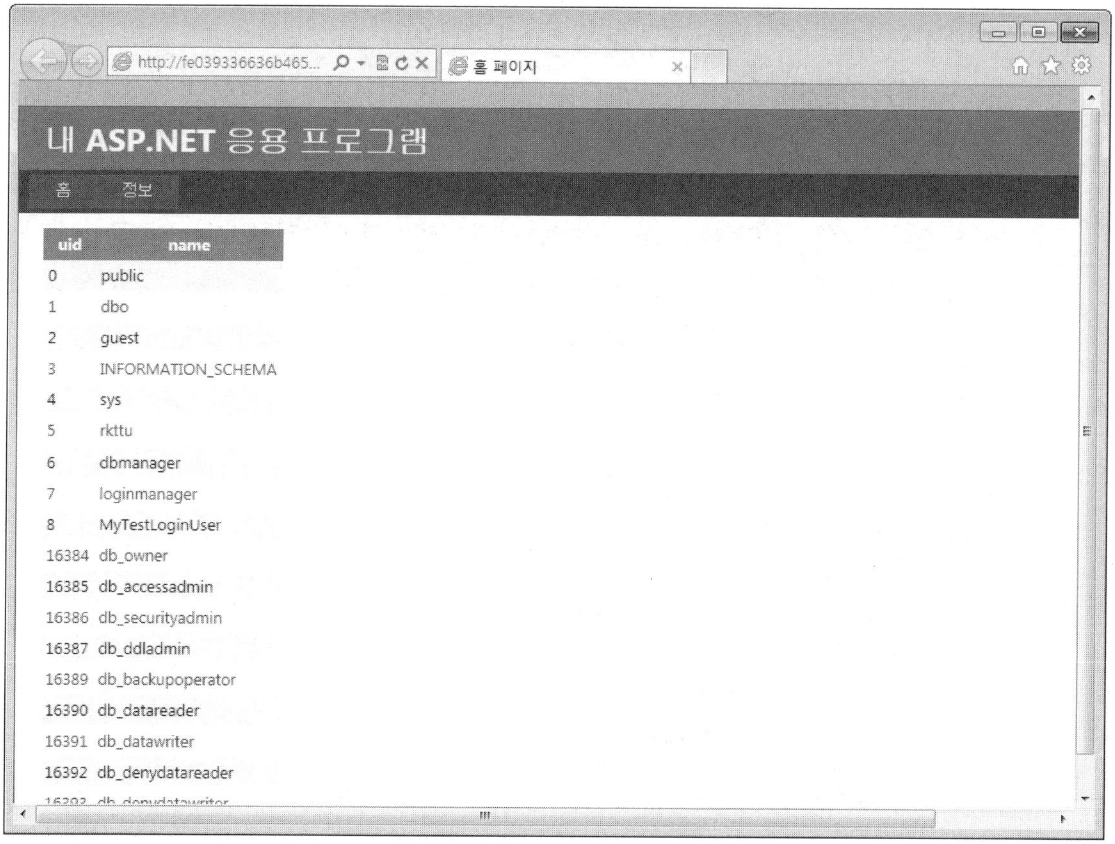

그림 9-19 클라우드 환경에서 실행 중인 예제 프로그램

이제 Staging 환경에서 서비스가 정상적으로 잘 동작하는 것을 확인하였으므로, Staging에 배포된 항목을 클릭하고, 도구 모음의 버튼 중 VIP Swap 버튼을 클릭하여 여러분의 코드를 Production 환경으로 승격시킨다. 확인 메시지가 나타나게 되는데, 이 작업으로 Production과 Staging 환경 사이를 교체하게 된다는 내용이다. 몇 분 이내에 교체 작업이 완료될 것을 기대할 수 있다. 교체가 완료된 이후에는 이전에 여러분이 서비스 신청을 하면서 등록한 정식 URL로 서비스를 살펴볼 수 있게 된다.

여기서 여러분은 Staging과 Production 서비스 사이를 오고 가는 동안 SQL Azure 데이터베이스에 대한 설정은 일체 수정한 적이 없다는 것을 알 수 있다. Staging과 Production 서비스 그 자체는 단지 Windows Azure 서비스에만 한정되는 것으로, 서비스 시나리오 뒤에서 움직이는 SQL Azure를 가리키는 것이 아니다.

그 결과로, 로컬에서 실행되건, Staging이나 Production에 실행되건 여러분의 모든 ASP.NET 응용프로그램들은 그림 9-20과 같이 여러분이 데이터베이스에 대한 설정을 각 환경 별로 변경하지 않는 이상 늘 같은 SQL Azure 데이터베이스를 기본적으로 가리키고 있게 된다는 것을 알 수 있다. 또한 여러분은 반드시 방화벽 설정이 정확하게 구성되도록 해야 하는데, 그렇지 않을 경우 클라우드에 여러분의 웹 응용프로그램을 게시하였을 때 의도하지 않은 결과를 맞이할 수 있다.

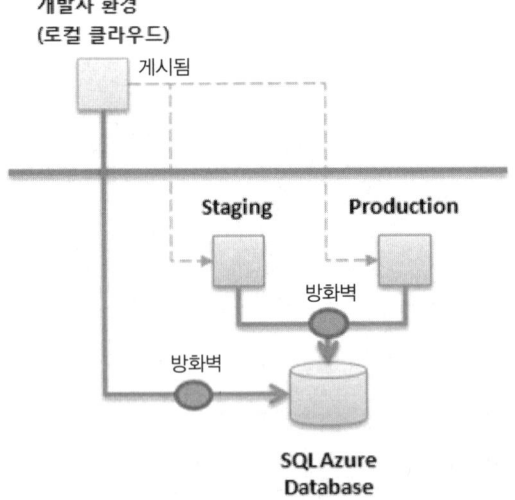

그림 9-20 배포 시나리오에 대한 요약

■■■ 결론

이번 장에서는 간단한 ASP.NET 응용프로그램을 만들어서 SQL Azure 데이터베이스에 연결하는 방법을 살펴보았다. 이는 몇 가지 수동으로 설정을 구성해야 하는 과정을 필요로 하는데, Windows Azure 서비스를 클라우드에 생성해야 하고 Windows Azure Tools for Visual Studio 확장을 별도로 설치해야 하는 과정을 포함한다.

이번 장이 주로 ASP.NET 응용프로그램을 배포하는 것에 관하여 초점을 맞추고 있는데, 이를 통해 여러분은 SQL Azure 데이터베이스로 연결하는 연결 문자열을 사용하는 ASP.NET 응용프로그램을 여러분의 기존 엔터프라이즈 IIS 서버로 배포하는 것이 매우 간단하다는 것을 알 수 있었다. 이는 여러분이 고려할 수 있는 다양한 배포 방식을 제공하지만 반드시 각각의 배포 방식이 서로 다른 서비스 비용을 발생시킬 수 있음을 명심해야 한다. 같은 지역의 Windows Azure와 SQL Azure간 데이터 통신은 비용이 없지만, Windows Azure에서의 시간당 실행 비용은 별도로 발생하게 된다.

IT 대한민국은 ITC(Info Tech Corea)가 함께 하겠습니다.
www.itcpub.co.kr

CHAPTER 10

고성능을 위한 설계

이번 장에서는 SQL Azure와 SQL Server 데이터베이스의 데이터를 소비하는 응용프로그램이 고성능을 유지할 수 있도록 설계하는 방안에 대한 핵심적인 몇 가지 주제들에 초점을 맞추고 있다. 이번 장을 만드는 과정에서 주로 사용된 접근 방법은 기존의 IT 환경과 클라우드 환경에서 동시에 데이터를 가져와 사용하는, 단순하지만 효율적인 Windows Forms 응용프로그램을 만드는 과정을 기반으로 한다. 우선 몇 가지 일반적인 개념들을 이해하고 그 다음에 여러 데이터베이스에서 데이터를 가져올 수 있는 Shard 라이브러리의 설계 방안과 개발 방법을 살펴보는 것이 좋다. 마지막으로 어떻게 하면 다중 스레드 기능을 Shard 라이브러리에 작업 병렬화 라이브러리(TPL)이나 Enterprise Library 혹은 Application Block으로 잘 알려진 프레임워크에서 사용하는 캐시 기능을 이용하여 추가할 수 있는지 그 방법을 살펴보도록 한다.

일반적인 성능 컨셉

자세한 내용을 살펴보기 전에, 몇 가지 성능에 관련된 간단한 컨셉들을 살펴보기로 하자. 우선 고성능을 달성하는 것은 매우 어렵다는 것을 알고 있어야 한다. 비록 응용프로그램이 납득할 만한 수준으로 동작하도록 만드는 것은 중요하나, 고급 성능 튜닝은 매우 세심한 계획과 함께 고성능이 꼭 필요하다고 논의되는 상황에서 분명한 설계 목표를 가지고 이루어져야만 한다. 예를 들어, 여러분의 응용프로그램이 수천 명의 동시 사용자에 의하여 사용되기를 기대하는 경우, 여러분은 캐시나 심지어 다중 스레딩을 사용하기를 원할 수도 있다. 그러나 다른 한편으로, 어떤 고성능 기법들은 코드 읽기가 매우 어렵고 유지보수하기가 난해하게 만들며, 어떤 경우에는 이러한 지식을 전달하기에 매우 어려운 경우도 있다.

수다스럽거나 과묵하거나

SQL Azure에서의 암호화된 네트워크 연결은 느린 응용프로그램을 만들 가능성이 있으며, 여러분의 응용프로그램 설계에 중대한 영향을 끼칠 수 있다. 데이터베이스에 대한 호출 때마다 연결을 열고, 매번 업데이트를 일으킬 때마다 왕복을 발생시키는 매우 수다스러운 응용프로그램은, 한 번의 호출에 많은 데이터를 대량으로 전송하거나 가져오는 과묵한 응용프로그램에 비하여 느리게 동작한다. LINQ to SQL과 Entity Framework와 같은 데이터 접근 계층들은 Object Context의 SaveChanges 메소드와 같이 대량 연산에 대한 좋은 제어 방식을 보여주고 있다.

예를 들어, 만약 여러분이 매우 많은 비즈니스 규칙을 포함하는 데이터 액세스 계층을 만든다고 한다면, 여러분의 코드는 데이터베이스에서 비즈니스 규칙을 실행하기 위하여 필요한 데이터들을 불러오기 위한 목적으로 매우 많은 수의 데이터베이스 왕복을 발생시키게 될 것이다. 이 경우, 일부 데이터에 민감한 비즈니스 규칙들은 데이터와 가까운 위치에 있을 수 있도록 저장 프로시저로 구현하거나, 불필요한 왕복을 제거할 수 있는 방향으로 코드를 개선할 수 있을 것이다.

지연 로딩

또 다른 한편으로, 비록 성능 관점에서는 적은 수의 왕복을 일으키는 것이 좋다고는 하지만, 꼭 필요한 데이터만을 불러오도록 만드는 것이 두 가지 이유 때문에 꼭 필요하다. 많은 데이터를 불러오도록 만들수록 SQL Azure에 지불해야 할 비용이 늘어나며, 더 많은 데이터를 불러올수록 여러분의 응용프로그램을 더 느리게 만들 것이기 때문이다. 그러므로, 지연 로딩 메커니즘에 의하여 여러분의 개체를 불러올 때, 꼭 필요한 데이터나 속성만을 불러오도록 만드는 방법을 고려할 수 있다. LINQ to SQL과 Entity Framework 4.0은 DeferredLoadingEnabled 속성을 사용하여 지연 로딩을 구현하게 한다.

비록 지연 로딩이 데이터를 불러오는 양을 작게 유지하는 데에 도움을 주지만, 또한 설계상 수다스러운 응용프로그램을 만들 수도 있다. 응용프로그램의 기능을 실행하는 동안 필요한 대용량 데이터 전송과 데이터 전송량 최소화 사이에서 적절한 균형을 유지하도록 만드는 것은 매우 중요한 일이다.

캐시

왕복을 최소화하는 데 필요한 또 다른 중요한 기술은 바로 캐시이다. 여러분의 응용프로그램이나 서비스는 캐시를 사용하여 자주 변경되지 않는 데이터에 대한 조회를 최소화하기 위한 목적을 달성할 것이다. 이는 또한 여러분의 데이터베이스 설계 사항에 영향을 끼치는 부분이다. 예를 들어, 미국의 각 주(State)의 목록을 저장하는 테이블이 있다고 가정하면, 이 테이블은 오랜 시간 동안 변하지 않을 것임을 확신할 수 있으므로, 캐시 후보로는 매우 이상적인 대상이 된다.

캐시는 메모리나 디스크에 위치한, 가령 로컬 데이터베이스와 같은 곳에서 이뤄질 수 있고 다음의 옵션들을 사용할 수 있다.

- **ASP.NET 캐시**: ASP.NET을 이용하면 좋은 캐시 성능을 보여주는 기본 캐시 객체를 제공한다. 그러나 ASP.NET 캐시는 IIS에 묶여 있는 기능이다. 캐시에 영속성을 부여하기 위한 추가적인 개발이 없으면 IIS가 다시 시작하는 과정에서 ASP.NET 캐시도 자동으로 초기화된다.

- **Windows Server AppFabric**: AppFabric 캐시는 이전에 Codename: Velocity로 알려진 기술로, 차세대 분산 캐시 기능을 제공한다. 이 캐시는 여러 대의 컴퓨터에서 실행될 수 있으며 .NET API에서 사용할 수 있도록 제공된다.

- **Enterprise Library**: Enterprise Library는 Microsoft에서 제공하는 응용프로그램 블록 집합이며 공개 라이선스에 따라 사용할 수 있다. Enterprise Library는 ASP.NET에 의존하지 않는 독립적인 캐시 메커니즘을 제공한다. 이 캐시 메커니즘은 이후 .NET Framework 4.0에서 채택하게 되었고 System.Runtime.Caching 네임스페이스를 통하여 사용할 수 있다.

비 동기 사용자 인터페이스

궁극적으로, 성능은 사용자 경험에 직접적으로 영향을 줄 수 있는 부분이고, 높은 응답률을 보이는 사용자 인터페이스를 위하여 선택될 수 있는 기준에 따라 제어할 수 있는 부분이다. Windows 응용프로그램은 데이터를 불러오거나, 모든 데이터가 불러와지지 않은 웹 페이지를 다루는 상황에서 응답하지 않는 상황이 되는데, 느려지는 것처럼 느껴지게 되는 부분이다. 그 결과로, 멀티스레딩 기반으로 개발하는 기술은 사용자들에게 더 나은 경험을 제공하기 위하여 매우 중요한 기술로 자리잡게 되었다.

웹 개발의 경우, AJAX와 같은 비 동기 제어를 사용하여 부분적인 페이지 로딩을 제어할 수 있도록 만들 수 있다. Windows 응용프로그램 개발의 경우, 멀티스레딩 기반 사용자 인터페이스 개발 접근법을 사용할 필요가 있다.

응답률이 높은 응용프로그램을 Windows Forms에서 만들기 위해서는, Invoke 메소드를 다음 예제 코드의 3행에서와 같이 사용하여, UI 스레드의 인터페이스를 새로 고쳐야 한다.

```
1)  void OnPassCompleted()
2)  {
3)      this.Invoke(new EventHandler(UpdateProgressBar), null);
4)  }
5)
6)  private void UpdateProgressBar(object o, System.EventArgs e)
7)  {
8)      if (progressBarTest.Value < progressBarTest.Maximum)
9)      {
10)         progressBarTest.Value++;
11)     }
12) }
```

이 예제에서, OnPassCompleted 이벤트는 사용자 정의 이벤트로 진행률 표시기의 상태를 새로 그리는 역할을 수행한다. Invoke 메소드를 통하여 호출하는 것은 진행률 표시기의 상태를 고치는 작업을 반드시 UI 스레드에 의하여 수행되도록 강제하는 것으로, OnPassCompleted 이벤트를 발생시킨 스레드와는 다른 스레드가 처리하는 것이다.

병렬 처리

비 동기 사용자 인터페이스에서 더 나아가, 여러분의 코드가 다중 프로세서에서 실행되도록 만들 필요를 느낄 것이다. 다음의 두 주요 시나리오에서 어떤 병렬 프로그래밍 기법을 여러분의 응용프로그램을 위하여 택할 수 있는지 선택할 수 있을 것이다.

- **많은 계산**: 여러분의 응용프로그램이 CPU 활용에 민감하고, 특별히 상호 간에 간섭

이 없는 독립적인 계산 작업이 많은 경우에 해당한다. 고급 그래픽 처리나 복잡한 수학적 연산은 CPU에 민감한 작업의 대표적인 예시이다.

- **많은 대기 시간**: 여러분의 응용프로그램이 호출 사이에 대기 시간을 필요로 하고, 병렬화된 스레드를 생성하고 병합하였을 때의 결과가 미미한 경우에 해당한다. 데이터베이스 Shard가 그러한 예인데, 5개의 데이터베이스를 직렬로 처리할 때보다 병렬로 처리하였을 때 처리 속도가 5배 빠르게 작동한다.

병렬 처리 기법을 개발하는 과정에서 선택할 수 있는 두 가지 사항을 살펴보았다. 만약 가능하다면, 작업 병렬화 라이브러리(TPL)를 사용하여 더 쉽게 프로그래밍 하는 것이 좋다.

- **작업 병렬화 라이브러리**(TPL): TPL은 Microsoft가 .NET Framework 4.0부터 기본적으로 제공하는 새로운 병렬 프로그래밍 라이브러리이다. 이 라이브러리를 이용하면 여러분이 다중 CPU 시스템의 이점을 누리기 쉽도록 도와준다. TPL을 사용하려면 System.Threading.Tasks 네임스페이스의 API들을 활용하면 된다.
- **스레드**: 옛날 방식의 스레드를 System.Threading 네임스페이스를 통하여 구현할 수 있으며, 가장 높은 유연성을 제공한다.

Shard

Shard 패턴은 여러분의 코드에서 데이터베이스의 수에 관계없이 투명하게 데이터를 읽거나 쓸 수 있도록 만들어주는 메커니즘이다. 이 장의 후반에서, 여러분은 수평 파티션 기반 Shard를 2장에서 논의하였던 읽기/쓰기 Shard 디자인 패턴으로, Round Robin 접근 방식을 기반으로 구현해볼 것이다. 수평 파티션은 Shard 내에 속한 모든 데이터베이스들이 동일한 스키마를 가지고 있고, Shard 내에 속한 임의의 데이터베이스를 선택하여 데이터를 쓸 수 있다는 것을 전제로 동작한다. 성능 관점에서, 여러 데이터베이스에서 특정 레코드를 검색하기 위하여 병렬로 검색을 수행하는 것은 매우 좋은 성능을 보여준다. 그러나, 여러분의 코드는 정확한 데이터베이스를 찾아 데이터를 업데이트 하는 기능을 구현하기 위하여 Breadcrumbs를 구현해야 한다. 마지막으로, Shard 패턴은 최적의 성능을 위하여 병렬 처리 방식을 필요로 한다.

표 2-1 성능을 위한 설계에서의 코딩 전략

기술	설명
대량 데이터 불러오기 및 변경	Entity Framework와 같이 대량의 데이터를 한 번에 가져오거나 한 번에 전송하여 왕복을 최소화하는 기법.
지연 로딩	최초 호출 당시에만 필요한 속성들만을 먼저 로딩하도록 객체를 구성하는 방법으로, 불필요한 데이터를 가져오지 않도록 하여 성능을 향상시키는 방법이며, Entity Framework 4.0에서 이 기능이 지원됨.
캐시	몇몇 자주 변경되지 않는 정보들을 메모리에 보관하는 방법으로, Microsoft가 제공하는 Caching Application Block의 캐시 만료 및 정리 환경 설정 기능을 통하여 구현 가능.
비 동기 사용자 인터페이스	기술적으로 성능 향상을 꾀하는 부분은 아니나, 여러분이 작성한 코드가 오랜 작업 시간을 필요로 하게 되는 경우 결과적으로 사용자에게 더 나은 사용자 경험을 제공하기 위한 수단으로 활용됨.
병렬 처리	최적의 성능 구현을 위하여 여러 프로세서에 작업을 분할하여 실행하도록 여러분의 코드를 구현하는 것으로, 분명한 성능상의 이점을 제공함.
Shard	여러 데이터베이스에 데이터를 나누어 저장하여 데이터 조회 속도를 향상시키고, 여러 데이터베이스에 걸쳐 부하를 분산시키는 설계 방식.

코드 구현 전략 요약

표 2-1에서는 지금까지 논의한 다양한 코드 구현 전략들을 요약해놓은 표이며, 여러분이 실제로 SQL Azure 데이터베이스를 개발할 때 성능을 염두에 두고 있을 경우 참고할만한 정보를 모아놓은 것이다.

Shard 기법 자체는 새로운 기술로 간주되기 때문에, 이 책의 나머지 부분에서는 수평 분할된 Shard를 캐시와 병렬 처리 기법을 사용하여 구현하는 방법을 살펴보며, 성능과 확장성을 늘릴 수 있는 방안을 찾아보려고 한다.

■■■ Shard 구축하기

이제 응용프로그램에서 사용 가능한 여러 SQL Azure 데이터베이스에 대하여 빠르고 투명하게 데이터를 불러오거나 업데이트할 수 있는 기능을 제공하는 Shard 라이브러리를 만들어보기로 하겠다. 효율적인 Shard 라이브러리를 만들 것을 목적으로 하기 때문에, 다음의 요구 사항들을 충족하는 Shard를 규정하고자 할 것이다.

1. 새로운 데이터베이스를 추가하는 작업은 클라이언트 코드에 대하여 투명해야 하고 단순해야 한다.
2. 새로운 데이터베이스의 추가로 인하여 성능에 부정적인 영향을 미쳐서는 안 된다.
3. 라이브러리의 기능들은 SQL Server와 SQL Azure 양쪽 모두를 지원해야 한다.
4. 라이브러리는 빠른 데이터 조회를 위하여 부수적으로 캐시를 사용해야 한다.
5. 라이브러리는 대량 또는 부분 데이터 읽기와 쓰기를 지원해야 한다.
6. 컨트롤의 데이터 원본으로 사용할 수 있도록 라이브러리에서 데이터를 반환해야 한다.

이러한 요구 사항들은 기술 관점에서 매우 세부적인 사항들을 내포하고 있다. 표 2-2에서 이러한 요구사항들이 어떤 기술들과 연결될 수 있는지 요약하였다.

Shard 라이브러리 객체 설계하기

라이브러리는 클라이언트 응용프로그램의 요청을 직접적으로 수용하고, API를 통하여 보여지게 된다. 여기서 알아둘 것은 여러분이 확장 메소드를 사용하여 기존 SqlCommand 클래스에 융합되는 새로운 API를 만들 수 있는데, 이는 클라이언트 코드의 양을 최소화하고, 응용프로그램 코드를 읽기 쉽게 만들어준다.

그림 10-1에서는 보통의 응용프로그램 디자인에 라이브러리가 어떻게 적용되는지를 보여준다. 또한 라이브러리가 병렬 처리와 캐시 기능의 복잡함을 클라이언트 응용프로그램으로부터 숨기게 되는 과정도 설명한다. 마지막으로, Shard 라이브러리는 클라이언트 코드가 직접 여러 데이터베이스를 다루지 않도록 추상화하는 과정도 같이 돕는다.

간단한 예제 응용프로그램을 통하여 Shard 라이브러리를 어떻게 사용하는지 설명할 것이다. 비록 매우 단순한 응용프로그램이지만 Shard의 모든 기능들을 사용하므로 참고하는 데 큰 도움이 될 것이다.

■ **NOTE** http://EnzoSqlShard.Codeplex.com 웹 사이트를 방문하여 가장 최신의 Shard 라이브러리를 참고하기 바란다. Shard 라이브러리는 오픈 소스 프로젝트의 형태로 사용할 수 있다.

표 2-2 Shard를 구축하기 위하여 사용할 수 있는 기술들에 대한 정리

기술	요구 사항	설명
설정 파일	1	설정 파일은 Shard로 사용되는 데이터베이스들의 목록을 보관할 수 있다.
다중 스레딩	2	TPL을 사용하여 라이브러리가 다중 스레드를 생성하여 컴퓨터가 다중 CPU를 활용하고, SQL 구문의 병렬 실행을 가능하게 한다.
SqlClient	3	SqlCommand 객체를 사용하여 SQL Azure와 SQL Server 데이터베이스 양쪽 모두를 지원할 수 있다.
캐시	4	캐시를 사용하면 라이브러리가 임시적으로 결과를 저장하고 불필요한 왕복을 일으키지 않도록 할 수 있다.
Breadcrumbs	5	라이브러리가 각 레코드 별로 가상의 열을 만들어서 반환하여 어떤 데이터베이스로부터 데이터가 온 것인지 출처를 정할 수 있다.
DataTable	6	라이브러리는 DataTable 객체를 반환하므로 다른 컨트롤에 쉽게 바인딩할 수 있다.

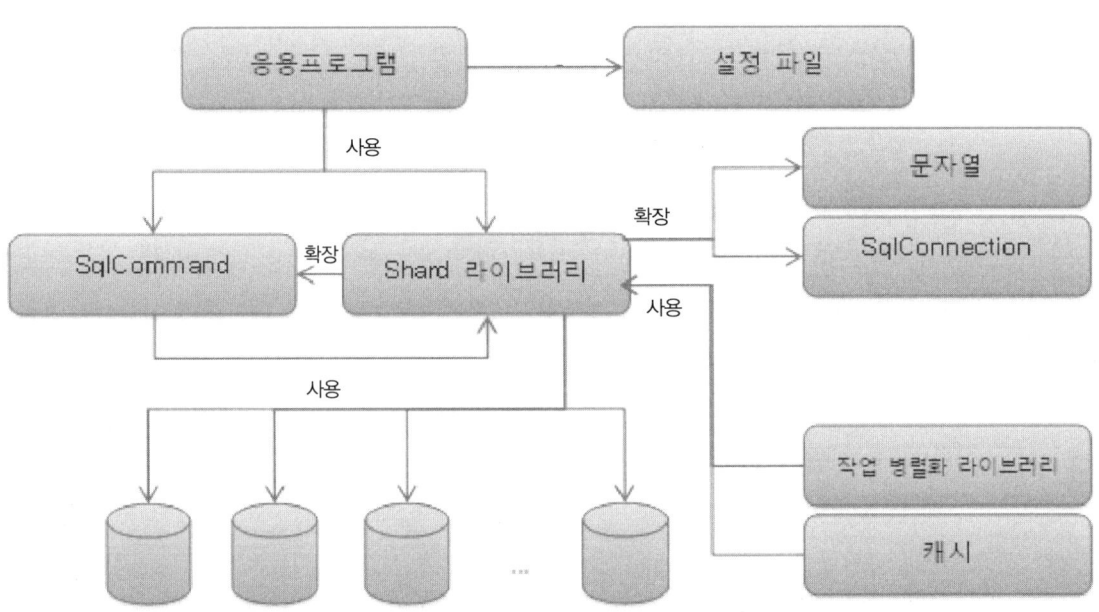

그림 10-1 Shard 라이브러리 객체 다이어그램

데이터베이스 연결 관리하기

이번 절에서는 몇 가지 코드 구현에서의 결정 사항을 살펴보면서 Shard를 구축하기 위하여 필요한 내용을 살펴보고자 한다. Shard 라이브러리가 여러 데이터베이스에 대한 연결을 유지하는 기능을 필요로 하므로, 클라이언트는 이러한 목록을 제공하기 위하여 두 가지 옵션을 가지고 있다. 언제든 라이브러리를 호출할 때마다 연관된 데이터베이스 연결 목록을 제공할 수 있거나, 라이브러리가 불려오는 시점에서 이후에 발생할 모든 호출을 위하여 연결 대상 목록을 미리 읽어들이는 것 중 하나가 될 수 있다.

Shard 라이브러리는 다음의 속성을 정의하여 미리 연결된 객체의 목록을 보관한다. ShardConnections 속성은 정적 속성으로 여러 호출 사이에서 쉽게 사용될 수 있으며, 클라이언트 응용프로그램은 이 속성을 한 번만 설정하면 된다.

```
public static List<SqlConnection> ShardConnections {get;set;}
```

더 나아가서, SqlConnection에 대한 확장 메소드를 추가하여 연결 문자열 각각에 대하여 구분이 가능한 GUID를 생성할 수 있다. 연결 GUID는 Shard 환경에 있어서 매우 중요한 것으로, Shard에 의하여 반환될 각 레코드 별로 Breadcrumb를 형성할 때 꼭 필요하다. Breadcrumb는 가령 어떤 데이터베이스에 대한 업데이트 작업이 필요한지 판단해야 할 때처럼 레코드의 출처를 파악해야 할 때 꼭 있어야 하는 기준이 된다.

다음의 코드는 어떻게 하여 각 연결 별로 GUID 값을 계산하여 반환하는지의 예제를 보여준다. SqlConnectionStringBuilder 도우미 클래스와 아래의 예제의 8번째 행에 나타나는, 또 다른 확장 메소드 GetHash()를 사용한다. 이 확장 메소드는 SHA 256 해시 값을 생성하여 반환한다. 만약 연결 문자열이 초기 카탈로그를 사용할 것을 염두에 두고 기본 데이터베이스를 지정되지 않은 상태로 설정되었다면, master 데이터베이스로의 연결을 시도하는 것으로 가정할 수 있다. 기본적으로 SQL Azure에 대해서는 이러한 가정이 일치하지만, SQL Server에서는 그렇지 않을 가능성이 있다.

```
1)   public static string ConnectionGuid(this SqlConnection connection)
2)   {
3)       SqlConnectionStringBuilder cb = new
     SqlConnectionStringBuilder(connection.ConnectionString);
4)       string connUID =
5)       ((cb.UserID != null) ? cb.UserID : "SSPI") + "#" +
6)       cb.DataSource + "#" +
7)        ((cb.InitialCatalog != null) ? cb.InitialCatalog : "master");
```

```
8)        string connHash = connUID.GetHash().ToString();
9)        return connHash;
10) }
```

참고로, 문자열로 해시 값을 반환하는 확장 메소드가 하나 더 있다. 기술적으로 GetHashCode( ) 메소드를 연결 문자열 인스턴스에 대하여 호출하는 방법으로 구현할 수도 있다. 그러나 내장된 GetHashCode 메소드는 운영체제가 32비트 또는 64비트인지에 따라, 그리고 .NET Framework의 버전에 따라서 결과값이 매우 다르게 나타난다. 이 경우, 간단한 GetHash() 메소드를 구현하여 입력된 값에 대하여 항상 동일한 해시 값을 반환하도록 만들 수 있다. 문자열 값은 우선 3행에 서술된 것처럼 UTF 8 인코딩을 사용하여 바이트 배열로 변환된다. 그리고 해시 값이 4행에서 서술된 것과 같이 지정된 알고리즘을 이용하여 계산된다. 마지막으로 5행에서는 문자열로 이 값이 반환된다.

```
1) public static string GetHash(this string val)
2) {
3)     byte[] buf = System.Text.UTF8Encoding.UTF8.GetBytes(val);
4)     byte[] res =
   System.Security.Cryptography.SHA256.Create().ComputeHash(buf);
5)     return BitConverter.ToString(res).Replace(" ", "");
6) }
```

응용프로그램은 사용자의 입력을 기반으로 계속해서 연결을 추가할 수 있다. 다음의 코드는 Shard에 대한 새로운 연결을 응용프로그램에 추가하는 방법을 보여준다.

```
Shard.ShardConnections.Add(new SqlConnection("connection string here"));
```

테스트 응용프로그램을 실행할 때에는, Shard Connections 탭의 Add Connection 버튼을 클릭하여 여러 연결을 추가할 수 있다. 추가한 연결에 대한 GUID 값이 각각 자동으로 계산되어 표시될 것이다. 그림 10-2의 화면에서는 수동으로 이러한 연결을 수동으로 추가하는 과정을 보여주고, 그림 10-3에서는 이러한 방법으로 Shard 패턴 안에 속하는 모든 연결들의 목록을 보여준다.

Shard를 통한 데이터 읽기

이제 여러분은 응용프로그램과 라이브러리에서 추가된 연결 문자열들이 사용되는지 검토해볼 차례이며, 어떻게 하여 Shard 라이브러리가 SELECT 연산을 여러 데이터베이스를 대상으로 처리하는지 살펴볼 것이다. 가장 단순화된 형태로 본다면, 라이브러리는 SELECT

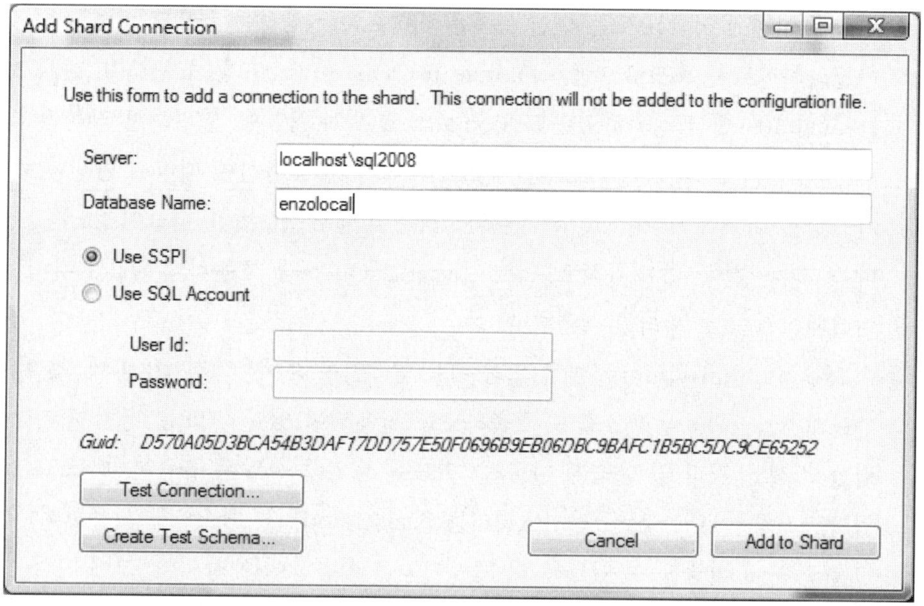

그림 10-2 Shard에 새로운 연결 추가하기

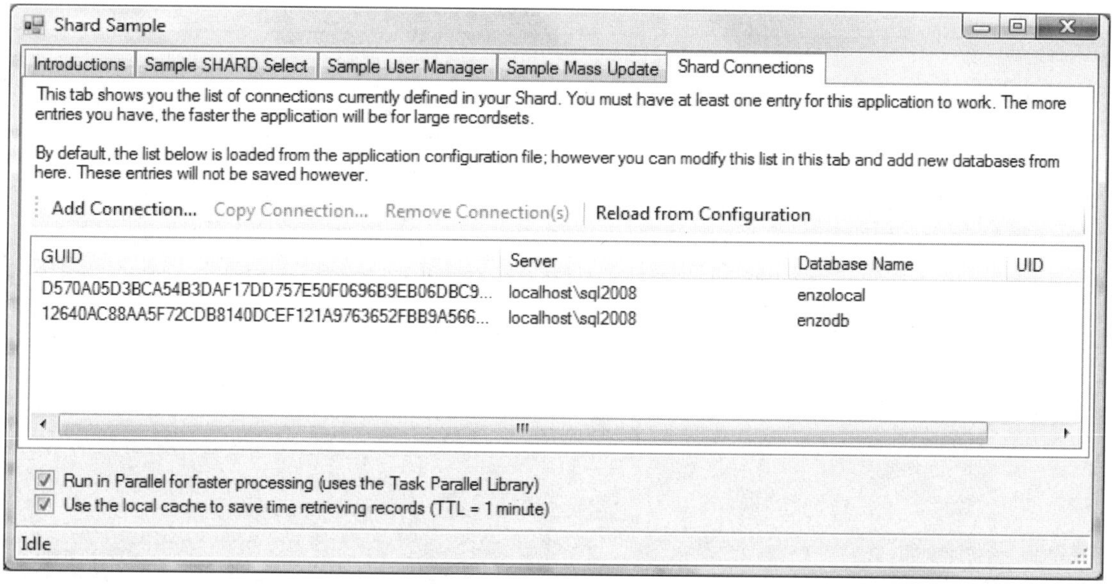

그림 10-3 Shard 연결 살펴보기

명령을 이전에 정의한 모든 연결 목록을 대상으로 실행하는 것으로 이해할 수 있다.

클라이언트 응용프로그램은 ExecuteShardQuery 메소드를 호출하여, 현재 보유하고 있는 그림 10-4에서 정의하였던 SqlConnection 객체 목록을 열거하며 각각의 명령을 실행하는데, 이는 클라이언트 코드가 메소드를 여러 번 호출함에 따라서 발생할 수 있는 충돌 가능성을 미연에 방지하고, 한 연결이 최초 호출에 한 번만 만들어지도록 제한한다. 그 다음, 각 연결에서, 내부적으로 ExecuteSingleQuery를 호출하여 Shard 라이브러리가 데이터베이스 별로 쿼리를 실행한다.

ExecuteShardQuery 메소드는 TPL을 이용하여 여러 차례에 걸쳐서 병렬로 ExecuteSingleQuery 메소드를 호출하도록 설계되어 있다. TPL은 병렬 처리를 별도의 복잡한 스레드 관리 없이 쉽게 다룰 수 있도록 도와주는 많은 유용한 메소드들을 포함하고 있다. 그 중에서도 Shard 라이브러리는 Parallel.ForEach 메소드를 사용하여, 인라인 메소드를 동시에 실행할 수 있도록 해주는 기능을 이용하여 제작되며, 그에 따라 자동으로 여러분의 컴퓨터 하드웨어 구성에 의존하여 적절한 스레드 개수를 생성하여 동시 작업을 수행하게 된다. 따라서, 많은 CPU를 가지고 있을수록, 그리고 충분한 연결 객체 수를 보

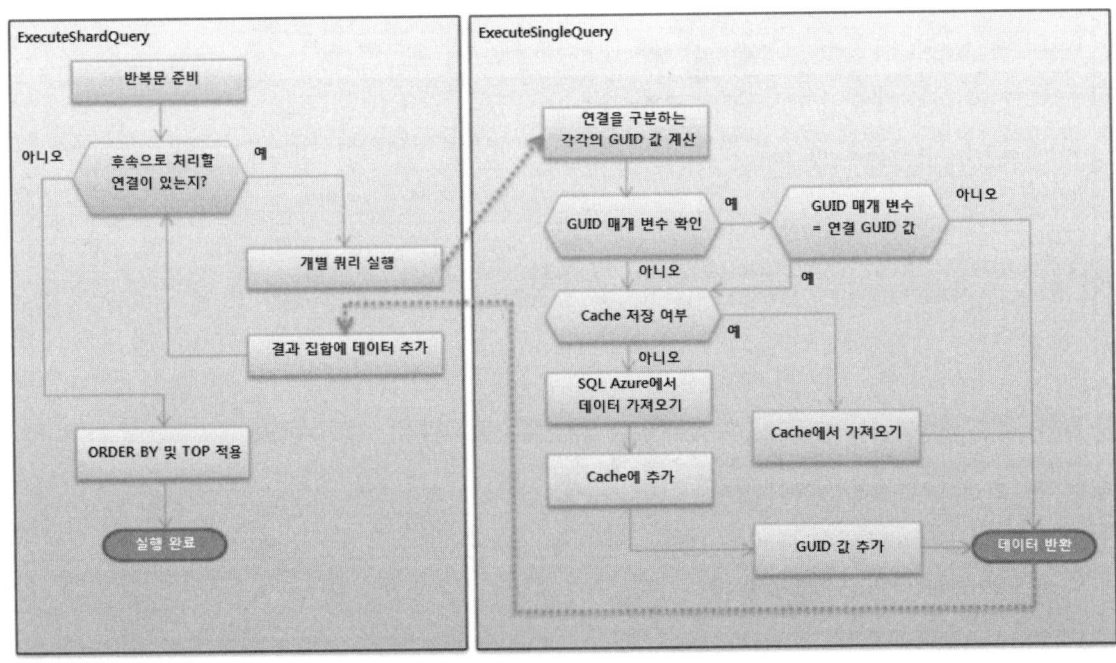

그림 10-4 Shard로부터 데이터를 가져오는 과정

유하고 있을 때, 작업이 더욱 빨리 완료될 것이다. 그러나 알아둘 것은, 5번째 행에서처럼 데이터 객체인 DataTable 객체를 잠가서, 다중 스레드 환경에서 DataTable 객체가 훼손되는 상황을 방지해야 한다는 점이다. 마지막으로, DataTable 객체의 Merge 메소드를 사용하여 여러 연결로부터 수집된 결과 집합들을 병합하는 작업을 수행한다. 반복 절차가 실행되고 나면, 정렬되지 않은 순서로 Shard 데이터베이스로부터 수집된 결과 데이터 객체를 얻게 된다.

```
1)  Parallel.ForEach(connections,
2)      delegate(SqlConnection c)
3)      {
4)          DataTable dt = ExecuteSingleQuery(command, c, exceptions);
5)          lock (data)
6)              data.Merge(dt, true, MissingSchemaAction.Add);
7)      }
8)  );
```

다음의 코드는 위에서 예시로 든 코드의 축약된 형태이며, 이해하기 쉽도록 하기 위하여, 실행 시간을 계산하는 코드와 예외 처리를 하는 코드를 제거하였다. 4행에서는 SELECT 문장과 같이 실행될 쿼리를 지정하고, 5행에서는 Shard 데이터베이스 집합에 대하여 쿼리를 실행한다. ExecuteReader를 직접 호출하지 않는 대신, ExecuteShardQuery를 사용하여 Shard 데이터베이스 집합으로 쿼리를 병렬로 실행하는 작업을 수행한다. 7행에서는 결과를 DataTable 객체로 얻어 Shard로부터 얻어온 레코드들을 그리드 컨트롤에 바인딩한다.

```
1)  SqlCommand cmd = new SqlCommand();
2)  DataTable dataRes = new DataTable();
3)
4)  cmd.CommandText = this.textBox1.Text;
5)  dataRes = cmd.ExecuteShardQuery();
6)
7)  dataGridView2.DataSource = dataRes;
```

그림 10-5에서는 이 코드의 실행 결과를 보이고 있다. SELECT 문은 데이터베이스 개체의 이름과 형식을 반환하도록 설계되어 있다. Shard 데이터베이스 집합을 대상으로 이 문장을 실행한 결과가 기대한대로 나타났다. 그러나, __guidDB__라는 새로 추가된 컬럼이 있다는 것을 주목하자. 이 GUID 컬럼의 이름은 이전에 소개된 적이 있다. 이 컬럼은 실제 데이터를 다루는 데 있어서 큰 도움이 되지는 않으나, 나중에 보게 될 업데이트와

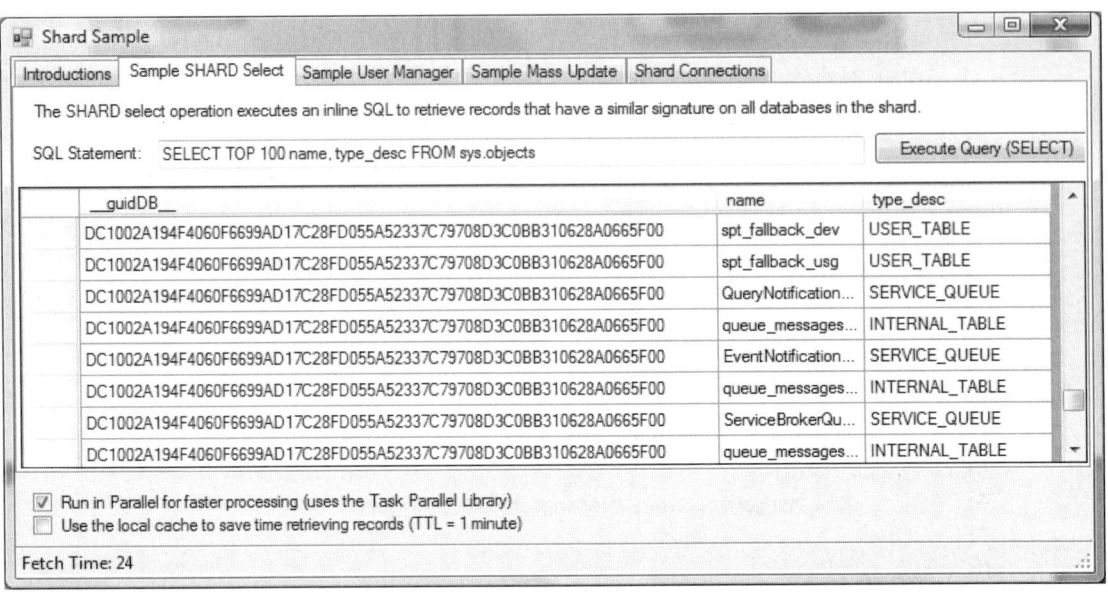

그림 10-5 Shard로부터 가져온 데이터 보여주기

삭제와 같은 기능을 구현하는 데 중요한 역할을 수행한다.

GUID 값은 각 데이터베이스 연결에 대하여 고유한 값으로, 각각의 연결이 다른 연결 문자열을 가리키기 전까지는 유효하다. 이는 이전에 언급하였던 대로, ExecuteSingleQuery 메소드에 의하여 추가되는 것으로, 이 메소드 내부에서, 다른 열보다 String 형식으로 제일 앞에 추가되며, 4행에서는 이것의 기본값을 연결의 GUID 값으로 지정하고 있다. 7행에서는 쿼리의 실행 결과를 미리 만들어진 컬럼을 유지하며 데이터 테이블에 채우게 된다. 다음의 로직은 이 GUID 값을 형성하는 부분에 관한 코드이다.

```
1)   // Add the connection GUID to this set of records
2)   // This helps us identify which row came from which connection
3)   DataColumn col = dt.Columns.Add(_GUID_, typeof(string));
4)   col.DefaultValue = connection.ConnectionGuid();
5)
6)   // Get the data
7)   da.Fill(dt);
```

캐시

원본 데이터베이스에 대한 왕복을 최소화하기 위하여, Shard 라이브러리는 부수적인 캐

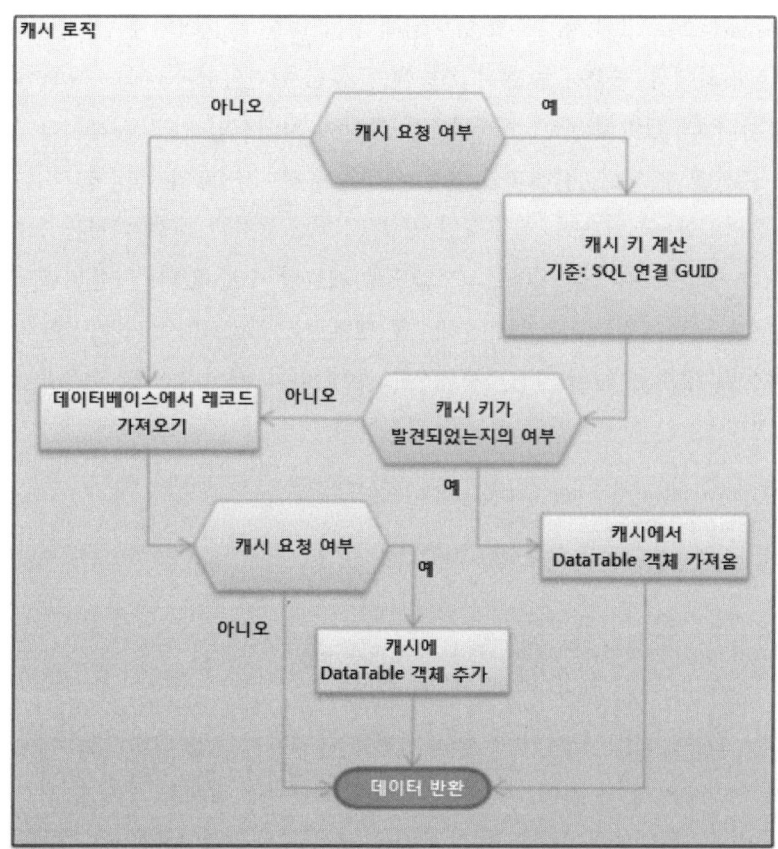

그림 10-6 캐시 로직

시 메커니즘을 제공한다. 캐시 기술은 라이브러리의 기본 기능성으로 제공되고, 또한 더 복잡한 시나리오를 위하여 확장될 수도 있다. 이 라이브러리의 목적 중 하나는 각 데이터베이스의 후방에서 발생한 요청에 대한 응답을 포함하는 각 DataTable들을 캐시 처리하는 것이다. 그림 10-6은 이러한 방식의 캐시를 수행하는 의사 결정 로직 구조를 보여준다. 이 라이브러리는 각 매개 변수의 이름과 값, 그리고 SQL 문장, 데이터베이스 GUID를 사용하여 캐시 항목을 구분할 수 있는 Key 값을 계산한다는 부분이 중요하다.

캐시에 대한 효과는 여러분이 SQL Azure에 대하여 연결할 때 분명히 보여진다. 이러한 사항을 감안하였을 때, 처음 SQL Azure로 연결하여 데이터를 조회하는 작업은 250밀리초 이내에 완료되지만, 그 이후 메모리에 적재된 후에는 획기적으로 성능이 좋아진다. 캐시의 중요성은 얼마나 많은 수의 레코드를 다루게 될지, 또한 얼마나 많은 수의 데이터베이스가 Shard 그룹 내에 참가하고 있는지에 따라 더욱 중요해지게 된다.

이 라이브러리에서 제공하는 캐시 기능에는 유효 기간(Time to live, TTL)이라는 중요한 개념이 하나 더 포함되며 이 메커니즘을 통하여 절대적인 만료 시간이나 상대적인 만료 시간을 설정할 수 있다. 절대적인 만료 시간을 통하여 미래의 특정한 시점에서 캐시를 자동으로 초기화할 수 있으며, 상대적인 만료 시간을 통하여 캐시가 처음 등록된 이후부터 특정 기간 동안만 캐시를 사용할 수 있도록 제한할 수도 있다. 다음의 코드는 이러한 기능이 어떻게 구현되었는지를 보여준다. 첫 행에서는 CacheItemPolicy 클래스를 이용하여 캐시의 동작 방식을 정의한다. 3행에서는 상대 만료 캐시의 기간 범위를 결정하고, 5행에서는 절대 만료 캐시의 만료 시점을 결정한다.

```
1)  CacheItemPolicy cip = new CacheItemPolicy();
2)  if (UseSlidingWindow)
3)      cip.SlidingExpiration = defaultTTL;
4)  else
5)      cip.AbsoluteExpiration =
    new DateTimeOffset(System.DateTime.Now.Add(defaultTTL));
6)  MemoryCache.Default.Add(cacheKey, dt, cip);
```

여러분은 여기서 보여진 이러한 캐시 기법을 좀 더 다양한 방법으로 향상시킬 수 있다. 예를 들어, 많은 수의 행이 포함되어 있는 DataTable 객체가 캐시에 저장될 때 이를 압축할 수 있다. 압축 알고리즘은 소요 시간을 늘이는 경향을 지니지만, 전반적인 성능에 대비하여 보았을 때 투자할만한 가치가 있는 부분이다.

또 다른 향상 전략으로는 캐시 저장소를 다른 캐시 컨테이너에 생성하는 방법을 통하여, 캐시 항목들이 데이터의 종류에 따라 개별적으로 분류될 수 있도록 관리하는 방법이다. 이렇게 하면 컨테이너마다 다른 설정을 사용할 수 있는데, 가령 어떤 컨테이너에 대해서는 항상 압축을 사용하게 하지만 그 외의 경우 압축하지 않도록 관리할 수 있다.

마지막으로, 이 라이브러리에서 제공된 캐시는 분산된 것이 아니며, 라이브러리를 실행하는 로컬 컴퓨터에서만 실행된다. 만약 더 견고한 캐시를 만들기를 원한다면, Windows Server AppFabric을 활용하는 것을 검토해보기 바란다. Windows Server AppFabric은 엔터프라이즈 수준의 캐시 전략을 구현하는 프레임워크이다.

■ **NOTE** Windows Server AppFabric에 대한 상세한 정보는 http://msdn.microsoft.com/appfabric.을 참고하기 바란다.

Shard 상의 데이터를 수정하거나 삭제하기

이 시점에서 이제 여러분은 Shard 상의 데이터를 어떻게 수정하거나 삭제하는지 그 방법을 살펴볼 차례이다. Shard 그룹 내에 속한 데이터베이스를 상대로 데이터를 수정하거나 삭제하는 작업은 특정 데이터베이스를 대상으로 하는 것일 수도 있고 모든 데이터베이스를 대상으로 하는 것일 수도 있다. 추상화된 관점에서 보면, 어떤 접근법을 사용하는 것이 좋은지 여러분에게 결정을 내릴 수 있도록 돕는 지침이 두 가지가 있다.

- **단일 데이터베이스 안에서 레코드를 업데이트하거나 삭제**: 어떤 데이터베이스에서 여러 건의 레코드에 대하여 업데이트나 삭제를 수행해야 하는지 GUID 값을 가지고 있어서 이미 잘 알고 있는 경우이다. 이 경우 Shard를 사용하여 레코드를 이미 가져온 경우에 해당되는데, 가져온 모든 레코드에 대하여 레코드의 출처 데이터베이스를 설명하는 GUID값이 이미 들어 있다.

- **여러 데이터베이스에 걸쳐서 레코드를 업데이트하거나 삭제**: 일반적으로 여러분은 업데이트나 삭제를 여러 데이터베이스에 대하여 수행하려고 할 때는 어떤 데이터베이스에 어떤 레코드가 들어있는지 알 수 없는 경우가 더 많거나, 모든 레코드들에 대하여 평가가 필요한 경우이다.

단일 데이터베이스 상에 있는 레코드들을 업데이트 하거나 삭제하기 위해서는 반드시 이를 수행할 데이터베이스 GUID 값을 명령 객체의 매개 변수로 지정해야만 한다. 다음의 예제 코드는 Shard의 단일 레코드를 업데이트 하는 예제를 보여주는데, 1행부터 7행까지는 두 개의 매개 변수를 필요로 하는 명령 객체를 생성하는 작업이다. 9번째 행에서는 실제로 변경 작업을 할 대상이 되는 데이터베이스 GUID 값에 대한 매개 변수를 추가한다. 여기서 추가하는 확장 매개 변수는 실제 데이터베이스에 대한 쿼리를 실행하기 전에 Shard 라이브러리에 의하여 제거된 상태로 전달된다.

```
1)  cmd.CommandText = "sproc_update_user";
2)  cmd.CommandType = CommandType.StoredProcedure;
3)
4)  cmd.Parameters.Add(new SqlParameter("@id", SqlDbType.Int));
5)  cmd.Parameters["@id"].Value = int.Parse(labelIDVal.Text);
6)  cmd.Parameters.Add(new SqlParameter("@name", SqlDbType.NVarChar, 20));
7)  cmd.Parameters["@name"].Value = textBoxUser.Text;
8)
9)  cmd.Parameters.Add(new SqlParameter(
```

```
        PYN.EnzoAzureLib.Shard._GUID_, labelGUID.Text));
10)
11) ExecuteShardNonQuery (cmd);
```

여기서 알아둘 것은 저장 프로시저는 이 코드를 실행하기 위하여 필요한 것이 아니라는 점이다. 필요한 모든 것은 SqlCommand 객체가 사용되기 때문이며 SQL 코드 자체는 인라인 SQL이나 마찬가지이기 때문이다.

Shard 상의 레코드를 삭제하는 작업도 거의 비슷하다. Command 객체가 필요한 저장 프로시저 매개 변수를 1행부터 5행까지 설정한다. 7번째 행에서 어떤 데이터베이스에 대한 작업을 수행할 것인지 GUID 값을 추가한다.

```
1)  cmd.CommandText = "sproc_delete_user";
2)  cmd.CommandType = CommandType.StoredProcedure;
3)
4)  cmd.Parameters.Add(new SqlParameter("@id", SqlDbType.Int));
5)  cmd.Parameters["@id"].Value = int.Parse(labelIDVal.Text);
6)
7)  cmd.Parameters.Add(new SqlParameter(
    PYN.EnzoAzureLib.Shard._GUID_, labelGUID.Text));
8)
9)  ExecuteShardNonQuery (cmd);
```

■ **NOTE** ExecuteShardNonQuery 메소드는 데이터베이스 GUID 매개 변수를 어떻게 주었는가에 따라 다르게 동작한다. 데이터베이스 GUID를 생략하면 Shard 라이브러리에 등록된 모든 데이터베이스에 대하여 작업이 수행되고, 데이터베이스 GUID 값을 지정하면 특정 데이터베이스에 대해서만 수행되며, 데이터베이스 GUID 값을 NULL 값으로 전달하면 라운드 로빈 방식에 의하여 임의의 데이터베이스를 선택하여 해당 데이터베이스에 대해서만 작업을 수행한다. 곧 이어서 Shard 환경에서의 레코드 추가 예제에서 라운드 로빈 방식이 어떻게 활용되는지 잠시 살펴볼 것이다.

그림 10-7에서는 Shard 상의 레코드를 업데이트 하는 간단한 예제 응용프로그램의 실행 모습을 보여주고 있다. 여러분이 Reload Grid 버튼을 클릭하면, SELECT 명령이 Shard 데이터베이스를 상대로 실행된 후 그 결과가 수집되어 데이터베이스 GUID를 포함하여 하나의 결과로 데이터 그리드 상에 출력될 것이다. 그 다음, 여러분이 특정 레코드를 선택하면, 레코드의 상세 정보가 화면 오른편에 나타나면서 데이터베이스의 GUID값도 같이 보일 것이다. 이 시점에서, 레코드는 업데이트와 삭제가 가능하게 된다.

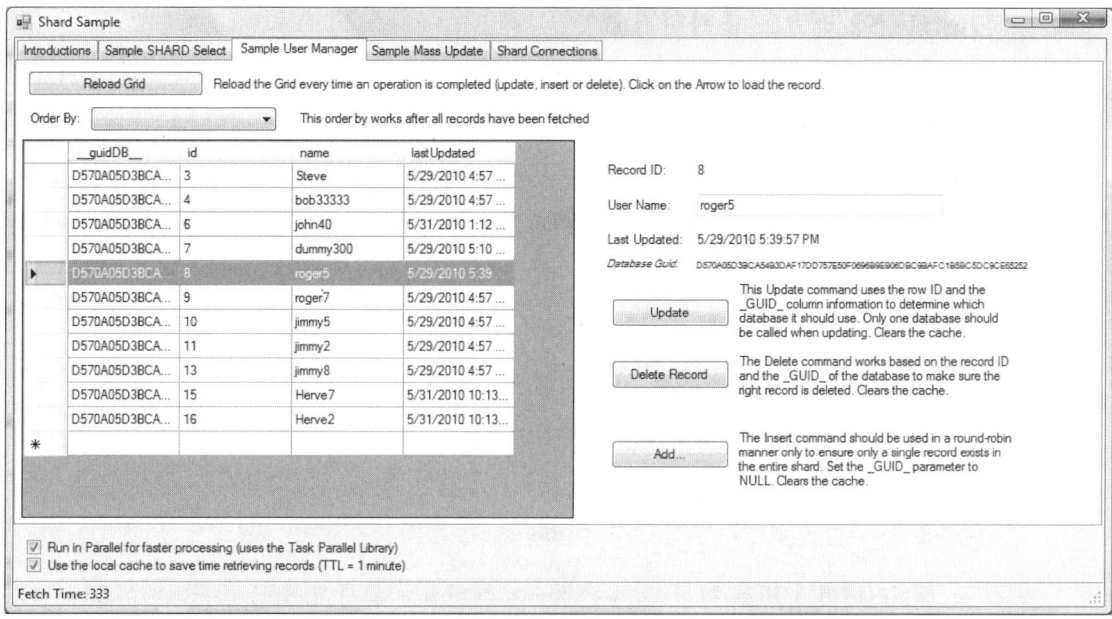

그림 10-7 Shard 상의 레코드를 수정하는 샘플 응용프로그램

레코드가 업데이트되거나 삭제될 수 있으므로, 클라이언트는 향후 SELECT 구문 실행 시 Shard 그룹에 참가하는 데이터베이스로부터 레코드를 가져올 때 캐시를 지워야 한다. Shard 라이브러리는 ResetCache 메소드를 노출하여 이러한 기능을 수행한다. 여러분은 이 로직을 캐시 상에 있는 레코드에 대해서도 동일하게 업데이트하거나 삭제하는 방법을 적용하여 이러한 작업이 캐시와 연동되는 방법을 개선할 수 있다.

Shard 그룹에 참가하는 데이터베이스들의 여러 레코드를 수정하거나 삭제하는 일은 더 쉽다. 다음의 코드는 SqlCommand 객체를 사용하여 인라인 SQL 문장을 실행하는 역할을 한다. GUID 값이 명시되지 않았으므로, 이 문장을 Shard 그룹에 참가하는 모든 데이터베이스에 대하여 일괄적으로 수행하면 된다. 데이터베이스들에 대하여 업데이트와 삭제를 수행할 때 중요한 것은 병렬 플래그를 다음의 코드의 1행에서와 같이 정확히 설정하고 관리하는 부분이다.

```
1) PYN.EnzoAzureLib.Shard.UseParallel = checkBoxParallel.Checked;
2) cmd.CommandText = "UPDATE TestUsers2 SET LastUpdated = GETDATE()";
3) cmd.CommandType = CommandType.Text;
4) ExecuteShardNonQuery (cmd);
```

Shard 상에 레코드 추가하기

Shard 데이터베이스 그룹에 레코드를 새로 추가하는 작업이 얼마나 단순한지 살펴보았다. 이러한 방식의 Shard는 성능 관점에서 보았을 때 모든 데이터베이스에 비슷한 수준의 레코드들이 담겨있을 때 가장 좋은 성능을 내는데 이는 병렬 처리가 결정론적인 로직을 전혀 포함하지 않기 때문이다. 그 결과, Shard 안에서 여러분의 레코드가 더 넓게 펴져나갈수록 속도도 더 빨라지게 된다. 여러분은 다음의 두 가지 방법으로 Shard 데이터베이스 그룹에 새 레코드를 추가할 수 있다.

- **단일 데이터베이스에 집중**: 처음으로 Shard 데이터베이스를 구축한 때에, 몇몇 레코드들을 지정된 데이터베이스에 추가하기로 결정할 수도 있다. 또는 하드웨어 여건이 괜찮다면 균등하게 레코드를 추가하지 않고 특정 데이터베이스에 더 많은 비중을 둘 수도 있다.

- **데이터베이스 별로 분산**: 보통은 Shard 패턴을 사용하여 특정 데이터베이스에 집중하지 않는 것을 목표로 한다. Shard 라이브러리는 라운드 로빈 메커니즘을 사용하여 레코드를 추가할 데이터베이스를 선정한다.

특정 데이터베이스에 레코드를 추가하는 것은 특정 데이터베이스에 있는 레코드를 수정하거나 삭제하는 일과 다르지 않으며, 단지 필요한 것은 SqlCommand 객체를 만들고, INSERT 문을 사용하며, SqlParameter 객체를 추가하여 데이터베이스 GUID를 지정하는 일이다.

여러 데이터베이스들에 걸쳐 레코드를 추가하는 것은 약간 다른 접근 방식을 사용한다. 라운드 로빈 로직이 Shard 그룹 내에서 가장 마지막으로 선택된 데이터베이스를 제외한 나머지 데이터베이스들 중에서 새 후보를 고른다. Shard 라이브러리는 다음의 두 메소드를 이러한 방식의 삽입 작업을 위하여 노출한다.

- **ExecuteShardNonQuery**: 이전에 살펴보았던 대로, 이 메소드는 SqlCommand 객체를 확장하는 확장 메소드며 GUID 매개 변수가 NULL 값으로 지정된 상황에서 라운드 로빈 방식으로 선정된 차기 후보 데이터베이스에 대하여 명령을 실행한다. 이러한 편의 사항은 Shard 라이브러리가 내부 데이터베이스 포인터를 Shard 내에서 다음 라운드 로빈 호출을 위하여 다음 데이터베이스를 가리키도록 이동할 필요가 있을 때 사용되는 부분이다.

- **ExecuteParallelRoundRobinLoad**: 이 메소드는 List〈SqlCommand〉 형식에 대한 확장을 제공하며 SqlCommand 객체의 컬렉션을 만드는 메커니즘을 제공한다. 각 SqlCommand 객체는 실행할 수 있는 INSERT 구문을 포함한다. 이 메소드는 NULL 값을 가지는 데이터베이스 GUID를 추가하고, ExecuteShardNonQuery 메소드를 호출하여 라운드 로빈 방식으로 모든 구문을 실행한다. 이러한 설계 방식은 Shard에 데이터를 삽입하는 절차를 단순화시키고 모든 데이터베이스에 대하여 작동할 수 있도록 해준다.

다음의 코드는 클라이언트가 ExecuteParallelRoundRobinLoad 확장 메소드를 호출하기 위하여 필요한 준비 과정을 보여준다. 1행에서는 SqlCommand 객체의 컬렉션을 생성한다. 그 다음 3행에서, 외곽에 있는 반복 구문인 for each에 의하여 Shard 데이터베이스 내부에 추가될 userName 배열의 각 문자열 값을 가져온다. 5행부터 16행까지, SqlCommand 객체가 생성되고 각각의 이름에 대하여 INSERT 명령문을 만들고 컬렉션에 객체를 추가한다. 22행에서는 실질적으로 ExecuteParallelRoundRobinLoad 확장 메소드를 호출한다. 마지막으로 23행에서는, 모든 것이 정상적으로 실행되었을 때, 라이브러리 내의 캐시를 지운다.

```
1)   List<SqlCommand> commands = new List<SqlCommand>();
2)
3)   foreach (string name in userName)
4)   {
5)      if (name != null && name.Trim().Length > 0)
6)      {
7)         SqlCommand cmdToAdd = new SqlCommand();
8)         cmdToAdd.CommandText = "sproc_add_user";
9)         cmdToAdd.CommandType = CommandType.StoredProcedure;
10)
11)        cmdToAdd.Parameters.Add(
12)           new SqlParameter("name", SqlDbType.NVarChar, 20));
13)        cmdToAdd.Parameters["name"].Value = name;
14)
15)        commands.Add(cmdToAdd);
16)     }
17)  }
18)
19)  // Make the call!
20)  if (commands.Count > 0)
```

```
21) {
22)     commands.ExecuteParallelRoundRobinLoad();
23)     Shard.ResetCache();
24) }
```

■ **NOTE** ExecuteParallelRoundRobinLoad 확장 메소드에 대한 호출은 지금까지 살펴본 다른 모든 메소드들과 두 가지 다른 점이 있다. 우선, 데이터베이스 GUID를 추가할 필요가 없다는 점에 주목한다. 데이터베이스 GUID를 직접 지정하지 않는 대신 NULL 매개 변수를 사용하여 자동으로 찾도록 하고 있다. 두 번째는, 이 메소드가 SqlCommand 객체에 대한 확장 메소드가 아닌 List〈SqlCommand〉 객체에 대한 확장 메소드이므로 여러 벌의 ADO.NET 명령어 객체를 필요로 한다는 점이다.

그림 10-8에서는 Shard에 추가할 다수의 사용자 이름을 입력 받는 예제 응용프로그램의 화면을 보여주고 있다. 여섯 사람의 입력이 Shard 내에 라운드 로빈 방식을 사용하여 신규 레코드로 이전에 언급한 과정을 거쳐 추가될 것이다.

■■■ Shard 관리하기

Shard를 만들었고, 데이터를 추가하고, 쿼리를 실행하는 단계까지 이르렀다면, 이제 여러분은 더 높은 차원의 문제들을 생각할 수 있는데, 예외 상황을 어떻게 관리하고, 성능을

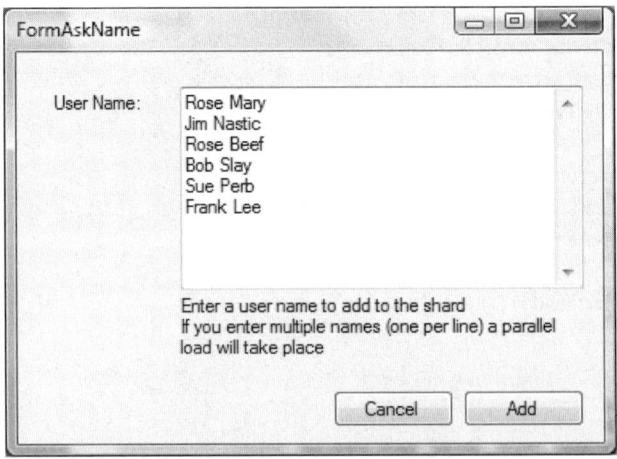

그림 10-8 라운드 로빈을 사용하여 새로운 레코드를 추가하는 샘플 응용프로그램

유지하며, 트랜잭션을 제어하는 등 더 많은 문제들을 생각해야 할 때이다.

예외 관리하기

지금까지, 여러분은 예시로 제공된 Shard 라이브러리의 기본적인 사항들만을 살펴보았다. 어떤 과정으로 라이브러리가 제공하는 다양한 방법을 통하여 데이터를 조회하고, 삽입하고, 수정하고, 삭제하는지 그 내용들을 살펴보았다. 이제 Shard 환경에서 발생할 수 있는 예외 상황들을 어떻게 다룰지 이야기하도록 하자.

지금의 라이브러리는 롤백을 고려하지 않고 있지만, 여러분의 코드에서 이를 관리해야 할 필요가 있다. 그림 10-8에서 소개한 이전의 예제에서, Jim Nastic이라는 SqlParameter 객체를 통하여 전달되지만 길이가 너무 긴 매개 변수를 제외하고 모두 등록이 될 것이다. 이에 관하여, 길이가 너무 길어 이진 데이터가 잘릴 수 있다는 식의 예외가 발생하게 될 것이다.

이 라이브러리는 병렬 처리 중 각 실행 단위 별로 발생한 예외들을 취합하는 기능을 제공하는, TPL이 제공하는 AggregateException 클래스를 이용하여 발생한 예외들을 처리할 수 있다. 라이브러리가 각 데이터베이스를 병렬 방식으로 명령을 수행하는 과정에서 발생하는 예외를 파악하고 처리하려면 꼭 필요한 클래스이다. 그 결과, 한 번에 여러 곳에서 동시다발적으로 하나 이상 예외가 발생할 수 있는데, 여러분은 이렇게 발생한 예외들을 종합하여 클라이언트로 전달하고 사후 처리를 이관해야 한다.

예를 들어, Shard 라이브러리의 ExecuteSingleNonQuery 메소드가 예외 객체들을 저장할 수 있는 기능을 담당하는 컬렉션인 ConcurrentQueue〈Exception〉 형식의 매개 변수를 받는다. 이 객체는 다중 스레드에 안전하고, 모든 스레드들이 안전하게 실행 중에 발생한 예외 사항들을 동시성 문제를 피하여 컬렉션에 추가할 수 있음을 보증한다. 다음의 코드에서는 ExecuteSingleNonQuery 메소드에서 발견된 예외가 있을 경우, 코드가 14행에서와 같이 예외 정보를 큐에 추가하며, 편의상 이러한 큐가 지정되지 않은 상황에서 실행된 경우 16행과 같이 예외를 발생시키는 코드도 같이 보여주고 있다.

```
1)   private static long ExecuteSingleNonQuery(
2)     SqlCommand command,
3)     SqlConnection connectionToUse,
4)     System.Collections.Concurrent.ConcurrentQueue<Exception> exceptions
5)   )
```

```
6)   {
7)       try
8)       {
9)       // ...
10)      }
11)      catch (Exception ex)
12)      {
13)          if (exceptions != null)
14)              exceptions.Enqueue(ex);
15)          else
16)              throw;
17)      }
18)  }
```

다음의 코드는 ExecuteShardNonQuery 메소드가 위에서 설명한 대로 ExecuteSingle NonQuery 메소드를 호출하는 절차를 보여주고 있다. 1행에서는 예외 정보를 저장할 ConcurrentQueue 객체를 생성하여 ExecuteSingleNonQuery로 전달하기 위한 준비를 한다. 데이터베이스들에 대한 각각의 병렬 호출이 모두 끝나면, 예외 정보를 저장한 큐가 비어있는 상태인지 확인한다. 만약 비어 있지 않은 경우, 13행과 14행에서처럼 Aggregate Exception을 발생시켜 예외 정보 큐에 저장된 모든 예외들에 대한 정보를 일괄 보고한다.

```
1)   var exceptions = new System.Collections.Concurrent.ConcurrentQueue<Exception>();
2)
3)   Parallel.ForEach(connections, delegate(SqlConnection c)
4)   {
5)      long rowsAffected = ExecuteSingleNonQuery(command, c, exceptions);
6)
7)      lock (alock)
8)         res += rowsAffected;
9)
10)  }
11)  );
12)
13)  if (!exceptions.IsEmpty)
14)     throw new AggregateException(exceptions);
```

지금까지 살펴보았듯이, 예외를 관리하는 방법은 다소 편법적으로 보일지 모른다. 하지만, 예외 도우미 클래스는 예외를 저장하고 클라이언트 코드가 관리할 수 있도록 예외 컬렉션을 반환하는 좋은 메커니즘을 가지고 있다.

성능 관리하기

지금까지 여러분은 Shard 라이브러리가 어떻게 동작하는지 살펴보았고 어떻게 여러분의 코드에서 활용할 수 있는지도 알아보았다. 그러나 한 가지 명심할 것은 왜 이러한 과정들을 거쳐가는지에 대하여 아는 것이며, 어쨌든 Shard 라이브러리를 만드는 과정에서 사소하게 넘길 것은 단 하나도 없는 것이다. 이 Shard 라이브러리에서는 무언가 중요한 일을 하나 하는데, 클라이언트 응용프로그램이 일부 혹은 전체 데이터베이스를 수평적으로 확장하면서, 성능과 확장성 모두를 개선하려는 목적을 달성할 수 있도록 도와준다.

이것이 무엇을 의미하는 것일까? Shard 라이브러리가 여러분을 도와서 응용프로그램이 더 많은 사용자들을 받아들여 확장성을 증대시키고, 더 많은 부하가 오더라도 응용프로그램이 항상 빨리 동작할 수 있게 지속적으로 도울 것이라는 의미이다. 만약 운이 좋다면, Shard 라이브러리로 이러한 두 가지 목적을 모두 달성할 수도 있을 것이다. 그러나, 정확한 계획 없이 이러한 효과는 나타나지 않을 것이다. Shard 라이브러리 그 자체는 단지 다중 데이터베이스에 대한 호출을 전파하기 위한 일을 대리로 도와주는 도우미에 지나지 않는다.

Shard 자체는 성능을 돕는 데 필요하지 않으며 심지어 어떤 경우에는 성능과 확장성 모두에 대하여 Shard로 인하여 악영향을 끼치게 될 가능성도 없지 않다. 그 이유는 Shard가 다른 경우에는 없는 오버헤드를 내포하기 때문이다. 그림 10-9에서는 보통의 ADO.NET 호출을 이용하여 레코드를 가져올 때와의 차이점과 Shard를 통하여 같은 데이터를 가져오는 때의 좋은 상황과 나쁜 상황을 보여주고 있다. 좋은 상황에서는 모든 레코드들이 세 개의 분할된 데이터베이스에 각각 사이 좋게 나뉘어 저장되어있을 때인데, Shard가 세 개의 데이터베이스에 대하여 모두 동시에 연결을 맺고, 세 개의 데이터 셋에 대한 결과를 수집한 후 데이터를 걸러내거나 정렬하는 것이다. Shard는 다음의 처리 시간에 관계되는 다음의 모든 사항이 관리되어야 한다.

- 내부 데이터베이스에 대한 반복적인 연결
- 데이터를 가져오기 위한 반복 절차
- 데이터 집합 생성, 정렬 및 필터링

나쁜 시나리오에서는, 모든 연산이 병렬로 이루어지지 못하고 직렬로 이루어지게 되는

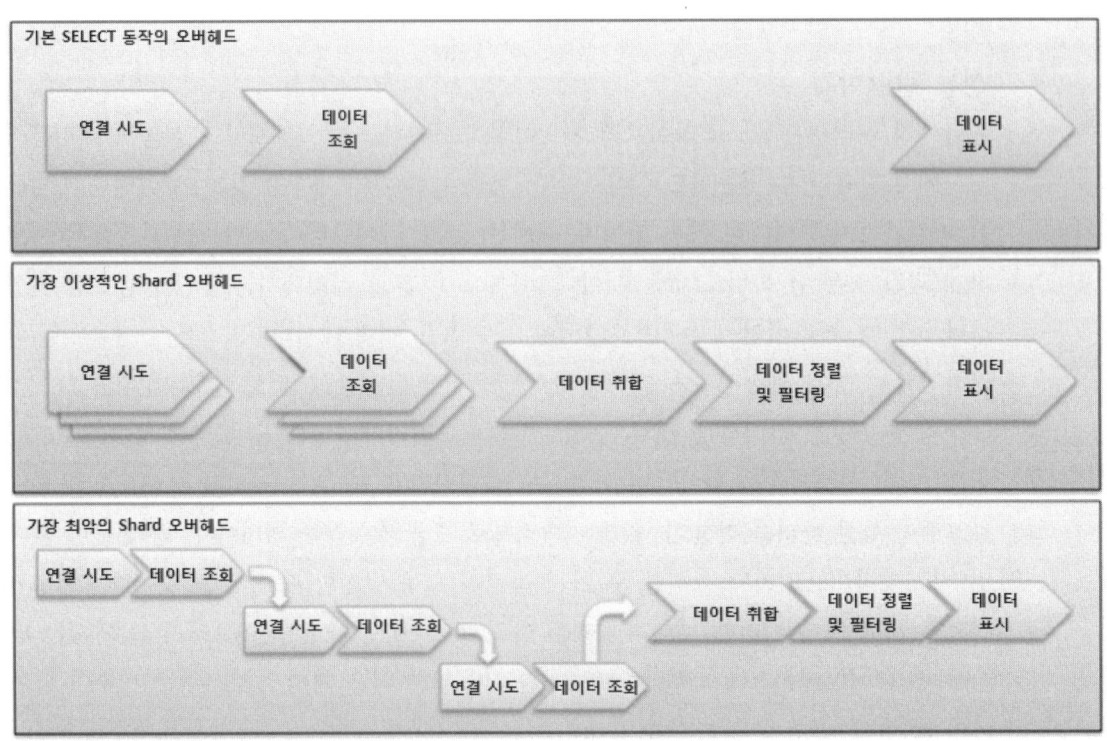

그림 10-9 데이터 액세스 과정에서 발생할 수 있는 오버헤드에 대한 비교

상황이다. 이 경우는 이 라이브러리에서 사용하는 TPL이 단일 프로세서를 사용하게 되는 경우에 속한다. 결국은, 몇몇 호출만이 병렬로 호출되는, 나쁜 상황과 좋은 상황이 공존하는 시나리오에 결국 이르게 될 것이다.

이제 모든 걱정 거리가 수면 위로 떠올랐으니, 어떤 Shard 패턴이 적절한지, 그리고 성능과 확장성을 동시에 충족할 수 있는지 시나리오를 살펴볼 차례이다. Doc 테이블이 두 개의 레코드만을 가지고 있다고 가정해보자. 이 테이블에는 Title과 AuthorID와 같이 문서의 메타데이터를 표현하는 몇 가지 필드를 가지고 있다. 그러나, 이 테이블에는 varbinary 형식의, 실제 PDF 문서 파일을 보관하는 거대한 칼럼이 있다. 각 PDF 파일의 크기는 적어도 1MB 이상이 된다. 그림 10-10에서는 테이블의 출력 결과를 보여주고 있다. 이 데이터베이스가 SQL Azure에서 실행 중이기 때문에, SELECT * FROM Docs 문장을 실행하였을 때는 SSL로 암호화된 연결 상태에서 처음 몇 MB에 해당되는 내용만 반환되는 것을 볼 수 있다. 이 문장을 실행하는 데 2.5초 정도가 소요되었고, 레코드 당 대략

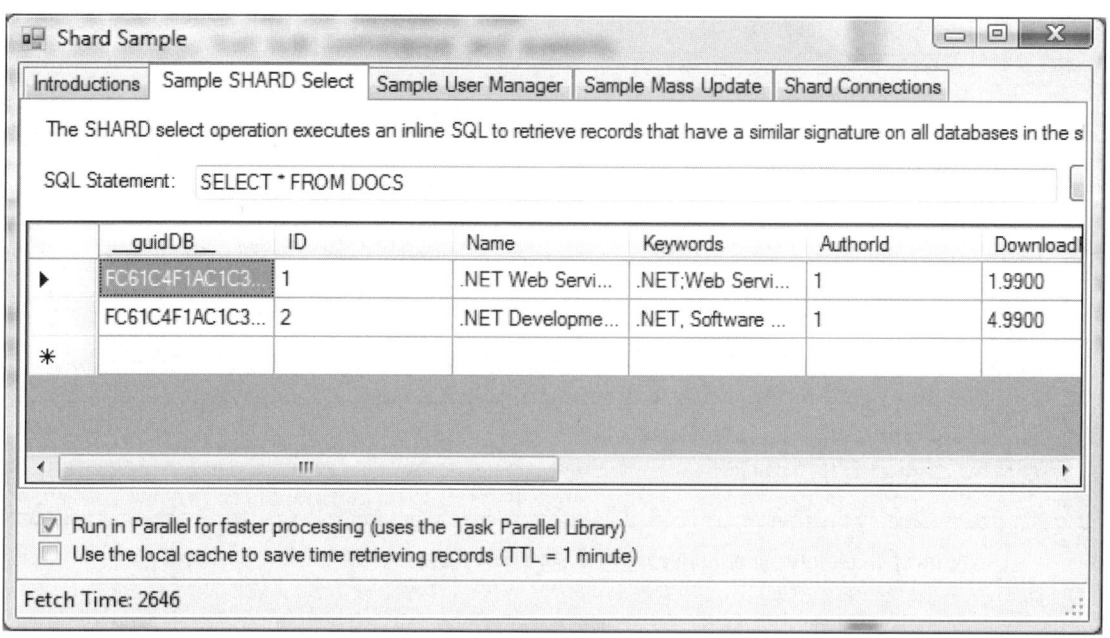

그림 10-10 한 데이터베이스에 문서를 포함하고 있는 테이블의 예시

1.25초 내외로 소요된 것으로 이해할 수 있다.

각각의 레코드는 단일 데이터베이스로부터 가져온 것이며 데이터베이스를 나타내는 GUID 값이 같다는 점을 통해서 알 수 있다. 그러나 만약 두 번째 레코드를 다른 SQL Azure 데이터베이스로 이동시켰다면, 평균 실행 시간이 약 1.8초 이내로 줄어들게 된다. 그림 10-11에서는 같은 구문에 대해서 실행에 걸린 속도가 약 1.4초로, 각 레코드 별 GUID값이 이번에는 다르게 나타났음을 확인할 수 있다. 이는 첫 번째 실행 결과보다 확연히 줄어든 속도임을 알 수 있다.

여러분은 이 실행 구문을 좀 더 빠르게 실행시킬 수 있는데, 그 이유는 이번 실행에서 대다수의 시간을 Document 필드를 가져오는 데에 썼기 때문이다. 그림 10-12에서는 양쪽 데이터베이스에 대한 Document 필드를 제외한 모든 필드를 가져오는 것이 약 103 밀리 초밖에 소요되지 않음을 확인할 수 있다. 이는 Shard 패턴이 오버 헤드를 포함하는 처리 과정에서도 성능상의 이점을 제공한다는 것을 의미한다. 그러나, 이와 같은 일이 모든 경우에 대해서 발생하는 것은 아니다. 여러분의 데이터베이스 설계를 검토할 때, 병렬 실행으로 이점을 얻을 수 있는 테이블 설계인지 면밀히 검토해야 할 필요가 있다.

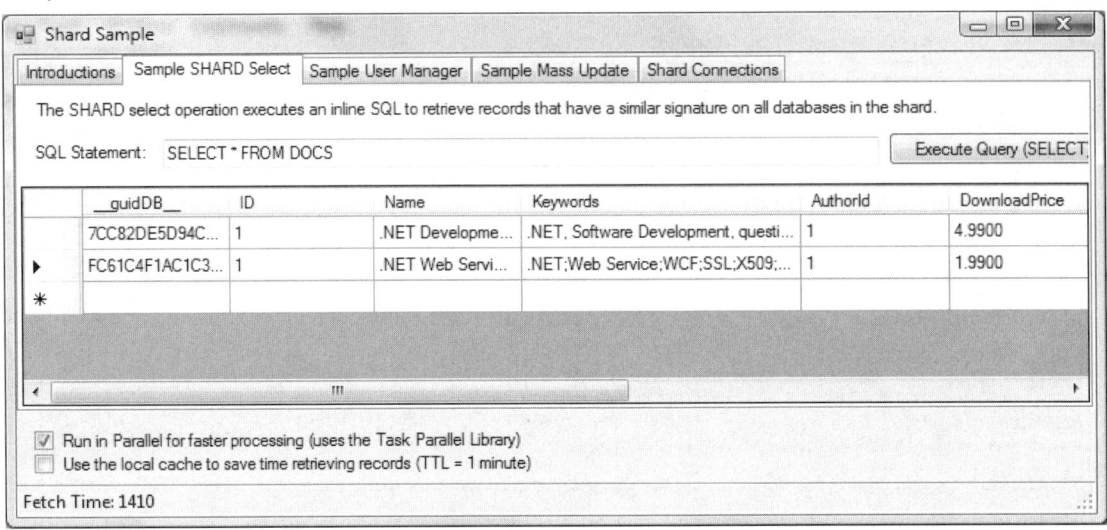

그림 10-11 두 데이터베이스에 나뉘어 저장된 문서를 가져온 테이블의 예시

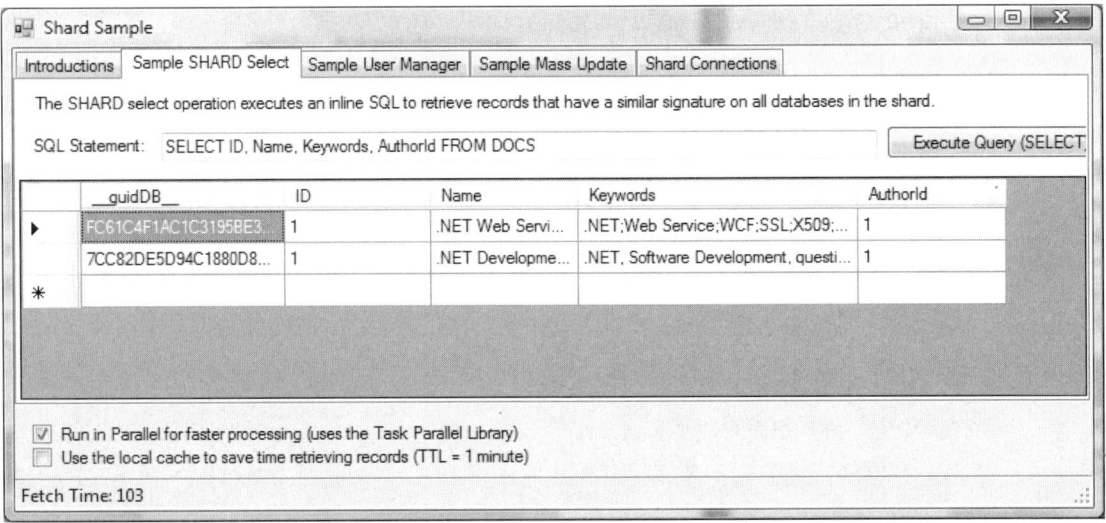

그림 10-12 SELECT 문장에서 Document 열을 제외한 결과

부분 Shard 패턴과 함께 사용하기

Shard 패턴을 사용하여 구축하는 것이 흑과 백 사이를 완벽하게 가르는 일은 아니다. 여

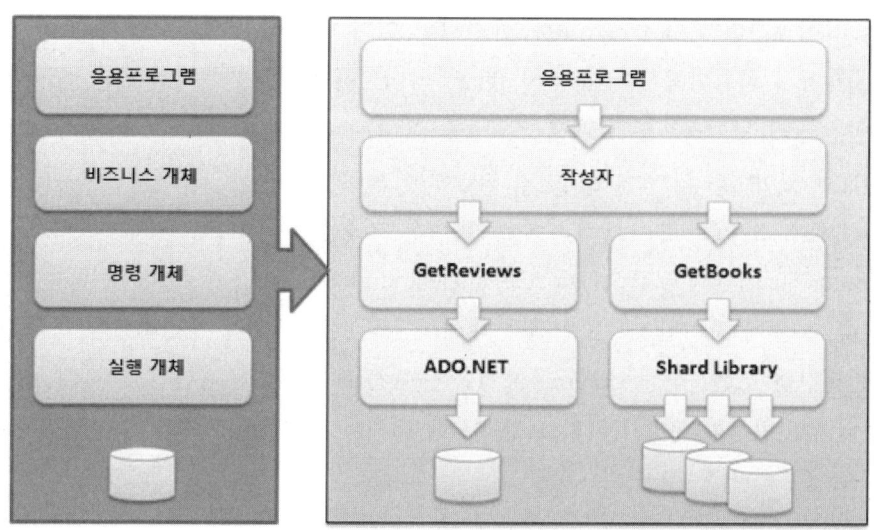

그림 10-13 부분 Shard를 구현하는 응용프로그램 설계의 예시

러분은 간단하게 몇몇 테이블에 한정하여 부분 Shard 패턴을 만들어 사용할 수도 있다. 여러분의 코드가 어떻게 구조화되었는가에 따라서, 또한 어떤 테이블을 사용해야 하는가에 따라서 Shard 라이브러리를 사용해야 할 수도, 사용할 필요가 없을 수도 있다. 이 로직은 Data Access Layer 안에서 구축된 것으로, 비즈니스 개체의 집합으로부터 분리된 물리적인 테이블들의 집합을 통합하는 역할을 한다.

예를 들어, 여러분의 응용프로그램 설계가 직접 비즈니스 객체를 소비하는 형태라고 가정해보자. 이러한 비즈니스 객체는 명령을 수행하는 객체로 바뀌는데, 실행 단위 객체로 불리는, 메모리 구조에 맞게 데이터를 적재하고 저장할 수 있도록 특성화된 지능적인 루틴으로 구성되어 있다. 그림 10-13에서는 Authors 객체가 두 개의 명령 객체를 호출하여 데이터를 두 개의 분리된 라이브러리에 저장하는 과정을 모식도로 그린 것으로, 표준 ADO.NET 라이브러리와 Shard 패턴을 구현하는 라이브러리에 나누어 저장하고 있다. 여기서 어떤 라이브러리를 호출해야 하는지 결정하는 것은 복잡한 일인데, 최소한의 비용을 유지할 수 있는지, 응용프로그램과 비즈니스 객체가 데이터베이스 구조 변경에 의하여 영향을 받게 되는지에 따라 선택되는 경향이 있다.

트랜잭션의 일관성 유지

이 라이브러리가 SQL Azure에 한정되어 있기 때문에, 그리고 분산 트랜잭션이 SQL Azure에서 지원되지 않기 때문에, Shard 라이브러리는 트랜잭션의 일관성을 보장하지 않는다. 그러나 여러분은 트랜잭션 기능을 필요로 하는지, 그리고 여러분의 응용프로그램 설계에 있어서의 의미는 무엇인지 진단해볼 필요가 있다.

기존의 Shard 라이브러리에 트랜잭션 기능을 부여하는 것은 의외로 단순한데, ExecuteShardNonQuery와 ExecuteParallelRoundRobinLoad 메소드만 변경하면 되기 때문이다. 이렇게 하려면, 모든 연결에 대해서 각각 트랜잭션을 형성하도록 하고, 마지막 실행 시점에 트랜잭션에 Commit 요청을 수행하도록 코드를 수정하면 된다. 만약 오류가 하나라도 발생한다면, 각각의 트랜잭션에 대해서 Rollback 요청을 수행하도록 해야 하는 것도 중요하다.

> ■ **NOTE** 이전에 언급한 대로, Shard 라이브러리 자체는 오픈 소스 프로젝트인 만큼, 수시로 개선되고 변경될 수 있다. 여러분이 사용하는 Shard 라이브러리의 최신 버전에서 이미 이러한 기능들을 지원할 수 있으므로 미리 확인한다.

외래 키 제약 조건의 관리

Shard 패턴의 데이터베이스들 사이에서 또 다른 중요한 이슈는 외래 키 제약 조건에 관련된 부분들이다. 이 책에서 소개하는 Shard 라이브러리가 테이블들을 수평으로 분할하는 패턴을 다루는 것이므로, 여러분은 곧 참조 무결성에 대한 문제에 부딪히게 된다는 것을 깨닫게 될 것이다.

참조 무결성을 유지하기 위해서는, 다음의 사항들을 고려해야 한다.

- **데이터 복제**: Shard 멤버 데이터베이스 중 어떤 곳에 원하는 레코드가 있는지 알 수 없기 때문에, 부모 역할을 하는 테이블은 각 데이터베이스마다 복제되어야 한다. 예를 들어, 플로리다, 일리노이 등의 미국의 각 주의 목록을 포함하는 테이블이 있다고 한다면 이러한 성격의 테이블들은 각 데이터베이스마다 복제될 필요가 있는 것이다.

- **Identity 값**: 어떤 데이터베이스에 새로운 레코드를 추가하는 작업이 있을 경우 이를 다른 데이터베이스로 전파하는 것은 쉽지 않다. 그런 이유로, Primary Key로

Identity 값을 사용하는 패턴을 이용하는 경우 각 데이터베이스에서 레코드의 ID 값이 같은 값이 될 수 없을 가능성이 높다. 가령, 플로리다 주를 나타내는 레코드의 StateID 값이 어떤 데이터베이스에서는 10일 수 있고, 또 어떤 데이터베이스에서는 11이 될 수 있다는 뜻이다.

데이터 복제가 필요한 시점이 오면, 여러분은 부모 테이블을 오버헤드로 취급하여 데이터베이스 사이에서 복제를 하여 강력한 참조 무결성을 구현할 것인지, 또는 참조 무결성을 희생하여 부모 테이블 역시 Shard 패턴을 따르도록 하게 할지 결정해야 한다. 만약 후자의 경우를 따르기로 했다면 데이터베이스 전역에 걸쳐 참조 무결성을 유지하는 일은 불가능하게 된다. 그러나 프로그램 코드 상에서 ADO.NET의 DataTable 객체에 코드 차원에서 이러한 참조 무결성을 강제하도록 구현하는 방법으로 참조 무결성을 보존할 수는 있다. 이는 DataRelation 객체를 DataTable 객체의 ParentRelations 컬렉션 속성에 추가해서 이룰 수 있다. 예를 들어, 다음의 코드에서는 Docs와 Authors DataTable 객체 사이에 참조 무결성을 부여하는 방법이다.

```
1)  SqlCommand cmd1 = new SqlCommand("SELECT * FROM Authors");
2)  SqlCommand cmd2 = new SqlCommand("SELECT * FROM Docs");
3)  DataTable authors = ExecuteShardQuery(cmd1);
4)  DataTable docs = ExecuteShardQuery(cmd2);
5)  DataRelation dr = new DataRelation("RI",
6)      authors.Columns["authorId"],
7)      docs.Columns["authorId"]);
8)  docs.ParentRelations.Add(dr);
```

ID 값의 중복에 관하여 발생하는 문제는 각 레코드가 생성될 때마다 자동으로 부여되는 자동 증가 값이 문제가 되는 경향이 있다. 테이블들이 여러 개의 데이터베이스에 분산되어 저장되기 때문에, 항상 같은 ID 값을 유지할 수 없다는 문제점도 가지고 있다. 이를 해결하기 위해서는, 별도의 참조 무결성을 위한 규칙을 만들어 이러한 종류의 ID 값에 의존하지 않도록 프로그래밍 코드 차원에서 관리하는 일이다. 미국의 각 주 정보를 저장하는 테이블과 같은 경우, 각 주를 나타내는 두 자리 글자를 저장하기 위한, 예를 들어 플로리다 주의 경우 FL 문자열을 저장하기 위한 StateCode 열을 추가하여 이 열을 Primary Key로 지정하고 동시에 참조 무결성을 위한 조건으로 활용할 수 있다. 이렇게 하여 Shard에 참가하는 모든 데이터베이스가 같은 값을 공유하도록 의미를 일치시킬 수 있다.

종단 파티션 Shard 패턴 구현하기

이번 장의 대부분은 횡단 파티션 Shard 패턴 구현에 할애하였지만, 간과할 수 없는 것이 종단 파티션 Shard 패턴에 대한 것이다. 종단 파티션 Shard 패턴은 기본적으로 여러 데이터베이스에 걸쳐 자료를 분할하여 저장하는 원칙은 같지만, Shard 패턴을 구현하기 위하여 참가하는 멤버 데이터베이스 중 어느 한 곳에도 완전한 스키마를 보유하는 곳이 없다는 것이 특징이다.

Users와 Sales라는 두 개의 테이블을 정의하는 간단한 응용프로그램 데이터베이스를 구상해보자. Users 테이블에는 수 천 개 이내의 레코드들이 저장되어 있고, Sales 테이블에는 수백만 개의 레코드들이 저장되어있다고 가정하자. 이러한 경우 두 개의 데이터베이스를 사용하여 종단 파티션 Shard 패턴을 구현할 수 있는데, 첫 번째 데이터베이스에는 Users 테이블을, 두 번째 데이터베이스에는 Sales 테이블을 보관하는 방법이다.

이런 형태의 Shard 패턴은 각 작업 별로 필요로 하는 처리 용량을 다른 데이터베이스에 영향을 끼치지 않고 효율적으로 분산하는 데 유리하다. 예를 들어, CPU에 영향을 많이 끼치는 복잡한 작업을 수행하거나 장기 실행되는 보고서 작성 작업을 위하여 Sales 테이블을 이용하는 동안, 병목 현상 없이 다른 한쪽에서 사용자들의 접속을 관리하기 위한 목적으로 Users 테이블을 빈번하게 이용할 수 있다.

또한 여러분은 종단 Shard 패턴을 이용하여 하나의 테이블 내의 열을 여러 데이터베이스에 걸쳐 분산 저장하도록 설계할 수 있다. 예를 들어, Sales 테이블에는 매우 크기가 큰 문서를 저장할 목적으로 BLOB 형식을 사용하는 열이 있고, 이 열에 대한 정보만을 다른 데이터베이스에 나누어 저장하는 방법으로 빈번하게 다루어지는 부분과 그렇지 않은 부분을 처음부터 분리할 수 있다.

종단 Shard 패턴은 작업의 수행을 위해서 필요한 완전한 데이터 집합을 제공하므로 SQL Azure와 같은 환경에서 데이터베이스 사이의 참조 무결성을 유지하려는 노력을 하거나, 트랜잭션 일관성을 유지하기 위하여 하는 노력이 들지 않는 것이 장점이다. 이러한 고려 사항은 종단 Shard 패턴을 사용할 수 있는 특정한 상황의 설계 문제에 대해서만 유효하다. 여러분의 데이터베이스 설계에 따라, 종단 Shard 패턴이 횡단 Shard 패턴보다 더 단순하고 빠르게 동작할 수도 있다.

■■■ 결론

지금까지 살펴본 대로, 데이터베이스 설계를 확장하거나 고성능 시스템을 개발할 목적으로 SQL Azure를 이용하여 데이터베이스들을 구축하는 것은 상당한 난이도를 전제로 한다는 것을 알 수 있었다. 이번 장에서는 Shard 라이브러리를 구현하고 설계하는 방법을 여러분에게 소개하여, 여러분이 스스로 필요한 빌딩 블록을 만들어 유연하고 확장 가능성이 높은 아키텍처를 실험할 수 있도록 하는 지침을 제공하였다.

여러분은 데이터 액세스 계층에서 캐시 기능을 사용하고, 여러 데이터베이스에 대한 SQL 실행 구문을 병렬로 다루어 성능을 향상시키는 방법을 살펴보았다. 또한 여러분은 참조 무결성과 예외 관리와 같은 한층 더 깊은 고급 주제들도 살펴보았다. 이번 장에서는 여러분만의 고유한 Shard 패턴을 만들고, SQL Azure 데이터베이스에 대해 고성능으로 동작하는 응용프로그램을 만들어보았다.

IT 대한민국은 ITC(Info Tech Corea)가 함께 하겠습니다.
www.itcpub.co.kr

CHAPTER 11

SQL Azure 데이터 동기화 서비스

2009년 11월에 Los Angeles에서 열린 Microsoft PDC(Professional Developer Conference) 행사에서, Microsoft는 클라우드 상의 데이터베이스에 대한 동기화 기능을 제공하는 Project Huron을 발표한 적이 있다. 만약 여러분이 지금까지 Project Huron에 대한 추세를 언급하는 이야기나 블로그 포스트 등을 줄곧 봤다면 Microsoft가 이에 대한 요금을 징수하며, 데이터베이스 동기화 기능이 마찰 없이, 즉 간단하게 설치하고 관리하기 편리한 형태로 제공된다는 이야기를 들었을 것이다. Microsoft의 목표는 확장성과 설정의 편리성을 유지하면서 데이터베이스 간 자료 공유에 관련된 특유의 상징적인 복잡한 성질들을 Project Huron을 통하여 최소화하는 것이다. 이러한 목표들과 더불어, Microsoft는 사용자 친화적인 도구를 통하여 관리자가 관리하기 편하고 쉽게 데이터를 동기화할 수 있게 하는 것을 고대한다.

New Orleans에서 열린 Tech Ed 행사가 있었던 2010년 6월 초에, Microsoft는 Project Huron의 일부인 SQL Azure를 위한 Data Sync Service의 프리뷰 버전을 공개하였다. 이는 Microsoft가 사용자들이 데이터베이스 사이에서 데이터베이스의 지리적 위치나 연결 상태를 감안하지 않고도 데이터를 쉽고 효율적으로 옮길 수 있도록 하는 솔루션으로, 데이터 통합 및 개발자와 사용자들에게 데이터의 위치에 구애 받지 않으면서도 데이터와 함께 작업할 수 있도록 하는 기능을 제공하기 위한 Microsoft의 청사진과 함께 하는 것이다.

이번 장에서는 SQL Azure 데이터 동기화 서비스가 할 수 있는 일과 기능들에 대하여 전적으로 살펴보려고 한다. 데이터 동기화 서비스를 어떻게 구성하고 설정하는지에 대하여 개요와 방법을 살펴보는 것으로 시작할 것이며, 다음으로는 SQL Azure 동기화 서비스를 사용하여 각기 다른 상황에서 실행되는 몇 가지 예제들을 살펴보려 한다. 또한, 몇 가지 패턴과 함께 데이터 동기화 서비스에 대한 확고한 이해를 할 수 있도록 돕는 모범 사례들도 살펴보려 한다.

데이터 동기화 서비스에 대한 이해

SQL Azure 데이터 동기화 서비스는 둘 이상의 데이터베이스 간에 사용할 수 있는 양방향 동기화를 제공한다. 겉으로 보기에는 매우 단순해 보이지만 심지어 그 이면에도 그다지 복잡한 모습은 없다. 한 줄의 코드도 작성하지 않고 매우 빠르고 손쉽게 SQL Azure 데이터베이스가 Microsoft Azure 데이터 센터 내의 다른 어떤 SQL Azure 데이터베이스와도 빠르고 손쉽게 동기화할 수 있도록 설정할 수 있다.

왜 필요한가?

왜 SQL Azure 데이터베이스 사이에 데이터를 동기화할 수 있는 기능이 중요한 것일까? 좋은 질문을 한 것이다. 이에 대한 몇 가지 답을 살펴보도록 하겠다.

첫 번째, 여러분은 아마도 SQL Server 복제 서비스를 매우 사랑할 것이다. 그러나 설정하고 구성하기가 녹록하지 않을 것이다. 트랜잭션 기반의 복제를 통하여 실시간 업데이트를 가능하게 한들, 이를 구성하는 것은 절대 단순한 일이 아니다.

두 번째, 비록 SQL Azure 데이터 동기화 서비스가 실시간 업데이트를 제공하지는 않는다 할지라도, 데이터가 여러분의 고객들의 위치에 가장 가까운 곳까지 갈 수 있도록 하는 일을 어렵지 않게 가능하게 만들어줄 것이다. 데이터 동기화 서비스는 데이터 베이스 사이에 데이터를 이동하는 것을 자연스럽게 하면서, 동시에 적절한 변경 사항들이 현재 위치한 데이터 센터 내의 다른 모든 데이터베이스들뿐만 아니라, 여러분이 동기화 대상으로 지정하지 않은 다른 데이터 센터 상의 다른 모든 데이터베이스로도 확산될 수 있도록 해준다.

SQL Azure 데이터 동기화 서비스가 Windows Azure의 일부이고, 또 Windows Azure 안에서 실행되기 때문에, 웹 역할과 작업자 역할의 이점도 동시에 누릴 수 있다. SQL Azure 데이터 동기화 서비스에서의 핵심 구성 요소는 Microsoft Sync Framework를 사용하는데, 이 구성 요소는 .NET Framework에 의하여 제공되는 동기화 플랫폼이다. 참으로 좋은 것은, 이 모든 동기화 기능이 미국 남부 중앙에 위치한 데이터 센터 안에서 실행되는 것이고 여러분을 위하여 제공되며 이를 실행하기 위해서 별도의 추가 작업이나 설치가 필요하지 않다는 것이다.

기본 시나리오

모든 SQL Azure 동기화 환경에는 단일 데이터 베이스 허브와 하나 이상의 데이터베이스 멤버가 그림 11-1과 같이 포함되어있다. 동기화를 설정하는 작업에는 동기화 그룹을 생성하고 정의하는 일이 포함되는데, 이는 허브 데이터베이스를 지정하는 것과 데이터베이스 멤버들을 허브 데이터베이스에 할당하는 것이다.

처리 과정을 이해하고 어떻게 변경이 일어나는지에 대한 빠른 이해를 돕기 위하여 최초 동기화 과정에 대해서 잠시 이야기해보도록 하자.

1. 허브 데이터베이스 스키마가 하나 이상의 멤버 데이터베이스로 복제된다.
2. 허브 데이터베이스 상의 데이터들이 하나 이상의 멤버 데이터베이스로 복제된다.

위의 단순해 보이는 두 가지 단계 안에서 어떤 일이 일어나는지 잠시 살펴보기로 하겠다. 우선, 복사할 내용이 전달될 멤버 측 데이터베이스에 직접 스키마를 생성하려고 하지 않아도 된다. 첫 번째 과정을 수행하는 동안, 데이터 동기화 서비스는 여러분이 동기화하기로 지정하였던 테이블들에 대하여 자동으로 이러한 작업을 처리해줄 것이다. 이 처리 과정에서 외래 키 제약 조건은 처리되지 않는다는 것에 유의한다. 이는 데이터 동기화 서

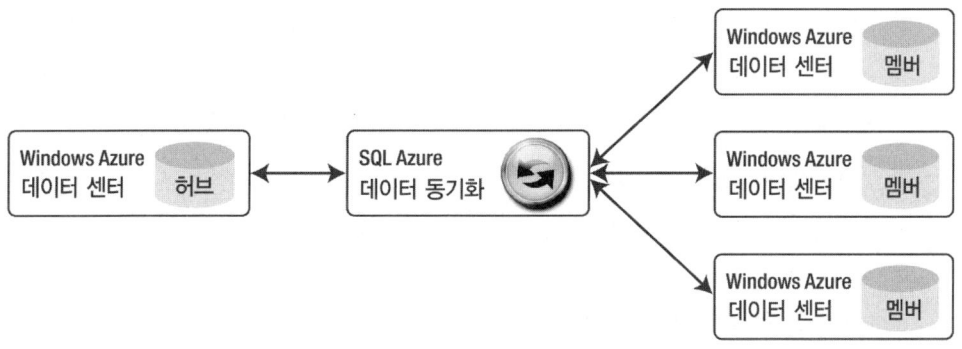

그림 11-1 데이터 동기화 서비스 아키텍처

비스가 아직 전체 스키마에 대한 동기화 기능을 지원하지 않기 때문이다.

외래 키 제약 조건이 복사되지 않기 때문에, 멤버 데이터베이스 상에 입력된 데이터가 허브 데이터베이스와 연결될 때 발생할 수 있는 잠재적인 손상의 가능성에 대해서 염려되는 점이 있을 것이다. 이에 대한 답은, 여러분이 데이터가 적용될 순서를 제어할 수 있고, 이를 통하여 다른 어떤 외래 키 제약 조건에 영향을 끼치지 않으면서 변경 사항을 반영할 수 있도록 도와준다. 최초 동기화 시에, 허브 데이터베이스와 멤버 데이터베이스 사이에 변경 사항이 모두 반영되어 데이터의 변동을 효과적으로 추적할 수 있게 해준다. 이번 장의 마지막 부분에서 이러한 동작을 직접 확인해볼 수 있을 것이다.

첫 번째 단계를 통하여 완성된 모든 멤버 데이터베이스들에 대하여 두 번째 단계가 진행된다. 멤버 데이터베이스 생성은 초기 동기화 과정에서 완료된다. 데이터 동기화는 설정에서 지정한 대로 허브 데이터베이스에서 멤버 데이터베이스로 아주 단순하게 복제되는데, 멤버 데이터베이스 상에서는 외래 키가 존재하지 않기 때문이다. 그러나, 일부 변경 사항은 데이터 동기화가 발생했을 때 적용되는 순서를 나타내는 순서대로 테이블을 추가해보는 것도 괜찮다. 이렇게 하면 변경 사항이 모든 외래 키 제약 조건에 영향을 주지 않는 방식으로 적용되도록 도와준다.

■■■ 동기화 설정하기

이제 여러분은 데이터 동기화 서비스가 어떻게 동작하는지 충분히 살펴보았으므로, SQL Azure 데이터 동기화 서비스가 두 개의 데이터베이스를 동기화하도록 설정하고 자세한 내용을 살펴보도록 하자. 이번 예제에서는 허브 데이터베이스로 TechBio 데이터베이스를 사용할 것이다. 이를 위하여, SQL Azure Portal 웹 사이트에서 그림 11-2와 같이 두 번째 데이터베이스인 TechBio2 데이터베이스를 새로 생성해야 한다.

이제 여러분은 다음의 몇 페이지에 걸쳐서 실습하기 위한 SQL Azure 데이터 동기화 서비스를 위한 설정을 모두 마무리하였으며 실습을 시작할 수 있다.

서비스 조항에 동의하기

SQL Azure 데이터 동기화 서비스는 아직 개발 단계에 있는 제품이나 서비스를 제공하는

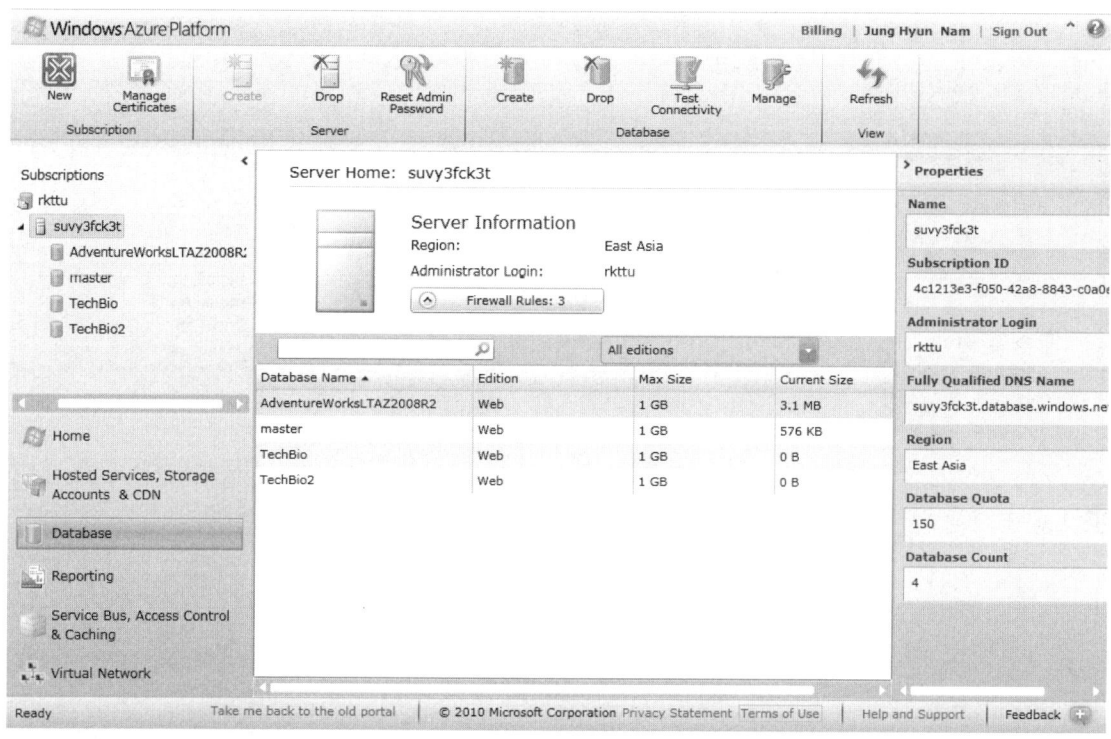

그림 11-2 데이터베이스 목록

SQL Azure Labs 서비스에 속해 있다. 시작하기 위해서는 https://datasync.sqlazurelabs.com/SADataSync.aspx. 페이지에 방문한다. 서비스 조항 동의 페이지로 이동하게 될 것이며, 다른 Azure 포털 사이트들과 마찬가지로 SQL Azure Data Labs 역시 여러분의 Live ID를 통하여 서비스를 제공하게 된다. Live ID가 없는 경우 새 계정을 하나 만들어야 한다. 언제든 SQL Azure Data Labs에 접속할 때마다, Live ID로 로그인 되어있지 않을 경우 로그인 안내 페이지를 다시 보게 될 수 있다.

동기화 그룹 만들기

서비스 조항에 동의한 후에는, Windows Azure Platform SQL Azure Labs 홈페이지로 다시 이동하게 된다. 이 페이지에서, 왼편에 있는 SQL Azure Data Sync 링크를 클릭하면 그림 11-3과 같이 동기화 그룹 관리 페이지가 나타나게 된다.

SQL Azure 데이터 동기화 페이지에서는 동기화 그룹이라고 불리는 항목을 만들어서

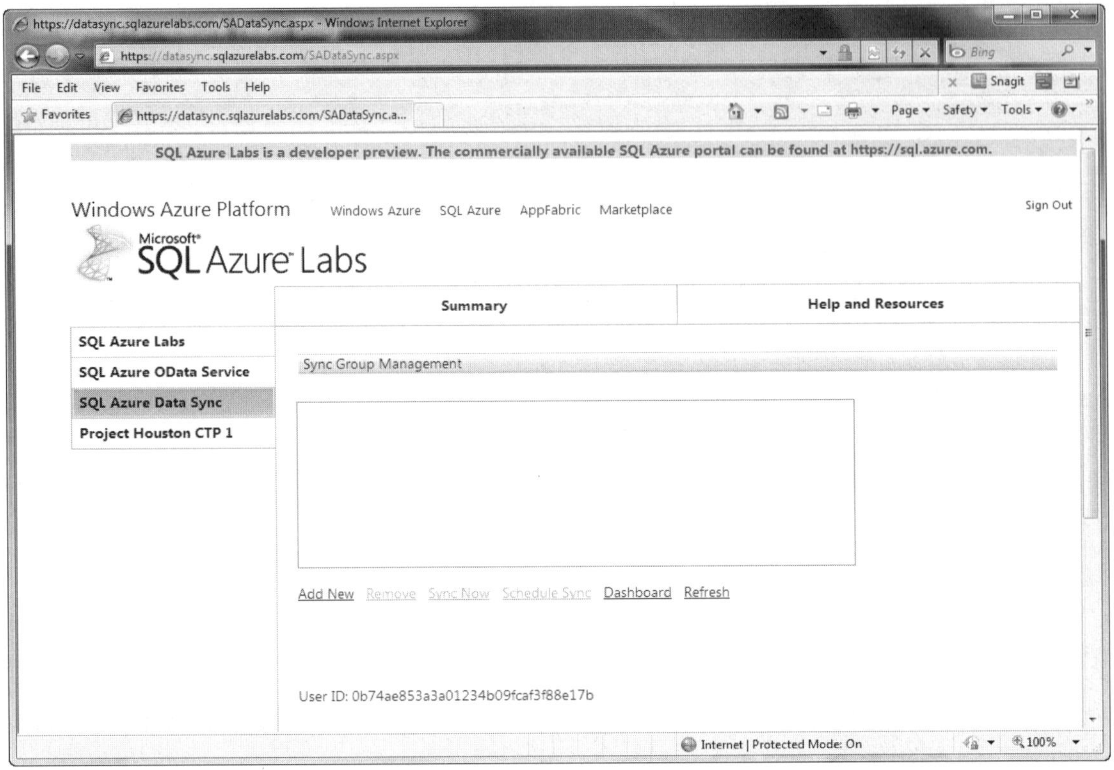

그림 11-3 SQL Azure Labs 홈페이지

데이터 동기화를 시작할 수 있도록 해준다. 동기화 그룹은 허브 데이터베이스와 멤버 데이터베이스들 사이를 논리적으로 묶고 이들 사이를 동기화할 수 있도록 하는 기준이 된다. 하나 이상의 동기화 그룹을 만들 수 있으며, 각 동기화 그룹에는 하나의 허브 데이터베이스와 하나 이상의 멤버 데이터베이스가 포함될 수 있는 구조이다.

새로운 동기화 그룹을 만들려면 다음의 절차를 따른다.

1. 동기화 그룹 목록 상자 아래에 있는 Add New 링크를 클릭한다. 이렇게 하면 여러 단계에 걸쳐 진행할 수 있는 마법사가 나타나며 동기화 그룹을 정의하는 절차를 시작하게 된다.

2. 마법사의 첫 단계에서는 여러분이 생성하려는 동기화 그룹의 이름을 지정하는 단계이다. 동기화 그룹의 이름은 고유해야 하고 이름을 통해서 수행하려는 작업이 어떤 작업이었는지 쉽게 알 수 있도록 쉬운 이름으로 지어야 한다. 그림 11-4와 같은 이

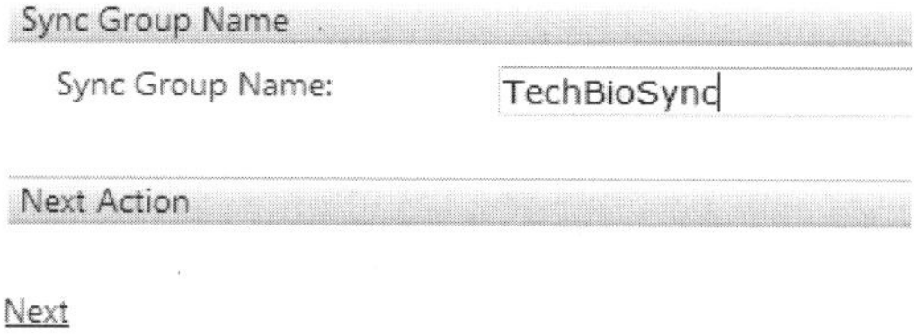

```
Sync Group Name
    Sync Group Name:    TechBioSync
Next Action
```

Next

그림 11-4 동기화 그룹 이름

름 입력을 위한 텍스트 상자가 나타나며 실질적으로는 70자 이내로 설명적으로 이름을 짓는 것이 좋다. 여기서는 그림 11-4와 같이 TechBioSync로 이름을 정의하고 Next 링크를 클릭하겠다.

3. 마법사의 다음 단계에서는 동기화 그룹 내에 포함시킬 데이터베이스들에 대한 정보를 제공해야 하는데, 서버 이름과 함께 허브 데이터베이스 하나와 멤버 데이터베이스 여러 개를 지정해야 한다. 서버 이름을 지정하는 항목에서 드롭 다운 입력 상자가 보이게 될 것인데, 여기서 Add Hub 링크를 클릭하여 새 데이터베이스를 추가해야 한다. 처음에는 아무것도 지정한 것이 없으므로 이 드롭 다운 상자에 아무것도 보여지지 않을 것이다. Register New Server 링크를 클릭하면 그림 11-5와 같이 화면이 나타나게 될 것이다. 여기서 대상 SQL Azure 서버의 이름, 사용자 ID, 비밀번호를 입력한 후 Next 링크를 클릭한다.

이 부분에서 중요한 것은 서버 정보 섹션에서 여러분이 기입한 정보들은 암호화된 형태로 저장된다는 것이다. 이렇게 저장된 정보는 다음 번에 마법사가 실행되었을 때 다시 사용된다. 마법사를 다음 번에 다시 실행하면 서버 이름과 관련된 데이터베이스들이 그

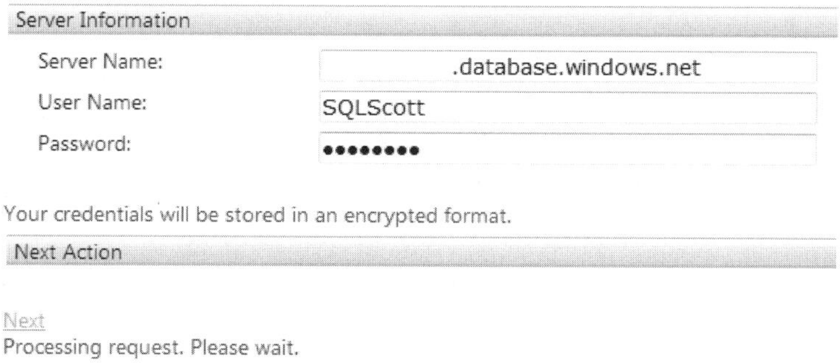

```
Server Information
    Server Name:                .database.windows.net
    User Name:      SQLScott
    Password:       ••••••••
Your credentials will be stored in an encrypted format.
Next Action
```

Next
Processing request. Please wait.

그림 11-5 동기화 그룹 서버 정보 섹션

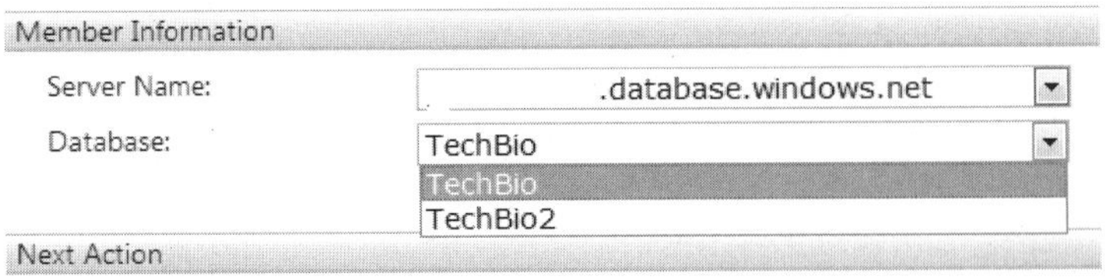

그림 11-6 허브 선택

림 11-6과 같이 나타난다.

예약된 동기화를 위하여 ID와 비밀번호도 같이 저장된다. SQL Azure 데이터 동기화 서비스는 동기화 처리 과정을 실행하고 이때 SQL Azure 데이터베이스들에 접근하여 동기화 작업을 마무리하게 된다.

서버 정보 섹션에서 Next 링크를 클릭하면 마법사가 여러분이 선택했던 서버 내의 관계된 데이터베이스들을 드롭 다운 목록으로 제공해주는 멤버 정보 섹션으로 다시 페이지를 되돌릴 것이다.

허브 및 멤버 데이터베이스 정의하기

이제 다음으로 할 일은 어떤 데이터베이스가 허브 데이터베이스가 될지 결정해야 한다. 이번 예제에서는 TechBio 데이터베이스를 허브 데이터베이스로 사용하기로 결정했으므로, 데이터베이스 드롭 다운 목록에서 TechBio 데이터베이스를 그림 11-6과 같이 선택하고 Add Hub 링크를 클릭한다.

여러분이 허브 데이터베이스와 멤버 데이터베이스들을 추가해 감에 따라서 멤버 목록 섹션에 데이터베이스와 역할 이름이 함께 기재된 목록으로 채워져 가게 된다. 예를 들어, 그림 11-7은 TechBio 데이터베이스가 허브 데이터베이스로 지정된 상태로 나타난 목록이

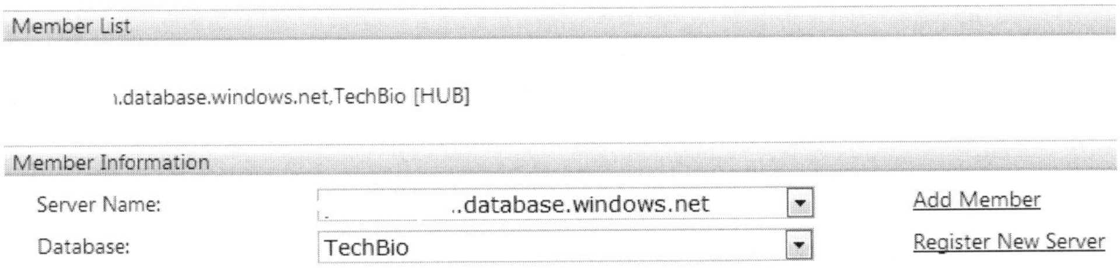

그림 11-7 허브 정보를 포함한 멤버 섹션 목록

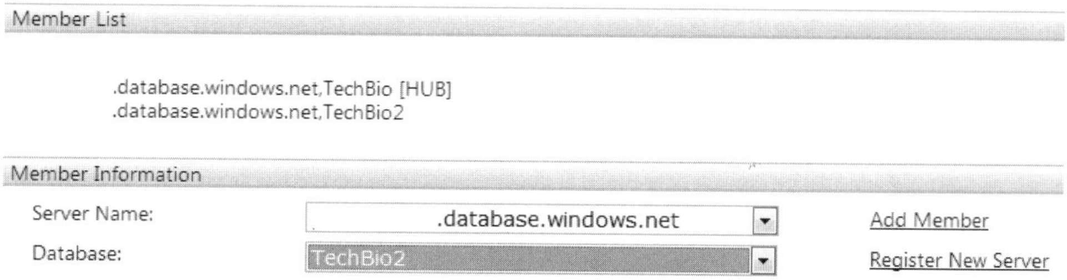

```
Member List
    .database.windows.net,TechBio [HUB]
    .database.windows.net,TechBio2

Member Information
    Server Name:     .database.windows.net      Add Member
    Database:        TechBio2                   Register New Server
```

그림 11-8 허브와 멤버 데이터베이스가 열거된 멤버 섹션 목록

보여지는 모습이다.

이제 이 다음으로는 하나 이상의 멤버 데이터베이스를 추가할 차례이다. 여기서부터는 Hub 데이터베이스를 이미 추가하였으므로 Add Hub 링크 대신 Add Member 링크로 바뀐 것을 볼 수 있다. 이번에는 TechBio2 데이터베이스를 데이터베이스 목록에서 선택하고 Add Member 링크를 클릭한다. 멤버 목록에 그림 11-8과 같이 멤버 데이터베이스가 추가된 상태로 표시될 것이다.

동기화할 테이블 선택하기

허브 데이터베이스와 멤버 데이터베이스들을 모두 구성하였다면, Next 링크를 클릭한다. 이제 다음으로 허브 데이터베이스에서 동기화하기를 원하는 테이블 목록들이 열거되는 것을 볼 수 있을 것인데, 여기서 테이블들을 선택하면 이전에 등록한 멤버 데이터베이스 상으로 자동으로 동기화되며, 오른쪽 방향을 가리키는 화살표 아이콘을 클릭하여 동기화 대상으로 등록할 수 있다. 예를 들어, Users 테이블 항목을 리스트에서 선택하고 Selected Tables 목록으로 옮기기 위하여 오른쪽 화살표 아이콘을 클릭하면 그림 11-9와 같이 된다. 구성이 끝나면 Finish 링크를 클릭한다.

■ **NOTE** 여러분이 추가하기로 지정한 순서는 변경이 적용되는 순서를 뜻하며, 따라서 외래 키 제약 조건이 어떻게 평가되는지에 대해서도 영향을 끼치게 됨을 유념한다.

SQL Azure 데이터 동기화 서비스는 최초 동기화 시점 외에는 스키마의 변경 사항을 반영하지 않는다는 것을 유의한다. 예를 들어, 테이블에서 임의의 열 하나를 추가하거나 삭제하였다면 해당 정보는 동기화되지 않을 것이다. 왜 그런 것인지 궁금해할 수 있지만,

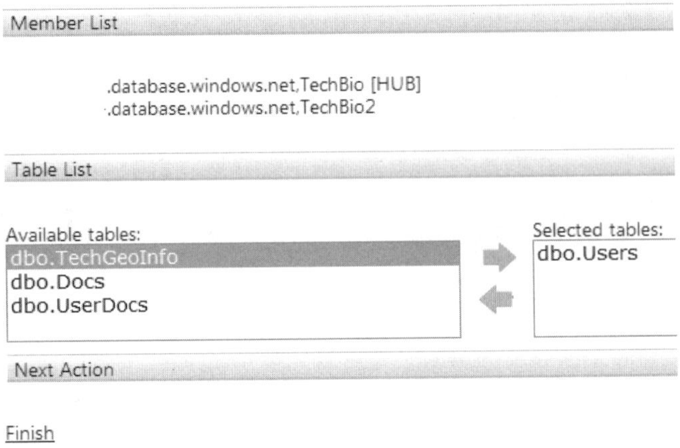

그림 11-9 테이블 선택

스키마의 동기화에 대한 마땅한 해결 방법이 없기 때문에 그러하며, 이를 해결하려면 변경된 스키마에 대한 동기화가 가능하도록 데이터베이스를 다시 생성해야만 하며, 이는 기존에 만들어진 멤버 데이터베이스 테이블에서 동기화 대상에 열거된 중복된 테이블들을 전부 제거해야 함을 의미한다.

이제 여러분은 SQL Azure 데이터 동기화 서비스를 성공적으로 생성하고 구성하였다. 이제 그림 11-10과 같이 나타나는 동기화 그룹 관리 창의 내용을 보게 될 것이다.

■ **NOTE** 동기화 그룹을 만들었지만, 아직 실제 동기화 작업은 일어나지 않았다. 곧 이어 살펴보게 될 수동 동기화를 통하여 어떻게 동기화가 발생되는지 살펴볼 것이다.

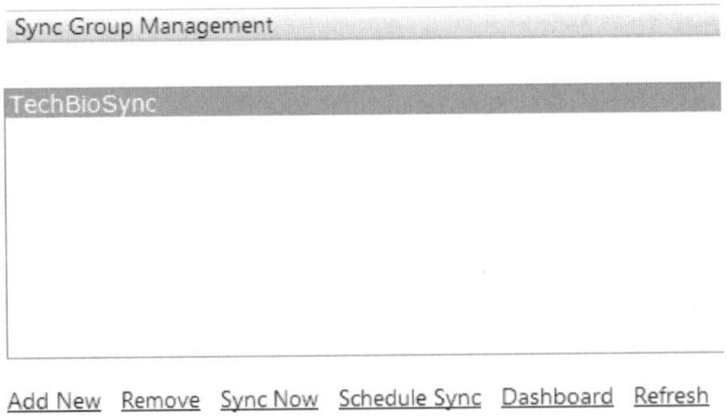

그림 11-10 TechBioSync 동기화 그룹

동기화 그룹 수정하기

이 책을 집필하는 현 시점에서 아직까지는 동기화 그룹을 수정하거나 재구성하는 것을 지원하지 않으며 그룹이 생성된 것 자체로 완료된 것이다. 그러나 다음 번 서비스 업데이트 때 이 기능을 새로 추가할 예정에 있다.

■■■ 수동으로 동기화하기

SQL Azure 데이터 동기화 서비스는 여러분이 어느 때이든 수동으로 동기화를 할 수 있는 기능을 제공한다. 이제 동기화 작업을 직접 수동으로 한번 시작하여 여러분이 노력한 결과를 볼 차례이다(여러분이 성급하다는 것을 말하고 싶은 것이 아니라, 보통 개발자들은 기다리는 것을 좋아하지 않는다는 것을 말하고 싶었을 뿐이다).

수동 동기화를 시작하기 전에, 이전에 만들었던 멤버 데이터베이스들을 다시 한 번 살펴보자. SQL Server Management Studio를 열고, SQL Azure 서비스 계정의 master 데이터베이스에 접속하여 모든 데이터베이스 개체들을 열거할 수 있도록 접속한다. TechBio2 데이터베이스에 이미 생성된 테이블이 있는지 확인해본다. 이번 예제를 위해서는 아무런 테이블이 없어야 하며, 그림 11-11과 같은 모습이어야 한다.

동기화 그룹 관리 페이지로 되돌아와서, 이전에 만들었던 동기화 그룹을 클릭하고 Sync Now 링크를 클릭한다. SQL Azure 데이터 동기화 페이지에 그림 11-12와 같이 동기화 작업이 예약되었음을 알리는 문구가 나오면, Sync Job Log 열의 View Log 링크를 클릭한다. 여기서 작업을 예약한 시간을 알려주는 Scheduled Time 열의 시간 값이 여러분이 Sync Now 링크를 클릭 했을 당시의 세계 표준시 기준 시간으로 되어 있는데 이는 작업이 현재 실행 중이지만 아직 완료되지 않았음을 의미한다.

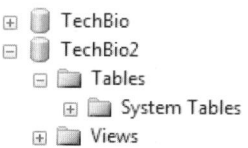

그림 11-11 비어있는 TechBio2 데이터베이스

Scheduled Sync Jobs:

Scheduled Time (*)	Sync Group	Status	Sync Job Log
8/3/2010 12:30:28 AM	TechBioSync	Scheduled	ViewLog

그림 11-12 예약된 동기화 작업 목록

Scheduled Time (*)	Sync Group	Status	Sync Job Log
8/3/2010 12:30:28 AM	TechBioSync	Completed	ViewLog

그림 11-13 완료된 동기화 작업

이번 예제에서 수행하려는 동기화는 매우 단순한 것으로, 잠시 후에 Status가 F5키를 눌러서 페이지를 새로 고쳐 볼 경우 Completed로 바뀐 것을 그림 11-13과 같이 알 수 있다. F5키를 너무 빨리 눌렀다면 Processing으로 나타난 것을 볼 수도 있다.

데이터 동기화 작업에서 중요한 또 다른 부분은 그림 11-13에 열거된 것과 같이 동기화 작업 예약에 대한 내용이 동기화 작업 로그로 기록된다는 점이다. 예약했던 작업에 대해 View Log 링크를 클릭하면 선택한 동기화 작업의 처리 과정에 대한 로그 내역을 볼 수 있다. 로그 파일에 있는 정보는 동기화 처리 과정에 대한 상당히 자세한 정보들을 포함하고 있는데, 각각의 변경 사항에 대한 내용과 소요된 시간들을 포함한다. 예를 들어 다음의 로그는 여러분이 실행했던 동기화 작업 중 하나에 대한 내역이다. 여기서는 멤버에서 허브 데이터베이스로 동기화하는 과정에 변경 사항이 없었고, 허브에서 멤버 데이터베이스로 105개의 변경 사항이 있었으며, 동기화 작업은 대략 2초 내로 완료되었다는 내용을 보여주고 있다.

```
Retrieving DbSyncScopeDescription from Hub

Checking to see if Scope 71793881 3437 4861 870a af5eaebe7197 exists in endpoint 
plqfubbqom.database.windows.net,TechBio2

        Scope doesnt exist. Provisioning server.

Synchronizing Endpoint plqfubbqom.database.windows.net,TechBio2 ==> HUB.
Conflict Endpointwins
        Total Changes Transferred = 0, Total Changes Failed = 0.
        Sync time (in seconds): 2.4.
```

```
Synchronizing HUB ==> Endpoint plqfubbqom.database.windows.net,TechBio2.
Conflict HUB wins
    Total Changes Transfered = 105, Total Changes Failed = 0.
    Sync time (in seconds): 2.0.
```

데이터베이스 변경 사항 살펴보기

이번 단원 초입에서 언급했던 대로, SQL Azure 동기화 서비스는 데이터베이스에 대한 변경 사항을 만든다고 하였는데, 실제로 잘 적용이 되었는지 한 번 살펴보기로 하자. SQL Server Management Studio로 되돌아가서, TechBio 데이터베이스와 TechBio2 데이터베이스의 테이블 노드를 펼쳐보자. SQL Azure 데이터 동기화 서비스가 양쪽 데이터베이스에 동일한 테이블을 만들었고, 또한 TechBio2 데이터베이스에 이전에 선택한 대로 Users 테이블을 그림 11-14와 같이 생성한 것을 볼 수 있다.

SQL Azure 데이터 동기화 서비스가 새로 생성한 네 개의 테이블에 대해서 간단히 살펴보기로 하겠다.

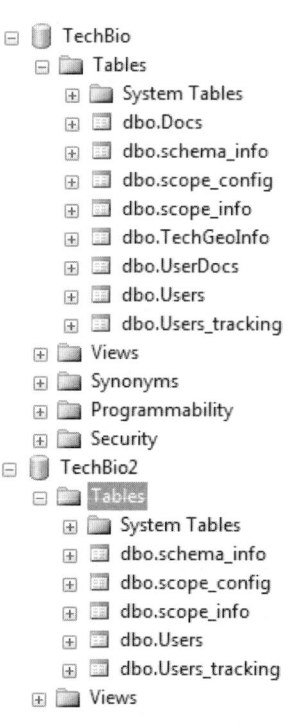

그림 11-14 변경된 데이터베이스

- **schema_info**: 멤버 스키마 정보에 대한 추적 정보를 저장한다.
- **scope_config / scope_info**: 동기화 프레임워크에서 어떤 테이블과 필터가 동기화되어야 하는지를 판단하기 위한 근거로 생성한 테이블이다. 각 데이터베이스에는 동기화에 참가하는 테이블과 함께, 동기화된 이력이 있다는 전제 아래에 최소한 하나 이상의 범위를 포함한다.
- **Users_tracking**: Users 테이블의 변경 사항을 추적하는 테이블이다.

각 관계에서는 고유한 범위를 가지는데, 이에 따라 범위 정보 테이블을 필요로 하게 된다. 예를 들어, 허브 데이터베이스에서 A라는 멤버 데이터베이스로의 관계는 하나의 범위이며, 또한 허브 데이터베이스에서 B라는 또 다른 멤버 데이터베이스로의 관계는 또 하나의 분리된 범위로 취급된다. 이러한 범위에 대한 사항들은 데이터 동기화 서비스를 단순화할 목적으로 밖으로 노출되지는 않는다.

이번 예제에서는 총 네 개의 테이블이 생성되었지만, 추적 테이블은 동기화하기 위하여 선택했던 테이블이 있었다면 그 테이블만큼 더 많이 생성되었을 것이다. 만약 여러분이 이전에 동기화 그룹을 설정할 때 Users 테이블 외에 Docs 테이블과 UserDocs 테이블을 동기화하기로 결정하고 추가하였다면 Docs_tracking 테이블과 UserDocs_tracking 테이블도 같이 생성되는 것을 볼 수 있었을 것이다. 각 추적 테이블에는 기준이 되는 상대 테이블에 대한 변경 사항을 담고 있어야 할 의무가 있다.

또한 그림 11-14에서 보여지지 않은 트리거 개체가 있다. 트리거는 동기화 대상으로 지정된 각 테이블에 추가되어 변경이 발생될 때마다 변동 사항을 자동으로 추적하게 된다. 몇 가지 저장 프로시저가 각 데이터베이스에 동기화를 목적으로 역시 추가되는데, 데이터 동기화 서비스는 이들 개체를 효율적으로 사용하여 변동 사항을 실시간으로 관리하게 된다.

동기화된 데이터 살펴보기

계속해서, 검증을 해보기 위한 목적으로 TechBio2 데이터베이스의 Users 테이블에 대해 쿼리를 작성하여 호출하고 그 데이터를 살펴보자. 예상한 대로, 모든 데이터가 동기화 되어 있으며 그림 11-15와 같은 화면을 볼 수 있을 것이다.

이제 다른 방법으로 한 번 시도해보자. 멤버 데이터베이스인 TechBio2 데이터베이스

제11장 SQL Azure 데이터 동기화 서비스 ■ 315

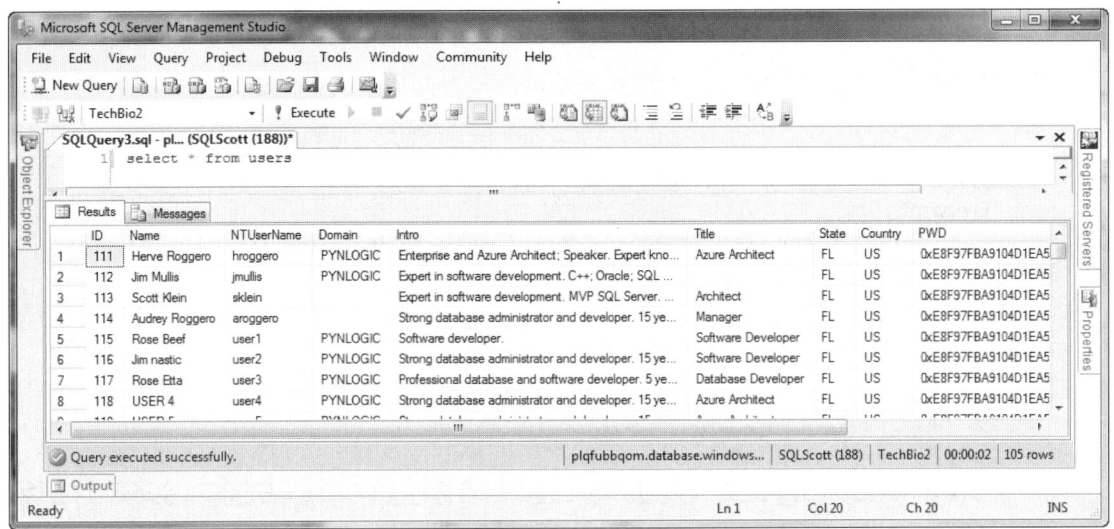

그림 11-15 사용자 데이터

의 Users 테이블에 대해 변경을 가하고 다시 동기화를 시켜보자. 그림 11-16과 같이 Title 열에 대한 UPDATE 쿼리를 작성하여 실행한다.

동기화 그룹 페이지로 되돌아와서, Sync Now 링크를 클릭한다. 동기화가 끝났을 때, Job Log 보기에서 최근 수행한 동기화에 대한 상세 로그가 나타나는 것을 볼 수 있다. 여기서 여러분은 허브 데이터베이스에서 데이터베이스로 전송된 사항은 없지만, 한 건의 변경 사항이 멤버 데이터베이스에서 허브 데이터베이스로 전송된 것이 있다는 로그를 볼 수 있을 것이다. 상세한 내용은 다음과 같다.

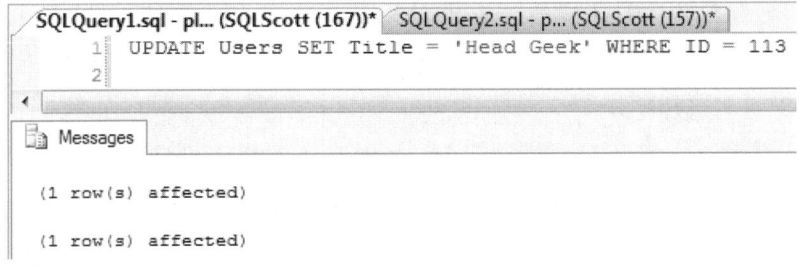

그림 11-16 멤버 데이터 수정

```
Retrieving DbSyncScopeDescription from Hub

Checking to see if Scope 7e2d9af0 aea3 48db 96a9 deed2c0c2c14 exists in endpoint■
 plqfubbqom.database.windows.net,TechBio2

Synchronizing Endpoint plqfubbqom.database.windows.net,TechBio2 ==> HUB. Conflict■
 Endpoint wins
        Total Changes Transferred = 1, Total Changes Failed = 0.
        Sync time (in seconds): 1.8.

Synchronizing HUB ==> Endpoint plqfubbqom.database.windows.net,
TechBio2. Conflict HUB wins
        Total Changes Transfered = 0, Total Changes Failed = 0.
        Sync time (in seconds): 1.7.
```

그림 11-16의 내용으로 되돌아가서 보면, 여러분은 UPDATE 문장을 이용하여 각각 한 개의 행이 반영되었다는 두 번의 메시지를 본 적이 있을 것이다. 두 번째 업데이트는 어디에서 온 것인가? 이는 기준 테이블의 트리거로부터 나타난 것이다. 여러분이 Users 테이블 상의 레코드를 수정하였을 때, Users_tracking 테이블 역시 업데이트 되어 동기화 작업이 시작되었을 무렵, 데이터 동기화 서비스가 멤버 관점에서 변동 사항이 있었다는 것을 알았기 때문이다.

■■■ 데이터 동기화 예약하기

데이터 동기화 스케줄에 대해서 좀 더 이야기해보자. SQL Azure 데이터 동기화 홈페이지로 다시 이동하여, 여러분의 동기화 그룹을 선택하고, Schedule Sync 링크를 클릭하자. 스케줄 예약 패턴이 표시되고, 동기화를 수행할 것인지의 여부와 시간 별, 일자 별, 주간 별, 월 별로 수행할 주기와 반복 범위를 지정할 수 있다. 예를 들어, 그림 11-17에서는 매 주마다 수행하는 것으로 지정하였으며 실행할 시점을 지정할 수 있는 추가 옵션이 나타나는 것을 볼 수 있다.

동기화 스케줄을 정의하는 것은 동기화 그룹 목록 상에는 보여지지 않지만, 정의한 대로 정확하게 동기화 작업은 발생하게 된다. 이 장의 마지막 부분에서 기존의 데이터베이스와 SQL Azure 데이터베이스 사이의 동기화에 대한 내용을 살펴보며 마무리하려 한다.

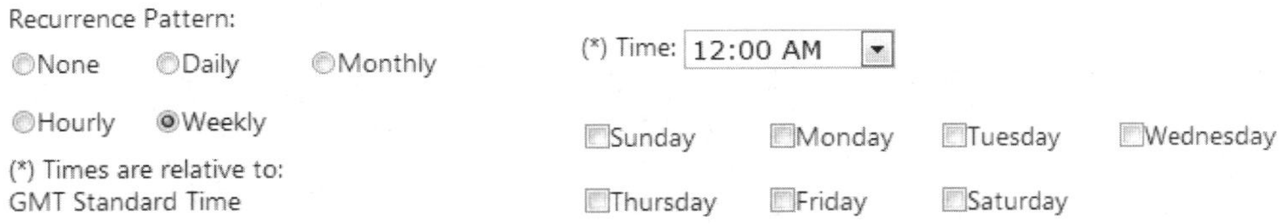

그림 11-17 데이터 동기화 작업 예약하기

기존 데이터베이스와 SQL Azure 데이터베이스 동기화하기

앞에서는 SQL Azure 데이터 동기화 서비스가 단지 SQL Azure 데이터베이스 사이에서만 동작한다는 것을 보았을 것이다. 그러나 Microsoft는 커뮤니티 기술 평가(CTP) 버전의 도구를 하나 발표하였는데 이 도구는 Microsoft Sync Framework Power Pack for SQL Azure라는 이름을 가지고 있다. 이 도구는 여러분의 로컬 데이터베이스와 Azure 데이터베이스 사이를 동기화할 수 있도록 돕는다.

이 Power Pack은 www.microsoft.com/downloads에서 Sync Framework Power Pack 이라는 검색 키워드를 넣어 검색하면 쉽게 찾을 수 있는 도구이다. 다운로드 페이지에는 Power Pack에 대한 상세한 기능, 구성 요소 등에 대한 매뉴얼이 담겨 있는 Microsoft Word 문서가 있으므로 Power Pack 패키지 실행 파일과 함께 내려 받아 꼭 읽어보도록 한다.

도구가 다운로드 되고 난 후에, MSI 설치 파일을 더블 클릭하면 설치가 진행된다. 몇 분 이내에 간단한 절차를 거쳐 쉽게 설치를 마무리할 수 있다. 설치가 끝나면 SQL Azure 데이터 동기화 프로그램 항목이 시작 메뉴에 새로 추가된다. 이 항목을 클릭하여 SQL Azure 동기화 마법사를 그림 11-18과 같이 시작한다.

■ **NOTE** 이 도구는 Microsoft Sync Framework 2.0 SDK가 시스템에 설치되어 있어야 동작한다. 처음 몇 개의 화면을 보는 것은 이상이 없지만 실제 동기화를 시도하려고 하면 이 SDK가 없을 경우 작동하지 않으므로 설치되어 있는지 정확히 확인해야 한다.

SQL Azure 데이터 동기화 마법사는 SQL Azure 데이터베이스와 로컬 데이터베이스 사이를 연결하기 위한 단계를 거치게 되고, 그 다음 동기화하려는 로컬 테이블을 선택하도

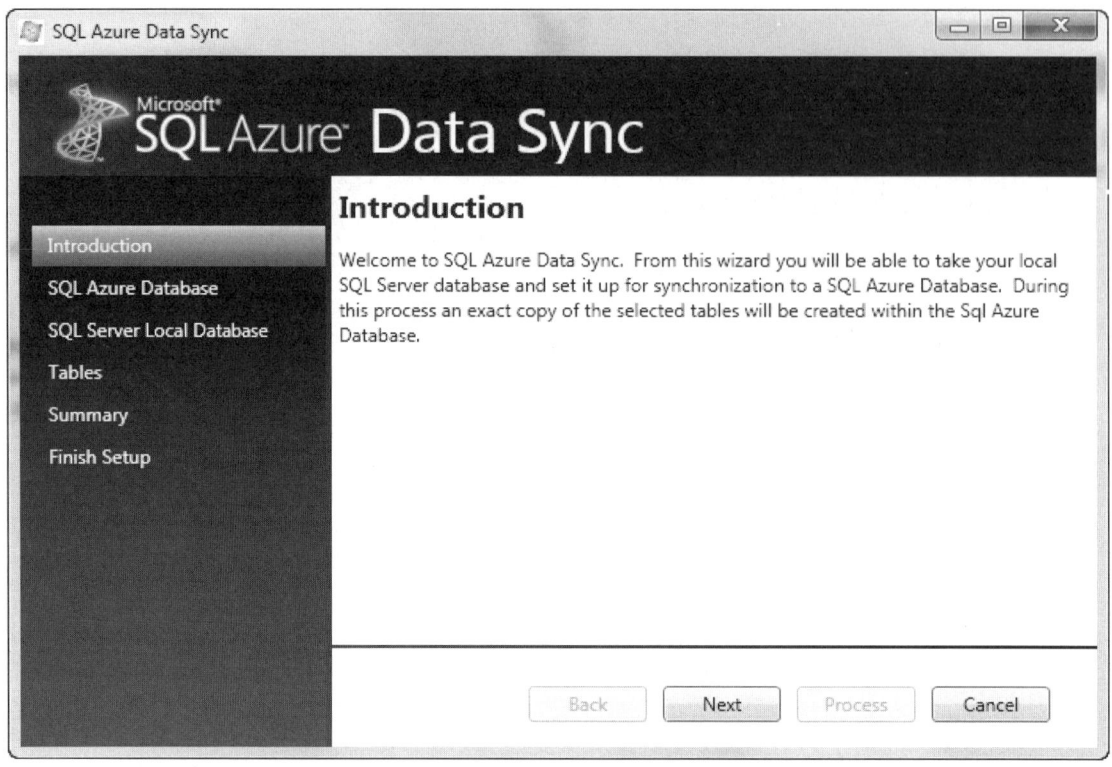

그림 11-18 SQL Azure 데이터 동기화 마법사

록 하는 단계가 나타난다. 여러분의 작업 과정이 왼편의 목록에 표시된다.

이 도구는 매우 똑똑하다. 우선, 대상 데이터베이스가 SQL Azure에 없다고 할지라도 자동으로 데이터베이스를 만들어준다. 그 다음으로는, 여러분의 로컬 테이블 중에 Primary Key를 지정하지 않은 Heap 테이블이 있을 경우 이를 동기화하지 않도록 처리한다.

이 Power Pack에 들어있는 또 다른 구성 요소로는 Visual Studio 플러그 인으로 제공되는 SqlAzureDataSyncClient라는 새 프로젝트 템플릿이다. 이 템플릿은 개발자가 오프라인 동기화 기능을 지원하는 응용프로그램을 만들 수 있도록 해준다. 만약 여러분이 Visual Studio 2010을 사용한다면 템플릿이 목록에 자동으로 나타나지 않을 수 있는데 이 경우 %USERPROFILE% 디렉터리 아래의 My Documents\Visual Studio 2008\Templates\ItemTemplates\Visual C#\ 디렉터리 아래의 AddSqlAzureDataSyncCacheTemplate.zip 파일을 %USERPROFILE% 디렉터리 아래의 My Documents\Visual Studio 2010\Templates\

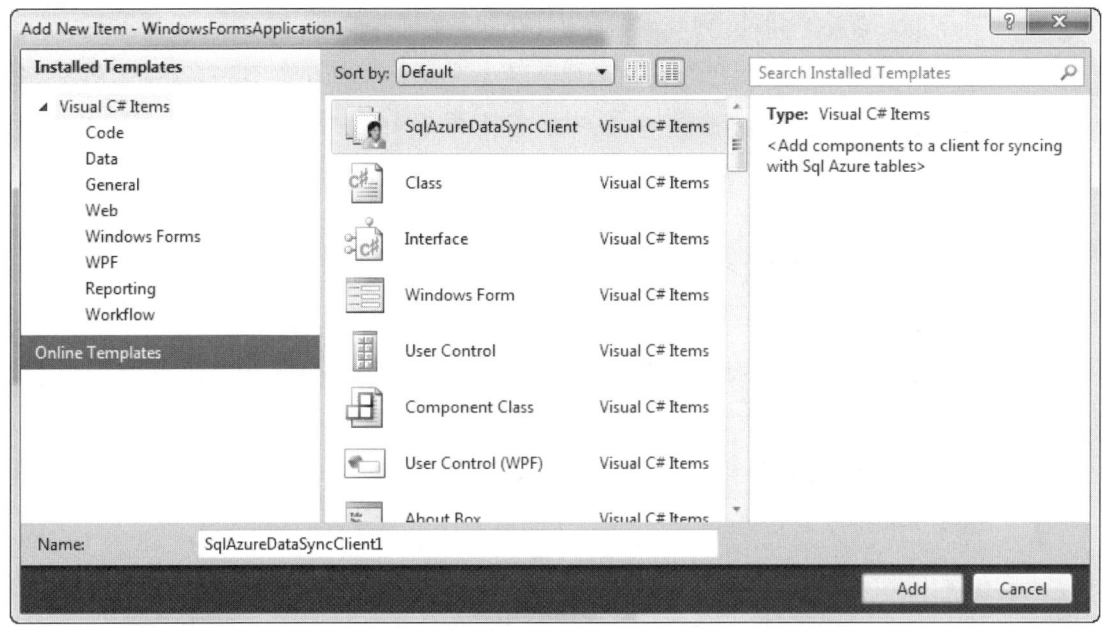

그림 11-19 SQL Azure 데이터 동기화 프로젝트 템플릿

ItemTemplates\Visual C#\ 디렉터리 아래로 복사하기만 하면 된다.

    Visual Studio를 다시 시작하고, 새 프로젝트를 만들려고 하였을 때 그림 11-19와 같이 템플릿 항목이 나타나는지 보면 된다.

    SqlAzureDataSyncClient 템플릿을 이용하여 새 프로젝트를 만들려고 하면 그림 11-18과 비슷한 마법사가 새로 나타나게 되는데, SQL Server Compact Edition을 이용하여 생성할 수 있는 오프라인 버전 데이터 캐시 파일을 생성할 수 있도록 해주는 기능을 제공한다. 마법사가 끝나면, SQL Server Compact Edition 데이터베이스 파일이 생성되며, 오프라인 동기화를 가능하게 하는 코드가 같이 생성된다. 생성된 코드는 동기화 기능을 제공하는 몇 가지의 클래스로 구성되어 있다.

■■■ 데이터 동기화 모범 사례

    우리가 컨설팅하고 기술을 자문했던 많은 기업들이 SQL Azure 데이터 동기화 서비스를 활용하는 방식은 데이터베이스를 백업하거나 복원하기 위한 수단으로 활용한다는 것을 알았다. 이러한 접근법은 언뜻 보기에는 적절해 보일지 몰라도 실은 6장에서 언급했던 새로운 백업 기능을 활용할 수 있다는 전제 아래에서는 적당한 선택이 아니며, 이는 Windows Azure의 내부 또는 외부에 존재할 수 있는 하나 이상의 데이터베이스와 데이터를 공유할 수 있음을 의미한다. 데이터 동기화 서비스는 허브 데이터베이스와 하나 이상의 멤버 데이터베이스 사이를 뜻하는 다수의 데이터 소스와 데이터를 동기화할 수 있도록 설계되어 있다.

SQL Azure 데이터 동기화 서비스와 동기화 프레임워크 Power Pack은 이 책을 집필하는 현 시점에서 아직 CTP 단계에 있지만, 모범 사례는 이미 정의되어 있는 상황이다. 그러나, 동기화에 대해 여러분만의 설계 방법을 찾으려고 할 때, 다음의 질문에 대한 답을 먼저 구해볼 것을 권한다.

- 언제 .NET 동기화 프레임워크나 SQL Server 통합 서비스(SSIS)를 SQL Azure 데이터 동기화 서비스를 대체하여 사용할 수 있는가?
- 동기화 스케줄링이나 동기화할 데이터의 종류와 같은 부분들을 고려하면서 어떤 설계 옵션을 사용할 것인가?
- 어떤 설계 방식을 사용하여 더 많거나 더 적은 고려 사항을 만들 수 있을 것인가? 예를 들어, 각 레코드의 유효성을 부여하기 위하여 반드시 GUID 값을 Integer 형식 대신 사용해야 하는가에 대한 문제가 있을 수 있다.
- 어떻게 하면 데이터 웨어하우스 환경에서 데이터를 동기화할 수 있는가? 예를 들어, 지리적으로 분산된 데이터 센터에서 특정 지역에 국한된 데이터들을 동기화하는 것은 좋은 이점이 될 수 있다.

이러한 질문들에 대한 답은 확실히 SQL Azure 데이터 동기화 서비스가 CTP 단계인 현 상황에서, 처음으로 정식 버전이 나온 이후, 심지어는 그 이후의 업데이트된 버전을 다루게 될 시점까지도 계속 바뀔 수 있다. 이러한 질문들은 여러분에게 SQL Azure 데이터 동기화 서비스를 여러분의 환경 내에서 어떻게 활용해야 할지 고려할 때 중요한 지침이 되어줄 것이다.

■■■ 결론

비록 SQL Azure 데이터 동기화 서비스가 아직 정식 출시된 서비스가 아니라 할지라도, 이번 장에서는 구체적인 기능들에 대한 소개를 살펴봄으로써 여러분이 이 서비스가 정식으로 발표되었을 때 기대할 수 있는 내용을 미리 확인해보았다. 이번 장을 통하여 이 서비스를 어떻게 설정할 수 있고, 데이터를 동기화하기 위하여 지정할 수 있는 다양한 설정들을 검토해보았다. 또한 여러분은 동기화를 위하여 사용할 수 있는 몇 가지 다른 기술들도 같이 살펴보았다.

12장에서는 SQL Azure 성능 튜닝에 대해서 이야기를 할 것이며, 여러분이 SQL Azure 데이터베이스를 성공적으로 사용할 수 있도록 해주는 방향으로 Shard 패턴을 좀 더 집중적으로 이야기하려 한다.

IT 대한민국은 ITC(Info Tech Corea)가 함께 하겠습니다.
www.itcpub.co.kr

CHAPTER 12

성능 최적화

고성능을 낼 수 있도록 설계할 때 클라우드 환경에서 실행되는 데이터베이스를 사용하는 것은 점차 중요해지고 있는데, 그 이유는 개발 목표가 대체로 데이터가 돌아오는 양이 적으면서 최소한의 왕복만으로 모든 작업이 끝나도록 맞추어지는 경향이 있기 때문이다. 이번 장에서는 SQL Azure에서 사용 가능한 일반적인 성능 최적화 전략 및 문제 해결 기법을 살펴볼 것이다. 성능 최적화 작업은 매우 복잡한 주제이기 때문에, 이번 장에서는 몇 가지 기법에 대해서만 이야기를 할 예정이다.

비록 몇몇 도구가 SQL Azure를 지원하지는 않더라도, SQL Server에서 사용할 수 있었던 도구와 기술들을 그대로 사용할 수 있다. 이러한 내용에 의존하여, 실행하려는 SQL 구문의 성능을 어떤 과정에 의하여 최적화할 수 있는지 그 과정을 살펴보고자 한다.

■■■ SQL Azure가 기존 환경과 다른 점

구체적인 내용으로 들어가기 전에, 몇 가지 여러분의 SQL Azure 데이터베이스를 최적화하는 동안 필요한 사항들을 다시 살펴보기로 하자. 최적화를 위하여 사용하는 기술 중 일부는 SQL Azure와 호환되지만, 그렇지 않을 수도 있기 때문이다.

방법과 도구들

SQL Azure 자체가 호스팅 환경이고 또한 인프라를 공유하고 있는 환경이기 때문에, 어떤 튜닝 기법을 사용할 수 있고 또 그렇지 않은지를 아는 것은 매우 중요하다. 표 12-1에서는 개발자와 데이터베이스 관리자들에 의하여 데이터베이스 시스템을 최적화하는 과정에서 전통적으로 널리 사용되었던 방법들을 요약한 것이다.

아래의 표에서는 여러분들이 기존에 친숙하게 사용했었던 방법과 도구들을 열거하고 있다. 그리고 SQL Azure에서 실제로 사용 가능한 방법들인지에 대한 정보 또한 함께 포함하고 있다. 표에서 지원되지 않는다고 표시한, 가령 SQL Profiler나 Perfmon과 같은 도구들은 기존의 SQL Server 환경에서 데이터베이스 관리자들이나 시스템 관리자들에 의하여 흔히 활용되어왔던 것들이다.

코딩 상의 영향

SQL Azure에서는 서버 차원의 설정들, 가령 디스크 설정이나 메모리 할당량, CPU 활용도 등의 정보들을 다루거나 제어할 방법이 없기 때문에, 여러분의 SQL 문장들에 대한 품질을 높이는 것에 많은 시간을 할애할 필요가 있고, 더 나아가서 네트워크 비용까지 고려해야만 한다. 사실, 여러분이 작성한 코드로 인하여 발생하는 네트워크 왕복 횟수와 생성

표 12-1 보편적인 튜닝 기법이나 도구들

방법 및 도구	지원 여부	설명
SQL Profiler	아니오	대부분의 감사 도구나 SQL Profiler, 그리고 인덱스 최적화 마법사와 같이 서버 차원의 추적을 사용하며 SQL Azure에서 지원되지 않는다.
실행 계획	예	SQL Server Management Studio에서 SQL Azure 데이터베이스를 상대로 실행 계획을 표시할 수 있다. 이 장의 후반부에서 실제 활용 예를 살펴볼 것이다.
Perfmon	아니오	성능 최적화를 위하여 사용하는 대다수의 Windows 모니터링 도구는 호환되지 않는다.
DMV	제한적	몇몇 종류의 동적 관리 뷰(DMV)만이 사용 가능하며, 실행 중인 세션이나 직전에 실행한 문장들에 대한 내부 정보와 같이 상황을 통찰할 수 있도록 돕는 정보들을 보여준다.
각종 프로그래밍 라이브러리	예	ADO.NET은 라이브러리 수준의 통계를 통하여 개발자들에게 데이터 소비자 관점에서의 처리 소요 시간이나 데이터 전송량과 같은 상황을 통찰할 수 있도록 돕는 정보들을 제공한다.

되는 데이터 전송량은 성능에 영향을 끼치게 되는데, SQL Azure에 대한 연결이 일반적으로 장거리인데다 모든 통신 과정은 암호화되기 때문이다.

여러분이 응용프로그램의 성능을 최적화할 것을 목표로 하고 있다면, 적어도 다음의 사항들을 고려하고 있어야 한다.

- **연결 풀링**: 연결을 새로 생성하려고 시도하는 것만으로도 상당한 수의 네트워크 왕복이 발생하여 여러분의 응용프로그램에 영향을 끼치기 때문에, 연결 풀링이 제대로 동작하고 있는지 확인할 필요가 있다. 더 나아가서, SQL Azure는 여러분이 너무 많은 연결을 요청할 경우 연결을 거부할 수도 있다. 이는 4장에서 언급한 것처럼 서비스 거부 공격을 사전에 예방하기 위해서 설계된 동작이다.

- **패킷 개수**: 실제로 데이터를 가져오기 위하여 필요한 패킷의 수보다 더 많은 패킷을 만들어내는 불필요한 동작을 추가하고 있지는 않은지 세심한 주의를 기울일 필요가 있다. 예를 들어, PRINT 명령문을 실행하고 결과를 받아오는 과정은 실제로 데이터를 조회하기 위하여 필요한 패킷의 수보다 더 많은 패킷을 요구로 하기 때문이다.

- **인덱싱**: 2장에서 언급한 대로, SQL Azure에서는 여러분이 요청한 문장이 너무 많은 시간을 끌거나 너무 많은 연결을 발생시킬 경우 연결을 임의로 끊을 수 있다고 하였다. 그러므로, 정확한 인덱싱을 사용하여 성능을 최적화하는 것은 매우 중요하다.

- **데이터베이스 설계**: 당연한 이야기이지만, 몇몇 데이터베이스 설계들은 다른 사항들보다도 성능을 더 중요하게 여긴다. 정규화가 많이 이루어진 데이터베이스 설계는 품질을 향상시키지만, 다소 느슨하게 정규화를 적용한 데이터베이스는 일반적으로 더 나은 성능을 보장한다. 이러한 두 가지 상황 사이에서 적절한 균형을 유지하는 것이 SQL Azure 환경에서는 매우 중요하다.

■■■ 성능 최적화 기법

지금까지 여러분들이 배워온 방법들을 염두에 두면서 성능 최적화 기법을 좀 더 자세히 알아보기로 하자. 데이터베이스 성능을 최적화하기 위한 절차로 실제 SQL 호출을 일으키기까지 관련된 모든 내역들을 클라이언트 라이브러리에서부터 데이터베이스 개체들까지 하나씩 살펴볼 것이다.

동적 관리 뷰

SQL Azure에서는 몇 가지 다루기에 편리하고 쉬운 시스템 뷰를 제공하는데 이는 동적 관리 뷰(DMV)라고 불리며 SQL Server에서도 사용 가능한 데이터베이스 개체들이었다. SQL Azure에서는 이들 중 몇몇 핵심적인 쿼리 실행에 관련된 사항들을 보여주는 DMV만을 일부 제공하고 있다. SQL Azure에서 제공하는 DMV의 목록은 표 12-2와 같다.

■ **NOTE** 비록 이러한 뷰들을 대상으로 실행되는 쿼리들이 master 데이터베이스에 연결된 상태로 실행이 가능하다고는 하나, 여러분의 응용프로그램이 실행될 데이터베이스에 관련된 정보는 반환하지 않고 현재 세션에 대한 정보만을 반환한다. 또한, 이러한 뷰를 접근하는 상용자들은 반드시 VIEW DATABASE STATE 권한을 할당 받아야만 데이터베이스에서 실행 중인 모든 세션에 대해서 정보를 얻을 수 있고 그렇지 않은 경우 현재 실행 중인 자신의 세션에 대한 정보만을 얻을 수 있다.

표 12-2 성능 튜닝을 위하여 활용되는 동적 관리 뷰

DMV	설명
sys.dm_exec_connections	일부 기능이 지원되지 않는다. 현재까지 SQL Azure에 연결된 모든 연결들의 목록을 반환한다. 여기서 눈 여겨 볼만한 부분은 client_net_address 열과 같이 클라이언트 네트워크 인터페이스의 MAC 주소를 반환하는 정보는 포함되어있지 않다는 점이다.
sys.dm_exec_query_plan	모든 기능이 지원된다. SQL 쿼리나 배치 실행에 대한 XML 실행 계획 데이터를 반환한다.
sys.dm_exec_query_stats	모든 기능이 지원된다. 캐시 처리된 쿼리 계획들에 대한 종합적인 성능 정보들을 반환한다.
sys.dm_exec_requests	모든 기능이 지원된다. SQL Azure에 의하여 실행되었던 문장들에 대한 정보를 반환한다.
sys.dm_exec_sessions	일부 기능이 지원되지 않는다. 현재 세션에 대한 정보와 함께 성능 관련 정보가 반환된다. 그러나, 여기에는 last_successful_logon 열과 같이 최종 로그인 날짜 및 시간에 대한 정보는 제외되어 있다.
sys.dm_exec_sql_text	SQL 일괄 실행에 대한 텍스트를 반환한다.
sys.dm_exec_text_query_plan	SQL 쿼리나 배치 실행에 대한 텍스트 형태의 실행 계획 데이터를 반환한다.

만약 SQL 문장에 대한 성능 측정을 원하고, 데이터베이스 연결 단위 별로 고유하게 실행되는 문장을 격리하기를 원하거나, 문장이 더 이상 실행되지 않는 경우, dm_exec_sessions DMV를 사용할 수 있다. 이 DMV는 CPU 시간과 실행에 소요된 시간과 같이 성능에 필요한 기준 정보를 제공하는 시스템 뷰 중 하나이다. 그러나, 이 DMV는 해당 연결에 대한 성능 측정값을 계속 누적하여 제공하기 때문에, 단일 데이터베이스 쿼리를 테스트 하고 성능 측정값을 얻기 위해서는 두 개의 연결을 만들어야 하는데, 한 연결에서는 쿼리를 실행하고, 다른 한 연결에서는 성능 측정치를 얻도록 하여 SQL Azure가 둘 사이에 성능 데이터를 중복 수집하지 않도록 할 필요가 있다.

■ **NOTE** 두 개의 연결을 만들 때에는 같은 로그인 이름을 사용해야 한다. 그렇게 하지 않을 경우 여러분이 실행한 SQL 문장에 대한 성능 정보를 얻을 수 있는 근거가 사라진다.

예를 들어, SQL Azure에 연결을 하나 생성하고, 다음의 SQL 쿼리를 실행한다.

```
SELECT TOP 50 * FROM sys.indexes
```

여기서 중요한 것은 세션 ID인데, SQL Server Management Studio 프로그램 하단의 상태 표시줄에 나타난다. 이 값은 쿼리 탭에서도 확인할 수 있다. 예를 들어, 그림 12-1의 경우, 세션 ID는 144이며, 여러분이 선택한 탭과 하단의 상태 표시줄에도 나타나는 것을 볼 수 있다.

이제 새 쿼리 창을 하나 더 열어, 새로운 SQL Azure 연결을 생성한다. 이번에는 다음과 같이 쿼리를 작성하고, 그림 12-1에서 얻은 세션 ID 값을 조건으로 지정하여 정확한 정보를 알 수 있도록 쿼리를 실행한다.

```
SELECT
  login_time,
  host_name,
  program_name,
  host_process_id,
  cpu_time,
  memory_usage,
  total_elapsed_time,
  reads,
  writes,
  logical_reads,
```

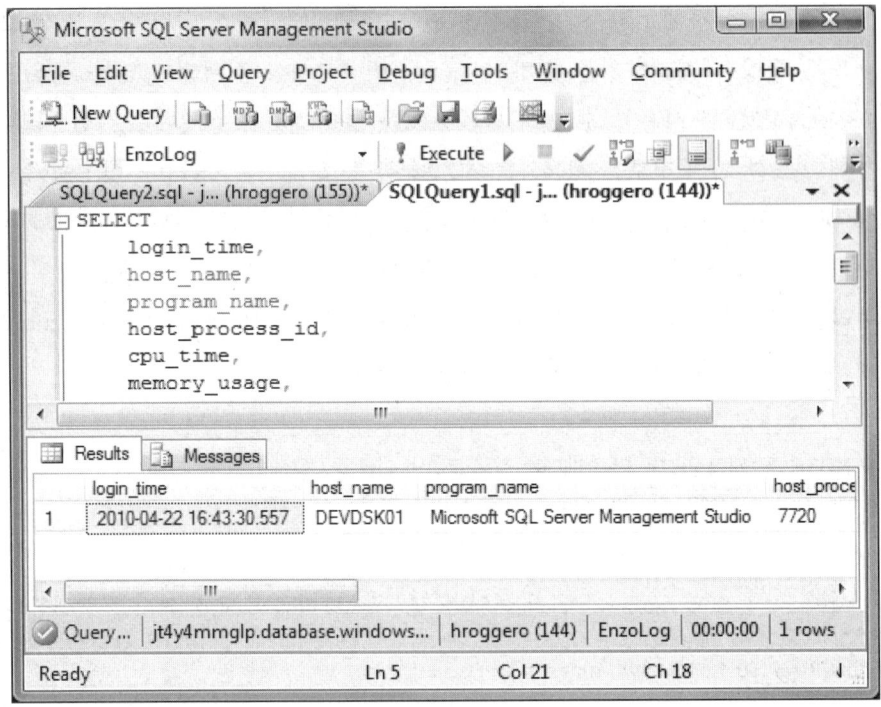

그림 12-1 SQL 문장의 성능 지표를 측정하는 방법

```
    row_count,
    original_login_name
FROM sys.dm_exec_sessions
WHERE session_id = 176                    // replace with your session_id
```

이 문장에서는 직전에 실행한 SQL 문장에 대한 중요한 성능 측정치에 대한 정보를 반환하며, 각 정보는 표 12-3에서 설명하고 있다.

이 시점에서, 여러분은 성능 최적화에서 매우 중요하게 생각해야 할 부분이 있음을 깨닫게 될 것이다. cpu_time 열이 반환하는 정보는 아마도 여러분이 생각하기에 여러분이 실행한 문장이 SQL Azure 환경에서 얼마나 오래 걸리는 것인지 알아보기에 제일 편리한 지표가 될 것이다. total_elapsed_time 열의 정보는 오해의 소지가 있는데, 소요된 시간은 SQL Azure나 SQL Server 환경에서 데이터를 꺼내오고 클라이언트로 반환하기까지의 총 소요 시간을 의미하기 때문에, 만약 여러분의 클라이언트의 연결 상태가 좋지 않은 경우 이 지표의 값이 지나치게 좋지 않게 나올 가능성도 있다. 이 지표의 값이 느려지는 것은

표 12-3 sys.dm_exec_session에서 가져오는 정보들

측정치	값	설명
login_time	2010 04 22 16:43:30.557	세션의 로그인 시간이다. 연결 풀링 등의 처리 기법에 의하여 세션이 재사용될 수 있다는 점을 감안하면, 이 정보는 마지막으로 로그인에 성공한 시간으로 보아도 무방하다.
host_name	DEVDSK01	SQL Azure 데이터베이스로 연결을 시도한 클라이언트 컴퓨터의 이름이다.
program_name	SSMS	SQL 문장을 실행하는 클라이언트 워크스테이션 상에서 실행 중인 응용프로그램의 이름이다.
host_process_id	7720	SQL 문장을 실행하는 클라이언트 워크스테이션 상에서 실행 중인 응용프로그램이 할당 받은 프로세스 ID 값이다. 이 값은 클라이언트 워크스테이션 상의 Windows 운영 체제의 작업 관리자를 통해서 확인할 수 있는 값이다.
cpu_time	15	연결이 맺어지고 난 후 SQL 문장을 실행하는 데 소요된 밀리 초 단위의 CPU 시간이다.
memory_usage	2	연결이 성립된 이후부터 사용된 8KB 단위의 메모리 사용량 총합이다.
total_elapsed_time	32	문장이 실행되기까지 소요된 시간을 밀리 초 단위로 알려준다. 여기에는 클라이언트 장치로 데이터를 반환하는 데 소요된 시간까지 포함된 것이다.
reads	1	물리적으로 발생한 읽기 연산 횟수이다.
writes	1	물리적으로 발생한 쓰기 연산 횟수이다.
logical_reads	322	논리적으로 발생한 읽기 연산 횟수이다.
row_count	50	논리적으로 발생한 쓰기 연산 횟수이다.
original_login_name	MyTestLogin	연결에 성공한 사용자의 로그인 계정 이름이다.

TCP 연결에 대한 부분으로 SQL Azure로는 해결 방법이 마땅치 않은 영역이다. 그 결과, total_elapsed_time 열에서 보여주는 전체 소요 시간은 문장을 실행하는 시간을 더하여 클라이언트 관점에서 클라이언트 프로그램 내부로 데이터를 회수해 올 때까지의 시간이다. total_elapsed_time 열은 SQL Profiler의 소요 시간과 같은 의미이다.

연결 풀링

앞서, 이번 장에서 언급한 연결 풀링은 성능을 위하여 매우 중요한 사항이다. 비록 여러분이 최적화된 SQL 문장을 만들어냈다고 할지라도, SQL Azure에는 치명적으로 작용할 수 있다. 잘못 설계된 응용프로그램은 한 번에 너무 많은 연결을 발생시키는데, SQL Azure의 유휴 자원을 소진시킬 위험성이 있다. 이런 방식으로 연결이 너무 많이 맺어지는 경우 SQL Azure는 안정성 차원에서 연결을 임의로 끊고 차단하여 일정 시간 동안 연결을 할 수 없도록 가로막히게 됨을 의미한다.

■ **NOTE** SQL Azure 데이터베이스에서는 일정 단위 시간 내에 50개 이상의 데이터베이스 연결을 요청할 경우 접속이 차단된다. 이러한 방식으로 몇 차례 더 시도해본 결과 데이터베이스가 몇 시간 동안 차단되기도 하였다.

여러분이 보았다시피, 데이터베이스 연결을 만드는 횟수를 최소화하는 작업은 꼭 필요하며, 연결 풀링을 통하여 이를 해결할 수 있다. 우선, 여러분은 연결 풀링이 연결 문자열을 약간 바꾸는 것만으로도 아주 손쉽게 처리될 수 있다는 점을 주목하는 것이 좋은데, 예를 들어 연결 문자열 매개 변수에 응용프로그램 이름이나 로그인 ID를 구체적으로 명시하는 것과 같은 방법이 있다. 새 연결 풀은 여러분이 연결 문자열상의 매개 변수를 조금만 변경해도 항상 새로 만들어지게 된다. 예를 들어, 여러분이 세 개의 데이터베이스에 대하여 작업을 수행하는 응용프로그램을 가지고 있고 다음과 같이 서로 다른 세 개의 연결 문자열에 의하여 동작이 수행된다고 가정하면, 각자 세 개의 연결 풀이 만들어지게 되며, SQL Azure 상의 동일 데이터베이스에 대해서 세 개의 독립적인 동작이 발생하게 될 것이다.

```
Server=XYZ;Initial Catalog=DB1;UID=hroggero;PWD=123456
Server=XYZ;Initial Catalog=DB1;PWD=123456;UID=hroggero
Server=XYZ;Initial Catalog=DB1;UID=hroggero;PWD=123456;Application Name=MyApp
```

같은 데이터베이스에 의하여 연결이 정확히 처리될 것을 확신하려면, 세 가지 작업 모두 같은 연결 문자열을 사용하도록 통일하는 것이 좋다.

```
Server=XYZ;Initial Catalog=DB1;UID=hroggero;PWD=123456
Server=XYZ;Initial Catalog=DB1;UID=hroggero;PWD=123456
Server=XYZ;Initial Catalog=DB1;UID=hroggero;PWD=123456
```

데이터베이스에 연결된 클라이언트의 수를 확인하려면 sys.dm_exec_connections DMV를 조회하면 쉽게 알 수 있다. 각각의 레코드들은 서로 독립적인 데이터베이스 연결에 대한 것들이며, 당연히 이 DMV로부터 반환되는 정보가 적을수록 좋은 것이다.

실행 계획

가끔 여러분은 SQL Azure가 어떻게 데이터를 가져오는지, 그리고 성능을 향상시킬 수 있는 더 좋은 방법이 없는지 깊이 고민을 해야 할 필요가 있다. SQL Server에서는 실행 계획을 사용하여 메모리 구성을 바꾸는 것과 같이 하드웨어에 영향을 끼치는 등의 작업이 성능에 어떤 영향을 끼치는지 확인할 수 있었다. 비록 SQL Azure에서는 이러한 형태의 시스템 세부 사항들에 대한 제어 권한이 없다고는 할지라도, 실행 계획은 여전히 여러분의 인덱스 설정과 뷰가 물리적인 연산에 어떻게 영향을 주는지 확인할 수 있는 유용한 정보를 제공한다.

SQL 문장에서 사용되는 논리 연산자, 가령 LEFT JOIN과 같은 논리적 연산자에 대하여, 물리적 연산자는 SQL Azure에서 지정한 논리적 연산자에 해당되는 결과를 도출하기 위한 동작이나 추가 정보를 얻기 위한 동작을 설명한다. 일반적으로 SQL Azure가 JOIN 연산과 관련하여 자주 사용하는 물리적 연산자들을 표 12-4와 같이 정리하였다.

SQL Azure의 동작 과정에 몇몇 힌트를 추가하여 특정 물리적 연산자를 지정하도록 사용할 수 있지만, 이는 일반적으로 권장되지 않는다. 여러분은 다음의 세 가지 방법을 통하여 SQL Azure가 물리적 연산자를 효과적으로 선택할 수 있도록 구성할 수 있다.

- **WHERE 절의 내용을 검토**: 아마도 이 부분이 흔히 성능 최적화 관점에서 가장 간과되기 쉬운 부분일 것이다. 선택의 여지가 있다면, 인덱싱의 이점을 가장 많은 행에서 누릴 수 있도록 WHERE 절을 적용하는 것이 좋다.

- **데이터베이스 설계 최적화하기**: 정규화를 깊이 적용할수록 더 많은 JOIN 문의 사용을 유도하게 되어 있다. 그리고 당연히 더 많은 JOIN 문을 사용할수록, 최적화를 더 많이 해야 함을 뜻한다. 처음 정규화된 형태에서 데이터베이스 설계를 계획하는 것은 좋지 않지만, 어떤 경우에는 비 정규화를 통한 이점을 누릴 수도 있다.

- **더 나은 인덱싱의 생성**: 좋은 인덱싱 전략을 가지는 것은 매우 중요하다. SQL Azure에서는 열의 순서와 열의 개수가 많은 영향을 끼치게 되어 있다. 이번 장에서는 인

표 12-4 물리적 JOIN 연산자

연산자	기호	설명
중첩 반복		SQL Azure 내부에서 데이터를 가져오기 위하여 사용하는 중첩 반복 과정을 의미한다. 첫 번째 테이블의 각 행에서 WHERE 절의 조건에 일치하는 레코드들이 두 번째 테이블에서도 Lookup 되는지 확인한다. 크기가 큰 레코드 셋인 경우 반복에 소요되는 비용이 커진다.
해시 매치		JOIN 연산에 참가하는 각 테이블의 각 레코드 별로 해시 연산을 수행하고, 계산된 해시 값들 사이를 비교하여 일치 여부를 비교하는 동작이다.
병합		병합 연산자들은 일반적으로 데이터가 저장되거나 불러오는 순서상의 혜택을 수반하는 테이블에 대해 1회전 연산만으로 결과를 도출할 수 있으므로 빠른 편에 속한다.

덱싱에 대해서 간단히 살펴보려 한다.

■ **NOTE** 다음의 예제를 실행하기 위해서는, Tuning.sql 스크립트 파일을 실행해야 한다. 이 스크립트에서는 몇 가지 예제 테이블을 테스트 데이터와 함께 만든다. 사용자 데이터베이스에서 스크립트를 실행하도록 실행 환경을 사전에 확인한다.

어떤 물리적 JOIN 연산자가 선택되는지 확인해보기 위하여, 실행 계획이 제공하는 내부 정보 중 얼마만큼의 데이터를 Lookup 하게 되는지, 그리고 예상되는 실행 비용이 어느 정도인지 확인해보려 한다. 예를 들어, 다음의 SQL 문장을 tuning.sql 스크립트 파일을 실행한 이후에 실행해보도록 하겠다.

```
SELECT T.Name, T.UserType
FROM TestUsers T INNER JOIN TestUserType UT
    ON T.UserType = UT.UserType
WHERE T.AgeGroup > 0 AND UT.UserTypeKey = 'Manager'
```

이 문장을 통해서 25개의 행이 반환된다. 실행 계획을 보기 위해서는, 위의 쿼리를 실행하기 전에 별도의 명령을 통해서 요청해야 한다. Ctrl + M 단축키를 사용하거나 쿼리 → 실제 실행 계획 포함 메뉴를 SQL Server Management Studio에서 선택하여 쿼리를 다시 실행한다. 이제 실행 계획 탭이 표시되는 것을 볼 수 있는데, 탭을 클릭하여 출력된 결과가 그림 12-2와 비슷한지 확인한다.

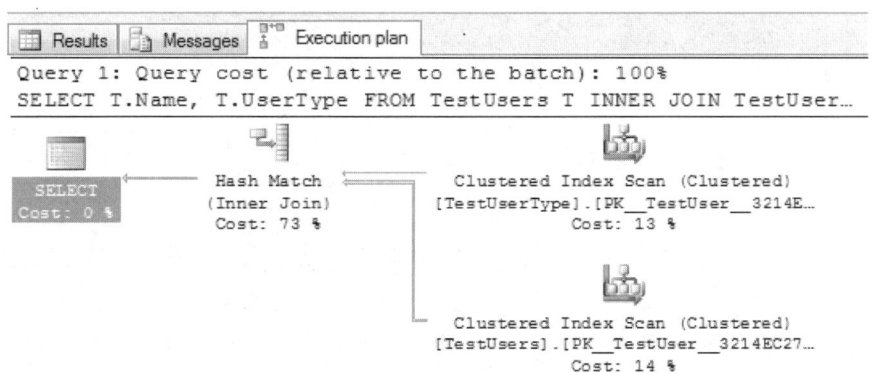

그림 12-2 최적화 되지 않은 실행 계획의 한 예시

지금 살펴본 실행 계획의 내용을 정확히 이해하려면, 실행 계획에서 자주 등장하는 이전에 살펴보지 못한 추가적인 기호들에 대한 내용을 확인해야 할 필요가 있다. 표 12-5에서는 성능에 명백하게 영향을 끼치는 몇 가지 기호들에 대한 내용을 열거하고 있다.

실행 계획은 다른 많은 기호들과 함께 각각의 고유한 의미를 가지고 있으며, 여기에는 쿼리가 다중 프로세서를 사용할 수 있다는 힌트 등 많은 정보들을 포함하고 있다.

그림 12-2에서 보여지는 것처럼 해당 테이블에는 인덱스가 하나도 정의되어 있지 않기 때문에 잠재적인 성능상의 문제점이 있다는 것을 보여준다. INNER JOIN 논리 연산자는 해시 매치 연산자를 통하여 실행되었다. 여기서 굵게 표시된 선이 해시 매치 연산자 쪽으로 향해있는 것을 볼 수 있는데 이 선 위로 마우스 커서를 가져가면 50개의 레코드들을 JOIN 연산자에 의하여 다루게 되었다는 내용이 그림 12-3과 같이 표시된다. 또한 여러분은 클러스터드 인덱스를 스캔하여 양쪽의 테이블로부터 데이터를 가져왔다는 것을 알 수 있다. 마지막으로, 해시 매치 연산자가 전체 문장에 대해 약 73% 정도의 비용을 소비했음을 알 수 있는데, 이는 디스크로부터 데이터를 읽어들인 시간보다 JOIN 연산을 처리하는 데 더 많은 시간이 걸렸음을 의미한다.

요약하면, 이 문장은 다음의 세 가지 잠재적인 문제점을 내포하고 있는 것을 알 수 있다.

- **인덱스 스캔:** 인덱스 스캔이 양쪽 테이블에서 발생하며, 필요 이상으로 많은 읽기 작업을 발생시킴을 뜻한다.

표 12-5 Lookup, Index Scan, Index Seek 연산자

연산자	기호	설명
Lookup		Lookup은 어떤 문장의 실행 결과로 도출될 행이 수천 행 이상이고 각 행을 직접 비교해야 할 때 비용이 많이 발생할 수 있는 연산자이다. 만약 이 연산자에 대한 비용이 높게 책정되는 것으로 나온다면 적절한 인덱스를 생성하는 것을 고려해야 한다.
Index Scan		인덱스나 클러스터드 인덱스에 대한 스캔 작업은 좋은 영향을 줄 수도 있고 그렇지 않을 수도 있다. 여기서의 스캔은 SQL Azure가 인덱스의 모든 레코드를 읽어들인다는 것을 의미한다. 일반적으로 스캐닝은 스캐닝을 통하여 읽은 레코드 중 일부만을 발췌하려는 경우 하는 일에 비해 많은 비용을 발생시키지만, 전체 레코드를 테이블로부터 반환하려는 경우에는 필요한 작업이다.
Index Seek		인덱스나 클러스터드 인덱스에 대한 건너뜀은 실행하려는 쿼리에 대한 결과를 첫 레코드에서 곧바로 만났음을 의미하는 것으로 스캐닝을 거치지 않았음을 뜻한다.

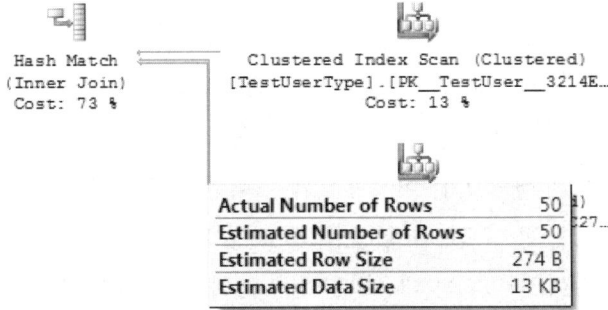

그림 12-3 JOIN 연산자에 의하여 다루어진 레코드의 수

- **무거운 연산자 처리:** 해시 매치 연산은 가장 많은 처리 시간을 필요로 한다.
- **반환되는 레코드보다 더 많은 읽기 동작 횟수:** 그림 12-3에서 본 것과 같이, 이 문장은 50개의 레코드를 처리했지만 실제로 25개의 레코드만을 반환하고 있다. 이는 필요 이상으로 많은 읽기 동작을 유발하고 있다는 것을 뜻한다. 그러나, 이 자체가 항상 문제가 되는 것은 아니며, 관심 있게 지켜봐야 할 부분이라는 것은 분명하다.

■ **NOTE** 힙 테이블에 대해서 잠시 언급하면, SQL Azure는 힙 테이블을 지원하지 않는다. 만약 테이블에 레코드를 넣는 동작을 하려면 반드시 Primary Key가 정의된 테이블을 만들어 그 테이블에만 데이터를 넣을 수 있다.

짧게나마 인덱싱이 이 문장을 어떻게 최적화할 수 있는지 살펴보았다. 그러나 실행 계획에 대한 이번 주제를 마무리하기에 앞서, 다음의 요점들에 대한 내용들과 친숙해질 필요가 있다.

- **상대적 쿼리 실행 비용**: 앞의 그림 12-2에서 본 것과 같이, 창의 가장 위쪽에 보면, 쿼리 실행 비용이 표시되어 있다. 이는 이번 예제에서 일괄 실행 과정에서 집계된 내용이 100%라고 하면 그 중의 일부에 대한 상대적 측정치이다. 그러나 이 값을 오해할 가능성이 있다는 것을 꼭 알아두어야 한다. 이 값은 SQL Server Management Studio에 의해서 자동으로 계산된 추정치일 뿐 실제 값이 아니라는 점에 유의한다. 그 결과, 이 값은 대략적인 값이다.

- **고급 호출**: 몇몇 연산, 가령 XML 호출과 함수 호출을 SQL 문장에서 실행하면 실행 결과에 잘못 전달될 수 있는데, 가령 SQL Azure, 심지어는 SQL Server라 할지라도 이러한 작업에 대한 실행 비용을 1% 내외로만 취급한다. 이로 인해 SQL 문장을 최적화하는 기준을 잘못 잡도록 유도할 수 있으므로 주의한다.

- **출력에 대한 간과**: 이전에 이야기한 대로, sys.dm_exec_sessions DMV에 의해서 측정된 소요 시간에는 표시하는 시간을 포함하여 이는 SQL Management Studio에도 적용이 된다. 데이터를 표시하는 데 걸리는 시간을 최소화하기 위해서는, 출력 결과 표시를 생략하도록 할 수 있는데, 쿼리 → 쿼리 옵션 메뉴를 클릭하여 이를 해제할 수 있다. 두 곳에서 같은 옵션이 나타나는데, 결과 표와 텍스트 결과 옵션 페이지에 각각 나타난다. 그림 12-4에서는 결과 표에 데이터를 출력하지 않도록 건너뛰는 방법을 보여주고 있다.

인덱싱

정확하고 올바른 인덱스를 생성하는 작업은 어려운 작업이며, 데이터베이스 쿼리를 완벽하게 최적화하고 인덱싱에 대한 개념을 완전히 이해하려면 많은 시간과 노력을 필요로

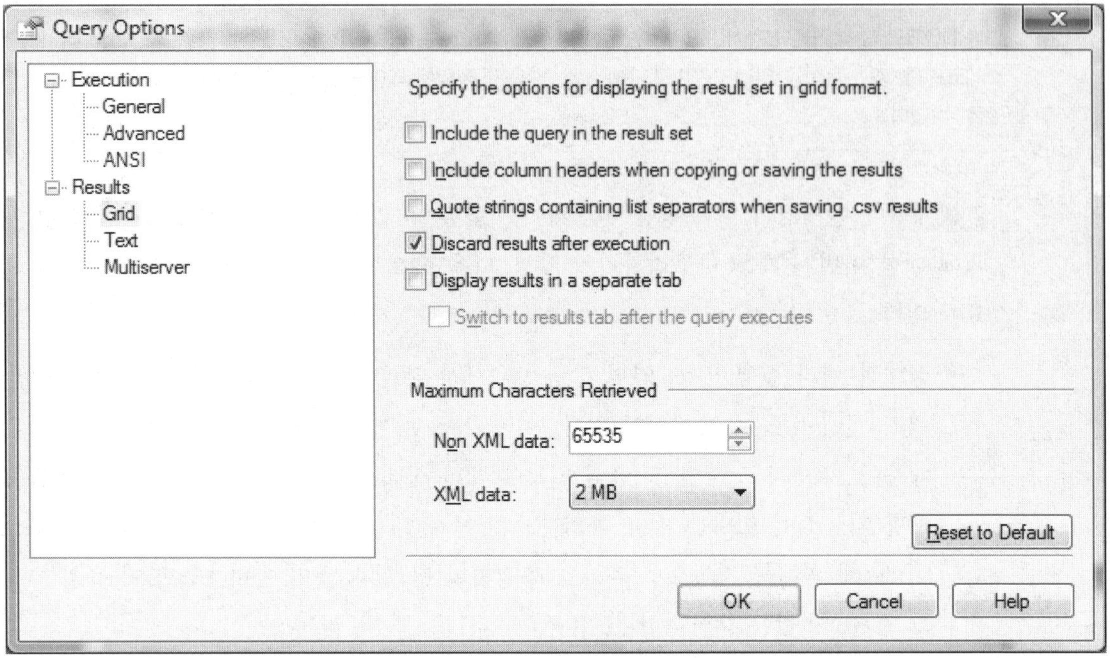

그림 12-4 SQL Server Management Studio에서 출력 설정을 끄는 방법

한다. 인덱싱을 활용하면서 기억해야 할 가장 중요한 사항 중 하나는 이런 작업을 수행하는 주된 목적이 SQL Azure가 데이터를 가능한 빨리 찾을 수 있도록 도와주기 위함이라는 것이다.

인덱싱은 중심이 되는 테이블을 부분 단위로 나누어 소형 테이블 여러 개로 나눈 것과 같은 개념으로 이해할 수 있다. 여기서의 타협점은 인덱싱을 통해 더 많은 공간을 소비하고, SQL Azure 엔진이 중심 테이블에서 발생하는 데이터의 변동 사항을 추적하고 관리하기 위하여 항시 준비되어 있어야 하며, 또한 특정 상황에서는 성능에 영향을 끼칠 수도 있다는 점이다.

인덱스를 생성하는 간단한 CREATE 문장을 하나 살펴보기로 하겠다.

```
CREATE INDEX [index_name] ON [table_name]
  (col1, col2...)
INCLUDE (col3, col4...)
```

비록 인덱스를 생성하는 것은 쉽지만, SQL Azure에 의하여 정확히 사용되고 의도한 효과가 잘 나타나는지 확인하는 것이다. 그림 12-2에서 사용한 이전 예제에서 계속 이어서,

TestUser 테이블에 인덱스를 새로 만들 수 있다. 그러나 계속하기 전에, 우선 테이블을 백업하고 테이블에 대해 몇 가지 사항들을 살펴본 다음, 최적화하려는 쿼리 문장에 대해서 살펴보도록 하자.

인덱스의 첫 번째 영역에 포함된 열 들을 데이터를 Lookup 하고 테이블 간 JOIN 연산을 수행할 때 기준점으로 사용될 수 있다는 사실을 아는 것은 매우 중요하다. 그리고 여러 개의 열들이 하나의 키를 이루도록 구성하는 것도 이러한 이유로 합당하며, 이때 순서는 절대적으로 중요하다! 이 시점에서, 여러분은 WHERE 절에 사용될 열들을 먼저 선택하고, 그 다음 JOIN 연산의 일부로 구성할 것이다. 그러나 가끔 열들 사이를 JOIN 연산으로 묶는 것부터 시작하는 것이 여러분이 실행할 문장의 재량에 따라 좋을 수도 있다는 것을 발견할 수도 있다. 그 다음으로는 선택한 열 들이 CREATE INDEX 명령의 INCLUDE 섹션에 포함되도록 하는 것인데, 이들 열들은 단 한 가지의 이유 때문에 여기에 배치된다. 이들 열들을 사용하여 SELECT 절에 의하여 필요한 데이터 Lookup을 주 테이블의 내용을 Lookup 하지 않도록 만들기 위함이다. Lookup이 항상 나쁜 결과를 초래하는 것은 아니나, 레코드들에 대한 대규모 배치 연산을 하는 경우 Lookup 연산이 문제가 될 가능성도 있다.

■ **NOTE** 인덱스에 포함된 모든 열들은 인덱스를 사용하는 쿼리가 호출될 때 그 기능을 수행하게 된다.

만약 이전 SELECT 쿼리에 대해서 분석해본다면, TestUsers 테이블에 속한 열들을 인덱스의 배치 순서대로 배열된 다음의 목록 순대로 얻게 될 것이다.

- **WHERE**: TestUsers 테이블의 AgeGroup 필드를 포함한다.
- **JOIN**: TestUsers 테이블의 UserType 필드를 포함한다.
- **SELECT**: Name과 UserType 필드를 포함한다. UserType 열은 이미 JOIN 절의 일부가 되었으며 이중으로 다룰 필요가 없다.

이제 인덱스를 다음과 같이 하나 만들어보기로 하겠다.

```
CREATE INDEX idx_testusers_001 ON TestUsers
    (AgeGroup, UserType)
INCLUDE (Name)
```

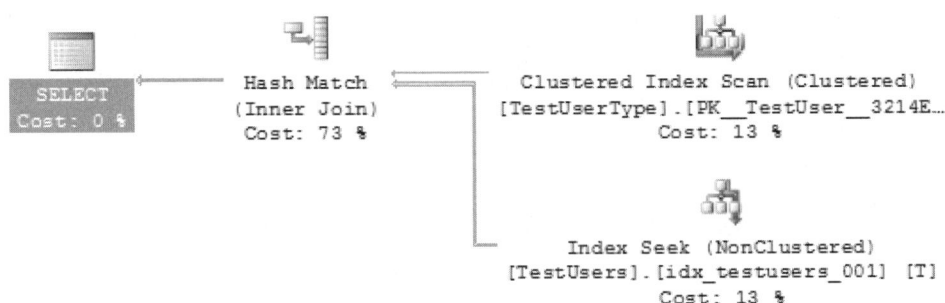

그림 12-5 TestUsers 테이블에 새 인덱스를 추가한 효과

이제 다시 SELECT 문장을 실행하면 이번에는 그림 12-5와 같이 결과가 바뀐 것을 볼 수 있다. 이번에는 그림 12-2보다 더 나은 결과를 보여주는데, SQL Azure가 인덱스 전체를 스캔 하지 않고 건너뛸 수 있었기 때문이다. 인덱스를 건너뛸 수 있었다는 것은 SQL Azure가 문장에서 요구하는 조건에 맞는 첫 레코드를 매우 빠르게, 한 번에 찾을 수 있었음을 뜻한다. 그러나, 아직 TestUserType 테이블에 대해서는 인덱스 전체를 스캔하고 있다는 결과가 나왔다. 이제 이를 수정할 차례이다.

TestUserType에 대한 인덱스 스캔을 수정하기 위해서, 이전의 지침대로 또 다른 인덱스를 하나 더 추가해야 한다. SELECT 절에서 필요한 열이 없으므로, INCLUDE 섹션을 사용하지 않고 다음과 같이 인덱스를 생성한다.

```
CREATE INDEX idx_testusertype_001 ON TestUserType
(UserTypeKey, UserType)
```

■ **NOTE** 비록 사소한 부분이지만, 실제 운용 환경에서 새 인덱스를 추가하는 것은 약간의 위험 부담을 동반한다. 몇몇 루틴, 특별히 배치 프로그램과 같이 데이터의 지정된 순서에 의존하여 합계를 내거나 특정한 작업을 수행하는 경우가 그러하다. 만약 어떤 인덱스가 쿼리를 실행하는 과정에서 자주 사용되고 있다면, 새로운 인덱스를 추가하여 데이터가 반환되는 순서에 변화를 끼칠 가능성이 있는 위험성을 줄이고 독립적으로 사용할 수 있다. 만약 여러분의 모든 SQL 문장이 ORDER BY 절을 명시적으로 포함하고 있다면 이러한 문제는 신경 쓰지 않아도 된다. 그러나 여러분의 프로그램 중 일부가, 서버가 지정한 자연적인 순서에 의존하고 있다면 조심해야 한다.

이제 여러분의 실행 계획은 그림 12-6과 같이 나타난다. 여기서 물리적 연산자가 중첩 반복으로 변경된 것을 확인할 수 있다. 또한, 쿼리의 실행 비용이 JOIN 연산을 실행하는

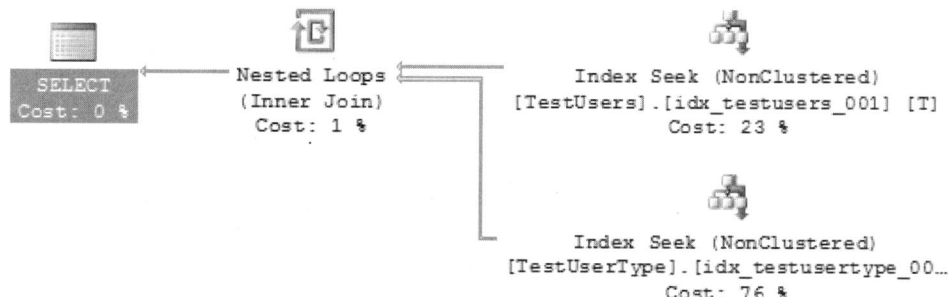

그림 12-6 인덱스 위에 물리 연산자를 추가한 효과

비용에 치중되는 것으로 나타난 것을 볼 수 있으며, 가장 높은 비용인 76%의 비율이 TestUserType 인덱스로부터 데이터를 가져오는 과정에 사용되고 있음을 확인할 수 있다.

그러나 쿼리 최적화 작업이 이로서 모두 끝난 것은 아니다. TestUserType_001 인덱스 위로 마우스 커서를 가져가보면, 그림 12-7에서 보여지는 것처럼 인덱스를 건너뛰기 위하여 Lookup 연산이 50여 차례에 걸쳐 반복적으로 발생한 것을 알 수 있다. 이는 그다지 좋은 상황은 아니지만, 인덱스를 만들지 않았던 때보다는 장족의 발전인데, SQL Azure가 새로운 실행 계획을 택했기 때문이다.

Lookup 횟수를 최소화하기 위하여, 새로운 인덱스를 만들어 필드의 순서를 바꿀 수 있다. 다음의 문장을 사용하여 새 인덱스를 추가해보자.

CREATE INDEX idx_testusers_002 ON TestUsers
    (UserType, AgeGroup) INCLUDE (Name)

■ **NOTE** 새로운 인덱스를 만들지 않는 대신, 기존의 인덱스를 간단히 수정할 수도 있다. 그러나, 데이터베이스 성능 문제를 해결할 때에는, SQL Azure 쿼리 엔진이 어떻게 동작하는지 보는 것이 매우 중요한데, SQL Azure는 가장 효과적인 인덱스를 자동으로 택하게 되어 있다. 그러므로, 가능한 많은 수의 인덱스를 만들어 좋은 실행 계획이 나올 수 있도록 유도하고, 필요하지 않을 때에는 다른 인덱스들을 제거하도록 할 수 있다.

다시 SQL 쿼리를 실행하면, 이번에는 그림 12-8과 같은 결과가 나타나는 것을 볼 수 있다. 이제 실행 계획이 균형을 맞추고 있다. 데이터 Lookup이 양쪽 테이블에 대해 거의 동등한, 약 49% 정도의 비율로, 인덱스 건너뛰기 연산의 이점을 유지하고 있고, 실행 횟

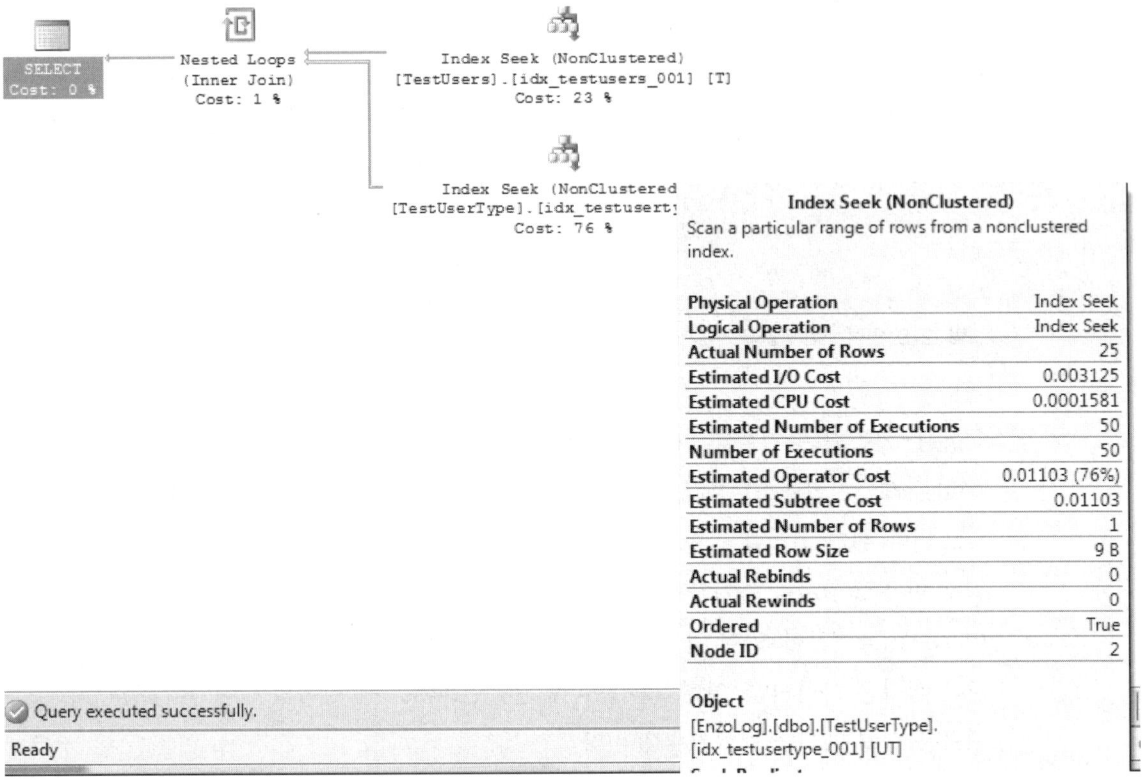

그림 12-7 단일 작업에서 수행한 실행 횟수

수가 양쪽 모두 1회이며, 반복 연산 비용이 최소한의 수준인 2%까지 절감되도록 고쳐지게 되었는데, 이는 실질적으로 반복이 거의 없었음을 뜻한다.

실제 처리된 행의 수에 대해 좀 더 관심을 가져보자. 이 문장을 통하여 테이블에서 이

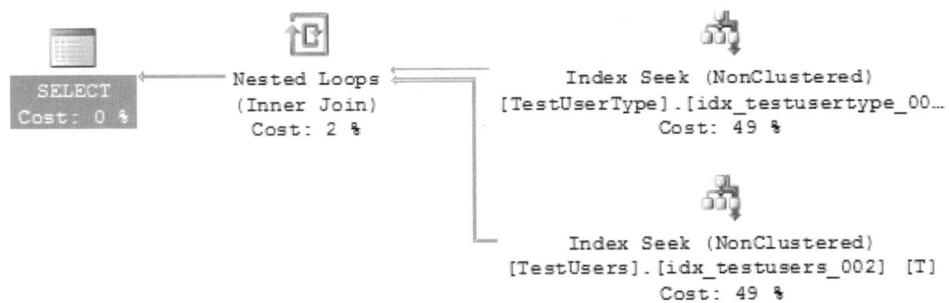

그림 12-8 균형이 잘 잡힌 실행 계획의 예시

전의 50개의 행이 아닌 25개의 행만을 다루었으며, 디스크의 읽기 횟수를 줄인 것이다. 마지막으로 그러나 역시 주요한 것이지만, 만약 SELECT 문장을 설계 관점에서 다시 보면, UserTypeKey의 값이 항상 고유해야 하는지 아닌지 궁금할 것이다. 테이블 스키마는 이 필드에 대해서 고유함을 보증하지 않지만, 그래야 할 필요가 있을까? 관리자로 지정된 사용자 유형에 해당하는 레코드는 하나만 존재해야 할까? 만약 이들 질문에 대한 답이 '예' 라면, TestUserType 테이블이 항상 Manager 사용자 유형 열에 대해서 단일 레코드를 반환하게 될 것임을 알 수 있고, 이때 여러분은 JOIN 문장 전체를 제거하고 TestUsers 테이블에 대해서만 SELECT를 하게 하고 WHERE 절을 넣어 단순화시킬 수도 있을 것이다.

```
SELECT T.Name, T.UserType
    FROM TestUsers T
    WHERE T.AgeGroup > 0 AND T.UserType = 1
```

이 문장이 단순해지게 된 것뿐만 아니라, 실행 계획 역시 단순하게 바뀌었으며, 이는 SQL Azure가 최적화를 하는 데 많은 시간을 들이지 않아도 곧바로 데이터를 준비할 수 있게 되었음을 뜻한다. 이를 통해 세 개의 레코드만 들어 있는 TestUserType 테이블에서 100여 개 이상의 레코드들이 들어 있는 TestUsers 테이블로 필터를 옮길 수 있게 되었다. 그리고 언제든 여러분이 이러한 방침에 따라 동작을 바꾸기로 하였다면, SQL Azure는 더 적은 수의 리소스를 이를 구현하기 위하여 투자할 수 있다. 물론, 이런 식의 이동이 늘 가능한 것은 아니지만, 정당한 데이터베이스 설계를 최적화 작업 이전에 먼저 수행해야 한다는 중요성을 여러분들은 알 필요가 있다.

■ **NOTE** 성능을 최적화하는 작업은 흥미로운 것이지만, 정확한 성능 최적화 목적을 세우지 않을 경우 최적화 작업을 그만두지 못하는 오류에 빠질 수 있다.

인덱싱된 뷰

인덱싱된 뷰는 테이블 간 JOIN 연산이 절대적으로 필요한 시점에서 훌륭한 대안이 되어 주며, 전통적인 인덱싱으로 성능을 끌어올리기 어려울 때 생각할 수 있다. 인덱싱된 뷰는 테이블처럼 동작하며, 꺼내어진 데이터는 독립적인 항목으로 디스크에 저장되어 나중에 더 빠르게 가져올 수 있다. 인덱싱된 뷰에 대한 내용을 살펴보기 전에, 몇몇 제약 사항들

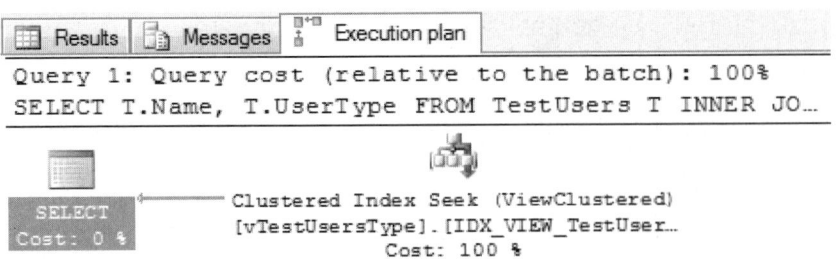

그림 12-9 인덱싱된 뷰의 예제

과 자연적인 제약 사항으로 인하여 데이터를 삽입, 삭제, 수정하는 문장을 통해서 성능 상의 한계를 초래하게 될 수도 있다는 것을 이해하는 것이 좋다. 이전의 문장을 예시로 하여, 인덱싱된 뷰를 통해 JOIN 연산을 보조할 수 있는지 살펴보도록 하자.

우선, 최적화하기 원하는 문장을 포함하는 뷰를 하나 만든다. SELECT 절에서 필요로 하는 모든 열이 지정되도록 한다.

```
CREATE VIEW vTestUsersType WITH SCHEMABINDING AS
    SELECT T.Name, T.UserType, T.AgeGroup, UT.UserTypeKey
    FROM dbo.TestUsers T INNER JOIN dbo.TestUserType UT ON       T.UserType = UT.UserType
```

그 다음, 고유 클러스터드 인덱스를 뷰에 추가한다.

```
CREATE UNIQUE CLUSTERED INDEX IDX_VIEW_TestUsers
ON vTestUsersType
(UserTypeKey, AgeGroup, Name, UserType)
```

어떤가? 문장을 실행하였을 때, 그림 12-9와 같이 매우 이상적이고 아름다운 결과가 나타나는 것을 볼 수 있다. 뷰에는 필요한 모든 열 들이 포함되어 있고, 뷰 안의 모든 열들이 클러스터드 인덱스를 가지고 있으므로, 캐싱에 가까운 형태의 고속 데이터 조회를 경험할 수 있었다.

저장 프로시저

지금까지 다양한 최적화 기법들을 살펴보았고, 어떻게 실행 계획을 개선시키는지 살펴보았다. 그러나, 아직 저장 프로시저에 대한 내용을 살펴보지 않았음을 잊지 말자.

저장 프로시저는 대규모의 데이터를 처리해야 할 때 로직을 구성하고 실행할 수 있도록 도와주는 기술이다. SQL Azure에서는 많은 양의 데이터가 성능 상의 문제로 변하는 경향이 있기 때문에, 데이터를 필요로 하는 비즈니스 로직을 저장 프로시저의 형태로 저장하고, 저장 프로시저가 상태 코드를 반환하도록 만들 수 있다. 이렇게 실행되는 비즈니스 로직에 대한 CPU 시간은 비용에 포함되지 않으므로, 고려해볼 만한 옵션이다.

저장 프로시저는 또한 보안 도구로서도 매우 훌륭하게 사용될 수 있으며, 테이블에 대해서 직접 접근하지 못하게 작업을 대행하는 역할을 맡을 수도 있다.

만약 여러분이 상품의 가격을 계산할 필요가 있다고 하자. 그러나 가격을 계산하기 위해서는, 특정한 값을 찾기 위해서 전체 항목을 Lookup 해야 하고, 고급 연산을 수행해야 할 필요가 있다. 여러분의 응용프로그램에 다음과 같이 저장 프로시저에 대한 호출을 요청하여 상품의 가격을 합산하여 가져올 수 있다.

```
float cost = 0.0; // 전체 코스트
int id = 15; // 제품 카테고리

string sql = "SELECT * FROM category WHERE catergoryId = " + id.ToString();
SqlConnection conn = new SqlConnection(connString);
SqlCommand cmd = new SqlCommand(sql, conn);
cmd.CommandType = CommandType.Text;
conn.Open();
SqlDataReader dr = cmd.ExecuteReader();

try
{
   while (dr.Read())
   {
      cost += 0.25 * ...; // 계산 로직은 이곳에
   }
}
finally
{
   dr.Close();
   conn.Close();
}
```

또는 저장 프로시저에서 금액을 계산하고 이전의 코드를 약간 수정하여 저장 프로시저를 통해 대신 금액을 받도록 약간 수정할 수 있다.

```
float cost = 0.0; // 전체 금액
int id = 15; // 제품 카테고리

string sql = "proc_CalculateCost";
```

```
SqlConnection conn = new SqlConnection(connString);
SqlCommand cmd = new SqlCommand(sql, conn);
cmd.Parameters.Add(new SqlParameter("categoryId", SqlDbType.Float));
cmd.Parameters[0].Value = id;
cmd.CommandType = CommandType.StoredProcedure;
conn.Open();
SqlDataReader dr = cmd.ExecuteReader();

try
{
  if (dr.Read())
    cost = (float)dr[0];
}
finally
{
  dr.Close();
  conn.Close();
}
```

저장 프로시저 상의 SQL 코드는 다음과 같다:

```
CREATE PROC proc_CalculateCost
 @categoryId int
AS

DECLARE @i intDECLARE @cost float
SET @cost = 0.0

SET @i = (SELECT count(*) FROM category WHERE ID = @categoryId)
WHILE (@i > 0)
BEGIN
    SET @cost = @cost + 0.25*(SELECT Min(dollars) FROM ...)
    SET @i = @i   1
END

SELECT @cost
```

저장 프로시저를 호출하여 얻을 수 있는 성능 상의 이점은, 인터넷을 가로질러 레코드를 많이 가져올 필요 없이 계산된 값을 얻어오거나 하는 등의 동작 사용시 매우 유용하다. 저장 프로시저는 이 경우 단일 값을 반환하도록 구성하는 것도 가능하다.

공급자 통계

마지막으로 그러나 역시 주요한 것은, 이제 ADO.NET 라이브러리의 성능 측정치를 살펴보고, 라이브러리의 시점에서 성능에 대한 이야기를 해보려고 한다. 라이브러리는 CPU 측정치나 다른 SQL Azure에 관련된 측정치를 반환하지는 않으나, 응용프로그램을 최적화 하는 과정에서 더 부가적인 상세 정보를 알려주는데, 가령 데이터베이스에 대해서 발생한 왕복 횟수와 송수신된 패킷의 양을 알 수 있다.

이전에 언급한 대로, 데이터베이스 호출에 의하여 반환된 패킷의 수는 여러분의 응용프로그램의 전체적인 응답 시간을 결정하는 기준이 되기 때문에 점점 중요해진다고 하였다. 만약 클라이언트에서 실행한 SQL 문장의 완료를 위하여 생성된 패킷의 실제 양과 SQL Azure가 같은 작업을 수행하기 위하여 필요하다고 집계한 양을 비교해보면, SSL을 통하여 데이터 전송 내용이 모두 암호화 되는 SQL Azure 쪽이 더 많은 전송량을 보이고 있다. 매 순간 이런 사항들이 중요한 것은 아니나, 여러분의 응용프로그램에서 대량의 레코드 셋이나 PDF 문서 등을 담고 있을 수 있는 varbinary 열을 통해 데이터를 가져올 때와 같이 특정한 상황이 되면 매우 지대한 영향을 끼칠 수 있다.

ADO.NET 라이브러리 상의 성능 측정치를 가져오는 것은 단순한 편이지만, 코딩을 필요로 하는 일이다. SqlConnection 객체의 메소드 중 ResetStatistics()와 RetrieveStatistics() 메소드를 사용하여 이와 관련된 일을 할 수 있다. 또한, 이들 메소드를 사용하기 위해서는 SqlConnection 객체의 EnableStatistics 속성을 True로 지정해야 한다. BuffersReceived와 BytesReceived 속성은 가져올 수 있는 여러 가지 성능 측정치들 중에서도 흥미로운 부분인데, 이 속성들을 통해서 네트워크 사용량이 얼마나 발생했는지를 파악할 수 있기 때문이다.

또한 여러분은 CodePlex 홈페이지에서 Enzo SQL Baseline(http://EnzoSQLBaseline.CodePlex.Com)이라는 오픈 소스 프로젝트를 이용하여 성능 통계 측정값을 얻을 수 있으며 SQL Azure에서도 사용 가능한 도구이다. 이 도구를 사용하면 여러 번의 쿼리 실행 중에서 가장 효율적으로 작동한 항목을 단계별로 찾아낼 수 있다.

■ **NOTE** 만약 ADO.NET 공급자 상태 정보를 활용하는 코드 샘플을 더 살펴보기 원한다면, http://msdn.microsoft.com/en-us/library/7h2ahss8.aspx 페이지에 방문하여 코드 샘플을 얻을 수 있다.

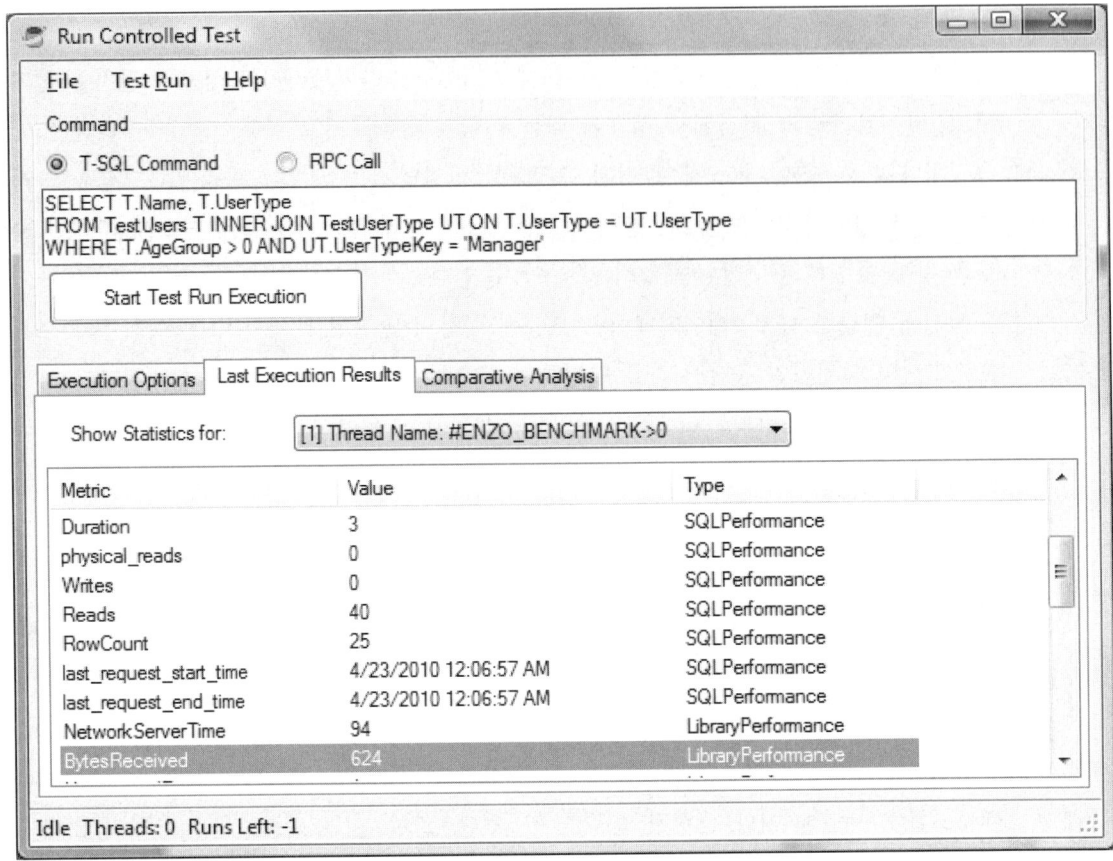

그림 12-10 Enzo SQL Baseline으로 성능 지표 확인하기

응용프로그램 설계

그 외에도, 설계상의 선택은 응용프로그램의 응답 속도에 결정적인 영향을 끼치는 요소이다. 어떤 코딩 기법은 성능에 치명적인 영향을 끼치게 되는데, 가령 지나친 왕복을 유발하는 패턴들이 그러하다. 로컬 SQL Server 상에서는 그다지 문제가 될 것 같지 않은 기법일지라도, SQL Azure 환경에서는 상당한 문제를 초래할 수 있다는 것이다.

다음의 코딩 기법은 여러분의 응용프로그램 성능에 많은 영향을 끼친다.

- **수다스러운 설계**: 이전에 언급한 대로, 데이터베이스와 너무 자주 통신하는 수다스러운 응용프로그램은 현격하게 속도가 떨어진다고 하였다. 수다스럽다는 것의 예는, 프로그래밍 차원에서 사용하는 반복 루프에서 매 회전 때마다 데이터베이스에 쿼리

를 전달하고 결과를 받는 작업을 끊임없이 반복하는 것을 말한다.

- **정규화**: 정규화를 통해서 데이터의 중복을 최소화해야 한다는 것은 잘 알려진 사실이나, 지나치게 정도가 심한 정규화는 원하는 데이터를 가져오기 위하여 필요로 하는 JOIN 연산의 수를 증가시키고, 당연히 이로 인하여 성능에 좋지 않은 결과를 끼칠 개연성이 있다. 그러므로, 지나친 정규화는 성능 문제와 직결된다.
- **연결 해제**: 보통 말하기를, 데이터베이스 연결을 가능한 늦게 시작하고, 가능한 빨리, 그리고 정확하게 연결을 닫아야 한다는 이야기를 많이 들었을 것이다. 이렇게 하여 데이터베이스 연결을 풀링할 수 있는 기회를 최대한 높일 수 있다.
- **데이터베이스 계정 공유**: SQL Azure는 데이터베이스 로그인을 필요로 하기 때문에, 여러분은 성능 향상을 목적으로 데이터베이스 계정을 각 개별 계정을 사용하지 않는 대신 선택할 수 있다. 개별 계정을 이용하여 접속하게 되는 경우, 연결 풀링을 활용할 가능성을 떨어뜨리게 되고 불필요하게 연결을 많이 생성하게 되는 문제가 발생한다. 이로 인해 성능이 크게 저하되거나 심한 경우 데이터베이스 연결 차단이 발생할 수도 있다.

이 외에도 다른 수많은 응용프로그램 상의 고려 사항들이 있을 수 있지만, 위의 목록은 SQL Azure를 기반으로 데이터베이스 프로그래밍을 할 때 자주 회자되는 주요 사항들을 열거한 것이다. 좀 더 자세한 정보를 얻으려면, Microsoft의 Patterns and Practices의 다음 페이지를 참고하도록 한다.

http://msdn.microsoft.com/en-us/library/ff647768.aspx

결론

이번 장에서는 여러분이 SQL Azure의 성능상 문제를 해결할 때 필요한 최적화 기법들 중에서 몇 가지 중요한 것들에 대해서 간략히 살펴보았다. 지금까지 살펴본 대로, 쿼리의 문제를 진단하고 최적화하는 것은, 원하는 결과를 얻어내기까지 매우 어렵고, 또한 다양한 도구와 기법을 필요로 한다는 것을 알 수 있었다. 여러분은 몇 가지 DMV 개체들을 살펴보았고, 실행 계획과 인덱싱에 대한 빠른 요점 정리, 그리고 ADO.NET 라이브러리의 추가 기능들에 대한 간략한 내용들을 살펴보았다. 또한 여러분은 응용프로그램 설계 시 성능을 위하여 고려해야 하는 사항들도 살펴보았다.

이번 장에서 모두 다루지 못한 더 많은 최적화 기법들에 대해서는, Microsoft가 제공하는 다음의 추가 기술 문서를 검토하여 자세한 내용들을 확인할 수 있으므로 꼭 참고하기 바란다.

APPENDIX A

Silverlight 기반 SQL Azure 관리 도구

이번 부록에서는 Microsoft가 공개한 온라인 버전의 SQL Azure 데이터베이스 관리자(이전 개발 코드명 Houston, 이하 데이터베이스 관리자)에 대해서 알아보려 한다. 데이터베이스 관리자는 웹에서 실행되고 Silverlight로 작성되었다.

SQL Azure 데이터베이스를 클라우드 기반 인터페이스를 통하여 관리하는 능력은 많은 개발자들에게 필요한데, SQL Azure 데이터베이스는 이전 SQL Server Management Studio의 전체 기능을 완전히 지원하는 도구를 별도로 제공하지 않기 때문이다. 이 책을 집필하던 당시 시점에서, 데이터베이스 관리자는 CTP 버전으로 제공되었고, 아직 완전하게 모든 기능이 구현된 것은 아니나 지속적으로 업데이트를 수행하면서 실제 환경에서 사용할 수 있도록 이 프로그램을 제공하고 있다.

데이터베이스 관리자 실행하기

데이터베이스 관리자를 실행하려면 http://windows.azure.com/에 방문하여 SQL Azure 데이터베이스를 아래 그림 A-1과 같이 선택하고, 상단의 도구 모음에서 Manage 버튼을 클릭한다.

사용 계약 동의 페이지가 이어서 나타나는데, 확인을 클릭한다. 그러면 그림 A-2와 같이 로그인 화면이 나타난다. Management Portal을 통해서, 그리고 데이터베이스를 정확히 선택하고 접속했다면 서버, 데이터베이스 이름, 로그인 정보까지 자동으로 입력이 완료된 상태로 그림 A-2의 화면이 나타날 것이다.

350 ■ 부록 A Silverlight 기반 SQL Azure 관리 도구

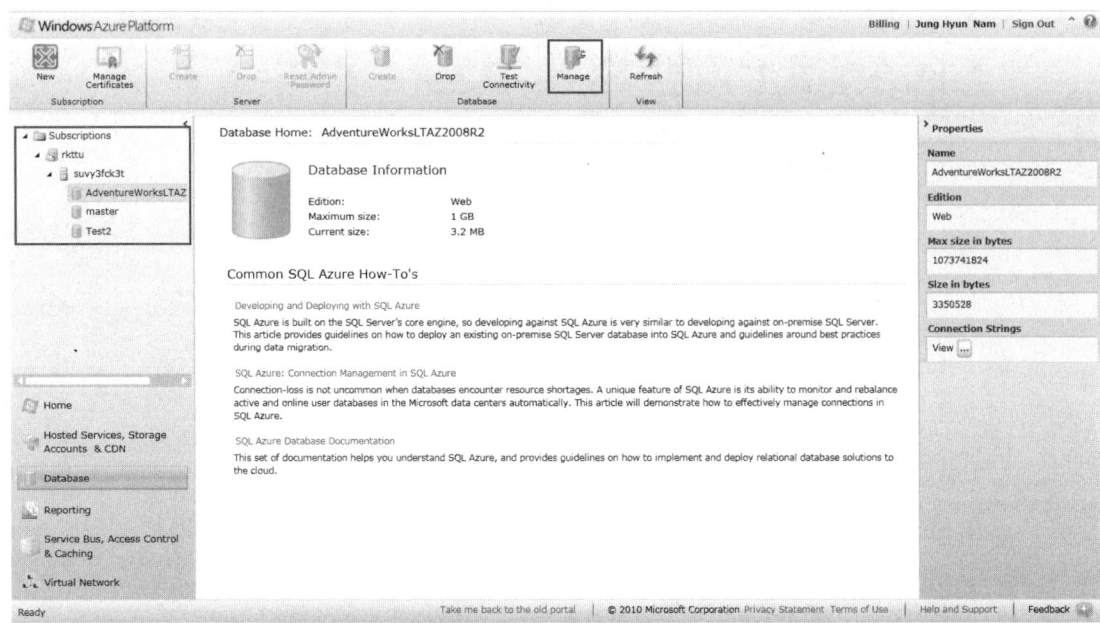

그림 A-1 데이터베이스 관리자 실행 방법

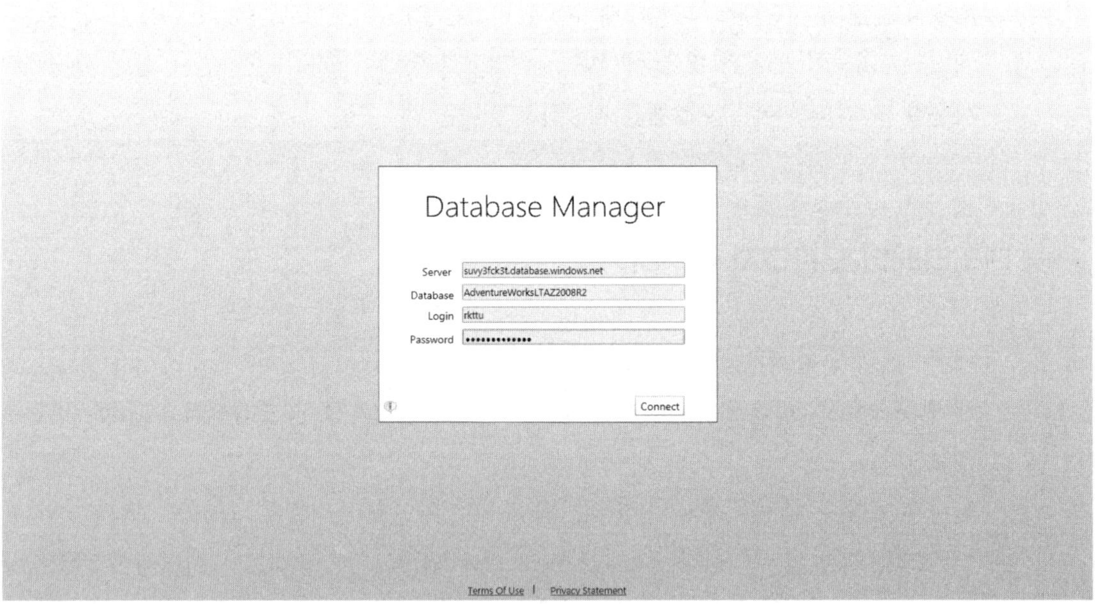

그림 A-2 데이터베이스 관리자 로그인 화면

- **서버**: 데이터베이스 서버의 전체 이름을 입력한다.
- **데이터베이스**: 데이터베이스 이름을 지정한다.
- **로그인**: 로그인 할 사용자 계정을 지정한다.
- **비밀번호**: 계정에 대한 비밀번호를 지정한다.

접속에 성공하고 나면, 데이터베이스를 관리할 수 있는 데이터베이스 관리자 웹 응용 프로그램의 초기 화면을 볼 수 있게 될 것이다. 다른 데이터베이스로 접속하기 원한다면, 상단의 로그아웃 링크를 클릭하고 다른 데이터베이스 이름을 지정하면 된다.

■■■ 데이터베이스 관리자 사용하기

데이터베이스 관리자 홈페이지에는 좌측 상단에 주요 메뉴들이 열거되어 있고, 하나 이상의 탭들이 중간에 표시되며, 중앙의 뷰를 다양한 데이터베이스 관리 작업을 수행하기 위하여 전환할 수 있는 기능을 제공한다. 그림 A-3이 초기 화면의 예시이다.

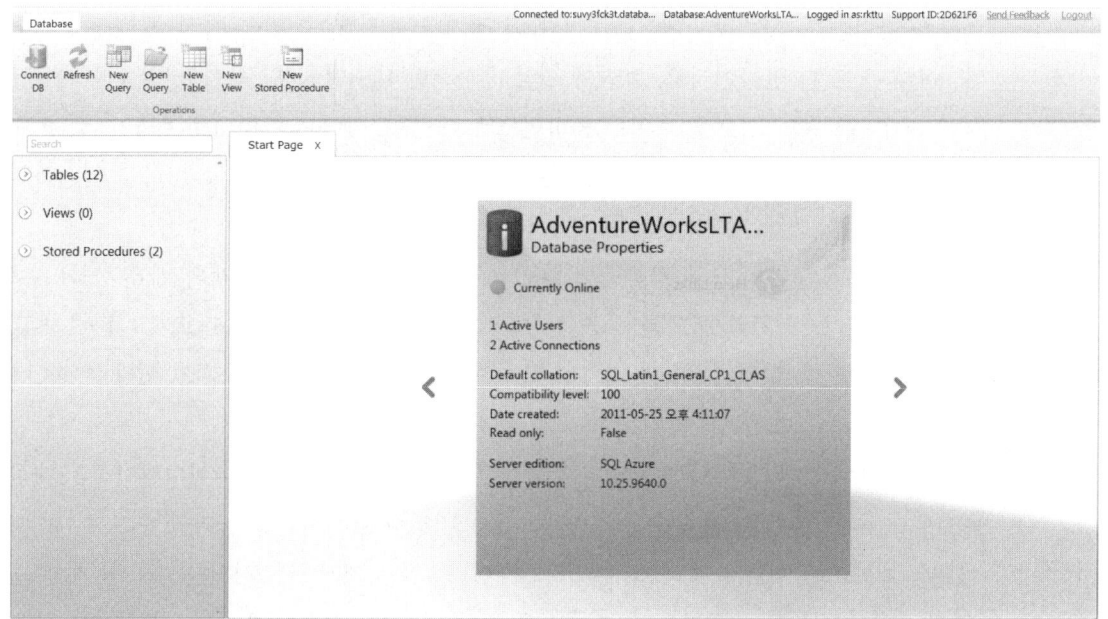

그림 A-3 데이터베이스 관리자 초기 화면

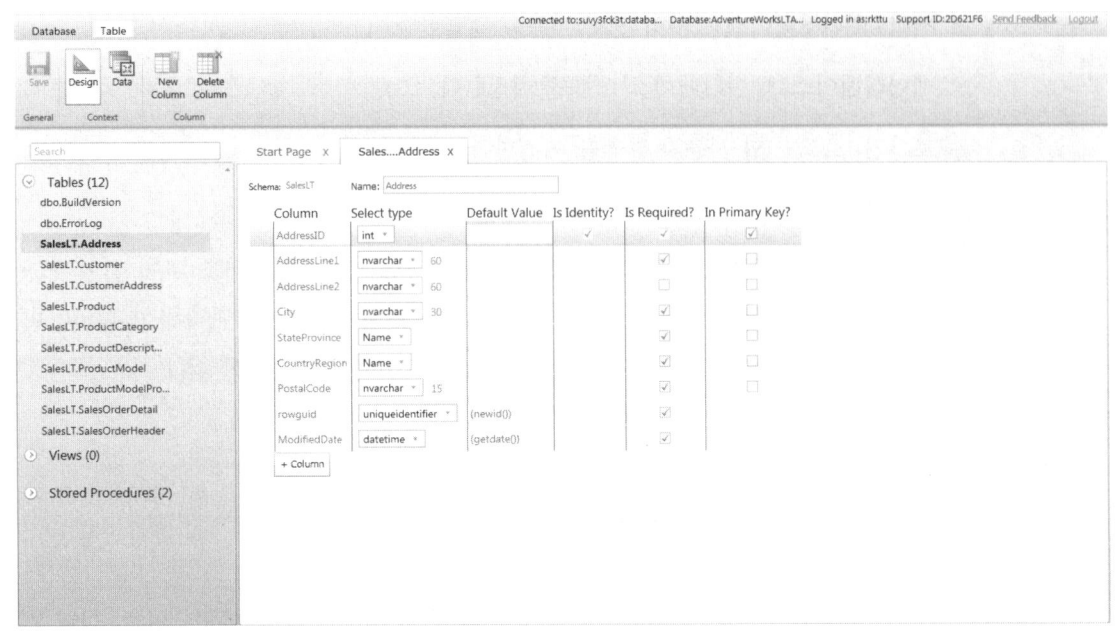

그림 A-4 테이블 정의 관리

　예를 들어, 테이블의 정의를 수정하기 위하여, 화면 왼쪽의 테이블 목록에서 원하는 테이블을 클릭한다. 그림 A-4에서는 테이블의 정의를 편집할 수 있는 화면 예시를 보여준다. 이때 새 탭이 만들어지고, 화면의 중앙이 선택한 테이블의 열 목록과 열들의 데이터 형식, 기본 값 등의 정보를 보여주는 화면으로 바뀐다. 테이블의 정의를 바꾸는 것을 매우 쉽게 할 수 있으며 변경 사항을 적용하기 위하여 좌측 상단의 Save 버튼을 클릭하면 된다.

　여기서 좌측 상단의 도구 모음들이 바뀐 것에 주목한다. 이제 두 개의 메뉴 항목이 보이는데, 데이터베이스와 테이블로 구성되어 있고, 아이콘들의 목록이 다르게 나타나는 것을 볼 수 있다. 그림 A-4에서는 디자인 아이콘이 선택된 화면을 나타내고 있다. Data 아이콘을 클릭하면 그림 A-5와 같이 바뀌게 된다.

　데이터베이스 관리자에서는 그 외에도 다른 작업들이 가능한데, 데이터베이스를 대상으로 직접 SQL 문장을 실행할 수도 있고, 뷰와 저장 프로시저들을 관리할 수도 있다. 테이블을 편집하는 것과 비슷하게, 편집하기 원하는 뷰와 저장 프로시저를 좌측의 개체 목록에서 클릭하여 쉽게 편집할 수 있다. 새 탭이 열리면, 선택한 개체를 수정하거나 테스

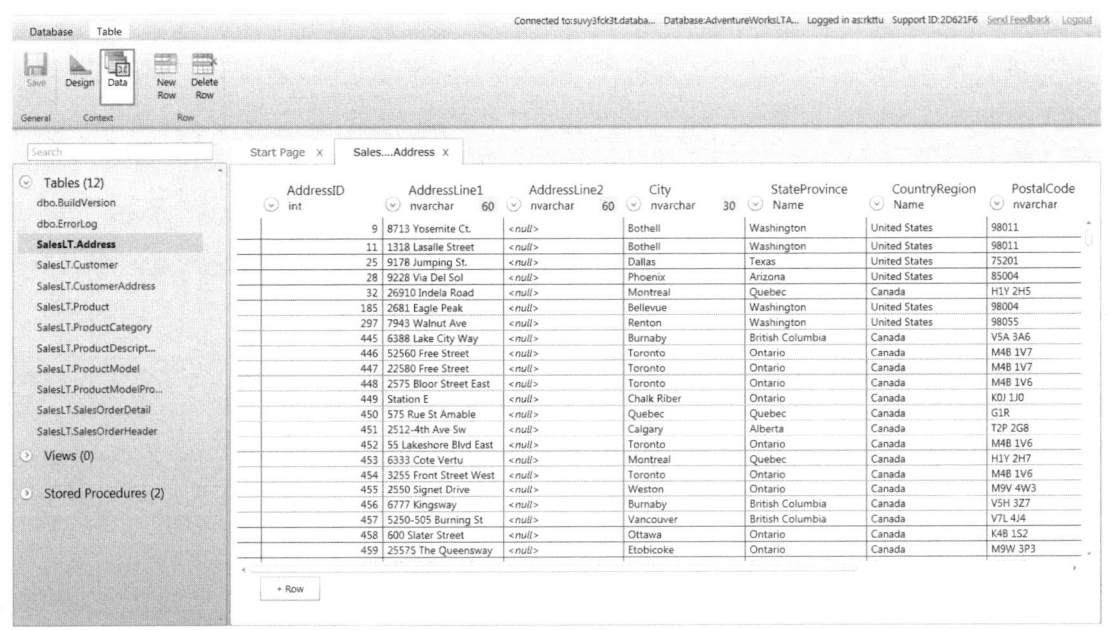

그림 A-5 테이블 내용 관리

트 해볼 수 있다.

앞서 살펴본 화면들에서 본 것처럼, 데이터베이스 관리자는 단순화된 관리 인터페이스를 통해서 SQL Azure 데이터베이스를 대상으로 간단한 관리 작업을 수행할 수 있다. 비록 데이터베이스 관리자가 웹 응용프로그램의 형태로 구성되어 있지만 새 페이지를 여는 링크를 사용하지 않고 모든 기능들을 한 페이지 안에서 제공하기 때문에 빠른 속도로 탐색할 수 있고 사용법을 쉽게 배울 수 있도록 해준다.

IT 대한민국은 ITC(Info Tech Corea)가 함께 하겠습니다.
www.itcpub.co.kr

APPENDIX B

SQL Azure Quick Reference

SQL Azure에서는 이 책을 읽고 있을 여러분이 그 동안 친숙하게 사용해왔던 SQL Server T-SQL 문법의 상당수를 지원한다. 하지만 이 책에서는 SQL Azure가 지원하지 않는 일부 SQL Server의 T-SQL 문법과 구성 요소들을 안내하는 부록을 별도로 추가하였다. 이 부록에는 SQL Azure의 네 번째 서비스 업데이트까지 종합하여 지원되는 항목들을 열거하였다.

■ **NOTE** 이후에 업데이트된 최신 내용을 살펴보려면 다음의 페이지를 방문한다.
http://msdn.microsoft.com/en-us/library/ee336281.aspx

■■■ 지원되는 T-SQL 구문들

표 B-1에서 열거한 T-SQL 문장들은 SQL Azure에서 이전과 동일하게, 아무런 제약 없이 사용할 수 있는 부분들이다.

표 B-1 완벽하게 지원되는 T-SQL 구문들

ALTER ROLE	DECLARE CURSOR	OPEN
ALTER SCHEMA	DELETE	OPTION 절
ALTER VIEW	DENY [개체] [권한 설정]	ORDER BY 절
APPLOCK_MODE	DENY [스키마] [권한 설정]	OUTPUT 절
APPLOCK_TEST	DROP LOGIN	OVER 절

표 B-1 (계 속)

BEGIN_TRANSACTION	DROP PROCEDURE	PRINT
BEGIN…END	DROP ROLE`	RAISERROR
BINARY_CHECKSUM	DROP SCHEMA	RETURN
BREAK	DROP STATISTICS	REVERT
CAST and CONVERT	DROP SYNONYM	REVOKE [개체] [권한 설정]
CATCH (TRY…CATCH)	DROP TYPE	REVOKE [스키마] [권한 설정]
CEILING	DROP USER	ROLLBACK TRANSACTION
CHECKSUM	DROP VIEW	ROLLBACK WORK
CLOSE	END (BEGIN…END)	SAVE TRANSACTION
COALESCE	EXCEPT and INTERSECT	SELECT @[로컬 변수명]
COLLATE	FETCH	SELECT 절
COLUMNPROPERTY	FOR 절 (XML과 BROWSE)	SET @[로컬 변수명]
COMMIT TRANSACTION	FROM	SWITCHOFFSET
COMMIT WORK	GO	TERTIARY_WEIGHTS
COMPUTE	GOTO	TODATETIMEOFFSET
CONTEXT_INFO	GRANT [개체] [권한 설정]	TOP
CONTINUE	GRANT [스키마] [권한 설정]	TRIGGER_NESTLEVEL
CONVERT	GROUP BY	TRUNCATE TABLE
CREATE ROLE	GROUPING_ID	TRY…CATCH
CREATE SCHEMA	해시 바이트	UNION
CREATE STATISTICS	HAVING	UPDATE
CREATE VIEW	힌트 (쿼리, 테이블, 조인, 기타)	UPDATE STATISTICS
CRYPT_GEN_RANDOM	IDENTITY (속성)	USER
CURRENT_REQUEST_ID	IF…ELSE	SWITCHOFFSET
CURSOR_STATUS	INSERT BULK	WAITFOR
DBCC SHOW_STATISTICS	IS [NOT] NULL	WHERE
DEALLOCATE	MERGE	WHILE
DECLARE @[로컬 변수명]	MIN_ACTIVE_ROWVERSION	WITH (테이블 관련 표현식)

부분적으로만 지원되는 T-SQL

표 B-2는 현재 SQL Azure에서 부분적으로만 지원되는 T-SQL 문장들을 열거한 것이다. 부분적으로 지원된다는 것은 사용은 가능하지만, 몇몇 확장이나 제약 사항들이 문법에

표 B-2 부분적으로만 지원되는 T-SQL 문장들

ALTER AUTHORIZATION	CREATE PROCEDURE	DROP TRIGGER
ALTER DATABASE	CREATE SPATIAL INDEX	DISABLE TRIGGER
ALTER FUNCTION	CREATE SYNONYM	ENABLE TRIGGER
ALTER INDEX	CREATE TABLE	EXECUTE
ALTER LOGIN	CREATE TRIGGER	EXECUTE AS
ALTER PROCEDURE	CREATE TYPE	EXECUTE AS 절
ALTER TABLE	CREATE USER	GRANT [데이터베이스] [권한 설정]
ALTER TRIGGER	CREATE VIEW	GRANT [데이터베이스] [기초 권한 설정]
ALTER USER	DENY [데이터베이스] [권한 설정]	GRANT Type [권한 설정]
ALTER VIEW	DENY [데이터베이스] [기초 권한 설정]	INSERT
CREATE DATABASE	DENY [형식] [권한 설정]	REVOKE Database [권한 설정]
CREATE FUNCTION	DROP DATABASE	REVOKE [데이터베이스] [기초 권한 설정]
CREATE INDEX	DROP INDEX	REVOKE [형식] [권한 설정]
CREATE LOGIN	DROP TABLE	USE

가해진 것을 의미한다. 구체적인 예는 표 B-2 다음에 설명할 것이다.

예를 들어, 여러분이 SQL Azure에 저장 프로시저를 만들거나 수정하려고 할 때, FOR REPLICATION과 ENCRYPTION 옵션은 사용할 수 없으며 따라서 아래의 구문은 SQL Azure에서 실행하려 하였을 때 오류가 발생한다.

```
CREATE PROCEDURE GetUsers
WITH ENCRYPTION
FOR REPLICATION
AS
```

```
    SET NOCOUNT ON;
    SELECT Title, Name, Intro
    FROM Users
GO
```

그러나 다음의 구문은 SQL Azure에서 올바르다.

```
CREATE PROCEDURE GetUsers
WITH RECOMPILE, EXECUTE AS CALLER
AS
    SET NOCOUNT ON;
    SELECT Title, Name, Intro
    FROM Users
GO
```

CREATE/ALTER 문을 이용하여 테이블을 다루는 것은 SQL Azure 안에서 다소 편법을 필요로 하지만, 결론적으로는 지원되지 않는 옵션들도 있다.

- ON keyword {파티션 스키마 | 파일 그룹} (ON PRIMARY와 같은 형태)
- TEXTIMAGE_ON
- FILESTREAM_ON
- 〈열 정의〉
    - FILESTREAM
    - NOT FOR REPLICATION
    - ROWGUIDCOL
    - SPARSE
- 〈데이터 형식〉
    - CONTENT
    - DOCUMENT
    - XML 스키마 컬렉션
- 〈열 제약 조건〉
    - FILLFACTOR
    - ON
    - NOT FOR REPLICATION

- 〈열 집합 정의〉
- 〈테이블 제약 조건〉
  - FILLFACTOR
  - ON
  - NOT FOR REPLICATION
- 〈인덱스 옵션〉
  - PAD_INDEX
  - FILLFACTOR
  - ON PARTITIONS
  - DATA_COMPRESSION
  - ALLOW_ROW_LOCKS
  - ALLOW_PAGE_LOCKS
- 〈테이블 옵션〉

이 목록에서 보여지는 것처럼 상당한 기능이 부재 상태라는 느낌을 주지만, 이 중 대부분은 운영체제나 하드웨어에 대한 부분들이 많다는 점을 알아둘 필요가 있다. 예를 들어, 다음과 같은 방식으로는 CREATE TABLE 문장은 사용할 수 없다.

```
CREATE TABLE [dbo].[Users](
    [ID] [int] IDENTITY(1,1) NOT FOR REPLICATION NOT NULL,
    [Name] [nvarchar](50) NULL,
    [NTUserName] [nvarchar](128) NULL,
    [Domain] [nvarchar](50) NOT NULL,
    [Intro] [nvarchar](100) NULL,
    [Title] [nvarchar](50) NOT NULL,
    [State] [nvarchar](10) NOT NULL,
    [Country] [nvarchar](100) NULL,
    [PWD] [varbinary](100) NULL,
    [rowguid] [uniqueidentifier] NULL,
PRIMARY KEY CLUSTERED
(
    [ID] ASC
)WITH (PAD_INDEX  = OFF, STATISTICS_NORECOMPUTE  = OFF,
IGNORE_DUP_KEY = OFF, ALLOW_ROW_LOCKS  = ON, ALLOW_PAGE_LOCKS  = ON)
ON [PRIMARY]
) ON [PRIMARY]
```

SQL Azure 환경에서 위의 문장은 몇 가지 잘못된 문법을 가지고 있다. IDENTITY 열의 NOT FOR REPLICATION 절은 지원되지 않는다. 또한 두 번에 걸쳐서 쓰인 ON PRIMARY 절과 ALLOW_ROW_LOCKS 절, 그리고 ALLOW_PAGE_LOCKS 절 역시 지원되지 않는다. 그러나, 다음의 문법은 SQL Azure 환경에서 지원되는 문법이다.

```
CREATE TABLE [dbo].[Users](
    [ID] [int] IDENTITY(1,1) NOT NULL,
    [Name] [nvarchar](50) NULL,
    [NTUserName] [nvarchar](128) NULL,
    [Domain] [nvarchar](50) NOT NULL,
    [Intro] [nvarchar](100) NULL,
    [Title] [nvarchar](50) NOT NULL,
    [State] [nvarchar](10) NOT NULL,
    [Country] [nvarchar](100) NULL,
    [PWD] [varbinary](100) NULL,
    [rowguid] [uniqueidentifier] NULL,
PRIMARY KEY CLUSTERED
(
    [ID] ASC
)WITH (STATISTICS_NORECOMPUTE = OFF, IGNORE_DUP_KEY = OFF))
```

어떤 문법이 지원되고, 또 어떤 문법이 지원되지 않는지에 대해서 상세한 정보를 살펴보려면, http://msdn.microsoft.com/en-us/library/ee336267.aspx 웹 페이지를 방문하기 바란다.

■■■ 지원되지 않는 T-SQL 구문

다음의 T-SQL 문장들은 SQL Azure 환경에서 지원되지 않는 것들로, 꽤나 많아 보이지만 그렇게 부정적인 상황을 뜻하지는 않는다. 대부분의 경우, 운영체제나 하드웨어에 종속적인 문장들이고, 또한 SQL Azure 환경에서는 환경의 특수성 때문에 구현할 수 없는 것들이 대다수이다.

지원되지 않는 항목들이 많은 관계로 이 부록에서 모든 내용을 다 다루지는 못한다. 자세한 내용을 보려면 http://msdn.microsoft.com/en-us/library/ee336253.aspx 페이지에

표 B-3 지원되지 않는 T-SQL 구문

BACKUP CERTIFICATE	DBCC CHECKTABLE
BACKUP MASTER KEY	DBCC DBREINDEX
BACKUP SERVICE MASTER KEY	DBCC DROPCLEANBUFFERS
CHECKPOINT	DBCC FREEPROCCACHE
CONTAINS	DBCC HELP
CREATE/DROP AGGREGATE	DBCC PROCCACHE
CREATE/DROP RULE	DBCC SHOWCONTIG
CREATE/DROP XML INDEX	DBCC SQLPERF
CREATE/DROP/ALTER APPLICATION ROLE	DBCC USEROPTIONS
CREATE/DROP/ALTER ASSEMBLY	KILL
CREATE/DROP/ALTER CERTIFICATE	NEWSEQUENTIALID
CREATE/DROP/ALTER DEFAULT	OPENQUERY
CREATE/DROP/ALTER FULLTEXT(CATALOG, INDEX, STOPLIST)	OPENXML
CREATE/DROP/ALTER PARTITION FUNCTION	RECONFIGURE
CREATE/DROP/ALTER QUEUE	RESTORE
CREATE/DROP/ALTER RESOURCE POOL	SELECT INTO 절
CREATE/DROP/ALTER SERVICE	SET ANSI_DEFAULTS
CREATE/DROP/ALTER XML SCHEMA COLLECTION	SET ANSI_NULLS
DBCC CHECKALLOC	SET ANSI PADDING_OFF
DBCC CHECKDB	SET OFFSETS
DBCC CHECKIDENT	WITH XML NAMESPACES

방문하여 내용을 점검하는 것이 좋다. 표 B-3에서는 그 중에서도 여러분이 자주 쓸 만한 구문들만을 추려서 간략하게 정리한 지원되지 않는 항목들을 보여주고 있다.

지원되는 데이터 형식

독자 여러분이 SQL Azure의 첫 버전이 공개적으로 발표되었을 때부터 지속적으로 관심을 가지고 지켜봤다면, 아마도 여러분은 여러분이 이제까지 사용한 SQL Server 인스턴스에서 볼 수 있었던 많은 기능과 많은 데이터 형식들을 지원하기 위해서 Microsoft가 노력을 기울여왔던 것을 깨달았을 것이다. 표 B-4는 SQL Azure의 네 번째 서비스 업데이트에

표 B-4 SQL Azure에서 지원되는 데이터 형식들

분류	데이터 형식
수치 값	bigint
	bit
	decimal
	int
	money
	numeric
	smallint
	smallmoney
	tinyint
	float
	real
날짜와 시간	date
	datetime2
	datetime
	datetimeoffset
	smalldatetime
	time
문자열	char
	varchar
	text
유니코드 문자열	nchar
	nvarchar
	ntext
이진 데이터	binary
	varbinary

표 B-4 (계속)

	image
지리 정보	geography
	geometry
기타	cursor
	hierarchyid
	sql_variant
	table
	timestamp
	uniqueidentifier
	xml

서 지원되는 모든 데이터 형식들을 열거한 것이다.

geography, geometry, hierarchyid 및 xml 데이터 형식에서 사용할 수 있는 전체 메소드를 살펴보려면 http://msdn.microsoft.com/en-us/library/ee336233.aspx 페이지를 방문할 것을 권한다.

IT 대한민국은 ITC(Info Tech Corea)가 함께 하겠습니다.
www.itcpub.co.kr

찾아보기

ㄱ

가격   249
가시적   53
가용성   85, 87
감사   87
강력한 비밀번호   107
게이트웨이   32
결정 규칙   43
고성능   51
공급자 통계   345
관리 사용자 이름   65
구독 ID   65
권한   107
규격 준수   114
글로벌 임시 테이블   29
기밀성   85

ㄴ

네트워크 인증 불가   106
네트워크 중복 구성   88

높은 가용성   32

ㄷ

다중 Shard 토폴로지   48
데이터 동기화 모범 사례   319
데이터 동기화 서비스   302
데이터베이스   67, 71
데이터베이스 개수   65
데이터베이스 계정 공유   347
데이터베이스 설계   325
데이터베이스 왕복 비용   34
데이터베이스 최적화   89
데이터베이스 쿼터   65
데이터베이스 크기   29
데이터베이스 파일 위치   29
데이터 복제   296
데이터 암호화   57
디스크 중복 구성   88

ㄹ

라운드 로빈　43
로그 파일　27
로그인　17
로그인 계정　73
로그인 계정 이름　27
로그인 이름 제약　107
로드 밸런서　32
로컬 저장소의 옵션화　55

ㅁ

무결성　85, 87
문자 세트 설정　29
미러　44

ㅂ

방향　145
방화벽　14, 86, 112
방화벽 설정　66
백업　87
백업/복원 작업　27
백업 이력 관리하기　152
병렬 처리　270
병합　332
보고서　227
복사 자동화하기　152
복제 작업　27
복제 토플로지　89
분리된 저장소　31

분산된 트랜잭션　29
브라우저　203
비 동기 사용자 인터페이스　35, 269
비밀번호　145

ㅅ

사용자 계정　74
사용자이름　145
서버 위치　65
서버 이름　17, 63, 145
서버 정보　63
서비스 거부 공격 예방　88
서비스 브로커　29
서비스 중복 구성　88
속성의 지연 로드　34
수다스러운 설계　346
수동으로 동기화하기　311
수직 파티션　43
수평 파티션　43
스레드　271
스크립트 생성 마법사　116
스키마　98, 108
시스템 뷰　28
시스템 저장 프로시저　28
시스템 테이블　28
시스템 함수　28

ㅇ

암호　17

암호화 26, 86, 91
언어 문제 29
엔터티 187
역할 기반의 접근 87
연결 제약 26
연결 풀링 325, 330
연결 해제 347
오프로딩 패턴 47, 48
외부 모니터링 55
인덱스 스캔 333
인덱싱 325, 331, 335
인덱싱된 뷰 341
인증 17, 86, 87, 106
인증서 101
읽기 쓰기 Shard 47
읽기 전용 Shards 46

ㅈ

작업 병렬화 라이브러리 271
장애 극복 249
장애 복구 서버 89
저장 프로시저 342
접근 권한 할당하기 23
접근 제어 86, 106
정규화 347
정규화된 DNS 이름 65
종단 파티션 Shard 패턴 298
중첩 반복 332
지연 로딩 268

직접 연결 패턴 40
집합 패턴 49

ㅊ

최대 데이터베이스의 수 29
추적 플래그 29

ㅋ

캐시 34, 269
큐 9
클라우드 컴퓨팅 1
클라이언트 라이브러리 203

ㅌ

테스트 90
테이블 9
테이블이름 144
투명한 데이터 전송 51
트랜잭션 295
트리거 개체 314

ㅍ

파일이름 145
패킷 개수 325
패턴 조합하기 50

ㅎ

하드웨어 중복 구성 88
해시 86

해시   94
해시 매치   332
향상된 정보 공유   55
허브 데이터베이스   303
허용되지 않는 사용자 이름   26
확장성   51, 88
횡단 파티션 Shard 패턴   298
흔적 남기기   44
힙 테이블   28

A~C

Access Control Service   209
ADO.NET   76, 138, 160
ADO.NET Entity Framework   178
AdventureWorksModel   221
Affinity Group   7
Anonymous Access   208
ASP.NET   259
ASP.NET 캐시   269
ASP.NET MVC 2 Web Role   253
ASP.NET Web Role   253
BCP   144
BCP 유틸리티   116
BLOB   9
BLOB 데이터 저장소   55
CGI Web Role   254
CIA 3원칙   85
CLASS   25
CLR   28

Configuration file   261
Credentials 항목   233
CTP   317

D~G

DaaS   3, 85
DATABASE_NAME   24
DataReader   165
DataSet   166
DBManager 역할   108
Deployment Name   260
DIRECTION   24
DMV   51, 326
Edge 데이터 캐시   56
Elastic Compute Cloud   3
Encrypt 매개 변수   231
Enterprise Library   269
Entity Data Model 마법사   80
Entity Framework   77, 159
ERP   50
ExecuteParallelRoundRobinLoad   287
ExecuteShardNonQuery   286
GridView   256
GUID   262

H~N

HaaS   3
Houston   349
IaaS   3

Identity 값   296
Index Scan   334
Index Seek   334
ISV   6
JOIN   337
JOIN 문   331
LINQ   185
LINQPad   203
LoginManager 역할   107
Lookup   334
MARS   194
Microsoft Excel 2010   203
Mirroring 패턴   49
Netflix   199

O~R

OData   197
OData 공급자   198, 203
OData Explorer   203
OData Helper for WebMatrix   203
ODBC   160, 169
OLE DB   30
PaaS   3
Package Location   260
QUANTITY   25
RaaS   3
RAID 설정   89
REST   187
RSA 객체   105

RSS 피드   189

S~T

SaaS   3, 40
schema_info   314
scope_config / scope_info   314
SELECT   276, 337
Sesame   203
Shard   35, 271
Shard 정의   44
Shard 패턴   42
SLA   52
SLA 관리   53
Smart Branching   41
SQL 데이터 동기화 프레임워크   35
SQL Azure   4, 9
SQL Azure 요금 체계   24
SQL Azure Labs   204
SQL Azure Migration Wizard   148
SQL Server 설정 사항   29
SQL Server 클러스터드 인스턴스   89
SQL Server 통합 서비스   116, 130
SQL Server Management Studio   16
SQLCMD   171
SqlCommand   285
SSPI 인증   26
T-SQL   161, 355
T-SQL 명령어   13
TCP 포트 1433   27

TDS 버전 7.3　　30
TechBio 데이터베이스　　304
TIME　　24
TIME_PERIOD　　25
TPL　　267, 271
Transparent Branching　　41

U~W

Users_tracking　　314
Visual Studio 클라우드 프로젝트　　251
Visual Studio 2008 BIDS　　228
Visual Studio 2010　　217
WCF 데이터 서비스　　177
WCF Data Services　　160
WCF Web Service Role　　254
WHERE　　337
WHERE 절　　331
Windows Azure　　4
Windows Azure 상품　　61
Windows Azure AppFabric　　4
Windows Azure Geolocation　　6
Windows Azure Tools　　250
Windows Phone 7　　197
Windows Phone 7 응용프로그램　　217
Windows Server AppFabric　　269
Worker Role　　254

프로
SQL애저 입문
Pro SQL Azure

초판 1쇄 발행 : 2011년 8월 10일

지은이	Scott Klein, Herve Roggero
옮긴이	남정현
발행인	최규학
기획/진행	고광노
마케팅	전재영, 이대현
본문 디자인	늘푸른나무
표지 디자인	Betty boo
발행처	도서출판 ITC
등록번호	제8-399호
등록일자	2003년 4월 15일
주소	주소 경기도 파주시 교하읍 문발리 파주출판단지 535-7
	세종출판벤처타운 307호
전화	031-955-4353(대표)
팩스	031-955-4355
이메일	chaeon365@itcpub.co.kr

인쇄 예림인쇄 용지 신승지류유통 제본 문종제책사

ISBN-10 : 89-6351-029-8
ISBN-13 : 978-89-6351-029-3 13560

값 24,000원

※ 이 책은 도서출판 ITC가 저작권자와의 계약에 따라 발행한 것이므로,
   본사의 허락 없이는 어떠한 형태나 수단으로도 이 책의 내용을 이용하지 못합니다.
※ 잘못된 책은 구입하신 서점에서 바꾸어 드립니다.

www.itcpub.co.kr